可持续发展经济学

The Economics of Sustainable Development

钟茂初 著

中国社会科学出版社

图书在版编目（CIP）数据

可持续发展经济学 / 钟茂初著. —北京：中国社会科学出版社, 2024.3
ISBN 978-7-5227-2633-5

Ⅰ. ①可… Ⅱ. ①钟… Ⅲ. ①经济可持续发展—经济发展理论 Ⅳ. ①F061.3

中国国家版本馆 CIP 数据核字（2023）第 184700 号

出 版 人	赵剑英	
责任编辑	张　潜	
责任校对	党旺旺	
责任印制	王　超	

出　　版	中国社会科学出版社	
社　　址	北京鼓楼西大街甲 158 号	
邮　　编	100720	
网　　址	http://www.csspw.cn	
发 行 部	010-84083685	
门 市 部	010-84029450	
经　　销	新华书店及其他书店	

印　　刷	北京明恒达印务有限公司	
装　　订	廊坊市广阳区广增装订厂	
版　　次	2024 年 3 月第 1 版	
印　　次	2024 年 3 月第 1 次印刷	

开　　本	710×1000　1/16	
印　　张	31.75	
插　　页	2	
字　　数	521 千字	
定　　价	168.00 元	

凡购买中国社会科学出版社图书，如有质量问题请与本社营销中心联系调换
电话：010-84083683
版权所有　侵权必究

目 录

导 论 ·· (1)

上篇 可持续发展经济学的阐释范式

第一章 可持续发展对经济学视野的拓展 ······································ (17)
  第一节 经济活动规模扩展到了生态系统承载力的边界 ············ (18)
  第二节 主流经济学理论实践强化了生态矛盾 ························ (33)
  第三节 经济学理论必须适应生态哲学认识 ··························· (41)
  第四节 经济学理论必须适应可持续发展思想 ························ (48)
  第五节 经济学理论如何适应可持续发展思想 ························ (55)

第二章 可持续发展经济学的新阐释范式 ··································· (67)
  第一节 阐释范式假设之一：人类活动的目标追求可划分为
          物质需求、人文需求、生态需求 ························· (68)
  第二节 阐释范式假设之二：人类活动的行为者可划分为
          物质需求者、人文需求者、生态需求者 ················ (82)
  第三节 可持续发展经济学的若干新范畴 ······························· (87)
  第四节 可持续发展对经济学研究范围的拓展 ························ (95)

第三章 新阐释范式对不可持续问题成因的解析 ·························· (98)
  第一节 人类经济活动与不可持续问题的形成 ························ (98)
  第二节 人类行为关系与不可持续问题的生成 ······················· (108)

第三节　人类整体行为作用于生态系统及其不可持续
　　　　问题的生成 ……………………………………………（112）

第四章　新阐释范式对可持续发展若干问题的解析 ………………（123）
第一节　可持续发展阐释范式视角的经济学问题归类 …………（123）
第二节　对经济人假设及其扩展的阐释 …………………………（128）
第三节　对资源危机和增长极限问题的阐释 ……………………（139）
第四节　对代际公平问题的阐释 …………………………………（142）
第五节　对可持续消费问题的阐释 ………………………………（148）
第六节　对经济增长—生态维护权衡问题的阐释 ………………（157）
第七节　对可持续发展人类行为准则的阐释 ……………………（161）

第五章　新阐释范式对"发展内涵"的解析 ………………………（171）
第一节　发展内涵：经济增长—社会发展—可持续性的
　　　　协同增进 ……………………………………………（171）
第二节　发展内涵：可持续发展阐释范式的认识 ………………（182）
第三节　"发展"与"贫困"：可持续发展阐释
　　　　范式的解析 …………………………………………（187）

中篇　可持续发展经济学的分析方法

第六章　有关生态环境的经济学问题 ………………………………（215）
第一节　经济学视角的主要生态环境问题 ………………………（216）
第二节　经济学视角有关生态环境问题的几个主题 ……………（219）
第三节　可持续发展阐释范式与生态环境经济学问题的关系 …（225）

第七章　引入生态需求的消费者行为分析 …………………………（227）
第一节　包含生态需求的效用函数与效用最大化 ………………（227）
第二节　生态需求的价格变动对消费者行为的影响 ……………（239）
第三节　消费者之间物质需求品与生态需求品的交换 …………（252）
第四节　生态环境税对消费者行为和市场均衡的影响 …………（257）

第五节　包含生态需求的显示偏好理论 …………………… (261)
　　第六节　经济剩余及其在生态价值评估上的应用 …………… (266)

第八章　引入生态投入的生产者行为分析 ……………………… (270)
　　第一节　包含生态投入的生产技术描述：生产函数 ………… (271)
　　第二节　考虑生态投入的厂商利润最大化行为 ……………… (274)
　　第三节　考虑生态投入的厂商成本最小化行为 ……………… (277)
　　第四节　引入生态投入的生产经济瓦尔拉斯均衡 …………… (285)
　　第五节　生态友好型产品供给中的厂商行为：质量歧视策略 …… (290)
　　第六节　绿色经济背景下的厂商竞争 ………………………… (300)

第九章　帕累托改进在可持续发展分析中的应用 ……………… (309)
　　第一节　消费者之间物质需求与生态需求的交换均衡与
　　　　　　帕累托有效配置 …………………………………… (309)
　　第二节　生态需求满足过程中的帕累托有效配置 …………… (313)

第十章　可持续发展经济学中的行为关系博弈论 ……………… (321)
　　第一节　静态完备信息博弈与各式博弈的人类行为关系 …… (321)
　　第二节　动态完备信息博弈与子博弈完美均衡 ……………… (335)
　　第三节　静态不完备信息博弈 ………………………………… (348)

第十一章　可持续发展经济学中的公共品和外部性问题 ……… (360)
　　第一节　可持续发展经济学中的公共品供给 ………………… (360)
　　第二节　可持续发展经济学中的外部性问题 ………………… (380)

下篇　可持续发展理论与实践的新认识

第十二章　不可持续问题的理论新认识 ………………………… (399)
　　第一节　第一生产要素：生产力演进视角的生态环境
　　　　　　问题成因 ……………………………………………… (399)

第二节　庞局机理：资本经济运行机制视角的生态环境
　　　　　问题成因 …………………………………………………（404）
　第三节　成本外部化：对资本经济转嫁生态损耗的阐释 ………（419）
　第四节　环境库兹涅茨曲线之辨析：经济增长与生态环境
　　　　　影响的两难关系 …………………………………………（426）

**第十三章　可持续发展的全球视角：人类命运共同体与人类
　　　　　整体观经济学** ……………………………………………（429）
　第一节　"人类命运共同体"视角的可持续发展 ………………（429）
　第二节　全球可持续发展视角的"人类整体观经济学"
　　　　　探索 ………………………………………………………（439）

第十四章　可持续发展政策理论基础的新认识 …………………（451）
　第一节　"人与自然和谐共生"的学理分析 ……………………（451）
　第二节　可持续发展政策的关键性机制：生态可损耗配额 ……（456）
　第三节　可持续发展机制及政策的有效性 ………………………（466）
　第四节　生态环境规制的有效性 …………………………………（478）

第十五章　推进可持续发展的政策主张 …………………………（486）
　第一节　经济社会发展与可持续发展相衔接的宏观政策主张 …（486）
　第二节　可持续发展机制构建的政策主张 ………………………（488）
　第三节　推进绿色发展的政策主张 ………………………………（493）

参考文献 ……………………………………………………………（496）

导　　论

　　人类社会经济活动发展到今天的规模和水平，人类—自然之间的关系发生了极大的变化，使得人类不得不思考这样一些问题：人类赖以生存的生态系统是不是无条件地存在？人类是否能够在生态环境完好的条件下代代传承？人类以往及正在进行的社会经济活动对自身的生存基础产生了什么样的持续性的累积影响甚至是不可逆的永久影响？人类的需求是否会无限地增长并得到永远的满足？在未来的人类发展过程中所必需的资源是否可以永续性地取得？如此种种问题的提出和思考，反映了现实人类社会所存在的日益严重的"生存危机"，也反映着人类对是否能够"可持续"地存在下去问题的迫切性探索，这就是"可持续发展"问题的由来。人类永续生存传承、永续发展的愿望，与经济社会发展过程导致生存条件恶化之间的矛盾，是"可持续发展"所要讨论的核心问题。

　　自从"可持续发展"的概念提出之后，以"可持续发展"为对象的研究延伸到了各个领域的理论与实践问题之中。"可持续发展"思想对经济学的传统认识也产生了深刻的影响，经济学各个研究领域从自身的研究对象出发而提出了相应领域的"可持续发展"经济学问题。这就使得基于可持续发展思想的研究也延伸到了经济学的诸多专门领域的具体问题之中，诸如生态经济学、环境经济学、资源经济学、循环经济学，等等。这些问题或多或少都使"可持续发展"与经济学之间建立了这样那样的联系，或可统称为"可持续发展经济学"。但目前可持续发展经济学呈现出的是研究角度、研究对象、研究逻辑众多而庞杂的状态，应适时地寻求与"可持续发展"相适应的经济学阐释范式，而建立起"可持续发展经济学"的基本范畴和基本架构；在新的理论架构之下，归纳总结有关可持续发展的各种问题，探索可持续发展经济学问题的分析方法，针对现实发展探讨可行路径的可持续发展经济学理论基础。这是本书的写作目标及其基本结构。

本书按照内容的区别，分上篇、中篇、下篇。上篇"可持续发展经济学的阐释范式"。

现代经济学建立在"经济规模远远小于自然资源和生态系统承载力"这一前提条件下的逻辑体系，随着社会现实背景的变化（经济规模达到如此庞大的地步，以至于经济活动所消耗的自然资源和生态环境已经接近甚至超出了自然生态的承受能力），人类认识世界的哲学思想也发生了深刻的变化（尤其是生态哲学和生态伦理哲学思想的出现），人类对于自古以来的人类社会经济活动的评价同样也发生了深刻的变化（集中体现在"可持续发展"思想理念的形成与实践），现代经济学理论适应现实的能力是有局限的，只适应描述经济规模，尚不能解释对生态系统承载力构成威胁的经济活动。因此，经济学必然需要随着经济活动规模扩展到生态系统承载力的边界而被改造，要用一个适应范围更广的逻辑系统来适应现实。即在可持续发展观念下，把"人类—自然关系"纳入经济学、拓新经济学视野，用新的逻辑体系对现实经济活动的各种问题加以阐释，从新的逻辑思路探讨现实矛盾的解决途径。

第一章，首先论述经济学必须从传统视野向可持续发展视野方向拓新的逻辑必要性，这是因为：（1）现代工业社会的经济活动规模已经扩展到了生态系统承载力的边界（人类经济活动突破生态系统多维临界，全球总生态足迹超过总生态承载力，人类经济活动面临资源危机和增长极限）；（2）传统经济学理论及其实践是人类经济活动与自然关系恶化、人类生存条件劣化的重要根源（传统经济学理论内涵的假设条件：自然资源无限供给、自然环境无成本使用、经济增长无极限等，已经与现实状况相矛盾。长期的经济主义和消费主义实践主张、自然无价值的传统价值理论认识，已经导致了资源危机、生态环境破坏等现实后果和实践后果）。在经济学现实背景发生变化的前提下，经济学理论的哲学基础、研究视角、研究范围都不得不相应地修正，经济学理论必须以生态哲学认识、生态伦理哲学、自然价值论为其认识事物的世界观，应修正牛顿—笛卡尔哲学所形成的经济学思想方法，在经济学之中引入"整体论"思想和适于

"协调"的哲学方法。经济学理论必须适应人类可持续发展要求，将"可持续性"列为主题，承认"增长有极限"的前提，承认"自然价值"，修正"经济人"假设，重新认识"发展"的内涵。

第二章，在经济学视野拓新的基础上，论述对可持续发展经济学提出的一个阐释范式。该阐释范式的假设之一为：人类活动的价值追求为物质需求、人文需求、生态需求；该阐释范式的假设之二为：人类活动中的行为者为物质需求者、人文需求者、生态需求者。这两点假设是整个阐释范式的逻辑基础。有关可持续发展经济学的各种问题，均可在这一逻辑前提下得到推演性的结论。由此得出，可持续发展经济学的几个重要的新范畴：(1) 物质需求、人文需求、生态需求的关系反映着配置效率、公平分配、可持续性的经济学范畴；(2) 物质投入、人文投入、生态投入的关系是现实中制约经济增长的关键；(3) 经济学分析中的利益主体包括：私人、群体和人类整体。

在基本假设的基础上，概括性地提出了可持续发展的定义："可持续发展"思想是人类基于多种需求（物质需求、人文需求、生态需求）、多层面利益（个人利益、群体利益、人类整体利益）的考量，而权衡决定自身行为及行为关系的行为准则，而"可持续发展"即是在这样的行为准则下所有行为及其后果的总和。

按照新阐释范式，本书提出了经济学研究范围的拓展。不仅要完善"微观经济学"（以个人或企业为考量主体，以私人利益为考量对象）、"宏观经济学"（以国家或区域为考量主体，以群体利益为考量对象），而且要建立"人类整体观经济学"（以人类整体为考量主体，以人类整体利益为考量对象，考察人类整体行为及其影响）。"微观经济学"，不仅要讨论广义的消费需求满足、广义资源的有效配置，而且还要讨论：私人、群体、人类整体之间的行为关系，私人利益与群体利益、与人类整体利益的协调。"宏观经济学"，不仅要讨论广义的总需求总供给均衡，还要讨论社会成员微观行为的加总影响，全体社会成员作为一个整体的社会公平，群体之间的关系（竞争关系、贸易关系、相邻关系），群体利益与私人利益、与人类整体利益的协调。"人类整体观经济学"，是把人类整体作为经济活动主体来看待，既要考察其作为一个主体的行为活动，也要考察全体人类的微观行为的加总影响，还要考察所有国家或区域的宏观行为的加总影响。应站在代表着生态系统利益、人类永续发展的利益、后代人利益的立场来规范全体人类和所有国家或区域的行为。人类整体观经济学应讨论：人类整体行为的协同性机制，人类个体活动影响的总量管理，人类经济活动规模的总量管理和区域管理，人类群体间的公平，人类代际关系的协调，人类整体利益与群体利益、私人利益的协调。

第三章，采用可持续发展经济学的新阐释范式对不可持续问题成因进行了剖析。提出：人类以物质投入、人文投入、生态投入来满足物质需求、人文需求、生态需求就会形成人类经济社会活动的类型，各种不同类型的人类行为，一旦超越自然约束条件，就会形成各种不同的不可持续现象，这是不可持续现象形成的第一种类型。私人、群体、人类整体作为人类活动中的行为主体，两两之间形成的行为者—承受者关系，这是不可持续现象形成的第二种类型。人类整体行为（生产范式、消费范式、技术范式等）强化地作用于生态系统，这是不可持续现象形成的第三种类型。

第四章，采用新阐释范式对可持续发展经济学之中的若干问题进行了剖析。首先，对可持续发展经济学问题进行了归纳：通过建立人类活动中的物质投入、人文投入、生态投入与物质需求、人文需求、生态需求间的关联关系，可以把人类社会经济活动划分为若干不同特征的领域，在不同的领域里会出现不同的经济学论题（某一方面的需求与某一方面的投入不可超越一定的界限都会相应地形成某一专门的经济学论题）。而后，着重分析了"经济人假设"的修正、资源危机与增长极限、代际公平、可持续消费、经济增长与生态维护的权衡等几个具体问题，并从新阐释范式出发对上述问题提出评述和见解。

第五章，采用新阐释范式重新讨论了"发展内涵"，把"发展内涵"作为可持续发展的核心问题之一，是本书的重要观点，也是本书的一个特色。逻辑出发点是：把人类各种层面上各种需求的改进作为"发展"的最基本含义。笔者认为，"发展"必须具备以下特征：(1)"发展"是对人类需求满足程度的表征。"发展"或为物质需求满足程度的提高、或为人文需求满足程度的提高、或为生态需求满足程度的提高、或为各种需求满足程度的综合提高。所以"发展"不能只考察某一种人类需求（如物质需求）的满足程度，而应该考察人类各种需求的满足程度、各种"需求者"对需求的满足程度，"发展"应针对不同"需求者"群体的不同需求内涵来确定不同的判断指标。(2)"发展"是对物质需求、人文需求、生态需求相协调的表征。人类各层次需求之间不是叠加的而是递进式的关系，只有当较低层次的需求得到较充分的满足的时候，较高层次的需求才有意义。所以"发展"的内容是不能超越所讨论社会群体的需求层次的（由此可见，那种以欧美发达国家发展观为评价标准的发展思想和发展模式是不可取的）。(3)"发展"是对物质需求者、人文需求者、生态需求者关系协调的表征。一个社会群体的"发展"不能损害其他社会群体的"发展"。(4)"发展"是对私人利益、群体利益、人类整体利益协调的表征。在"发展"过程中，各利益层面（私人利益、群体利益、人类整体利益）应满足帕累托（Pareto）原则来实现共同"提高"及其关系的协调。在上述认识下展开了"发展"的完整含义。人类追求的各种需求在不同时间目标下所体现的"发展"是不同的。即个人对物质需求、人文需求、生态需求追求在短期目标、长期目标、生涯目标下所体现的行为分别是：就业与投资、长远的财富获取能力、终身的生活安全及生活保障、休闲/娱乐及人际关系、个人修养与社会地位、社会平等与社会公平、环境质量与环境服务、生态环境的稳定、代际公平。国家或地区对物质需求、人文需求、生态需求追求在短期目标、长期目标、生涯目标下所体现的行为分别是：短期经济状况、长期经济潜力、国家经济安全、人文发展及社会稳定、制度的建立与完善、民族强盛及文化传承、污染控制及生态经济、生态保护与生态恢复、人类的生存与发展。

在讨论"发展内涵"的同时，也对"贫困"问题进行了分析，把人类各种层面上各种需求得不到满足的状况作为"贫困"的基本含义。作者认为，"贫困"的内涵包括：(1)"贫困"的表征之一是某种需求得不到满足，"贫困"或为物质需求得不到满足、或为人文需求得不到满足、或为生态需求得不到满足、或为多种需求得不到满足。(2)"贫困"的表征之二是各种需求关系的不协调，当低层次需求尚未得到满足时、超前地"追求"高层次需求也是一种"贫困"。(3)"贫困"的表征之三是追求不同的群体间关系的不协调，即使全社会平均福利有所改进、如果不损害他人利益的帕累托原则和关注最底层群体的罗尔斯（Rawls）原则得不到满足的话，也是一种"贫困"。(4)"贫困"的表征之四各利益层面（私人利益、群体利益、人类整体利益）关系的不协调，或者"群体利益"

和"人类整体利益"得不到满足、或者实现一种利益时损害了其他利益。在上述认识下展开了"贫困"的内涵。人类追求的各种需求在不同时间目标下得不到满足所体现的"贫困"是不同的，个人的物质需求、人文需求、生态需求在短期目标、长期目标、生涯目标得不到满足的状况分别体现为：生存贫困、能力贫困、风险贫困、精神贫困、社会贫困、文化贫困、环境贫困、生态贫困、代际贫困；国家或地区的物质需求、人文需求、生态需求在短期目标、长期目标、生涯目标得不到满足的状况分别体现为：国力落后、发展能力落后、资源危机、社会动荡、制度落后、文化落后、生态变迁、生态不可持续。

中篇，"可持续发展经济学的分析方法"。

可持续发展经济学的阐释范式与现代经济学相比，在价值认识、经济学研究视野、经济学基本假设以及经济学研究主题等方面，都有很大程度的界限突破。但并不排斥采用现代经济学的概念和方法来分析资源环境经济及可持续发展问题。本篇各章，尝试采用现代经济学的主要概念和主要方法：消费者行为分析方法、生产者行为分析方法、福利分析方法、博弈论方法、不确定性分析方法、外部性分析方法、公共品供给分析方法等，对可持续发展经济学的相关问题进行分析，并借鉴微观经济学的分析方法和分析案例，探讨有关资源、生态、环境等方面的具体问题。

第六章，从经济学视角归纳分析有关生态环境的主要经济学问题。主要包括：（1）从研究对象角度可分为：生态环境的维护问题、生态环境损耗权的配置问题、生态环境的治理问题；（2）从核心要点角度，可分为：生态承载力问题、生态效率问题、生态公平问题；（3）从政策目标角度，可分为：经济—民生—生态效益的协调问题、各种利益群体之间的利益关系协调问题、生态环境政策的有效性问题。

第七章，从人类需求划分为物质需求、人文需求、生态需求的认识出发，探讨引入"生态需求"的消费者行为。由此导出：消费者生态需求的一般特征，消费者物质需求、人文需求、生态需求之间的替代或互补特性，由消费者效用币值而进行的生态价值评价方法（最大意愿支付WTP、最小意愿接受补偿WTA），消费者之间进行物质需求与生态需求的交换以实现瓦尔拉斯（Walras）均衡的情形，资源环境税对消费者行为和市场均衡的影响，采用消费者剩余评估生态价值的方法（旅行成本法）等相关内容。

第八章，在"物质投入、人文投入、生态投入的关系是现实中制约经济增长"的新认识下，讨论引入"生态投入"的生产者行为。探讨分析：生态投入与物质投入的边际替代率，生态投入的要素需求特性，考虑生态投入的规模收益及范围经济（如循环经济的效益来源），考虑生态投入的瓦尔拉斯均衡的问题（如以生态资源生产物质财富的均衡），生态友好型产品供给中厂商的质量歧视策略等相关内容。

第九章，着重探讨了帕累托改进在可持续发展分析中的应用。分析了消费者之间物质需求与生态需求交换的帕累托有效配置，生态需求满足过程中的帕累托有效配置、帕累托改进与卡尔多（Kaldor）改进等内容。

第十章，在"物质需求者、人文需求者、生态需求者之间，因他们不同的行为方式和行为特征而形成不同的行为关系"的新认识的前提下，采用博弈论的分析方法，讨论可持续发展经济学中的各种形式的人类行为关系。在静态完备信息博弈方法之下，讨论了"囚徒困境"式、非"囚徒困境"式等各式博弈的人类行为关系。在动态完备信息博弈与子博弈完美均衡的方法之下，探讨重复博弈与扳机战略等具体问题。在静态不完备信息博弈概念下，探讨了可持续发展中有关静态不完备信息博弈以及博弈机制设计的若干示例。

第十一章，在讨论资源利用、环境治理、生态维护等可持续发展问题时，常常遇到市场手段无法发挥作用的情形，尤其是公共品供给和外部性问题。因为，环境治理、生态维护大多属于公共品，环境影响、生态影响也往往会外在地施加于其他群体。本章着重讨论可持续发展经济学中的公共品供给与外部性问题。讨论了可持续发展经济学中的公共品最优供给、公共品供给机制设计、连续型公共品的有效供给等问题，探讨了可持续发展经济学中外部性问题的分析方法、外部性与科斯（Coase）交易、外部性与庇古（Pigou）税、正外部性等问题。

下篇，"可持续发展理论与实践的新认识"。

前文采用新的理论阐释范式对可持续发展问题进行新的认识，并采用现代经济学方法对可持续发展问题进行新分析，笔者由此形成了对许多可持续发展及其相关问题的新见解，对既有的可持续发展思想或做批判或做修正或做新视角的探索。如，对所谓"经济与生态双赢""环境库兹涅茨

(Kuznets)曲线""绿色GDP"等的认识。或许，对可持续发展的认识能够由此而有所推进。在关于可持续发展的新的认识体系下，笔者对相应的实践问题也形成了若干新的主张。

第十二章，阐述了作者对可持续发展理论的若干新见解。分别从"第一生产要素"演进、"庞局机理"、"成本外部化"、"环境库兹涅茨曲线"辨析的视角，对工业经济（资本经济）带来的生态环境问题，展开了成因和机制分析。这些分析，对现实的可持续发展有启示价值。(1)从"第一生产要素"的视角来看，可持续发展过程中，其一，对于尚处于"资本积累"时期的区域应当有意识地防范：为了经济快速发展，短时期内大面积地毁灭性地利用某一自然资源（如森林资源的毁灭性开发、对野生动植物资源的掠夺性利用、不顾后果地对自然矿产资源的开采等）；其二，对于一些较为发达的区域，则应防范一些新的生态环境问题，如，新技术的应用可能给生态系统带来的不确定风险。(2)从"庞局机理"的视角来看，可持续发展中，其一，从政策逻辑方面彻底修正"自然资源生态环境无限供给"的认识，形成各层面经济主体的自然资源和生态环境的"可损耗配额"；其二，应使经济增长的"信念"和"预期收益率"来源于"生态效率的提高"，而不是"要素的无限扩张"；其三，以低碳低耗"替代性"作为维持经济活动"规模"的主要路径；其四，在生产和消费领域寻求有助于低碳经济活动的"收益率—规模扩张的正反馈循环"。(3)从"成本外部化"的视角来看，可持续发展中，其一，从制度上防范各种形式的成本外部化转嫁为生态环境的损耗；其二，从理念和制度上防范各种促进经济增长措施强化生态环境损耗的强化；其三，从理念和制度上防范各种应对经济危机的措施强化生态环境损耗的强化。(4)从对"环境库兹涅茨曲线"辨析的视角来看，可持续发展中，其一，以"环境库兹涅茨曲线"为依据的"先增长、先污染，后治理、后改善"的发展思路，应予摈弃，因为，从中长期来看和从全域角度来看，得不偿失；其二，"经济—环境的双赢"的思维也不可取，因为在全域范围内难以实现。所谓的"经济与环境的双赢"多数来自两种途径，或是"损人利己"，即通过损害他人的经济利益或环境利益来实现；或是"自欺欺人"，即以某一种生态风险的方式，把生态环境破坏的危险遗留给未来、他人或后代。

第十三章,从"人类命运共同体""人类整体观"的视角,对可持续发展的全球价值展开了探讨和分析。(1)"人类命运共同体"视角下的可持续发展内涵,一是追求人类作为一个整体的共同利益,二是维护全球生态系统的完好性,三是追求人类各世代间的代际公平。(2)"人类命运共同体"是全球可持续发展的认知主体与践行主体。在这一认识下,可知:其一,全球性的绿色核算才有意义;其二,全球范围的库兹涅茨环境曲线未必存在,全球一体地进行生态—经济利益的权衡才有意义;其三,"人类命运共同体"视角的代际公平才有意义。(3)超越工业文明,应从"人类命运共同体"视角协同构建生态环境问题的全球性规制。如:其一,全球生态环境影响的总量管理;其二,经济规模的总量管理;其三,协同性制度机制;其四,代内公平和代际关系的协调;其五,共同体利益与国家利益、个体利益的协调。(4)"人类整体观经济学"要为"人类命运共同体"的可持续发展奠定理论机制。如,其一,要把维护全球生态系统可持续性作为各主体利益追求的基本约束;其二,要把"自然价值"作为人类经济活动与生态利益的重要权衡理据;其三,要从人类整体利益角度考察各种经济活动的系统效应;其四,对于以生态系统为对象的外部性完全内部化;其五,要从"全球性公共品"角度确立各利益主体的生态责任。

第十四章,从"人与自然和谐共生"的学理分析、"生态可损耗配额"的理论意义、经济—环境的"权衡"—"制衡"关系、生态环境规制制度的有效性等视角,阐述了可持续发展政策理论基础。(1)在"人与自然和谐共生"理念下,全域及区域应当遵循的发展准则可归纳为:其一,"最小安全面积"准则;其二,"生态功能区红线"准则;其三,"资源消耗与环境损耗的承载力约束"准则;其四,"生态承载力的人口经济规模约束"准则;其五,"全球生态系统安全的贡献"准则;其六,"生态环境公平与生态贫困治理"准则。(2)"生态可损耗权"的配置是推进可持续发展的关键性机制。只有建立了"生态可损耗配额"制度,才能有效地形成"排放权"等"生态品"的价格与交易,进而才能提高"排放权"等的使用效率。"生态可损耗配额"的初始配置,是生态公平(各地区、各群体公平地拥有"生态可损耗配额"和有效率地使用"生态可损耗配额")的重要内容。(3)从生态环境规制有效性的角度来认识环境保护制度的构建，应以形成经济增长与生态环境规制"制衡关系"为主要制度取向，逐步取代传统的多目标"权衡关系"思维。"制衡关系"取代"权衡关系"，也应成为环境保护制度构建的政策逻辑。(4) 从博弈均衡的角度来分析，可以得出：为达到威慑和制约生态环境违法行为目的，生态环境规制的有效政策是"对查获的生态环境违法行为实施重力度的处罚"。"较轻的处罚力度"和"加大查获率"都不能起到有效的作用。对于风险中立或风险偏好者，则必须采取"提高查获率"与"提高处罚力度"双管齐下的对策，才能有效。

第十五章，基于全书的分析，提出了推进可持续发展的政策主张。主要包括：经济社会发展与可持续发展相衔接方面的若干政策主张；可持续发展机制构建方面的若干政策主张；推进绿色发展方面的若干政策主张。

本书对"可持续发展"问题所做的探讨，试图在经济学理论方面、可持续发展研究方法方面、推进可持续发展政策基础方面有所推进。笔者认为，在以下几方面的研究中有所进益。

本书的理论意义以及有一定理论价值的探索在于：从一个系统的、全新的视角，阐述了可持续发展及可持续发展经济学的逻辑基础；对人类社会经济活动可能导致的各种"不可持续"问题、成因、解决途径做出了全面的解析；对人类社会经济关系可能引致的各种可持续发展经济学问题进行了全面的归纳，并从同一逻辑出发对其中的若干问题展开了深入的分析而得出了一些富有新意的认识；以可持续发展的视角对"发展内涵"和"贫困的内涵"做出了完善性的剖析。

本书在可持续发展经济学的研究方法方面：以物质需求者、人文需求者、生态需求者为逻辑基础的人类关系分析方法，对于讨论"经济人"关系以外的人类社会经济活动，似有所裨益；以私人、群体、人类整体分别作为行为者和承受者对有关可持续发展问题的分析，在研究方法方面某种意义上来说具有一定的创新性；在引入微观经济学方法和借用既有示例对有关资源、环境、生态问题的研究方面，使得可持续发展问题与经济学方法有了较紧密的结合，尤其是引入博弈论对人类行为关系所引致的可持续发展问题的研究、引入不确定性方法对环境治理政策有效性的研究。

本书所做的探索对现实经济问题的实践意义在于：理论分析为探寻各种"不可持续"问题的起因和寻求根本性的解决方略提供了思路；理论

上对"环境库兹涅茨曲线""绿色GDP""生态功能区谁污染谁负责"等既有观点的质疑，为实践中制定相关问题的解决政策有一定的参考作用；理论上对"发展"及"贫困"内涵的全面分析，也为实践中所应解决的"发展"问题提供有针对性的方向；基于理论分析提出的经济—环境"制衡关系"为主要制度取向、以生态效率提升作为环保产业支持政策的确立依据、以"消费碳票"机制倒逼绿色生产生活方式转变、所有权分散化强化重要生态功能区"永不开发"等，对现实的可持续发展的政策制定有一定参考价值。

对于可持续发展经济学及其在中国的发展，笔者有以下基本认识。

要认识"可持续发展经济学"，首先思考的是人类追求"可持续发展"的逻辑基础是什么？引导人类行为的人类需求可划分为"物质需求""人文需求""生态需求"，正是这三种需求引导着人类的经济行为、社会行为、可持续发展行为（亦即生态文明建设行为）。其中，作者所认识的"生态需求"，并不仅仅是指人们对宜居环境质量的需求，更主要的是指每一个人类成员对于人类世代永续传承、对于地球生态系统永续完好的意愿，亦即人们为满足这一愿望而适当减少其物质需求的意愿支付。"生态需求"即是：出于对人类整体的存续与发展的目的性，人类成员对人类整体利益、后代利益、地球生态利益的关注。在"物质需求""人文需求""生态需求"的框架下，继续思考"不可持续"问题的成因是什么？人类活动无疑是以一定的投入去满足其各种需求，人类满足需求的投入也可划分为"物质投入""人文投入""生态投入"，"物质投入"就是平常所指的固定资产、资本、劳动等，"人文投入"是指技术、管理、制度等，"生态投入"则是经济活动过程中对生态环境的损耗。过度的投入以满足过当的需求，无疑就是"不可持续"问题的成因和根源。要想解决现实中的"不可持续"问题，其根本途径是：投入必须有约束，需求满足必须有节制。接下来思考的一个问题是，在"物质需求""人文需求""生态需求"的框架下，经济学应有什么样的改进？很显然，以"理性经济人"为假设的主流经济学，实质上就是单纯讨论以物质投入满足物质需求的经济行为，其讨论的行为者就是以满足物质需求为唯一目的的"经济人"，其讨论的行为者关系就是"经济人"与"经济人"之间的关系。然而，在引入"人文需求""生态需求"的情形下，经济学所应讨论的人类活动就是以"物质投入""人文投入""生态投入"去满足"物质需求""人文需求""生态需求"的各种活动；所应讨论的行为者及其关系，就是"物质需求者""人文需求者""生态需求者"两两之间的关系。与此同时，还应思考的一个问题是，主流经济学抽象的"理性经济人"通常是以"私人"（消费者个体、生产者个体）的组织形态来认知的，这对于单纯描述人类满足"物质需求"的情形是适用的。然而，延伸描述人类满足"人文需求"的行为，其行为者的组织形态往往是"群体"，描述人类满足"生态需求"的行为，其行为者的组织形态则是"人类整体"。实质上，就是将经济学划分为讨论"私人"行为关系的"微观经济学"、讨论"群体"行为关系的"宏观经济学"以及讨论"人类整体"行为的"人类整体观经济学"。可持续发展经济学、生态文明建设的经济学，实质上就是"人类整体观经济学"。不难得出，"人类命运共同体"与作为行为者的"人类整体"概念有着共通的内涵。再进一步思考，经济学的主题会因之而发生什么样的变化？主流经济学主要讨论的是资源的"配置效率"问题，对福利的"公平分配"问题也有所关注。也就是说，"效率"和"公平"是传统经济学的两大主题。而适应可持续发展、生态文明建设的经济学，就不得不面对地球生态系统的"可持续性"问题，亦即为了维护人类生存基础的地球生态系统的"可持续性"，必须给出人类经济社会活动不可突破的界限，这就是经济学所必须首先讨论的基本前提，即"可持续性"问题。"可持续性"问题在经济学中最主要的体现就是"经济总量规模的限制"。如同环境经济学家戴利（H. E. Daly）所做的一个比拟，船只的装载，首先要考虑的是船只及其运航条件可承受的最大承载量，而后再去考虑如何更合理地"配置"才能使船只运载得更有效率。由此可见，可持续、效率、公平是经济学讨论的三大主题。

要认识"可持续发展经济学"，最根本的就是要把握"可持续发展"的本质内涵。可持续发展，就是"人类赖以生存传承的自然生态系统的可持续性得以保障前提下的发展"。也就是说，人类经济社会发展，要以生态系统的生态功能可持续作为其前置约束条件，因为，只有这样才能使人类生存和发展获得一个长期稳定完好的条件，才能使后代人的长期发展能力得以持续。在这一认识下，就能很好地理解"可持续发展经济学"的内涵，那就是将"可持续发展"的理念纳入到其他经济学之中。"可持续发展"的理念纳入到政治经济学，则得出：生产关系不仅要适应生产力水平，而且还要考虑自然生态系统对生产力的承载能力；该理念纳入到宏观经济学，则得出：一个国家或地区经济增长，要以生态环境的承载能力作为其前置约束条件，在此基础上确定其发展目标及发展政策；该理念纳入到微观经济学，则得出：要在保障生态环境"可持续性"的前提下，确定生产者和消费者的行为选择；该理念纳入到发展经济学，则得出：发展中国家在工业化的发展进程中，要先行考虑到伴随经济增长的生态环境影响，不应重蹈"先污染后治理"的发展道路。生态经济学、环境经济学，主要讨论的是生态环境要素使用过程中和生态环境问题治理过程中的经济性，而可持续发展经济学主要讨论的是将生态环境因素纳入的各类经济学问题。

在经济由高速增长阶段转向高质量发展阶段的背景下，对可持续发展经济学而言，一方面，纳入的各类经济学问题之中的生态环境因素的权重显著提升，任何一个理论性的或应用性的经济学问题，都势必将生态环境作为重要因素纳入其讨论框架之中。因此，这一经济学的作用地位也就凸显出来。另一方面，随着生态文明建设、污染治理攻坚战等实践活动的推进，为可持续发展经济学提供了鲜活的案例，也为可持续发展经济学理论的进一步完善提供了实践基础。

要不断完善可持续发展经济学，可从两个关键方面入手。一是针对现实，从现实发展实践中凝练出深化的理论认识、理论概念和理论逻辑；二是在既有研究和现实发展的基础上，提出逻辑完善的理论框架，确立这一经济学的分析范式和研究范围，明确其提出政策主张的逻辑基础；三是充分认识到可持续发展的本质目标是：全球经济活动，必须在全人类赖以生存传承的地球生态系统的可持续性得以保障前提下进行和发展，因此，应当把"人类命运共同体"思想纳入到全球可持续发展问题的研究之中，使之成为可持续发展经济学的重要组成部分，并使之具有国际学术话语权价值。

上 篇
可持续发展经济学的阐释范式

上 篇

中国社会发展和经济学的演进

第一章

可持续发展对经济学视野的拓展

经济学在一定程度上引导着人类社会发展目标的确定、发展模式和发展途径的选择、发展过程的演变乃至人们的价值取向。从古典经济学到新古典经济学乃至新兴的各种经济学理论，经济学都是作为对稀缺资源进行有效配置以最大限度满足人类需求问题进行研究的科学，在人类工业化发展过程中发挥着引领大众认识并指导经济活动的作用。现代社会的经济繁荣和现代社会的生态危机，在一定意义上来说，都是现代经济学（传统主流经济学）理论指导经济活动实践的结果。传统主流经济学是不考虑自然资源和生态环境要素约束、不考虑"人类—自然关系"的（新古典经济学如此，传统政治经济学亦如此），体现在以下几个方面：（1）认为自然资源和生态环境要素是可以自由取用、不必支付成本的物品；（2）认为自然资源和生态环境要素是无限的；（3）认为"利润最大化"和"效率"追求是经济活动者的根本目的；（4）宏观经济学有关总需求及经济效率的理论与实践，都是以需求增长或经济增长的方式作为解决经济运行矛盾的根本手段；（5）认为人类作用于自然的一切劳动都会给人类增加效用、增加财富。在传统经济学中，尤其是宏观经济学中，没有"负的"产出的概念。经济学不考虑"人类—自然关系"（亦即，不考虑人类经济社会活动与生态系统承载力[①]的关系），其理论实践的结果必然

[①] "生态系统承载力"（简称"生态承载力"）是指，生态系统所能够承载的人口及其经济活动的程度。如果人类经济活动的程度在生态系统承载力范围之内（可再生自然资源的使用速度不超过再生的速度，自然环境的损耗不超过自净化能力的状态下），生态系统能够完好地运行和延续；如果超过了生态系统承载力范围（可再生自然资源的使用速度超过再生的速度，自然环境的损耗超过自净化能力的状态下），生态系统则无法完好地运行与延续。

刺激和激励经济活动对自然资源的耗竭性使用和对生态环境无所顾忌的改变，最终必然导致生态系统的破坏进而导致人类生存传承条件的劣化以及人类生态危机的出现。

然而，随着人类发展背景的变化和发展阶段的演进（经济规模达到如此庞大的地步，以至于经济活动所消耗的自然资源和对生态环境的影响，已接近甚至超出了生态系统的承载力），人类认识世界的哲学思想也发生了深刻的变化（尤其是生态哲学、生态伦理哲学思想的出现），人类对于自古以来的人类经济活动的评价同样也发生了深刻的变化（集中体现在"可持续发展"思想理念的形成与实践），传统主流经济学的基本逻辑构架出现了难以自洽的矛盾。经济学面临着这样的现实状况：不得不改变以往不考虑自然资源和生态环境要素约束的假设前提，不得不将"人类—自然关系"纳入其逻辑框架之中。

现代经济学，是建立在"经济规模远远小于自然资源和生态系统承载力"这一前提条件下的逻辑体系，犹如牛顿物理学是建立在"物体运动速度远远低于光速"的前提下，它们的理论适应现实的能力是有局限的。现代经济学，只适应阐释经济规模尚不能对生态系统承载力构成显著影响的经济活动，也犹如牛顿物理学只在低速运动状态适用一样。很显然，经济学必然需要随着经济规模扩展到生态系统承载力的边界而被改造。并不是要彻底地否定现代经济学的逻辑体系，而是要用一个适应范围更广的逻辑系统来适应现实发展特征且包容原有的体系。这就是在"可持续发展"观念下，把"人类—自然关系"纳入经济学，拓展经济学视野的努力方向。换言之，传统经济学不把"人类—自然关系"纳入经济学视野，导致了"人类—自然关系"的不和谐；而可持续发展经济学将"人类—自然关系"纳入经济学视野，则追求"人与自然和谐共生"。

第一节　经济活动规模扩展到了生态系统承载力的边界

现代经济学，是建立在"经济规模远远小于生态系统承载力"这一前提条件下的逻辑体系。然而，资本经济和工业社会以来，人类经济活动规模迅速扩张，不断扩展并越来越接近生态系统承载力边界，某些方面已经突破了生态系统承载力,已然是一种不争的事实。这一基本事实表明:经济学视野急需随着经济活动规模及强度临近生态系统承载力边界而拓展,经济学的逻辑基础及其逻辑架构也应随之修正而被改造。

一 人类经济活动突破生态系统多维临界

人类经济活动中,自然资源是否可永续性地取得、财富是否可无限地增长、日益严重的生态环境破坏问题是否能够得以消除或削减?人们逐渐认识到产生这些问题的根源在于,过往人类经济活动对于维系自身生存传承发展的生态系统的忽视,逐渐意识到:人类赖以生存的基础并不是无条件地存在的、人类无止境的活动不仅不能强化这一基础而且还有可能对这一基础产生不可逆的影响。正是这一系列日益严重的"生存条件恶化"现象的出现(累积起来就形成了"生态危机"),人们才逐步认识到人类的活动不能脱离"人类—自然关系"(或者说不能无视"生态系统承载力"的约束)去认识、去行为。

人类经济活动不可超越生态系统所规定的"约束"以维护生态系统的完好性及其可持续性,这是经济学不得不面对的现实背景。人类历史及现实活动中超越或接近生态系统承载力"约束"而导致的"生态危机"现象、人类利用自然和改造自然所导致的生态环境影响,这些方面的问题都是经济学理论所不能回避的。

本节,拟从生态系统对人类经济活动的"约束"以及人类活动对其的突破的角度进行分析。目的在于指出经济学改造所要面对的问题:人类在其经济社会活动中如何有效地维护生态系统的完好性及其可持续性而不可超越其承载力所规定的"约束"。

(一)表征人类生存系统稳定性完好性的生物多样性遭受破坏

生态系统,一般定义为:"一定的空间内,生物和非生物成分通过物质循环和能量流动而形成的生态学功能单位。"生态系统的基本功能有:生态系统的能量流动、生态系统的物质循环、生态系统的信息传递。如果这些基本功能被破坏,那么生命系统就无法维持生命的存在和繁衍,系统也将因其稳定性和有序性的破坏而走向崩溃。当生态系统趋于稳定后,生态系统的各部分处在相互作用的平衡状态。此时,生物种类最多、种群数量比例适当、总生物量最大、生态系统的调节及维持正常功能的能力最强。如果外界干扰超过了一定限度，那么就会出现生态系统失调。人类作为生态系统中的一分子，其在生态系统的运行发展规律下生存发展着，也就是说，生态系统的完好是人类生存发展的基础，人类必然应当自觉地维护生态系统的良性运行。然而，某一阶段的人类成员在较短的时间尺度内却有能力超越生态系统承载力而获得较多的短期利益或个体利益，这就必然导致生态系统的破坏，也必然导致自然对人类过当行为的"报复性"反应。由此可见，在现实世界中，生态系统不再是完全外在于人类活动，而是与人类活动形成了一定程度的互动关系。这就要求人类为自身的生存发展利益进行"尊重自然""顺应自然"与"征服自然""改造自然"的权衡。

生物多样性，是人类生存条件完好的重要表征，是"人类—自然关系"良好的重要特征之一，也是人类社会得以产生、存在和发展的重要基础。学术界有一个基本认识：生态系统的稳定性是其生物多样性的函数。也就是说，生物多样性的完好表征系统的复杂性和稳定性，意味着其抗外在干扰性能力和自我修复的能力较强。这是生态系统一个规律性的特征，也是人类活动所必须维护的。生物多样性，对人类生存发展，具有其不可替代的价值，但随着人口的急剧增长、经济活动规模的急剧扩张、技术对自然资源及生态环境影响的急剧深化，生物多样性正遭受着严重的破坏，而表征人类永续生存传承的条件面临巨大威胁，反映在两方面：一方面是大量动物、植物物种的濒危与灭绝；另一方面是生物生存条件的破坏、分割与退化。

世界自然基金会自 1998 年来每两年发布一次《地球生命力报告》（*Living Planet Report*），持续在全球范围内监测代表 4005 个物种的 16704 个动物种群，包括哺乳动物、鸟类、鱼类、爬行动物和两栖动物，来衡量生物多样性的变化。《地球生命力报告 2018》显示，全球鱼类、鸟类、哺乳动物、两栖动物和爬行动物的数量相较 1970 年平均下降了 60%，而且消亡速度正在加快，鸟类、哺乳动物、两栖动物、珊瑚以及苏铁科植物这五大物种消亡加速尤其严重。淡水生态系的生物数量减少速度最快，达到 83%。从地域上来看，热带地区的物种数量下降明显，南美洲、中美洲和加勒比地区的新热带地区是"重灾区"，与 1970 年相比损失了 89%。最近数十年，地球物种消失的速度是数百年前的 100—1000 倍。《地球生命力报告2020》显示①，1970年至2016年，全球哺乳动物、鸟类、鱼类、两栖动物和爬行动物的种群数量平均下降了68%。地球上75%的无冰土地已经被人类活动显著改变，自从1700年以来，全球近90%的湿地已经消失。历年报告指出，人类活动直接构成了对生物多样性的最大威胁。

（二）表征人类活动规模与强度可承受性的生态环境承载容量被突破

认识"生态环境承载容量"概念，并在生态环境承载容量的限度内活动，是人类得以持续生存与发展的必然要求，这是一种"可持续的"人类生存理念。即人类在实现社会成员、群体、人类整体的需求而进行经济社会活动时，不得超越生态系统所规定的界限（或者说生态系统所能够容忍、能够自我恢复的范围），只有持有这样的理念才能维护人类的持续生存。"生态环境承载容量"概念既是保障人类持续生存的物质基础、是人类经济活动的理性基础，同时也是人类追求效用最大化的基本约束。生态环境承载容量，是人类可持续生存的一个质的界限，如果突破了这一界限，即意味着人类生存条件将日益恶化、日益脆弱，人类生存条件便失去了稳定的物质基础。对生态环境承载容量是否被突破的辨识，可以从生态环境承载总量（任一生态系统或整个地球的承载容量即为它所能承受的最大压力，突破此容量，该系统便难以稳定）、生态系统承载力的变化速率（可更新资源利用率、不可更新资源的消耗率、环境污染承受力）、生态系统负载（人口容量、经济规模容量）等角度来进行。

如图1-1所示，假如全球人口以某个发达国家当前人均生态足迹水平生活的话，需要多少个地球才能承载全球人口的模拟数字。如果以澳大利亚2016年的人均生态超载水平生活的话，则需要5.4个地球才能承载；如果以美国2016年的人均生态超载水平生活的话，则需要4.8个地球才能承载；如果以2016年的全球人均生态超载水平生活的话，则需要1.6个地球才能承载。意味着，全球经济活动远远超过了地球的生态承载力，亦即，地球生态系统正在生态超载的状态下运行。图1-1非常形象地显示了全球人类经济活动对生态环境承载力的超载状况。

---

① 参见 https：//wwfeu.awsassets.panda.org/downloads/1__lpr20_full_report_embargo_10_09_20.pdf.

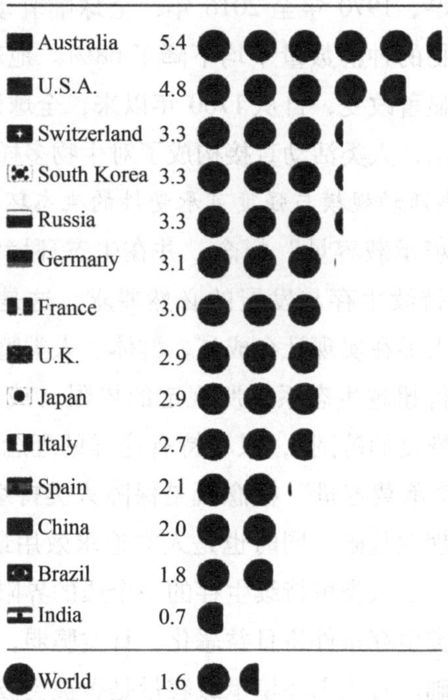

国家	值
Australia	5.4
U.S.A.	4.8
Switzerland	3.3
South Korea	3.3
Russia	3.3
Germany	3.1
France	3.0
U.K.	2.9
Japan	2.9
Italy	2.7
Spain	2.1
China	2.0
Brazil	1.8
India	0.7
World	1.6

图1-1　假如全球以某国当前生态超载水平发展需要多少个地球承载的图示

资料来源：Global Footprint Network, Annual Report 2016.

（三）全球气候急剧变化引致生态系统功能劣化

2020年3月，联合国与世界气象组织共同发布《2019年全球气候状况声明》（以下简称《声明》）[①]，全方位聚焦气候变化影响。《声明》确认，2019年是有记录以来温度第二高的年份，2015年至2019年是有记录以来最热的5年，2010年至2019年是有记录以来最热的10年；自20世纪80年代以来，每个连续10年都比1850年以来的前一个10年更热；2019年，全球平均温度比估计的工业化前水平高出1.1℃，仅次于2016年创下的纪录。《声明》强调了气候变化呈现的明显自然环境变化的迹象，例如，陆地和海洋热量的增加、海平面上升加速和积冰融化等，记录了天气和气候事件对社会经济发展、人类健康、人口迁徙、粮

---

① 转引自中国气象局官方网站。

食安全以及陆地和海洋生态系统的影响。《声明》指出，由于温室气体浓度持续增加，气候系统中积聚的多余能量中有90%以上进入海洋。2019年，进入两公里深度的海洋热含量超过了2018年创下的纪录高值。海洋变暖对气候系统产生了广泛的影响，并通过海水的热膨胀造成超过30%的海平面上升。海洋变暖正在改变洋流，间接改变风暴路径并造成漂浮冰架融化。加上海洋酸化和脱氧，海洋变暖导致海洋生态系统发生巨大变化。

（四）表征人类发展物质基础可持续性的自然资源和生态系统阈值被突破

自然资源是人类—自然关系中最主要的作用物，是人类赖以生存发展最直接的能量来源。自然资源，指在一定的技术经济条件下，自然界中一切对人类生存、生活、生产有益的物质和能量。广义地看，人类的生存条件也可以看作是一种特殊的自然资源。自然资源可被人类开发利用，但开发利用自然资源必须考虑这一资源是否可更新，只有当人类消耗某一类资源的速度不超过该类资源的更新速度时，才能保证自然资源不致因过度使用而减少。这就是人类利用和开发自然资源的基本原则。对可再生自然资源，人类对其利用时可能出现的问题是：在各种经济活动中损害该种资源的自我更新能力，从而使该资源的质与量有所改变甚至退化到无法继续提供资源的程度；而对不可再生资源，在没有新的替代品出现或新的生产方式、生活方式出现之前，人类对其的利用已接近甚至部分超过其边界阈值，或者以当前使用方式及使用速度，可以预见在有限的时间内就将趋于耗竭。对自然资源的利用必须考虑"资源承载力"，指一个国家或地区在可预见的期间内、利用本地区的自然资源和经济技术条件、在保证其成员物质生活水平的条件下所能持续供养的人口数量。主要有土地承载力、水资源承载力及矿产资源承载力。土地承载力、水资源承载力是指在保护和改善现有生态环境的前提下可利用土地、水资源，对应当地国民经济所需土地、水资源，所能持续供养的人口数量。矿产资源承载力指在可预见的时期内，利用矿产资源进行必要生产所能持续供养的人口数量。

生态系统，是人类赖以生存发展的基本条件、是自然天成所造就的，但人类在生产和消费的活动中却往往对自身的生存条件施加负面的影响。这些影响是不可避免的，但必须遵循在自然恢复能力范围内的原则。如人类在利用自然资源、进行生产消费活动时，会向生态系统产生废弃物输出，部分废弃物可以被生态系统净化、部分废弃物则不能被生态系统净化。这就要求人类在生产生活过程中，应使可以被生态系统净化的排放物的排放速度低于生态系统自净化的速度；对于不能被生态系统净化的排放物，则需要通过人工的方式处理成能够被生态系统净化的物质。总之，人类在利用自然生态环境、向生态系统排放废弃物的过程中，必然对生态系统造成一定程度的破坏。这就要求人类破坏生态环境的强度不得大于生态系统自我修复能力、人类破坏生态环境的速度不得快于生态系统的自我修复速度。

（五）表征生态系统可持续性的多维临界被逐一突破

生态系统，作为人类存续发展的维系载体，从某种意义上来说，限定了人类活动的临界范围。"临界"是指某些事物发生质变的转折点或某些累积过程的界限。目前，很多"临界"都面临着被人类活动规模所突破。

（1）人口承载力临界。由于地球承载力是有限的，所以生活在地球上的人口必然是有限的。也就是说，要想进入可持续发展状态，最基本的一个条件是保持人口的零增长，如果人口不断地增长或者人均消费不断增长，生态系统根本无法承受。目前，地球上所有陆生生态系统每年的净初级生产量的40%以上直接或间接地为人类所利用或破坏。也就是说，如果人类生产和消费模式不变的话，那么，人类人口只要增加1倍或者人均消耗增长1倍，就将消耗掉地球上全部的净初级生产量。也就是说，人类的生存基础即将达到承载能力的极限。但是，现实中全球人口依然在不停地增长，并且人均利用或损害自然资源环境的程度伴随着人均生活水平的提高而持续增长。

（2）系统自组织临界。自组织现象是指，系统面对内部波动或外部干扰冲击时，由于众多子系统的协调行动而使系统实现非平衡态的相变，自组织现象广泛存在于生态系统、社会系统、经济系统之中。在生态系统的运行、演化过程中，不可避免地会受到各种外部冲击（如自然灾害）和内部扰动（如社会动乱），从而出现自然的或社会经济的波动，但由于自组织能力会使系统发生非平衡相变而维持自身的稳定。但一旦波动幅度超过了系统承受能力和抗干扰能力，则会使系统崩溃。目前，由于人类经济活动导致生态系统日益脆弱，其抵御自然灾害等外部扰动的能力越来越弱化。

（3）环境质量可逆临界。人类活动导致一定的环境影响、环境质量劣化甚至恶化是难以避免的过程，但应以不导致不可逆转的环境破坏和环境退化为底线，这就是环境质量可逆临界。然而，资本经济和工业社会以来，随着人类经济活动的强化和技术影响的深化，已经在诸多方面导致了不可逆转的环境破坏和环境退化，即某些区域的空气质量、水体质量、土壤质量，在几十年的时间尺度内是难以恢复的，即使进行积极的环境治理和生态恢复活动也无济于事。

（4）代际可持续性临界。可持续发展追求的根本目标就是代际公平，以使当代人的行为不至影响后代人的福利水平。Peace 等认为，应该把保持一定量的自然资本存量恒定作为可持续发展的一个准则，因为，尽管人造资本和自然资本之间存在一定的替代关系，但某些关键性的自然资本向经济系统提供着不可替代的生态功能，所以必须维持这些自然资本的存量恒定以使后代人达到与当代人同样的平均利用机会。然而，现实中当代人的很多行为（耗竭性使用自然资源、肆无忌惮地制造废弃物和排放污染）并未顾及后代人的生存利益。

（5）生态安全面积临界。从生态系统角度来看，一个生态系统存在一个以生物多样性来衡定的生态安全临界，即当生态系统中的物种数量减少到某一阈值之下时，整个生态系统的自组织能力就会受到根本性的削弱和破坏。生物多样性临界通常以"至少要划出多大比例面积的保护区才能遏止物种减少的势头"。IUCN 等国际组织认为每个国家或每个生态系统至少应留出 25% 以上的总陆地面积予以完全不开发的保护，才可能实现保护生物多样性的目的。然而，目前生物多样性越来越面临严峻的局面，多数地区保持原始状态的生态保护区域面积远远低于 25% 的生态安全临界。

（6）自然资源可持续性临界。可再生资源的利用速度不高于该资源的再生速度，就能保持该自然资源存量不致减少，所以可再生资源的利用临界就是该资源的再生速度。具体到不同的可再生资源就会有以下的临界问题：森林资源的采伐量不应超过其生长量（否则将影响森林在提供调节气候、防止水土流失等生态服务方面的功能），草地载畜量不得超过草地维持再生能力的临界（否则将导致草地沙化、退化），海洋鱼类种群收获量不应超过其增长水平（否则将导致鱼类种群的减少），地下水开采量不应超过其可采量（否则将导致地表生态化、海水入侵、地面沉降等后果）。不可再生资源的利用速度如果超过其发现和技术替代的速度，那么该种资源就面临着枯竭，这就必然影响未来的发展及后代人的生存利益。所以，不可再生资源的"替代水平"是其利用的临界，而"替代水平"则包括：通过技术开发取得不可再生资源的替代物、通过技术进步扩大不可再生资源的开采空间和利用程度、通过技术进步和合理配置以节约不可再生资源的利用和回收利用等。而现实中，人类各经济主体并没有自觉地遵循这样一些原则，使得若干自然资源濒临耗竭。

二 人类经济活动超载导致生态赤字问题日益严重

人类在其发展历史中，不断地以自己的力量改变着自身的生活环境、意图为自己创造更加有利的生存条件，从而形成了"人化的"环境。凡是人类出于自身的利益要求、对生态系统进行改造和调控后形成的生态系统，称为"人化系统"。人化系统，本质上是反自然的，体现为：其一，人化系统总是趋向专一化、而制约着多样化过程；其二，人化系统是朝着不稳定方向发展的（资源消耗、人口增长、需求不断增长等因素造成了物质和能量的不平衡，而系统又无法补偿，导致了系统不稳定性的增强）；其三，人化系统的生产与消费过程是分离的，这样能量流动和物质循环因缺少某些环节而造成部分中断，导致废物的累积，这就是现代经济社会中环境污染的根本成因。人化系统对生态系统影响的极端情况就是生态系统平衡的破坏（累加到一定的严重程度便形成"生态危机"），即人类"征服自然""改造自然"的行动导致生态系统结构与功能的破坏。

人类经济活动规模扩展、人化系统对自然的影响强度，已经到了接近生态系统承载力的边界。可以从描述人类活动对生态系统产生影响的"生态足迹"等角度来认识。

（一）表征人类活动程度的"生态足迹"

生态足迹（ecological footprint），是由加拿大生态经济学家威廉姆（William）和瓦克纳格尔（Wackernagel）于20世纪90年代初提出的一种度量人类活动对生态影响的方法，是一组基于土地面积的量化指标，形象的表述是："生态足迹"是"一只负载着人类与人类所创造的城市、工厂……的巨脚踏在地球上留下的脚印"。生态足迹这一形象化概念，即反映了人类对生态系统的影响。这就是，当地球上所能提供的土地面积容不下这只"巨脚"时，其上的城市、工厂就会失去平衡；如果"巨脚"始终得不到一块允许其发展的立足之地，那么它所承载的人类文明将最终坠落、崩毁。由于任何人都要消费自然提供的产品和服务，均对生态系统构成影响。只要人类对生态系统的压力处于生态系统的承载力范围内，生态系统就是安全的、人类经济社会的发展就处于可持续的范围内。如何判定人类是否生存于生态系统承载力的范围内呢？瓦克纳格尔提出并完善的"生态足迹"概念，通过测定现今人类为了维持自身生存而使用的自然的量来评估人类对生态系统的影响。生态足迹的计算是基于：（1）人类可以确定自身消费的绝大多数资源及其所产生的废弃物的数量；（2）这些资源和废弃物能转换成相应的生物生产土地面积。因此，任何已知人口（一个人、一个城市或一个国家）的生态足迹是生产这些人口所消费的所有资源和吸纳这些人口所产生的所有废弃物所需要的生物生产土地的总面积和水资源量。通过跟踪一个国家或区域的能源和资源消费，将它们转化为提供这种物质流所必需的生物生产土地面积，并同该国家或区域范围所能提供的这种生物生产土地面积进行比较，能为判断一个国家或区域的生产消费活动是否处于当地生态系统承载力范围内提供定量的依据。

生态足迹分析思路是：人类负荷，是人类对生态环境的影响规模，由人口自身规模和人均对生态环境的影响规模共同决定。可用生态足迹来衡量人类负荷：人类要维持生存必须消费各种产品、资源和服务，人类的每一项最终消费的量都追溯到提供生产该消费所需的原始物质与能量的生态生产性土地的面积。所以，人类系统的所有消费，理论上都可以折算成相应的生态生产性土地的面积。在一定技术条件下，一定人口规模要维持某一物质消费水平持续生存所需的生态生产性土地面积，即为生态足迹。一个地区的生态系统承载力小于生态足迹时，出现生态赤字。生态赤字，表明该地区的人类负荷超过了其生态环境容量，要满足其人口在现有生活水平下的消费需求，该地区或是从地区之外进口欠缺的资源以平衡生态足迹，或是通过消耗自然资本来弥补收入供给流量的不足。

（二）全球呈生态赤字状态

瓦克纳格尔在《国家生态足迹》（Ecological Footprint of Nations）的论

文中，对52个国家和地区的生态足迹进行了计算。结果表明：全球人类活动与生态系统承载力的关系已十分紧张。全球总生态足迹远远超过总生态系统承载力，超支35%。为实现可持续性，必须消除高达35%的生态赤字。

世界自然基金会（WWF）发布系列"地球生态报告"，探讨人类对地球的冲击程度。《2004年地球生态报告》显示：（1）人类的"生态足迹"从1961年以来已增长了2.5倍。当今人类平均的生态足迹为：平均每个人使用了2.2公顷的土地所能提供的自然资源，这是将地球的113亿公顷富有生命力的土地和海洋区域除以全球61亿人口计算得出的。然而，实际上地球所能提供的资源限度是每个人1.8公顷，人均生态赤字达0.4公顷，全球整体呈生态赤字状态。"生态足迹"的值越高，人类对生态的破坏就越严重。由于人类过度开发自然资源的情况越来越严重，导致湿地、草原、森林、海洋等良性生态区域的面积减少，或者遭到了不可逆的破坏。（2）人类的资源消耗量以及制造的废物在2003年就已经超过了地球生态能力大约25%。"生态足迹"不断扩大的状况在工业化国家尤其严重，其社会成员正在以难以维持地球可持续发展的极端水平消耗资源。

随着生态赤字的增长，欧洲环境署认为，按经济划分的发达国家和发展中国家，应转变成按资源划分为"生态负债国"和"生态债权国"。生态负债国是指一国的总体消耗大于其自身生态系统的供应能力。生态债权国拥有生态盈余，本国居民的生态足迹低于本国的人均可用生物承载力。1961年，147个国家中仅有26个是生态负债国，但是到2003年，90个国家出现了生态赤字。[①]

表1-1所列为1970—2019年历年地球生态超载日，即该年度自超载日开始进入生态赤字状态。从该表看出，进入生态赤字状态的日期不断提前。从1970年的12月23日，提前到了2019年的7月29日，意味着该年自该日起就进入了生态赤字状态，其后5个多月的时间都是在透支生态资源。

---

① 参见中国环境与发展国际合作委员会、世界自然基金会《中国生态足迹报告》，www.wwfchina.org。

表1-1　　　　1970—2019年历年地球生态超载日

年份	地球生态超载日
1970	12月23日
1971	12月15日
1972	12月6日
1973	11月24日
1974	11月25日
1975	11月28日
1976	11月16日
1977	11月10日
1978	11月6日
1979	10月29日
1980	11月3日
1981	11月10日
1982	11月14日
1983	11月13日
1984	11月6日
1985	11月6日
1986	11月1日
1987	10月25日
1988	10月16日
1989	10月13日
1990	10月13日
1991	10月13日
1992	10月16日
1993	10月17日
1994	10月16日
1995	10月10日
1996	10月9日
1997	10月8日
1998	10月9日

续表

年份	地球生态超载日
1999	10月10日
2000	10月4日
2001	10月3日
2002	9月28日
2003	9月19日
2004	9月10日
2005	9月3日
2006	9月1日
2007	8月30日
2008	9月1日
2009	9月6日
2010	8月28日
2011	8月25日
2012	8月23日
2013	8月20日
2014	8月17日
2015	8月13日
2016	8月8日
2017	8月2日
2018	8月1日
2019	7月29日

资料来源：Global Footprint Network. Annual Report.

三　人类经济活动面临持续增长困境

人类经济活动得以无限增加进而无限延续的逻辑，是建立在"自然资源可无限供给、生态环境可无限利用、技术进步可不断解决自然资源和生态环境约束"这一前提下。然而，当这一前提变得并不切合实际或者说并不可信的状况下，经济增长不断持续这一局面也就难以为继。

随着经济的发展，人们普遍出现了对资源危机和增长极限的忧虑。"资源危机"思想反映了人们对现代经济增长范式的忧虑和反思。人们逐渐认识到自然资源的"稀缺性"、自然资源不是无限供给的、经济增长不可忽视其自然成本和负产出成本、科技进步并不能真正突破自然资源对经济增长的约束。

资源危机，源自于人类活动对资源使用的不断强化。人类在不同的发展阶段，对自然资源的认识和利用是不同的，其适应行为也不同。当人类发展到现代工业化阶段时，人类对自然资源的行为能力得到了空前的强化，此时资源的可得性虽然有所扩大（可使用资源范围的扩大、资源使用技术的提高），但远远低于资源需求的级数增长，而资源的整体状况则是随着资源的大规模使用和耗竭性使用而朝着退化方向变动，这一变动趋势必然会影响到人类的生存和发展。资源的可持续性问题和资源的危机问题也就必然地受到关注。

人类对于自然资源的适应行为包括：（1）对资源可得性的适应（生态环境条件下一定承载能力所能提供的资源数量、资源质量以及人类在该条件下所能认识到的可利用资源）；（2）对资源变动的适应（自然资源的供给是为适应生态环境的不稳定性而不断发生变化的，人类为了生存发展，必须以各种方式来适应资源供给的变动，如广泛地依赖更多种类的资源、实行可流动的生活方式、降低资源可得量的不确定性、不同空间的调剂和不同时间的调剂等）。

随着经济增长（特别是现代工业经济的发展）带来日益严重的生态环境问题以及资源制约问题后，人们不得不承认现代工业经济正经受着一切严重的资源危机。出于不同的认识角度，对资源危机的根源、性质、解决资源危机的可能途径等问题的看法不同，而提出了有关资源危机和增长极限的各种认识。有学者认识到，加剧"西方文明病"的主要根源是追求经济增长因而提出"反增长论"，即必须有目的地在全球范围内，或在某些国家内暂时停止物质资料生产和人口增长，以保持一种动态平衡的经济。梅多斯（D. L. Meadows）等人的《增长的极限》即是这一思想的延续，《增长的极限》提出，由于人类经济活动呈指数化的增长而造成资源过度开发和浪费，必然会导致自然资源枯竭和生态环境恶化，从而将导致严重的人类生存危机。[①] 其基本结论为：如果人类社会按目前的趋势继续

[①] Meadows D. H., Meadows D. L., Randers J., *The Limits to Growth*: *A Report for the Club of Rome's Project on the Predicament of Mankind*, London: Earth Island Ltd., 1972.（中译本：《增长的极限》，四川人民出版社 1983 年版。）

发展下去，这个世界将是：生活更不安定、人口更拥挤、污染更严重、资源更匮乏。如果不立即采取全球性的坚决措施来制止或减缓人口和经济增长速度，则在100年内的某一时刻，人类社会的增长就会达到极限，此后便是人类社会不可逆转的瓦解、人口和经济产量都将大幅度下降。《增长的极限》的主要论点为：人类社会的增长由五种互相影响、互相制约的发展趋势构成：加速发展的工业化、人口剧增、粮食短缺和普遍的营养不良、不可再生资源枯竭、生态环境日益恶化，它们的增长都是呈指数型的（指数型增长的一个特征是以上一期的基数为基础成倍增长，另一个特征是通向极限的突发性，因为极限到来之前只有极短的一期时间）。人类社会增长的五种趋势的物质量构成相互间的正反馈循环，加剧了增长接近极限的可能。人们或许可以采用科学技术手段来解决当前的某些问题，但无法根本解决发展无限性与地球有限性的矛盾，即或许能推迟危机的出现和延长增长的时间，但无法消除危机。人类只有采取"自我限制增长"对策（一是保持人口动态平衡、人口出生率等于死亡率；二是保持资本拥有量的动态平衡、新增投资额等于折旧额；三是尽可能地提高土地生产率、减少单位产品所消耗的资源数量和污染排放量），未来才能是一个稳定的、保持动态平衡的世界。

除了人类活动超越界限可能导致资源危机和增长极限之外，自然资源在时间上的配置不合理也可能导致资源危机和增长极限。由于资源的配置是动态的、资源利用是不可逆转的，因此必须考虑其长期影响。资源的时间配置存在着如下几个问题：（1）时间跨度问题。资源配置影响的时间跨度是相当大的，通常比一般的资本投资持续时间长得多。例如，一个植被群落被破坏后，恢复起来可能需要几十到几百年甚至更长的时间。当一个油田开采完后，要恢复它则至少要经过几个地质年代的时间；而生物资源的某些破坏（如物种消失等）则实际上是完全无法恢复的。因此，自然资源的开发利用如果仅仅只考虑若干年限内的成本效益比较是很不充分的。（2）不可逆性问题。通常的经济活动影响是可逆的，或者说其影响是可以充分补偿的。而自然资源开发利用的逆转代价相对要高得多，甚至无法逆转。例如当一个自然景观被破坏后恢复起来却是相当困难的，而且完全恢复原来的状况实际上也是不可能的。诸如土地破坏、物种消失等产生的不可逆转影响，将使人类整体和人类后代承受重大的利益损害。(3) 不确定性问题。资源开发利用中存在着许多不确定性，包括资源利用技术的不确定性，资源替代技术的不确定性，资源需求的不确定性和资源利用的风险和有害影响的不确定性等。(4) 代际间协调问题。由于自然资源本身是稀缺的，而在自然资源开发利用中又存在着影响时间跨度大，以及不可逆性、不确定性等因素，因此出现了自然资源在各代人之间如何进行有效分配的问题。上述问题如果不能得到妥善对待的话，人类经济活动的资源危机和增长极限问题也必然不断地强化和加剧。

第二节　主流经济学理论实践强化了生态矛盾

经济学作为对稀缺资源进行有效配置以最大限度满足人类需求问题进行研究的科学，在现代经济社会的发展中起着重要的作用。传统的主流经济学在现代社会的发展目标的确定、发展模式和发展途径的选择、发展过程的演变，乃至人们的价值取向等方面都起到了关键性作用。现代社会的经济繁荣和现代社会的生态危机，在一定意义上来说，也是传统主流经济学理论指导经济活动实践的结果。

一　经济学理论层面的现实矛盾

从传统主流经济学的基本逻辑进行分析，不难得出：自然资源的耗竭和自然生态环境的破坏是其逻辑的必然结果。对此，可以从以下几个方面来认识。

（一）传统经济学认为自然资源是可以自由取用、不必付费的物品

罗宾斯（Robbins Lionel）在《经济学的性质和意义》一书中对经济学的定义是："经济学是研究用具有各种用途的稀缺手段来满足人们目的的人类行为的科学"[①]，所以经济学讨论的都是稀缺资源。那么哪些资源是作为稀缺资源而被纳入经济学分析范围呢？萨伊（Jean-Baptiste Say）说过："人类所消费的某些东西，例如在某些情况下的空气、水、日光等

[①] Robbins Lionel, "An Essay on the Nature and Significance of Economic Science", *American Journal of Sociology*, Vol. 48, No. 2, 1935, pp. 463–465.

是自然赐予的无代价礼物，不需要人的努力去创造它们……因为它们不是可以生产得出，不是由于消耗而毁灭，所以它们不属于政治经济学的范围"①；马歇尔（Alfred Marshall）也指出，虽然一切自然资源都是财富，但属于经济学研究范围的财富是：可以转让和交换的具有私有财产权的那些物质财富，直接能用货币衡量的财富（一方面代表生产这些东西付出的努力和牺牲、另一方面代表所满足的欲望），凡是不作私人之用和由自然供给而不需要人类努力的都是自然财富。②可见，不能直接用货币衡量的自然资源是不作稀缺资源而纳入经济学的"有效配置"的框架之内的，但是经济学并不否认人类经济活动中对自然资源的使用和消耗，所以传统经济学自觉不自觉地都认为自然资源是可以自由取用的。

自然资源的自由取用这一点，经济学的分配理论中体现得更明显。分配无疑是对生产耗费的补偿，否则再生产就无法进行。工资分配给劳动者以使劳动力这一生产要素得以补偿，利息分配给资本所有者以实现资本设备的补偿，那么地租是否会对包括自然资源在内的土地进行补偿呢？以农业生产为例，对土地的补偿应当是针对土地的生产能力（土地肥力）这种自然资源而进行的，但实际上土地肥力的补偿是由生态系统的生态环境进行，与土地所有者获得的地租毫无关系（土地所有者获得地租后并不对土地进行任何形式的补偿）。可见，传统分配理论中也同样认为自然资源是可以自由取用、耗费后不需要补偿的。

（二）传统经济学认为自然资源是无限供给的

经济学认为人的欲望是无限的，马歇尔指出：人类的欲望和希望在数量上是无穷的、在种类上是多样的，人类的欲望引起人类的活动，新的活动的发展又引起新的欲望，新的欲望的发展又引起新的活动，所以人类的欲望是无止境的。③而经济学的目的又是通过对稀缺资源的有效配置来满足人类的欲望。用有限的"稀缺资源"来满足无限的需要，这实际上是逻辑的矛盾，要摆脱这个矛盾就必然附加一个逻辑前提：自然资源是无限的，在稀缺资源行将耗尽时必能从自然资源中找到其替代品（这种替代

---

① ［法］萨伊：《政治经济学概论》，商务印书馆2009年版。
② 参见［英］马歇尔《经济学原理》上卷，商务印书馆2011年版。
③ 参见［英］马歇尔《经济学原理》上卷，商务印书馆2011年版。

或许是有价的，由此某种自然资源而变成了稀缺资源，但由于自然资源数量和种类的无限性必能保证"稀缺资源"源源不断），传统经济学理论中有意无意中都包含着这样一种逻辑。

（三）传统经济学"利润最大化"和"效率"追求的目的性，客观上激励经济主体对自然资源的耗竭

经济学的基本目标就是在极大化（利润最大化、效用最大化）的目标下实现资源的有效配置。其核心就是以最小的成本支出获取最大的利益。成本最小，表面上是对一切生产要素投入的节约，但由于成本计算中只考虑那些需要付费的资源的支出，并不考虑"无须付费"的自然资源的投入。因而在利益最大化目标下，为了尽可能地减少需付费资源的支出，那么就必然会促使经济主体（厂商或消费者）尽可能多地利用可以自由取用而"无须付费"的自然资源。

如果没有外部的强制性，企业决不会自愿地为节省"可以自由取用"的自然资源而去实行技术进步。现实中的技术进步，往往是在更高水平上、更广范围内对自然资源的使用而使企业获得利润，消费者获得更多的物质享受。也就是说，传统经济学的目的性所激励的技术进步也是进一步激励对自然资源进行使用和耗竭的一个重要方面。

笔者认为，在某种意义上来说，企业的利润归根结底来源于成本的外化，即只有当企业通过某种"巧妙"的手段使部分的成本由他人支付（通常的情形是他人并不知晓或因短期利益而情愿接受）时，才有可能得到利润。如将生态成本转嫁给欠发达地区、转嫁给全球及人类整体、转嫁给后代。"技术进步"在一定程度上都包含了这样的生态成本转嫁。

（四）宏观经济学有关总需求与宏观经济效率的理论与实践，主张对自然资源进行耗竭使用

凯恩斯宏观经济理论认为，经济不景气是由于经济活动中对消费和投资的有效需求不足，在总需求不足的情况下宏观经济效率就会受到影响（设备闲置、生产能力过剩、劳动者失业等使得经济能力未被充分利用），因而主张政府采用财政政策、货币政策来提高总需求以实现"充分就业"（生产能力的充分利用）。其基本的逻辑也就是：通过总需求的扩大使宏观经济效率提高，使企业获得进行投资取得较大利润的信心而进行大量的投资，也使消费者获得取得更多收入的信心而进行大量的消费。

物质需求是一定时期内一定社会成员满足其基本生存的需要，在一定时间内是有限的。而在"极大化"目标下，企业生产能力与总需求成长无关的不断扩大，必然导致"有效需求不足"（实质上，称之为"生产能力过剩"更为恰当）。但是在主流经济学看来，政府可以通过强有力的各种手段，人为地使总需求扩大（如赤字财政政策、降低利率政策、扩大信用政策等）来迎合生产无限扩张的趋势。这样必然会使更多的自然资源被使用。这是一种典型的为经济、为社会而牺牲自然的观念。

（五）在传统经济学中，没有"负的"产出的概念

在传统经济学中，尤其是宏观经济学中，没有"负的"产出的概念，任何的经济活动都被看作是于人类需求满足、于社会财富增加，都是产生"正的"影响（经济核算只是讨论这种影响的大小之分，而从不考虑是否有反方向的影响），这是传统经济学导致自然资源和生态环境危机非常致命的一种认识。

传统经济学中没有"负值"的概念，主要还是源于自然资源生态环境无价值、自然资源可以自由取用、生态环境具有无限自净化能力这样一些有意无意的认识，也源自于人类活动（特别是劳动）总是有益的这样一类的认识。这样一些认识，在经济活动的实践中，导致了许多极端不利于自然资源和生态环境的结果，如：（1）对经济成果的评价，由于不考虑负面影响，规模越大对自然生态干扰越多的活动往往会被看作是人类福利及财富增进越多，而这种不正确的评价又促使人们进行更多更大的类似活动；（2）任何生产过程、消费过程、任何产品消费品除了满足人类需求和增进社会财富的功能外，都有其负面的影响，但经济成果评价中没有这种评价，便必然鼓励一切形式的生产和消费，这是鼓励人类更多地作用于自然的观念；（3）即使认识到了人类经济活动的某些负面后果、人们应该对这样的后果进行补偿，那么就会出现负面影响不计入、而补偿行为反而计入经济后果的情形，这样就鼓励了"先污染、后治理、再污染"的行径。

二 经济主义和消费主义实践导致的现实后果

经济主义（或称"经济第一主义""经济至上主义"）认为，经济是

人类社会中决定一切的，人类所有行为的目的和动机都可以以经济因素来表述，人类所有行为的后果都可以以经济成就和经济效益来评判，社会发展也可以由唯一的经济总量指标来评判。卡普拉指出："从经济主义的发展眼光来看，只管毫无区别地使用 GNP 一类的累积指标来衡量所有市场交易的好坏，而不管它们是生产性的还是非生产性的或是破坏性的。不分青红皂白地开掘自然资源来增加 GNP，这就好像一群病人拼命地滥用药物和医疗设施一样，病人健康状况改善如何不得而知。"[1] 经济主义，从哲学意义上来说，是一种机械论和还原论，把"发展"这样一个复杂的系统性、整体性问题，还原为"经济增长"这样一个极端简单的因素。卡普拉说："经济学家通常认识不到，经济只是生态和社会结构的一个方面，一个由人与人、以及人与自然之间持续的相互作用所组成的系统，他们的根本错误在于把系统肢解为各个部分，并假定他们各自孤立。"[2] 经济主义把"经济"从"自然—经济—社会"统一系统中分离出来，把"经济增长"作为"发展"的唯一目标，又把 GNP 的增长作为经济增长的目标，再把在市场中获得最大利益作为经济合理性的唯一评价，全然不考虑自然资源和生态环境的损耗。卡普拉认为，现代经济和工业技术的发展所引起的增长被一切政治家和经济学家认为是必需的，即使清楚地知道在有限的环境中无限地膨胀只能导致灾难，他们依然相信不断增长的必要性。这实质上是牛顿无限时空观的延续，认为某种东西对个人或群体有益，那么这种东西就越多越好。

在"自然—经济—社会"的统一系统中，经济主义只关注"经济"因素，排除了对社会因素和自然因素的关注。在一定意义上来说，"经济主义"天然就具有"反社会"和"反自然"的性质。"经济主义"在其思想理念下，完全有动机以牺牲他人的利益、多数人的利益、整体的利益、后代人的利益、生态环境的利益去增进私人的或某一群体的利益。自然资源的耗竭、生态环境的破坏、废物排放的不断累积、社会贫富差距的

---

[1] Capra F., "The Turning Point: Science, Society and the Rising Culture", *Physics Today*, Vol. 35, No. 11, 1982, pp. 76–77.

[2] Capra F., "The Turning Point: Science, Society and the Rising Culture", *Physics Today*, Vol. 35, No. 11, 1982, pp. 76–77.

扩大、社会不平等不公正现象的加剧等都是"经济主义"利益机制的必然结果。

要修正"经济主义",就应当走向"生态经济",认识到经济是"人类—自然—社会"有机整体中的一部分,自然因素、社会因素都对长期经济发展产生重要的、不可分割的影响,不应在经济模式中排除。生态经济是生态效益、经济效益和社会效益的统一,是人类生活质量改善、生态环境生态良性维持、社会公平等目标的统一。生态经济模式应当是人类价值观、经济发展方式、人类经济活动方式、人类生活方式的根本改变。生态经济模式中的行为人,应当由追求利润最大化、效用最大化的"理性经济人"转变为"理性生态人","理性生态人"既能对一切与环境有关的事物做出符合生态学的评价,还具有符合"人类—自然—社会"整体良好运行的策略。

现代工业经济社会的发展过程,在某种意义上来说,是消费主义意识不断扩张而导致大量无目的消费需求增长的过程。现代工业经济社会是以经济增长为主导的发展范式,其基本观点是:发展程度较高的先进国家的价值观和经济发展手段应当是欠发达国家的发展目标,其发展手段(促进需求不断增长、促使投资旺盛、市场经济体系、个人满足及个人成就、企业家精神等)是欠发达国家实现发展目标的唯一可行和必须经历的途径。表面上技术创新是现代工业经济增长的重要推动力,但发展的经验表明:消费者的需求才是驱使"创新"技术和"创新"产品不断涌现的动力。刺激消费者欲望是现代经济增长过程不可缺少的重要一环,经济发展的阻力不是来自生产可能性方面的限制,而是来自消费需求的不足,所以刺激消费需求和人为地增加消费需求成为了改善经济景气状况的根本性手段。从一定意义上来说,现代经济体系就是:消费者效用最大化和消费需求不断增长而保障的生产者利润最大化,消费需求及其实现是经济发展乃至社会发展的动力基础。[①]

消费者社会是以促进消费需求为核心来构建其"制度"的。消费者的世界观和价值观、消费者对未来的期望、消费者的行为动机和行为方式

[①] 周海林:《用可持续发展原则解析消费者社会和现代市场体系》,《中国人口·资源与环境》2002年第12卷第2期。

等，都是在不断增加消费需求这样的氛围下形成的。消费者需求—生产者提供产品—消费者购买使用—消费者生活习惯的改变和对该产品的依赖，通过这样一个循环过程，不断更新的产品，一旦被消费者接受后，人们的日常生活环境就相应地发生了变化，新的产品也随之成为生活中的"必需品"而不得不得到满足。也就是说，消费者社会通过市场经济体系的作用，使得传统意义上的"基本需求"也不断地扩大范围并不断地发生变化。

从经济增长角度来说，消费者社会及促进消费需求不断增长变化的理念，对经济发展至关重要。但从可持续发展的角度来看，消费需求理念在使经济规模大幅度扩张的同时，也使得大量自然资源和生态环境用于无目的的消费之中，恰好是逆着可持续发展的可持续性、公平性、共同性原则而运转的。可见，要实现可持续发展就必须改变消费者社会围绕消费需求的价值观念和制度构建。

三　自然无价值论导致的实践后果

传统哲学思想认为只有人具有价值、离开人的自然界是无所谓价值的。传统经济学思想也认为自然资源是没有价值的，或者认为自然资源的供给是无限的（不具有稀缺性），所以它没有价值；或者认为自然资源未经劳动的作用，所以没有价值。传统上，人们从各个层面都建立了自然资源没有价值的观念，这种观念直接导致了自然资源的耗竭和生态环境的破坏。这种理论观念及其在实践活动中的应用，导致了资源的无偿占用、掠夺性耗竭性开发，以至造成资源的浪费、资源的损毁、生态环境的破坏和恶化，成为可持续发展的关键性制约因素。具体体现为：（1）自然资源的随意破坏与浪费使自然资源不能得到有效率的配置和使用。由于自然资源不计价值，可以无偿使用，也可以无序使用，使得自然资源使用者力图多占多用、随意圈占、随意截流，（如矿产资源利用上"采富弃贫、采厚弃薄、采主弃副、采易弃难"，森林资源使用上"乱采滥伐、大材小用、好材劣用、小材弃用"），缺乏节约资源、提高资源利用效率的主动性、积极性和约束机制，因而造成自然资源无效益、无效率的破坏与浪费。（2）导致财富分配的不公平以及经济竞争的不平等。由于自然资源没有价值和价格，自然资源的所有权和使用权的取得都不是通过市场竞争得到的，而是通过权力、关系、偶然因素得到的，得到资源的群体和个人、得到丰裕资源的群体和个人就获得了较多的财富、获得了经济竞争的优越地位，这种资源分配不公平和竞争的不平等往往会掩盖资源利用的效率问题，也会挫伤追求效率者的积极性。（3）导致环境问题的恶化。自然资源的使用往往伴随着环境问题的产生（如生态环境的破坏、废物的排放、未使用及使用不完全资源导致的污染等），既然自然资源的使用是无价的，那么其伴生的问题也是无价的，这必然加剧由于资源使用不当而导致环境问题的加剧。（4）导致自然资源、生态环境得不到应有的补偿，其价值也就必然随着因被使用且得不到补偿而下降。由于理论上认为自然资源是无价值的，那么对于有关自然资源的补偿就无从谈起，反而往往会认为保护自然资源、补偿自然资源是非生产性的投资、是额外的负担、是无法回收及得到报偿的。（5）导致国民财富的失真。如果自然资源没有价值，那么就不会计入国民财富之中，那么经济活动中的各主体（国家、群体、企业、个人）在追求财富增加的过程中，都不会去关注自然资源的保护和补偿，反而不惜损害自然资源的内在价值去实现其他方面财富的增加。（6）导致公共收入的流失。自然资源多数是公共所有品，其所产生的价值理应成为公共收入的重要来源。但如果自然资源没有价值、使用者无须支付，那么公共所有者就得不到任何报偿，反而需要支付有关保护维护自然资源的各种费用，这个过程是资源不公平配置、财富不公平分配的过程。

　　价值的本质是人类的利益及其相互关系。传统的价值理论，是从个人物质利益角度去看待价值的本质源泉、生产及分配的。价值如何在价值生产者之间进行分配，取决于人们对价值生产过程中贡献的认识。传统价值理论只承认价值是由劳动、资本、土地等生产力构成要素创造的，所以价值的分配也是由这些要素的所有者来瓜分。如果重新审视，自然资源和生态环境等因素也是价值的创造源泉，却没有参与价值的分配。即传统价值理论的分配模式中，劳动、资本、土地等要素所有者所得到的价值量超过了它们在价值创造过程中的贡献，它们把理应由自然资源和生态环境所承受的价值也予以瓜分了，这就造成了理应由自然资源和生态环境得到补偿的那部分价值被瓜分后消费掉了，资源和生态环境因得不到消耗的补偿而导致自然资源的耗竭和生态环境的恶化，这是现实情形一种真实的描述。

新的价值理论要求自然资源和生态环境参与价值的分配。[①]

第三节 经济学理论必须适应生态哲学认识

人类对于自然、对于人类与自然关系的哲学认识，既反映人类关于自身在自然生态环境中地位的基本判断，也反映了人们对自身如何作用于自然的基本原则。尽管关于人类—自然关系的哲学有各种各样的观点，但从中还是能够找出其若干共同点，在一定意义上，这就是人类对自身行为的背景和条件的认识。

在现代工业社会时代，牛顿—笛卡尔哲学（机械论、还原论等），作为人类认识的重要方法占据着哲学思想的主导地位，成为人类实现工业化和现代化的指导工具。在现代工业社会时代后期，对不可持续问题的反思，表明需要一种新的哲学范式，生态哲学（eco-philosophy）即是这样一种对应于可持续发展的新范式。

一 生态哲学

当人类逐步认识到自身生存条件的重要性时，人们对于人类—自然关系必然进行更加深层的思考。如，以人类的生存与发展为目的的进行"人类—社会—自然"相互作用的思考，对人与生态环境及社会系统之间的关系、人类活动对自然界的作用、生态环境对人类经济社会的反作用、人类对生态环境的适应与选择等问题进行思考。这样的思考，向哲学领域扩展，发展了生态系统整体性观点和生态价值概念，摈弃了人类统治自然的价值观，而树立了人与自然和谐共生的价值，使得哲学范式发生了改变，从而出现了"生态哲学"，即运用生态系统的基本观点和方法来观察世界和理解世界，它认为，现实世界是"人类—社会—自然"复合系统，各种生态因素的普遍联系和相互作用构成有机整体。"整体性"，是其最基本的认识、最基本的思维方法，由此也构成了其价值观基础。

[①] 杨文进：《可持续发展经济学中的价值理论》，《生态经济》（中文版）2000年第8期。

生态哲学的认识主要有:①

（1）生态哲学的实在观。牛顿—笛卡尔哲学的实在观认为，世界是二元的、存在物的基础是两个互不依赖的本原，如人与自然的分离和对立、物质与思维的分离和对立。生态哲学则认为，世界是"人类—社会—自然"的复合系统，生态系统有一定的结构，可以分为自然存在、社会存在、精神存在，但它们都是复合系统过程的一种表现形式，它们是动态的、不可分割的、相互联系、相互作用的整体。生态哲学认为，生态过程比生态结构更重要。生态系统同其他事件一样有一定的结构，但它的结构和过程是相互关联的，过程比结构更根本。正因为强调了生态过程的重要性，才能有理由认定自然不是僵化的，如果只是把自然作为一种状态来描述，那么自然就容易被看作是僵化不变的，只有把自然看作是一种过程来理解，才能得出自然不是僵化不变的结论来。这是生态哲学极其重要的思想。

（2）生态哲学的整体论。牛顿—笛卡尔哲学的世界观认为，事物可分割为局部，局部又可再分，直至基本粒子，部分的性质决定整体，人类的认识只有认识了局部以及它们的作用机制，才能够认识整体。而生态哲学是整体论，整体论是对机械论的一个哲学上的替代，它认为，事物整体与部分的区分只有相对意义，它们的相互作用是更基本的，整体决定部分，即部分的性质由整体的动力学性质所决定，部分只有在整体中才获得它的意义（离开整体就会失去其存在）。

（3）生态哲学不强调首要、次要。牛顿—笛卡尔哲学在分析事物时，总要首先指出主要和次要的方面，对待事物和处理问题强调以"主要"为核心，认为抓住主要矛盾一切问题就可迎刃而解。生态哲学则不强调以什么为中心，因为它认为，事物的相互联系、相互作用比它们之间的区别更重要，所有生态因素都是互相作用的。在讨论可持续问题时可能遇到"是以人类为中心，还是以生态为中心"之类的问题，生态哲学通常的回答是要在人类与自然两个要素的更高层次来追求"人类与自然的和谐共生"。

---

① 余谋昌：《生态哲学：可持续发展的哲学诠释》，《中国人口·资源与环境》2001年第11卷第3期。

（4）生态哲学的主体与客体统一。牛顿—笛卡尔哲学世界观强调绝对的主体客体二分：人类与自然是分离和对立的，人类是主体、自然是客体（自然是人类的一种满足需要的工具、自然是僵化的、自然被人类主宰和统治）。生态哲学对事物可以做主体客体的分析，但两者的统一是最根本的。在生态系统中，人类是主体，其他生物物种也是生态主体。在价值论意义上，不仅人类是价值主体、自然界也是价值主体，人类具有生存权利的内在价值，自然界也有生存权利的价值，所以生态哲学认为：人类价值与自然价值是统一的，是主体—客体统一的一个方面，具有不可分割的性质。

（5）生态哲学认为作为客体的自然具有主动性。生态哲学认为，人类不是唯一的主体，自然也不是僵化的而是具有主动性积极性和创造性的。生态哲学认为，物质作为自组织系统具有相对的自主性；并非所有的认识都是人类的认识，自然同样也有"评价能力"，可以有"生态认识"。

二　生态伦理哲学

生态哲学是人们关于人类—自然关系的基本认识及其认识论，而生态伦理哲学则是关于自然对于人类有什么样的价值、人类对待自然应当持什么样的态度、人类对于自然应当承担什么样的责任和义务等问题的认识。亦即讨论人类对于自然的基本态度、人类在与自然交往过程中的行为准则等方面的问题。

自然，对于人类的生存与发展、满足人类多方面的需求，有着极其重要的、多方面的功用价值。自然不仅在为人类所用方面具有价值，而且其自身也具有价值，而且是一种体现更高层次利益的价值。如：自然创造生命、自然界形成的生态多样性和丰富性、自然提供各种生物物种适合生存发展的环境等。这种价值是自然作为一个生态整体的价值、是高于仅仅体现人类利益的局部价值的。自然的这种价值，从人类世代生存与传承的长远角度而言，是与人类所评价的价值取向和利益取向一致的，因为自然的内在价值得不到保证的话，人类世代生存与传承的长远利益也就无从谈及。

认识到自然的生态价值，人类就必须承担对于自然生态的责任和义务，一方面要控制和制止人类对生态环境的破坏，以防止生态系统功能的劣化，另一方面则要珍惜自然为人类提供的物种多样化和生态系统，要尊重和善待自然，维护生态系统的自组织条件。维护自然生态价值，人类行为必须满足：（1）尊重地球上的一切生命物种。生态系统中的所有生命物种都参与了生态进化过程，它们都有适合环境的优越性和追求自己生存的目的性，它们在生态价值方面都是平等的。人类应当像对待自己一样平等地对待它们，尊重它们的自然生存权利以及它们各自不同的生态利益。（2）尊重生态系统的和谐稳定。自然生态是一个相互交融、相互依存的系统，对生态系统任何一部分的破坏一旦超出其自身的承载力和自我修复能力，就会将这些破坏不断地延伸，而危及整个生态系统，进而祸及人类和各种生命的生存与传承。所以人类有义务维护生态系统的和谐与稳定。（3）顺应自然的生活。人类应当从自然法则中学习到进行经济社会活动的智慧，追求一种有利于自然生态平衡，尽可能不干扰生态系统的生活。即将人类生存利益与生态系统的利益关系进行协调。顺应自然的生活应遵循以下原则[1]：①自我防卫原则。人类在不得已的情况下，允许用适当的自我防卫方式来保护自己免遭危险及伤害，但应尽可能减少对"进攻者"的伤害。以合理防卫为原则，不应采取过当的报复性行为甚至是灭绝性行为。②比例性原则。所有生命体的利益都可以分为基本生存利益和非基本生存利益，在人类价值与野生动植物的适宜生境发生冲突时，不论是何种物种，其基本生存利益永远重于其他物种非基本生存利益。所以，人类的诸多非必需利益应该让位于野生动植物的基本生存利益。③最小差错原则。当人类的非必需利益不可避免地与野生动植物发生冲突时（这些人类利益在本质上与尊重自然并不抵触）、当人类不得已牺牲部分动植物必需利益时，要求采用产生最小不利影响的方案来进行，即不对物种的传承产生根本性的影响。④分配公正原则。在冲突各方的利益均为基本生存利益且有着各方均可利用的自然适宜资源时，冲突各方都必须等同分享。在其他生物体并没有伤害人类时自我防卫原则不适用，当利益冲突属于同一层次时，比例性原则和最小差错原则不适用。⑤重塑公平原则。在最小差错和分配公正原则下，人类对并无恶意的动植物带来了伤害时，人类应该

---

[1] Union W. C., Nature W. W. F. F., Pnuma, "Caring for the Earth: A Strategy for Sustainable Living", *Gland Switzerland Iucn*, Vol. 3, No. 12, Oct. 1991, pp. 14–15.

对这些伤害有所补偿（如设法通过生态重建、环境复原等方式给予野生动植物以补偿）。

生态伦理，既讨论人类对于自然的基本态度，也讨论人类在与自然交往过程中的行为准则。在考虑人类与自然之间关系的伦理的同时，也必然涉及人与人、人与整个人类的关系。对人类及其个体生命价值的尊重与维护，是尊重和善待自然的题中之义。与自然协调地健康地生产和生活，是每一个人的基本权利。人类对于生态系统及环境的保护，也将惠及每个人。人类面对生态环境的行为往往不能依靠个人的力量，而是需要群体的乃至人类整体的努力才可能奏效。任何个人对待生态环境的行为，也不仅仅影响其个人，而且会对周围乃至整个人类造成影响。所以，在生态环境方面，个人的利益与价值、群体利益与价值、全人类的利益与价值是相互联系难以分开的，由此决定了人与人之间、人与人类之间关系所应遵循的行为准则：(1) 正义原则。任何向自然界排放污染物、肆意破坏生态环境的行为都是非正义的（过去那种不顾及环境后果、不顾及人类整体利益，仅仅追求经济增长和生产率增长的行为都是不正义的）。(2) 公正原则。生态环境和自然资源属于全社会乃至全人类所有，任何个人或群体的经济社会活动对环境造成的损害都应对"公益"承担责任和补偿损失。(3) 权利平等原则。人与人之间、群体与群体之间、国家与国家之间，在自然资源和生态环境的使用上都应当是平等的。不论贫富，人人都享有在地球上生存、享受、发展的平等权利。(4) 合作原则。生态环境是一个整体，是没有边界的，生态环境问题具有在全球范围内的扩散性和持续性，任何个人、群体、国家单独的行动都不能发挥有效作用，而只有全球性的协作才有可能取得治理的成效。

人类和自然界的其他生物一样，都承担着繁衍后代的责任义务，这是大自然的一个法则。所以人类必须考虑后代人的利益，在当代人与后代人在价值和利益方面相冲突时，应当兼顾两者的利益，等同视之，而不应顾及一方面的利益而损害另一方面的利益。在涉及后代人利益时，当代人的行为准则是：(1) 责任原则。生态环境和自然资源不仅属于当代人，而且也属于未来人。把一个完善的自然生态环境传承下去是当代人责无旁贷的义务，当代人不应当通过对生态环境和资源的不适当利用来侵占未来人类的利益。(2) 节约原则。出于对后代人利益的考虑，当代人在经济社会活动中应采取节约资源的生产方式和生活方式。(3) 慎行原则。人类改变和利用自然的行为,其后果是不确定的,很可能给后代人带来长远的不利影响,这就要求当代人在采取行动(如新技术活动)时应遵循慎行原则,要充分估计和防范长远的不利影响。[①]

三 生态哲学的自然价值论

人们随着对于"人类—自然关系"的认识的深化,便逐步地提出了关于"自然价值"的问题并进行了广泛的讨论。这是从价值论的角度,对"人类—自然关系"的新认识,这也是建立可持续发展经济学的重要基础。

传统哲学思想认为只有人具有价值,离开人的自然界是无所谓价值的。传统经济学思想也认为自然资源是没有价值的,或者认为自然资源的供给是无限的(不具有稀缺性),所以它没有价值;或者认为自然资源未经劳动的作用,所以没有价值。传统上,人们从各个层面都建立了自然没有价值的观念,这种观念直接导致了自然资源的耗竭和生态环境的破坏。当人们意识到自然无价值导致生态危机时,对自然价值的讨论也就展开了,主要认识有以下几种:(1) 自然价值主观论。这种观点认为,离开人的认识和判断是无所谓价值的,自然如果有价值的话也源自于人对于自然的感受。(2) 自然价值主—客观统一论。这种观点认为,自然存在价值,既是对客观事实的判断,也是人类的主观价值判断。(3) 自然价值是"第三性质"论。物质的"质"可以划分为三类:第一性的质,指不依赖观察者而可以判断的性质;第二性的质,依赖于观察者(但观察者们有统一的共识)判断的性质;第三性的质,依赖于观察者并且需要一种阐释性的判断。自然价值的判断就是那样一种需要阐释性的判断。(4) 自然价值既有客观存在的价值,又有依赖于人的主观判断的价值,也有主—客观相统一的价值。生物多样性、物种多样性、生态多样性等所具有的内在价值和外在价值都是客观存在的,它们的存在价值是不以人的评价而改变的。而某些自然景观的存在价值确实是依存于人的价值判断的,离开了人的判断是不存在价值的。某些事物(如某些具有自然景观的森林资源)既有客观存在的价值、又有依存于人类主观判断的价值。

---

① 参见余谋昌《生态伦理学——从理论走向实践》,首都师范大学出版社1999年版。

(5) 自然价值可以区分为不同层次的价值。简单地可以将自然价值划分为内在价值和外在价值。内在价值是指自然事物自身生存和发展的价值，生命和自然界的目的就是为了生存和发展，它要求维持或趋向于一种特定的稳定状态以保持系统内部与外部环境的适应、和谐、协调，这就是生命和自然界的内在价值。外在价值是指自然界可以作为其他生物生存和发展的手段的价值，如自然界对于人类而言的经济价值、生态价值、娱乐价值，还有自然界对于其他生物的价值（从而对人产生间接的价值）。

如果承认自然有其价值，那么，其价值以什么样的形式来体现呢？人们普遍都承认，自然资源和生态环境有独立于现期使用的价值，即具有非使用价值。最早把存在价值（existence value）和非使用价值（nonuse value）概念引入的是克鲁蒂拉（J. V. Krutilla），他认为某些社会成员对独有的、不可替代的生态环境的存在进行价值评价时不一定是作为主动的消费者，而是以进行价格歧视的垄断者身份来评价的。当涉及奇特景观或特有生态系统时，这些景观或生态系统的保护和存在是社会成员真实收入的一部分。[1] 部分学者把存在价值解释为一种期权价值（quasi-option value），即认为存在价值是信息不充分时某些决策所引致的自然资源和生态环境不可逆结果的可能成本。对存在价值后的动机进行细致的分析是非常纷繁的工作，有学者试图撇开各种动机的分析另辟蹊径去探寻存在价值的评价。Freeman 试图用非直接使用价值来界定[2]，非使用价值即为：在不使用该资源时，资源从现有状态下降到临界状态下，个体要求得到的最小补偿；或者是资源从临界点改善到某一水平时，个体的最大愿意支付（WTP）；存在价值即为：资源使用临界点下降到某一点时，个体要求得到的补偿。另有学者提出，自然资源和生态环境的存在价值可以划分为两部分：一是个体作为一个理性的决策者从自身利益出发，在自身利益影响因素和影响时间内所认识自然资源和生态环境的期权价值；另一是任何一个体决策者都会受到一定的社会伦理道德等观念的影响，而会在其自身利益范围和时

---

[1] Krutilla, J. V. and Cicchetti, C. J., "Evaluating Benefits of Environmental Resources with Special Application to the Hells Canyon", *Nat Resources Journal*, Vol. 12, 1972, pp. 1–29.

[2] Shechter M., Freeman S., *Nonuse Value: Reflections on the Definition and Measurement*, Springer netherlands, 1994.

间上有所扩大（即扩展到非自身利益的范围和时间尺度上），从而表现为一定程度的利他主义，这种超越自身利益范围和时间尺度的选择就是存在价值除期权价值以外部分价值的动机。即自然的存在价值可表示为：

存在价值 = 自身利益范围和时间尺度的期权价值

　　　　+ 自身利益以外范围和时间尺度的利他价值　　　　(1-1)

第四节　经济学理论必须适应可持续发展思想

工业化的发展进程，促使人们思考：人类赖以生存的生态系统的"承载能力"是否有界限？人类经济社会发展道路与生态系统的"负载极限"如何相适应？人类经济社会发展应如何规划才能实现人类与自然的和谐共生，既实现人类利益，又维护生态系统稳定？人们在经济增长、城市化、人口膨胀、资源危机、生态环境破坏等所形成的生态环境压力下，对传统理论的增长和发展模式产生了质疑和探讨，并由此逐步形成了可持续发展的思想。

"可持续发展"（Sustainable Development）这一概念可以从不同的角度进行定义，其内涵也不尽相同。具有代表性和较大影响的"可持续发展"定义是布伦特兰（G. H. Brundtland）定义。挪威前首相布伦特兰曾主持由各国环境与发展问题专家组成的联合国世界环境与发展委员会（WCED），在其里程碑式的文件《我们共同的未来》（Our Common Future）中，[1] 系统阐述了人类面临的一系列重大经济、社会、环境问题，提出了"可持续发展"概念。这一概念得到了广泛的接受和认可。布伦特兰提出的"可持续发展"的定义是：既满足当代人的需求，又不对后代人满足其自身需求的能力构成危害的发展。这一定义强调的是人类的各种需要和环境的限度。因而衡量"可持续发展"必须从经济、生态环境、社会三方面缺一不可地系统考察。"可持续发展"同以往的各种构想相比，具有较为确切的某些内涵。这一思想包含了当代和后代的需求、国际公平、自然资源、生态系统承载力、生态环境与发展相结合等重要内容。

---

[1] Brundtland G. H., Khalid M., "Our Common Future", *Earth & Us*, Vol. 11, No. 1, 1991, pp. 29-31.

"可持续发展"首先是从生态环境保护的角度来倡导保持人类社会的发展，它引导人们在满足自身需求的同时，必须注意生态系统的维护。它明确提出要变革人类沿袭已久的生产方式和生活方式，并调整现行的国际经济关系。

"可持续发展"思想的提出背景，其实就是现实社会经济发展对传统哲学思想、传统经济学思想的质疑和一定程度上的否定，因而"可持续发展"思想必然与传统经济学的理论基础产生矛盾。经济学理论必须适应"可持续发展"思想，对经济学的理论基础进行新的探究和必要的修正，以使经济学理论能够对现实的社会经济现象和人类行为有更加贴切的体现、更加准确的描写、更加有效的说明、更加贴近现实的指导性。资源的无限供给、增长的无限性、微观个体的"经济人"理性、消费主义乃至国民经济核算等问题，都与"可持续发展"思想理念有着不兼容的矛盾，也就使得这些问题的深入思考成为了经济学改造所必须解决的基础问题。

一　经济活动与不可持续问题的生成

"可持续发展"概念的提出，是源于工业化所带来的一系列不可持续问题（un-sustainability，亦即生态环境问题），气候变化、温室效应、臭氧耗竭、酸雨、污染及废弃物转移、水资源短缺和污染、森林锐减、物种灭绝等各种不可持续问题，是关系人类整体生存发展的全局性重大问题。"不可持续问题"是指，由于人类过度的经济社会活动，导致人类赖以生存的生态系统的可持续性被破坏，生态系统的承载力所限制的"全球经济规模"被突破的状态。亦即，人类赖以生存与发展的各种条件（大气、水、海洋、土地、森林、草原、野生生物种群等构成的生态系统）遭到破坏，而导致人类生存发展受到严重威胁的危机问题。[1]

工业化以来，加之全球化的不断推进，人类经济活动对生态系统作用的范围、强度、速度不断加剧，从而使得"不可持续问题"不断地深化和扩展，从个别性的、局部性的、一时性的问题发展到全域性、累积性、无时无刻无处不在的、日益加剧的问题。不可持续问题，大体上可分为不同层次的五类问题：（1）全球性及跨越国境的生态环境问题（如，全球

---

[1] 参见安虎森主编《区域经济学》，高等教育出版社2018年版。

气候暖化、臭氧层耗减等）；（2）生态系统问题（如，森林生态系统被破坏、湿地生态系统被破坏、生物多样性锐减等）；（3）土地问题（如，农耕地退化、土地荒漠化、水土流失等）；（4）水资源问题（如，河流及湖泊的地表水、地下水、海洋等过度开采和污染）；（5）工业化城市化引致的生态环境问题（如，城市环境质量下降、大气污染、工业废水排放、城市生活污染、城市污染向农村的转移等）。

不可持续问题，反映的是人类经济活动规模扩展，经济活动对生态环境的影响强度已经接近甚至超过生态系统承载力的边界。不可持续问题是由于人类过度经济社会活动而导致的。因此，任何促进经济活动的手段一旦超出了一定限度，必然引发不可持续问题。如，（1）以投资促进经济增长的过程中，资本投入一旦超过了某一限度，那么就不得不耗竭性地使用土地和自然资源，必然因超承载力而导致生态系统的破坏。（2）以扩大需求促进经济增长的过程中，需求一旦扩大超过了某一限度，那么必然以透支后代人的自然资源和生态环境为代价，也必然导致生态系统无法完好地延续。（3）以技术进步促进经济增长的过程中，如果技术进步过快，会导致产业和产品过快地更新换代，将非必需品转化为必需品，而必然导致自然资源和生态环境的过度损耗。过快的技术进步，必然存在技术对环境影响的不确定性，必将其环境风险遗留给未来或后代人。（4）经济主体间以竞争方式提高经济效益的过程中，过度的竞争，必然导致经济活动主体以成本外部化的方式把更多的成本转嫁由生态系统来承担。

因此，人类要想持续地传承下去，就必须有效解决"不可持续问题"。要通过改变人类经济活动过度行为，保证生态可持续性所限制的"全球经济规模"不被突破，使人类赖以生存与发展的由大气、水、海洋、土地、森林、草原、野生生物种群等构成的生态系统保持持续稳定。

二 可持续发展从认识到行动

随着工业化的发展，人类在人口规模持续膨胀、经济无限度增长、自然资源可预见耗竭、生态环境日益劣化等所形成的压力下，对传统理论的增长和发展模式产生了质疑，并由此逐步形成了可持续发展思想。以1992年联合国环境与发展大会通过的全球可持续发展行动计划《21世纪议程》为分界，1992年之前，"可持续发展"还只是停留在思想认识层面，1992年之后逐步转化为行动或行动纲领。

可持续发展从理念到行动的大致历程是：1962年，美国生物学家卡森（Rachel Carson）发表了一部引起广泛关注的环境科普著作《寂静的春天》（*Silent Spring*），从生态学的角度，阐明了人类生活同大气、海洋、河流、土壤、动植物之间的密切关系，初步揭示了环境污染对生态系统的影响，提出了现代社会所面临的生态问题。该书在世界范围内引发关于发展观的思考和讨论。1972年，罗马俱乐部发表《增长的极限》（*The Limits to Growth*），提出：由于人类经济活动呈指数化增长而造成资源过度开发，必然导致自然资源枯竭和环境恶化，从而将导致严重的人类生存危机。其基本结论为：如果人类社会按目前的趋势继续发展下去，这个世界将是：生活更不安定、人口更拥挤、污染更严重、资源更匮乏，如果不能立即采取全球性的坚决措施来减缓人口和经济增长速度，那么在100年内的某一时刻，人类社会的增长就会达到极限，此后便是人类社会不可逆转的崩溃，人口和经济规模都将大幅度下降。《增长的极限》引起了全球广泛而强烈的反响。1987年，世界环境与发展委员会（WCED）发表了题为《我们共同的未来》（*Our Common Future*）的报告，该报告列举了世界上发生的一系列令人震惊的环境事件，指出世界上存在着急剧改变地球和威胁地球上许多物种（包括人类生命）的环境趋势，系统阐述了人类面临的一系列重大经济、社会和环境问题，提出了"可持续发展"概念：既满足当代人需要，又不对后代人满足其需要的能力构成危害的发展。① 这一概念得到了广泛的接受和认可，并在1992年联合国环境与发展大会上成为共识。1987年9月，在加拿大蒙特利尔由23个国家共同签署了《关于消耗臭氧层物质的蒙特利尔议定书》（Montreal Protocol on Substances that Deplete the Ozone Layer），规定了消耗臭氧层的化学物质生产量和消耗量的限制进程，② 标志国际社会对于具体的生态环境问题的认识逐渐一

---

① 原文为"Sustainable development is development that meets the needs of the present without compromising the ability of future generations to meet their own needs"，亦称"Brundtland定义"。

② 1974年美国科学家发表研究报告，提出了氯氟烷烃（CFCs）破坏了同温层中臭氧层。在经过多年的争论和验证后，各国专家对此问题的意见基本一致，认为人类广泛使用于冰箱和空调制冷等的CFCs排入大气，进入平流层，使其臭氧浓度减少，危及人类与生态环境，从而引起了国际社会的广泛关注。

致，并联合采取行动。1992年，联合国环境与发展大会（地球首脑会议）在巴西里约热内卢召开，并通过了世界范围内可持续发展行动计划的《21世纪议程》文件，该文件阐明了人类在环境保护与经济发展之间应做出的选择和行动方案，提出了涉及可持续发展有关的所有领域的21世纪行动方案。《21世纪议程》被认为是人类环境与发展探索中具有历史意义的里程碑。1992年，在巴西里约热内卢举行的联合国环发大会上通过了《联合国气候变化框架公约》（United Nations Framework Convention on Climate Change, UNFCCC），是第一个为全面控制二氧化碳等温室气体排放，以应对全球气候变暖给人类经济和社会带来不利影响的国际公约，也是国际社会在应对全球气候变化问题上进行国际合作的一个基本框架。公约于1994年正式生效。1997年，《联合国气候变化框架公约》签署之后，试图就气候变化问题综合治理制定具体可行的措施，以强化各缔约国的义务及承诺，终于在第3次缔约方会议上形成了关于限制二氧化碳排放量的成文法案《京都议定书》（Kyoto Protocol）。为达到限排目标，各参与公约的工业化国家都被分配到了一定数量的减少排放温室气体的配额，工业国和大多数从中央计划经济转轨的国家做出承诺，要在2008—2012年将温室气体排放量比1990年平均降低5.2%。[①]《京都议定书》的重要意义还在于确立了全球环境责任分担的"共同而有区别责任"；[②] 2009年之后，历次气候大会（《联合国气候变化框架公约》缔约方会议），试图在《京都议定书》第一承诺期到期之后，形成一个共同文件来约束温室气体的排放，把全球气温升高限制在2℃以内。直至2016年才签署了《巴黎协

[①] 为达到议定书中所规定的限排目标，减少发达国家为达到限排目标而付出的代价，公约中引进了两种机制：清洁发展机制（CDM）和排放贸易机制（ET）。清洁发展机制是指发达国家的政府或企业，以资金和技术投入的方式，帮助发展中国家实施具有减少温室气体排放项目的一种合作机制。发达国家可以通过此方式抵偿自己在公约中规定的减排份额。排放贸易机制则是允许那些已经超额完成减排配额的国家将自己多减排的部分卖给那些达不到减排配额的国家。

[②] 1992年里约《联合国环境与发展大会宣言》中的第7项原则，即共同但有区别的责任（Common but Differentiated Responsibilities）原则。该原则规定："各国应本着全球伙伴精神，为维护、保护和恢复地球生态系统的健康和完整进行合作。鉴于导致全球环境退化的各种不同因素，各国负有共同但有区别的责任。发达国家承认，鉴于它们的社会给全球环境带来的压力，以及它们所掌握的技术和财政资源，它们在追求可持续发展的国际努力中负有责任"。这一原则包含了两个标准：一是造成全球环境退化的责任轻重；二是国家技术及财政能力的大小。并要求现在的发达国家为它们过去的污染排放累积行为承担责任。

定》(The Paris Agreement)，为 2020 年后全球应对气候变化行动做出安排，该协定以"国家自主贡献机制"(INDC)、"只进不退锁定机制"(rachet)等为准则。

综合而言，"可持续发展"从理念到行动的发展历程表明，全球社会逐步在以下方面取得了共识：(1) 经济发展过程中，经济活动规模不应超过生态系统的承载力，经济增长应有限度。全球经济规模有其限度，全球各主体的经济规模也必然有其限度。(2) 只有全球各主体采取共同的行动，限制污染物的排放，对生态环境进行治理，生态系统才有可能完好地延续。任何主体（包括生产者和消费者）都有减少污染物废弃物排放量、降低资源能源消耗量（简称"减排降耗"）的责任。(3) 由于各经济主体发展历程不同，对于生态系统造成的影响也不同，对生态系统所应承担的责任也不同，"公平"地分担责任是实现生态环境合作的前提，"共同而有区别责任"原则，是任何主体间生态环境合作的基本准则。[1]

三 可持续发展的基本原则与评价准则

"可持续发展"的一般定义是：既满足当代人的需求，又不对后代人满足其需求的能力构成危害的发展。"可持续发展"的基本内涵，并不是指经济保持长期稳定增长，而是指，人类赖以生存的生态系统的可持续性得以保障前提下的"发展"。实质是：给出了经济发展的约束条件、不可超越的界限（如果发展过快超越了界限，就会导致适合人类生存的生态系统不可持续）。"可持续发展"强调的是发展限度，而不是规定发展模式；强调人类生存条件的可持续性，而不是经济增长的可持续性；强调经济发展与生态环境保护的两难权衡，而不是追求某一方面最大化；强调全球生态系统的可持续性，而不是简单的区域或部门的可持续性；强调代际公平性，而不认同以生态环境透支为手段来满足当代人的过度需求。换言之，可持续发展，是指人类赖以生存的生态系统的可持续性得以保障条件下，是生态可持续性所限制的"全球经济规模"不被突破条件下的"发展"。[2]

---

[1] 参见安虎森主编《区域经济学》，高等教育出版社 2018 年版。
[2] 钟茂初：《"可持续发展"的意涵、误区与生态文明之关系》，《学术月刊》2008 年第 7 期。

(一) 可持续发展的基本原则

可持续发展的基本原则是公平性（Fairness）、共同性（Common）、永续性（Sustainability）、需求性（Demand）。（1）公平性。在利用自然资源和生态环境的过程中，各经济主体之间应实现代内公平（包括：公平的发展权和发展机会，公平地分配和使用有限的自然资源，公平地分配和使用有限的污染排放权，公平地分担生态环境维护和污染治理的责任），人类各世代之间应实现代际公平（生态系统属于各世代人类共同所有，当代人不可不顾及后代人需要而耗竭性地使用自然资源和损耗生态环境，必须为后代人保留其选择的多样性，必须使遗留给后代人的生态系统质量不变，必须使后代人有同等的资源获取权。代际间的不公平通常表现为：属于后代人的自然资源被提前消耗、属于后代人的资源质量迅速下降、后代人使用资源并从中获益的可能性减少）。（2）共同性。任何经济活动主体造成的生态环境影响是无疆界的，生态系统的维护和治理需要各个主体的协同行为。（3）永续性。要保证生态系统的永续性，必须满足：可再生资源的使用速度不得超过其再生的速度，污染物和废弃物的排放不得超过生态系统的自净化能力，不可再生资源的利用速度不得超过寻找其替代资源的速度。（4）需求性。人类的需求可分为物质需求、人文需求、生态需求。维护生态系统的完好是人类的重要需求，即人类社会成员具有关注生态环境质量、关注不可分割的人类整体利益、关注后代人利益的需求，在基本物质需求得到满足之后，必然会更多地关注生态环境问题。从需求性角度来认识生态环境损害，可能存在这样一些方式：损害生态需求换取物质需求、损害长期需求换取短期需求、损害他人生态需求而获取自身物质需求的外部性行为、损害整体生态需求而换取自身物质需求的公有地悲剧行为。

(二) 可持续发展的评价准则

可持续发展如何来评价？理论上可以从"财富均衡"角度进行评判。某一世代的社会总财富是由"自然资本"和"人造资本"[1]加总而构成

---

[1] "人造资本"，指经过投资生产活动由人类创造的财富，与之相对应的是"自然资本"，指存在于自然界可用于人类社会经济活动的资产。人造资本是自然资本的转化物或以其为物质内容的创造物，因而现代经济增长都是以消耗自然资本为条件的。

的，代际之间的财富传承过程中社会总财富不减少是"可持续发展"的基本准则。一些学者将"可持续发展"划分为"弱可持续发展"和"强可持续发展"。"弱可持续发展"是指"人造资本"与"自然资本"之间可替代情形下的财富均衡，即认为人造的资本财富增加一定程度上可以替代自然资源及生态环境的损耗；"强可持续发展"是指"人造资本"不可替代"自然资本"情形下的财富均衡，即认为人造的资本财富增加无法替代自然资源及生态环境的损耗，要真正保持财富均衡就必须使自然资源和生态环境构成的"自然资本"不减少。

第五节　经济学理论如何适应可持续发展思想

可持续发展思想，对经济学理论的发展必然产生深刻的影响。对经济学理论将提出以下方面的要求。

一　可持续发展要求经济学将"可持续性"纳入主题

（一）良性的"人类—自然关系"：可持续性

可持续性（Sustainability）和可持续发展（Sustainable development）思想的基本含义是指人类赖以生存与传承发展的生态系统的持续性，实质上讨论的即是良性的"人类—自然关系"。各种关于"可持续性"的定义可综述如下：（1）一个具有可持续性的社会是指"这样的社会，在满足其公民最大需求的同时，社会所有的意图和目的都能无限制地持续下去"（Goldsmith，1972）。（2）"发展是对生物圈的改造和对资源的使用以满足人类需求并改善人类生活的质量。为了使发展成为可持续的，就必须考虑多种社会和生态因子（包括经济因子）；考虑生命及非生命形式的资源库；同时也必须考虑多种不同行为模式所带来的长远的和眼前的利益"。[1]（3）"'保育'是对人类利用生物圈（的活动）加以管理，从而使生物圈既能为当代人类提供最大限度的并能长久享用的益处，同时保持它满足子孙后代的需求与愿望的潜力"（IUCN，1980）。（4）经济的增长为所有的

---

[1] IUCN, *World Conservation Strategy*: *Living Resource Conservation for Sustainable Development*, Gland：IUCN-UNEP-WWF, 1980.

世界公民（而不仅仅是少数特权者）带来公平与机遇，但又不进一步破坏世界的有限自然资源与承载力。（5）动态的人类经济系统和从长远看也是动态的但通常是缓慢变化着的生态系统之间互相联系，其中人类可以无限地生存下去、人类群体可以得到繁盛、人类文化得以发展，但人类活动带来的影响得以限制，以使生态—生命支撑系统的多样性和功能不致遭到破坏。[1]

各种"可持续性"定义的共性包括：（1）理想的人类生存条件：人们需要一个能够持续地满足他们需求的社会持续下去；（2）持久的生态系统状况：有这样的生态系统，它保持自身的容量以支持人类和其他生命；（3）均等性：一种对利益与负担的均等分配，不仅在当代与后代人类之间，也在当代人类内部有效。什么是"理想的人类生存条件"呢？生态系统足以维持生态系统的良好状态可承受的最大压力？对生境进行多大程度的改变才不致过分？人类应当如何去分享自然资源和利益？人类与生态系统利益怎样的搭配才可能导致均等性和可持续性？怎样的生活方式既是理想的又是持久的？在不知道什么是理想的人类生存条件以及什么条件支撑着生态系统的前提下，人们应当如何去平衡人的需求与生态系统的需求？所有这些问题都是"可持续性"定义所必须回答的问题，最根本的就是：人类及其行为与赖以生存的生态环境之间的关系。

通常用经济系统、社会系统、生态系统的三重结构来阐释涉及"人类—自然关系"。"经济系统"包含了人类个体或群体的利益及活动；"社会系统"则包括人与人之间的关系和利益（利益关系、共同利益、协同性活动、个体活动的累积等）；"生态系统"包含了生态系统及生态系统良性运转所代表的利益，实质上代表了人类作为一个整体的利益（包括直接间接影响人类生存发展条件的其他生物利益、其他后代人利益）。

从系统观点来看人类—自然关系的"可持续性"。整个系统包括人类（人类群体、人类经济活动及人造物）和人类赖以生存的生态系统（生态群落、过程及资源）及二者的相互作用。"可持续性"是由人类利益和生态系统利益合并而成。人类利益被定义为这样一种情形：社会所有成员都

---

[1] Costanza R., Arge, Groot R. D., et al., "The Value of the World's Ecosystem Services and Natural Capital", *Nature*, Vol. 387, No. 15, 1997, pp. 253–260.

能自主和满足他们的需求,并且拥有广泛的机遇以实现他们的愿望。生态系统利益被定义为这样的情形:生态系统维持其多样性与质量,因而保持其支撑人类与其他生命的能力、保持其应变性及为未来提供广泛的机遇的潜力。一个社会是否可持续,要看人和生态系统是否双双完好。人类利益是可持续性所必需的,这是因为没有一个理智人情愿维持一个很低的生活水准;生态系统利益是可持续性所必需的,是因为支撑着生命且使任何生活水准成为可能的正是生态系统。虽然生态系统需求及人类需求之间的不平衡是生态系统演化进程的一部分,但这是有限和短暂的。最终来看,人类利益和生态系统利益是同等重要的,一个可持续的社会需要对二者兼而顾之。因此,每个社会的合理目标是:同时维持人类和生态系统的利益。

(二)恶化的"人类—自然关系":不可持续问题

"人类—自然关系"的良性运作,便是人类生存发展的持续性。人类要想持续拥有一个理想的生存条件,就必须在"环境承载容量"的范围内从事经济社会活动,要顾及生物多样性、生态环境的净化能力、自然资源的再生能力等关乎生态系统完好运行的条件。然而,人类在其历史过程中,人类活动却往往接近甚至超越生态系统所规定的"界限",这就必然导致"人类—自然关系"完好性的破坏,而使人类的生存发展出现危机。这就是人类经济活动中的"不可持续问题"。工业化以来,由于人类活动对自然资源/生态环境作用的强度、速度不断地加剧,从而使得"不可持续问题"不断地深化和扩展(从个别性的、局部性的、一时性的问题发展到无所不在、全域性、累积性、无时无刻不在的问题),人类自身的生存危机也日益严重。这是可持续发展经济学所必须关注的重要方面。

"不可持续问题"是指人类赖以生存与发展的各种条件(大气、水、海洋、土地、矿藏、森林、草原、野生生物等)遭到破坏而导致人类生存危机的问题。从人类—生态系统的角度来看,凡是导致生态系统破坏或使生态功能衰减的现象都是导致人类生存发展出现危机的表现,都是人类活动必须充分注意的"不可持续问题"。"不可持续问题"在20世纪00年代发展到了极其严重的阶段,一方面是狂热追求经济增长的牵引,另一方面则是人口的激增和需求的无限膨胀的推动。煤炭、冶金、石油化工、汽车、交通运输等产业的发展给世界经济带来了空前的繁荣,同时也造成了全球从陆地到海洋、从大气到植被、从城市到乡村全方位的环境污染和环境破坏。

人类的经济社会活动与上述问题的产生有着密切的关系。人类社会发展历史是人口不断增长、经济不断增长、科技不断深化广化、社会不断演进、人类生活质量不断提升的过程。社会发展到今天，人类在反思中发现：与社会经济发展随之而来的是资源的消耗、环境的恶化、生态的失衡、问题累累而导致不可持续发展。归结起来，导致全球环境问题的最主要原因是：（1）人口激增导致资源的不可持续性。人类赖以生存的地球上的各类资源都是有限的：不可再生资源在数量上是有限的，可再生资源的再生速度也是有限的。随着人口数量的激增，资源的增加跟不上人口数量的增长时，资源必然短缺，必然出现"寅吃卯粮"的现象，这样就必然导致当代人的发展危及后代人的生存与发展。当生产力水平发展到一定的高度后，经济的增长不再依赖人口的数量，而主要依靠人口的质量。从人口—资源系统的角度来分析，人口的不断增加使人类—资源系统处于正反馈状态，最终会导致系统发生失衡乃至崩溃。历史经验表明：人口的增长超过了地区资源的承载能力时，会导致人类生存条件毁灭性的破坏。古巴比伦王国曾经很发达，人口随之迅速增加而导致农田的大量开发，大片的原始森林和草地被开垦为农田，过度的毁林垦殖造成水土的流失，高原山区的泥沙下泻淤积河床，以致地面沙化形成沙漠、美丽的家园也就逐渐呈现出荒凉的景象。最终导致人口大迁移和文明古国的衰落。（2）人类的单一性活动不断地从某一方面强化作用于生态系统而导致生态的不可持续性。人类的各种活动，如果不超过一定的限度，生态系统是有其承受能力的，也就不会对生态系统产生实质性的影响。但一旦超过了生态系统的承受能力限度，那么就会导致不可逆的生态影响。而现实中的人类，限于其对自然认识的有限性，人类的活动往往都是朝某一方向不断地深化，也就使得对自然的某一方面持续强化地作用而极容易超越生态系统的承受能力限度，无论是人类生活的发展，还是生产的发展，还是技术的发展，都呈现这一特性。以农业的单一性为例，由于人类生存需要的衣、食等以农业资源为基础的工业所需要的原材料都具有单一性和集中性，必然导致农业朝有限种类的单一化方向发展，农业的单一性就破坏了物种的多样性，也就可能破坏生态系统的循环。（3）人类对自然物的强化性改变导致环境的不可持续性。现代工业和现代生活典型的特征就是以人造物替代自然物，在这一替代过程中导致了生态系统的严重破坏。工业革命给人类带来了大量的人工产品，导致人类掠夺性地开发自然资源，并在生产生活中产生大量的污染物质。如工业排出的废气使大气污染而造成酸雾、酸雨、大气增温、臭氧层空洞；造纸、皮革工业以及化学农业等使水域污染、水体生物物种灭绝、淡水水质矿化；化肥农药、污水灌溉、城市垃圾使土壤污染、土质退化；大气污染、海洋污染使污染在全球传播而影响着全球人类的生活和生存。

不可持续问题古已有之，随着生产力的发展，各个阶段的不可持续问题有所不同。产业革命以后，生产力有了极大的发展，科学技术突飞猛进，人类从自然界提取的资源越来越多，排放的废弃物也与日俱增。不可持续问题给人类带来了以下各方面的生存危机：（1）人均空间越来越小；（2）人均资源（淡水资源、耕地资源、能源资源等）越来越少；（3）地球环境日趋恶化（环境污染的积累使得其负效应日益显现）；（4）生态系统更加失衡（生态系统失衡而给人类生存带来的危机已经实实在在地出现在人类面前，而不再只是一个渐变的过程）；（5）自然资源的耗竭将导致经济发展的不持续和社会发展危机的产生。

二 可持续发展要求经济学承认"增长非无限"

现代经济学的基础理论隐含地认为，自然资源是无限供给的，因而建立在资源利用基础上的经济增长也可以是无限制的；认为现代工业社会已经达到了这样的发展水平，它能保证人们享有完全不受自然资源制约的生命活动能力，可以采用强大的科学技术手段按照人类自己的意愿来利用和调节自然资源，能够保证经济的无限增长。

直接引发"可持续发展"问题的就是人们对资源危机和增长极限的忧虑。"资源危机"思想反映了人类对自然资源及其利用认识程度的进步，更反映了人们对现代经济增长范式的忧虑和反思。

与资源危机问题相关联，"增长的极限"也就成为了"可持续发展"研究中另一重要研究内容。讨论最热烈的是围绕罗马俱乐部《增长的极限》而进行的，其主要论点为：人类社会的增长由五种互相影响、互相制约的发展趋势构成：加速发展的工业化、人口剧增、粮食短缺和普遍的营养不良、不可再生资源枯竭、生态环境日益恶化，五种趋势构成相互间的正反馈循环，加剧了增长接近极限的可能。基本结论为：如果人类社会按目前的趋势继续发展下去，这个世界将是：生活更不安定、人口更拥挤、污染更严重、资源更匮乏，如果不立即采取全球性的坚决措施来制止或减缓人口和经济增长速度，那么人类社会的增长就会达到极限，此后便是人类社会不可逆转的瓦解。《增长的极限》的发表以及此后围绕这一问题的争论，对现实的经济发展思想是有深刻影响的。虽然经济活动必须实行"零增长"的观点并没有得到广泛的认可，但是人类的经济活动及其经济增长必须受到一定程度的约束、必须改变传统的经济增长模式倒是得到了更为普遍的认识。为此，许多学者从不同的认识角度提出了面对"增长极限"问题的对策。

戴利等经济学家把传统的不考虑生态影响的经济模式称为"增长经济"，而把根据生态和社会相结合观念而形成的经济称为"稳态经济"。一个稳态经济体系应具有一些相对稳定不变的特征，主要表现为：（1）一个可衡量的人类种群数量，即人口数量不能随时间增加。（2）一个可衡量的人造资本数量，即人类所创造的各种资本产量也不应增加。把这些人造资本数量看成是人类种群数量的延伸，并且需要消耗环境与自然资源，因此必须保持均衡。（3）人类种群数量的持衡和人造资本数量的持衡水平应足以使人类过上较好的生活并可延续到未来。换言之，如果持衡水平太高，或许可能使之保持稳定一定时期但难以持久，因此必须有一个持衡水平的选择问题。（4）维系人口和资本数量所需的物质与能量流通速率要降到最低的可能水平。上述所要求的持衡，只是人口数量和资本数量，而技术、信息、知识、收入、生产要素组合等并不要求持衡，而正是通过对这些因子的调整来达到经济稳态。Daly 所谓的"稳态经济"是指，在必要时应该不惜放弃短期经济增长和资源消耗以维持整个社会长期生存和稳定的一种经济。[1]

三 可持续发展要求经济学承认"自然价值"

当"可持续发展"思想日渐深入人心之后，人们普遍都感受到，自

---

[1] Daly H. E., "The Economics of the Steady State", *American Economic Review*, Vol. 64, No. 2, 1974, pp. 15–21.

然资源和生态环境有独立于现期使用的价值,即具有非使用价值。人们普遍认识到,在某种情形下忽视了非使用价值的认识,就会在自然资源和生态环境的管理决策中出现严重的失误和错误的配置。自然资源和生态环境价值论的更新应当是可持续发展经济学的重要理论基础。

价值的本质是人类的利益及其相互关系。传统的价值理论,是从个人物质利益角度去看待价值的本质源泉、生产及分配的。而新的价值理论则要求更多地从社会利益和人类整体利益(包括人类全体利益、后代人利益、生态利益等)角度去看待价值的本质源泉、产生和分配。新的价值理论试图反映全人类及其内部之间的利益关系,创造价值的活动是指会给全人类利益及其内部利益带来影响的活动,那些对社会利益及人类整体利益贡献小于其利益损害的活动会被看作是"负价值创造"过程,如损害社会整体利益、后代人利益、生态利益的生产或消费行为都是"负价值创造"的过程。

价值的本质是人类的利益,所以凡是能增进人类利益(直接地或间接地)的物品和活动都具有价值,都是价值创造的源泉。生产力不是价值创造的唯一源泉,"自然"不仅为人类提供一定的物质满足,而且还为人类的生存发展满足其各种需要,所以"自然"也应看作是重要的价值创造源泉。传统价值理论中只把那些能够给生产者、需求者、特定人带来个人利益的生产活动看作是价值创造的源泉。而"可持续发展"价值理论则将能够增进全人类利益及其内部利益的社会生产活动和自然活动都看作是价值创造的源泉,对那些只给特定人带来利益、反而给社会利益带来损害的社会生产活动看作是价值耗损的过程。

传统的价值理论不考察各种经济活动的系统效应。新的价值理论则是从人类整体及生态系统的角度去考察价值的生产,因此新的价值理论在讨论价值生产(包括"负价值"的生产)时也要更多地考虑各种活动组合的系统功能和整体效应,如某一具体经济社会活动对整个生态系统的负面作用极为有限。但全球同一类型的活动加总对整个生态系统的负面作用则可能是灾难性的,整体效应所造成的"负价值"则是巨大的,也许远远超过这一类活动带来的经济利益的总和。当今社会所产生的生态危机(土地荒漠化、环境污染、臭氧层破坏、物种灭绝等)都应从各种生产活动和消费活动的系统效应角度来认识,否则无从探寻自然生态环境破坏这样一些巨大的"负价值"的创造源泉。

　　传统价值理论只承认价值是由劳动、资本、土地等生产力构成要素创造的。如果从自然价值理论来看，自然资源和生态环境等因素也是价值的创造源泉，那么自然资源和生态环境也理所应当参与价值的分配。自然价值理论还表明当今人类经济活动已经超越了自然资源和生态环境的自我维护能力范围，若不对其进行消耗的补偿，那么就会危及人类的生存基础。①

　　综观国内外学术界对自然资源价值的研究，对自然资源价值问题的认识有基于劳动价值论、边际效用价值论和存在价值与非使用价值等观点。有学者在财富论、效用论和地租论的基础上综合地认为，自然资源，包括未经人类劳动参与、尚未参与交易的天然自然资源，都是有价值的。财富论是指自然资源是一种财富，是经济社会发展的物质基础；效用论认为，价值反映的是客体能够满足主体需要的某种功能或功效，自然资源的价值，首先决定于它对人类的有用性，其价值的大小决定于它的稀缺性和开发利用条件。这种效用价值是人们考虑到稀缺因素时对物的有用性的一种评价。效用价值概念是从人对物的评价过程中抽象出来的，它本质上体现着人与物的关系，即当人类面对不同稀缺程度的物质资源时，如何评价和比较其用处或效用的大小。② 上述反映了人们对"自然价值"的不同认识角度。按照上述分析逻辑，"自然价值"也可从生态系统的"稀缺性""产权""财富"等的角度去分析、去认识。

　　（1）稀缺性。稀缺性是自然价值的基础，是自然价值论的充要条件。只有稀缺的东西才会有是否有价值的讨论基础。自然（具体地可认为是生态系统等自然物的抽象）之所以有价值，首先是因为在现实社会经济发展中的稀缺性。对于自然价值的认识，是随着人类社会的发展与生态系统的矛盾的逐步显现而逐渐认识的。在人类历史的进程中，随着生产力的发展，人们逐渐发现自然的生态功能在人类经济活动中是极其重要、必不可少、不可替代的投入，但生态功能并不是无限供给的，而是有其一定的承载限度的，并且生态功能会因人类活动超载而消耗和损伤。所以，自然

---

① 杨文进：《可持续发展经济学中的价值理论》，《生态经济》（中文版）2000年第8期。
② 参见封志明、王勤学《资源科学论纲》，地震出版社1994年版。

的生态功能是稀缺的、是需要得到补偿的。自然价值的重要体现是其稀缺性，自然价值的大小也是其稀缺性的体现。

（2）"自然"的产权。产权是现代经济学中的一个非常重要的概念。在传统认识中，"自然"是不存在产权问题的。事实上"自然"也有其"产权"问题，关键在于"产权"所有者的特殊性，"自然"的所有者是当代人、同时也是后代人，但"自然"的处分权却完全属于当代人，这之间存在矛盾；整体的"自然"属于整个人类，但"自然"的构成部分又属于不同的群体或个人，这之间又存在着矛盾。显然"自然"是存在"产权"问题的，自然价值就是其产权的体现。

（3）"自然"是人类的财富。"自然"在人类生产生活中提供各种生态功能，使人类成员得到相应的效用满足，"自然"所具有的这种能力，对人类来说无疑是一种实在的财富。反之，如果"自然"的生态功能能力逐步地衰减，那么人类从中所能得到的效用满足也将相应地减低，显然就是人类自身财富的减少。所以，"自然"的"财富性"也是自然价值的一个方面的体现。

四　可持续发展要求经济学修正"经济人"假设

"经济人"假定是现代经济学最重要的理论假设之一，是现代经济学构架的基础。"经济人假定"即是在经济学的研究中假定社会经济生活中的人都是"理性"的，其行为的基本动机就是个体利益最大化，其行为准则就是为实现利益最大化目标而做出最优化的行为选择。此后，"经济人"思想在最初内涵的基础上有所修正和扩展。随着社会经济的发展，人作为"社会人"的特性进一步显现，"经济人"概念得到了进一步的反思和修正，主要体现在："经济人"并非完全的"理性人"、"经济人"的动力并不单纯产生于追求个人利益的内在动力、"经济人"不单纯是一个经济性目的活动者。随着现代经济社会的进一步发展，"经济人假定"在现实经济生活中日益暴露出其自身的不足，经济学界对"经济人假定"做了更多的修正，从而增强了经济人模式的解释能力，使人们能够更深刻地理解引致经济人行为的"社会文化环境"方面的因素。

"经济人假设"中"自利性原则"实质上是在一定的发展阶段人类个体在生存实践中，与其他个体反复博弈的结果，这一结果使两两之间能够得到最好的或最不坏的结果，最终形成为大众所接受的一般规则。① 但随着社会的发展，这一自利性原则就会在内涵上发生变化。当社会各群体中多数人的行为都是以效率为导向时，"以最小的努力达到一定目标"的效率准则就成为全社会最多数大众遵循的行为规则，这即是自利性原则存在的基础。但当社会发展到一定的阶段，当物质生活富足到一定的程度后，人类个体就可能放弃"效率准则"而去追求精神生活的富足（如对"闲暇时间""环境舒适""利他行为的内心满足"等），此时"自利性原则"就可能发生变化。同样，在一定的阶段"竞争"是社会发展的主要动力，但发展到一定阶段后，"多样化及其和谐"可能成为社会的主流。这些事例都说明，"经济人"假设只适用于某一阶段，或者说"经济人"假设的内涵是随着时间推移而不断变化的。

"可持续发展"作为人类社会新的理念和行为规范越来越得到广泛的公认，可持续发展的基本内涵就是：人类利益应兼顾自然生态利益，当代人利益兼顾未来各代人利益，个人利益应兼顾社会整体利益、人类整体利益。这些规范与"经济人假设"（在经济社会活动中个人所追求的唯一目标是其自身利益的最大化）是相悖的，"经济人"完全没有动机去考虑个人利益以外的生态利益、后代人利益和社会利益。

有观点认为：采用正值贴现率进行成本—效益分析的方法可以将"经济人假设"延伸至"可持续发展"的分析之中。即将发生在未来不同时期的有关费用和效益，通过某一贴现率换算成现值，在此基础上根据"经济人"个人利益最大化原则做出行为选择（不同的贴现率体现了不同的经济行为假定）。针对正的贴现率是否能使"经济人假设"在代际公平问题继续有效，学术界存在众多的争论。达格（D'Arge）认为：贴现率能够加权计算当代人和后代人的相对费用和效益，因而当代人顾及后代人利

---

① 笔者认为，"经济人"假设，是完全竞争假设的逻辑基础。即，"经济人"面对的行为背景是已知的，自身只是社会特征的接受者，自身行为不可能影响社会状态，也不可能改变他人的行为（行为者之间不产生交互作用）。与之相对应，完全竞争中的行为者，只是市场价格的接受者，而不可能影响市场价格。"完全竞争"理论认识，向垄断竞争、完全垄断的拓展，尽管追求经济利益最大化的假设没有改变，但行为人的基本状态已经改变了。所以，关于垄断的理论认识，经济人假设已经有所松动，不完全是经济人假设的逻辑推论。同理，一次性的"囚徒困境"博弈，是经济人假设的逻辑推论，但进入到重复博弈、合作博弈的状态，就不再完全是经济人假设的逻辑推论。

益的伦理标准完全可以包含在贴现率之中。[①] 而佩奇（T. Page）则认为，采用正贴率和经济人假设将意味着当代人除了对下一代以外，对以后各代人没有道义责任（因为正的贴现率，随着时间的推移，未来的费用和效益的现值会变得越来越小，当超出一定时期后的费用及效益的现值就会变得可以忽略不计。也就意味着，当代人对超出一定时期后的后代人的利益可以漠视），这在伦理上来说是不道德的。[②] 另外，即使代际之间也采用帕累托改进的方式，由受益者向受损者予以补偿，但难以想象能够找到一种确保当代人补偿后代人可以得到支付的代际机制，因此采用贴现率的成本—效益分析是缺乏可信度的。由这一点看来，"经济人假设"就很难说是与"可持续发展"相容的，贴现率方法用于代际之间也很难起到有效的作用。[③]

"可持续发展"思想与"经济人假设"是否兼容成为了不容回避的一个问题。也就是说，"可持续发展"思想却对"经济人"这一基本假定提出了严峻的挑战。所以，适应可持续发展的要求对"经济人假设"进行修正也成为了经济学的重要前提。或许可以这样来认识："可持续发展"是比"经济人假设"更高层次的规范，只有在满足可持续性（将可持续性视为既定约束条件）的前提下，才可以根据"经济人假定"去追求资源配置的最优化。

五　可持续发展要求经济学重新认识"发展"的内涵

"发展"是人类社会的永恒主题，但"发展"作为经济学概念最初的内涵就是经济增长，此后"发展"包括了缩小不平等状况、消灭绝对贫困，也包括社会结构、公众观念和制度等方面的变化。"可持续发展"思想出现后，"发展"的内涵进一步扩展。在"可持续性"思想下，"发展"有着什么样的新的内涵呢？这是有关"发展"与"可持续发展"关

[①] Costanza R., D'Arge R., Groot R. D., et al., "The Value of Ecosystem Services: Putting the Issues in Perspective", *Ecological Economics*, Vol. 25, No. 1, 1998, pp. 67–72.

[②] Page T., "Discounting and Intergenerational Equity", *Futures*, Vol. 19, No. 5, 1977, pp. 377–382.

[③] 参见王军《可持续发展：一个一般理论及其对中国经济的应用分析》，中国发展出版社1997年版。

系研究中最常见的一个论题。观点诸如:"发展"应当是以自然—人类的和谐为前提的人类价值得以实现的过程,"发展"应当是与环境及资源的永续性利用、生态系统的承载能力相适应的生产力消费力提高过程,"发展"应满足全球人民及人类整体的基本需求并给予全体人民及未来人平等的机会等。发展的过程能否在一个无限长的时期内保持下去?人类社会的发展进程是否会中断?

在有关"发展"的现实问题研究中,提出了有关"人文贫困"与"生态贫困"的研究。"贫困"问题一直是"发展"研究中的重要内容。以往讨论贫困人口,往往定义为家庭总收入不足以取得维持物质生活所必需的资源的群体,联合国开发计划署编写的《人类发展报告1997》提出了一个全新的贫困概念——人文贫困(human poverty),指寿命、健康、居住、知识、参与、个人安全、环境等方面的基本条件得不到满足因而限制了人的选择的群体。贫困者即意味着一些基本能力的缺乏而无法履行必要的生产和生活职能。人文贫困有了多方面的内涵:(1)与人力资本相关联的因素、营养状况、健康状况、天资禀赋、受教育程度、预期寿命等;(2)与社会环境相关联的因素,经济活动的参与度、政治生活的参与度、社会安全感、社会性歧视等;(3)与生态环境相关联的因素,生态系统破坏、环境污染等对居民生产生活带来影响方面。此外,还有的研究针对"可持续发展"理念专门提出了"生态贫困"的概念,主要是指人们生产生活中所应享受到的基本生态功能由于环境的破坏而得不到享受的状态,如生存条件质量低劣(大气污染、土地及水体污染、气候恶化等)的居民、重大环境事件的受害者、局部生态环境破坏(森林减少、土地沙漠化、海洋污染、农耕地丧失等)的受害者、因维护区域或全球生态功能而得不到补偿的群体等。"人文贫困""生态贫困"都成为了"发展"课题中必须面对并讨论其解决方法的问题。

这些有关"发展"的持续性问题要求经济学对"发展"的内涵做出新的认识。

第 二 章

可持续发展经济学的新阐释范式

传统主流经济学在把自然资源和生态环境作为人类活动可以自由作用于其上的前提条件下，其逻辑推演的基本假设是"经济人假设"。即在经济学的研究中假定经济生活中的人都是"理性"的（在经济活动中，经济行为主体从利己动机出发，进行成本—收益计算，有理性地追求自身利益最大化），每个人都能够通过成本—收益的比较或趋利避害的原则来对其所面临的一切机会、目标、手段进行最有利的选择。经济人假设，是现代经济学建立的根本前提，因为经济分析中所使用的最大化原理（消费者使自身效用最大化、生产厂商使自身利润最大化等）实质上就是经济人假定的另一表述方式。新古典经济学以经济人假设为前提，认为：微观经济主体都是"经济人"，其行为的基本动机就是个体利益最大化，其行为准则就是为实现利益最大化目标而做出优化的行为选择。

笔者认为，"经济人假设"其实隐含了一个更本质的前提，那就是任何经济活动的主体追求的都是排他性的物质财富（因为面对排他性的物质财富，利己、个人理性、个人利益最大化也就成为了每个行为者必然的行为方式）。也可以说，"经济人假设"是在人类社会尚处在主要追求物质财富的阶段，把人类经济活动的所有追求抽象为"物质需求"，而把人类的其他需求忽略不计，这在一定发展阶段也是合理的。但随着人类"物质需求"得到普遍满足之后，依然维持这一"经济人假设"就不能使经济学很好地拟合现实经济社会中的人类行为。

从这一思路出发，笔者认为：人类经济活动发展到现实阶段，经济学所讨论的人类活动的价值追求应当从"物质需求"扩展到"物质需求""人文需求""生态需求"，经济学所讨论的人类活动的行为主体及其行为方式应当从"经济人"("物质需求者")扩展到"物质需求者""人文需求者""生态需求者",由此作为前提所形成的经济学,才能更加符合现实地拟合人类所有的行为活动。这两点也就是可持续发展经济学的新阐释范式的前提假设。

第一节 阐释范式假设之一:人类活动的目标追求可划分为物质需求、人文需求、生态需求

从前文关于"人类—自然关系"的认识、生态哲学、经济学理论及实践的反思、可持续发展等方面的认识来看,笔者意识到,各种观点都在一定程度上体现了人类需求的多样性及层次性的认识。换言之,人类需求的多样性及层次性可以作为可持续发展经济学新阐释范式的逻辑基础。

一 作为人类活动动因的人类需求:经济学分析的基础

马歇尔指出"人类的欲望引起人类的活动"[1],所以说人类的需要是人类活动的本性。也就是说,人类的需要是人类活动及其发展的动力,人类活动及其发展的过程就是人类需求得到满足或需求得以满足的过程。随着人类历史的发展,人类的需要也在不断地发展,其内容越来越丰富、越来越广泛,人类的活动也就随之演变成为了一种经济社会活动。也就是说,"人类需要"是经济社会活动最本质性的一个范畴,由"人类需要"来描述和探讨人类的发展、人类的经济社会活动是符合逻辑的。

人类需求,是一切经济社会活动的起始。一方面,人类个体都在追求自身的利益,这就可以看作是人的本性、人类演进发展的动力。人们追求自身利益的动机源于自身的需要,有了某种需要才会去追求相对应的利益,利益的最终实现也就是需要的最终满足。而另一方面,利益又是人与人之间关系的体现(离开了人与人之间的关系单独去讨论某个人的利益是没有任何意义的),所以"利益"也可以看作是人与人之间各种需要相

---

[1] 参见 [英] 马歇尔《经济学原理》,商务印书馆2011年版。

互作用的结果,"利益"的内涵就是从一种需要到另一种需要的运动,即为经济社会活动中各种需要的相互关系以及需要的最终实现。① 经济社会活动是利益的运动,也是人类需要的运动。

从经济社会活动中的再生产过程来看,人类需求也是推动再生产过程不断进行和发展的内在动力。生产起源于消费的需求,而消费起源于人类的某种需要,而在消费的满足过程中又激发人类产生新的需要,从而出现新的生产和新的消费,而再次激发更多以新的需要,如此往复而使人类活动不断发展演进。

随着人类历史和经济社会活动的发展,人类的需要也不断地发展变化而变得多种多样,各种需要表征着人类经济活动的不同侧面而又相互关联,从而,各种需要在人类活动和人类发展过程中构成了一个完整的"人类需要"体系。社会经济的发展,人类需要体系也就不断地扩大和丰富,人类的经济社会活动内容也随之变化发展并使得需要得到满足,且激发新的需要的产生。所以,人类的经济社会活动与人类的需要是相互依存、紧密联系、密不可分的。也可以说:人类经济活动与人类需要是人类生存发展过程的两个侧面。

人类需要体系包括什么内容呢?或者说人类需要应该如何科学地分类,以更具有理论概括性的方式来描述人类需要所包含的社会经济关系以及人类需要的发展变化规律。人类需要的划分,以往的理论研究中有过不少的论述,② 综述如下。

亚当·斯密(Adam Smith)把消费品划分为必需品和奢侈品两类,他在《国民财富的性质和原因的研究》一书中指出:③ 必需品,不但包括那些大自然使其成为最低阶级人民所必需的物品,而且包括那些有关面子的习俗、使其成为最低阶级人民所必需的物品,此外的一切物品都是奢侈品。由此可见,斯密是把人类需要划分为基本需求和非基本需求两部分。

恩格斯(Friedrich Engels)把消费资料划分为生存资料、享受资源、发展资料。由此思想出发可以把人类需要划分为:生存需要、享受需要、

---

① 参见尹世杰《消费需要论》,湖南出版社1993年版。
② 转引自尹世杰《消费需要论》,湖南出版社1993年版。
③ 参见[英]亚当·斯密《国民财富的性质和原因的研究》,商务印书馆1972年版。

发展需要。马克思则把人类需要划分为自然需要（或称为"必不可分的需要"）、精神需要、社会需要。

对人类需要的划分，得到最广泛认可的是马斯洛（Abraham H. Maslow）在其《动机与人格》等著作中所阐述的"需要层次理论"①，他认为人的需要从低级到高级可以划分为五个层次，即：第一层次是生理需要（空气、水、食物、住所等）；第二层次是安全需要；第三层次是爱与归属的需要；第四层次是尊重的需要（别人对自己的尊重和自我尊重）；第五层次是自我实现的需要（个人才能、愿望、成就的展现和实现）。马斯洛认为，人的需要总是由低层次向高层次不断发展的，通常只有在满足了低层次需要以后才会产生高层次的需要。持与此相类似观点的还有经济学家阿德弗，他认为人的需要由生存需要、和谐共处需要、成长需要三个需要层次构成（即 ERG 理论）。

二 物质需求、人文需求、生态需求：概念的提出

"人类—自然关系"的认识、生态哲学、经济学理论及实践的反思、可持续发展思想等都在一定程度上体现了人类需求的多样性及层次性的认识。人类需求的多样性及层次性应当如何地归纳划分，才能更完善地体现可持续发展经济学的基础呢？笔者认为：人类生存发展和经济社会活动中所需要满足需求的方面可以划分为三个根本领域（在此，为行文的方便，将这一人类需求的分类介绍于先，后文将对这一需求分类与各种认识的相通关系做进一步的阐述分析）：（1）物质需求，指：出于人类个体生存与发展的目的性而产生的需求。反映的是人类个体、群体或整体对物质产品数量与质量的占有与使用，如出于生存目的的衣、食、住、行以及出于规避风险和保障预期的物质储存等。（2）人文需求，指：出于人类个体的精神满足以及人与人之间的社会关系的目的性而产生的需求。既包括个人对非物质产品（如，文化、艺术、教育等）的精神需求，也包括个人作为社会成员的社会需求（如，个人社会地位、个人社会价值、团体利益、民族自尊和利益等）。（3）生态需求，指：出于对人类整体的存续与发展的目的性而产生的需求。反映的是人类与自然关系、人类作为自然中一员

---

① 参见［美］马斯洛《动机与人格》，中国人民大学出版社 2012 年版。

所必须得到的"自然需求"(如,对人类整体利益、后代利益、生态系统利益的关注)。

从分类的完整性、互不重叠等角度来看,把人类需求划分为"物质需求""人文需求""生态需求"三种类型是合理的。关键在于,这样的划分对于认识人类的活动(与人类活动相关的活动动机、活动形式、活动效果、活动规律等)有着怎样的作用。后文即是针对这一问题,从人的生物性、社会性、自然性角度,从人的私人利益、群体利益、人类整体利益角度,从"人类—自然关系"哲学理念(在满足人类生存与发展的基本需要前提下,着眼于人与自然的和谐共生、人与人的和谐共处,着眼于人的身心和谐与全面发展的满足)的角度所进行的分析,并对人类的三种需求如何体现着人类各层次的价值追求等问题展开分析。

(一)物质需求、人文需求、生态需求与人的生物性、社会性、自然性的对应关系

就人类在自然界中的最原始状态而言,人类只不过是生态系统中众多物种种群中的一种,是在自然生态环境中生存着一个物种,和其他的物种种群一样,本能地决定着其生存与发展的目的性(既指个体的生存发展目的,也指整个人类种群的生存发展)。人的这一生物性,决定了其在追求生存发展的整个过程中,从自然界中获取物质以实现其生存发展目的的必然性。也就是说,人的生物性决定了人对物质的需求和占有。这种对物质的需求和占有,最初是直接来自自然界的物质,随后发展到对自然物质的加工,还发展到自身或他人的劳动。也就是说,人类生物性决定的物质需求包括:自然物质资源、自然加工物以及人类自身的劳动服务,其所满足的都是人类生存发展的需求。但必须说明,并非所有物质形式的需求都是满足人类生物性的,而且人的精神需求、社会需求、自然生态需求也可能表现为对物质的需求和占有。

人类的社会性,一般认为是人类区别于其他生物的最根本特征。人不同于其他生物,有着自身的思维意识和丰富的精神世界,由此而构成了对精神层面的需求;人不同于其他生物,还有与他人、与周围群体、与人类整体的密切关系。这就是人类社会性的主要部分,人作为社会一分子决定了他要对社会共同体有皈依感、依赖感,并要求其对社会做出其相应的贡献,由此而构成了个人的社会需求(不仅追求个人利益,而且也追求社

会共同体利益；不仅追求个人物质利益，而且也追求个人社会地位和个人对社会的贡献）。

人类的自然性，并不仅仅是指人类的自然生存状态和存在于人类朴素意识中对自然界的依赖，更主要的是指人类自觉地认识到生态系统良性循环对人类生存发展的不可或缺性，认识到人类生产生活中不当的行为可能造成生态系统的破坏进而对人类传承发展造成严重的影响。由此而形成人类的生态需求（包括个人对生产生活环境质量的要求与选择，个人以一定的生活方式、生活态度处理人与自然的关系，个人对人类整体利益及对生态系统维护的关注与付出等）。

（二）物质需求、人文需求、生态需求与生态哲学认识的一致性

生态哲学的观念和行为（人类与自然和谐共生的价值取向、持续的人类需求、持续的需求满足方式等）都涉及人类满足自身需求过程中与自然的关系，所以从哲学层次上进行考察，通过比较传统观念下的人类需求与"人类—自然关系"哲学观念下的人类需求，将会从哲学意义上认识人类需求层次。

（1）生态哲学观念下的人类需求以及人类生活消费方式，从根本上区别于传统观念中那种片面的"人类中心主义"立场和对待自然的功利主义态度，而是自觉地突出了人类与自然的"一体化"意识。

在对待自然的态度上，传统观念总是把人类作为主体，只承认人类的利益和价值，只承认人类的行为活动具有目的，不承认自然具有自身的目的性和独立的价值，自然总是被当作单纯满足人类需求和目的的手段工具，人类为满足自己的需求和达到自己的目的总是把"自然"作为征服和主宰的对象。传统观念下的需求满足即是对这种征服自然和改造自然"成果"的享用，传统观念下的生产行为和消费行为所包含的价值观是不承认自然的独立价值的。也就是说，传统观念下的生产行为、消费行为缺乏对人类—自然有机整体的生态平衡规律的认识和尊重，由此造成了人类在征服自然的过程中对人类—自然有机整体的破坏，并最终危及人类自身的生存与继续发展，当今世界所面临的各种不可持续问题（物种多样性破坏、生态环境恶化、资源耗竭等）都是这一观念的直接后果。

生态哲学，承认人类运用自然来满足自己需求和达到自身目的之权

利,同时也承认人类所面对的自然具有相对独立的价值和目的。把包括人类在内的所有自然物看作一个有机的整体,并强调这个整体总是处在一定的生态平衡之中,人类如果过度强调自身的价值、目的和主体性,那么就会破坏人类—自然的系统平衡而最终导致人类自身的毁灭。

(2) 与强调人类—自然是一个有机整体的思想相关联,生态哲学内在地包含了这样一个思想观念:人类本身也是一个有机的整体,人类作为生态系统中的一个子系统自身也应保持一定的稳定和平衡。尽管人类个体有生存与发展的权利,有自身的价值和目的,有作为主体的可能,但人类作为一个整体也具有相对独立的价值、目的和主体性。所以生态哲学观试图克服传统观念中所存在的极端利己主义和自我中心主义。

传统观念下的实践行为,实际上是较少关注人类整体利益和人类长期利益的,如长期作为发达"标杆"的美国的发展,其仅占世界人口的6%,却耗费了全球自然资源近30%,所产生的污染占全球污染排放的20%以上,这种发展模式是不利于人类整体利益的,也就破坏了人类作为一个有机整体的平衡,进而可能破坏人类—生态系统的平衡。在现实实践行为中还有一种倾向就是当代人掠夺式地利用和享用自然资源,漠视后代利益地产生和排放各种污染,导致生态环境的退化,这是破坏人类作为一个有机整体的另一种倾向。

人类内部存在各种利益群体,有个人、群体、集团、地区、国家等利益群体的区分,它们之间存在竞争是必然的,但它们的竞争必须以不破坏人类整体的平衡和人类—自然的平衡为制约前提。也就是说,不同的个体和群体在追求自己的利益和目的的过程中,不得无视其他个体或群体的利益,不得无视人类整体的利益(共同利益、后代人利益),否则就会招致其他个人、群体甚至人类整体的报复性反应,进而导致自身利益的受损。

(3) 生态哲学强调人类需求的多样化和人性的丰富性。传统理念下,把人类与自然、人类群体与群体之间对立起来的同时,也把人类的物质需求和精神需求割裂并对立起来,倾向于片面强调人的物质性,即把人类的需求主要理解为对物质产品的需求和享用、对物质财富的占有,而人类多方面存在的精神需求被忽视或被物质化了。

而生态哲学认为,人不仅是一种生命物质的存在,而且还具有精神的机能和属性。所以,人类的生存与发展,不仅仅是生理需要的满足,同时也是精神需要的满足。也就是说，那种无节制放纵人类生理欲望支配下无节制地开发和利用自然资源生态环境的行为，实际上并不能完全满足人类的全部需求。对人类的需求全面地理解应当是：在满足人类生存与发展的基本需要前提下，着眼于人与自然的和谐、人与人的和谐，着眼于人的身心和谐与全面发展的满足。①

依据上述分析，可以将人在生存发展过程中的需求划分为三个层次。

（1）生存与发展的需求。生存需求，即人类个体为满足生存目的的需求。这一需求基于人类个体的基本生存价值而存在。发展需求，即人类个体在满足生存需求的前提下，为满足自身发展要求和人类整体发展要求而得到的物质的进一步满足（对物质数量和质量要求的满足）。这一需求基于人类发展的价值的理念而存在。生存与发展的需求从其构成来看，恰好对应于前文提出的"物质需求"的范畴。

（2）精神需求与社会和谐的需求。精神需求，即人类个体在满足生存需求的前提下，为满足自身发展要求而得到的超越物质的精神层面的需求。这一需求基于人类发展的价值以及人类物质需求与精神需求相统一的理念而存在。精神需求体现了人类自身发展的一个重要发展方向。社会和谐的需求，即人类个体出于对"社会群体是一个有机整体"的认识，为不使自身利益因漠视群体利益而受损的考虑而自动加负于自身的一种责任（或者说是作为社会群体的整体利益和长远利益分摊到每一社会成员身上的责任，即每一社会成员只有在承担这一份责任后才能保障社会群体的利益，最终才能保障各个个体的利益得以实现）。这一需求是基于"社会成员作为社会群体具有相对独立的价值和目的"的理念而存在的。精神需求与社会和谐需求的构成，相当于前文所划分的"人文需求"的范畴。

（3）人类—自然和谐的需求。即人类及人类个体出于对"人类—自然是一个有机整体"的认识，为不使人类整体及人类个体因漠视自然生态环境价值和目的而最终损害自身利益的考虑而自主性地加负于自身的一种责任（即为维护人类—生态系统平衡而分派到每个个体身上的责任，只有每个个体都承担了这一责任后才能保障自然生态环境的平衡，才能保障人类的利益及个体的利益得以实现）。这一需求是基于"自然具有自身

---

① 舒远招、杨月如：《绿色消费的哲学意蕴》，《消费经济》2001年第17卷第6期。

的独立价值和目的"的理念而存在的。这一层次需求的构成，就是前文所提出的"生态需求"的范畴。

（三）物质需求、人文需求、生态需求与经济学反思的适应性

对传统经济学理论与实践的反思，正好体现在对传统经济学片面强调物质需求及其价值追求的批判方面，物质需求、人文需求、生态需求对单一的物质需求的替代恰好弥补了传统经济学理论基础和价值认知的缺陷，也正体现了对传统经济学理论的改造方向。

（1）前文分析过，适应可持续发展的经济学是承认"自然价值论"的。在一定意义上，"物质需求""人文需求""生态需求"一定程度地分别反映了这些"价值"。其一，尽管"内在价值"是指自然事物自身生存和发展的价值（即生命和自然界为了生存和发展，维持着或趋向于一种特定的稳定状态以保持系统内部与外部环境的适应、和谐、协调），但"生态需求"反映了人类为了人类整体的生存与发展，而必然具有维护自然的"内在价值"的要求，这就能够使得"内在价值"与人类的判断相统一。如：自然创造生命、自然界形成的生态多样性和丰富性、自然提供各种生物物种适合生存发展的环境等方面的价值是自然作为一个生态整体的价值，是高于仅仅体现人类利益的局部价值的。但自然的这种价值，是与人类所追求的"生态需求"一致的，或者说人类的"生态需求"是完全维护这一价值的。其二，自然资源及生态环境的价值构成中，生态系统为人类提供最基本的生活与生存需要的"维生价值"、自然资源作为人类利用自然改造自然的对象物而为人类提供"经济价值"、自然资源为人类提供"经济"作用的同时还提供"生态价值"（如森林所提供的防护、救灾、净化、涵养水源等生态价值）等都体现在人类需求的"物质需求"之中。而生态系统为人类满足精神及文化上的享受而提供"精神价值"（如自然景观、珍稀物种、自然遗产等所体现的精神性价值）、自然为满足人类探索未知而提供"科学研究价值"等都体现在人类需求的"人文需求"之中。

（2）把人类对自然、对人类整体、对后代人的关系表述为人类内在的"需求"——"生态需求"，这既是一种认识观的表述，也是一种逻辑方法的选择。在既有的"可持续发展"研究中，把自然与人类的关系陈述为"地球的权利与义务"，把"后代人与当代人的关系"陈述为"后代

人的权利",从人类应当尊重"地球权利"与"后代人权利"的伦理角度对人类行为做出要求。也就是说,要求人类在属于不同主体的"人类物质利益和发展利益"和"地球利益""后代人利益"之间做出权衡,这在逻辑上并不十分恰当。如果把所有的利益都看作是属于人类同一主体的,那么人类在各种利益之间做出权衡就是合理的。把"地球权利"与"后代人权利"作用于人类的影响当作是人类自身的内在需要(就好比外部事物加于自身的力量可以看作是自身对外物的反作用力,这是类似的道理)是一种合理的处理方法。所以,"生态需求"概念的提出还具有研究方法上的特殊意义。

(3)前文分析过,适应可持续发展的经济学必须否定经济主义和消费主义的实践主张,也就是要改变把人类作为追求利润最大化、效用最大化的"理性经济人"的根本认识,并且要根本改变由此认识而形成的人类价值观、经济发展方式、人类经济活动方式、人类生活方式。使人们认识到人类作为经济社会的行为者,并不完全是"理性经济人",在某些条件下会是追求群体利益的"理性社会人"、在某些条件下会是追求人类整体利益的"理性生态人"。"物质需求""人文需求""生态需求"的需求分类有助于进行人类行为者及其行为方式的分类分析。

三 物质需求、人文需求、生态需求:特性及其递进关系

作为人类不同层次的需求,"物质需求""人文需求""生态需求"分别具有各自不同的性质,而在不同的条件下可以使人们得到不同的效用满足。恰恰是人类对三种不同性质的需求的追求、人类对三种需求的递进追求过程决定了人类的行为及其行为关系。

(一)物质需求、人文需求、生态需求的一般性质

"物质需求""人文需求""生态需求"各个概念的内涵及各自的特性综述如下(在这里借用微观经济学"消费者行为"的分析思路对人们如何抉择"物质需求""人文需求""生态需求"的问题进行分析。对于某一个人类成员来说,可以把"物质需求""人文需求""生态需求"看作是三者存在一定替代关系的"消费品",三者在不同的收入水平下所满足的效用是不同的,个体也会出于不同的偏好而选择不同的需求组合。不同条件下的需求选择决定了人们不同的行为以及人们之间不同的行为关系)。

"物质需求",是出于人类个体生存与发展的目的性而产生的需求。反映的是人类个体、群体或整体对物质产品数量与质量的占有与使用,如出于生存目的的衣、食、住、行以及出于规避风险和保障预期的物质储存等。"物质需求"的一般性质为:(1)从"物质需求"的边际效用来看,满足基本生存发展需要的"物质需求"是必需品且不可替代。此时,人们的效用满足完全依赖于"物质需求"(即人们的支出将全部用于"物质需求",即使外在性地增加其他需求也不会对其效用的增加起到任何作用)。而当基本的物质需求得到满足后,继续增加"物质需求"的边际效用是递减的。也就是说,即使增加再多的"物质需求",效用满足程度也不会有太大的提高。(2)从"物质需求"对其本身的"价格"(可以理解为获得"物质需求"所付出的代价)的关系来看,"物质需求"对其"价格"是递减关系,所以,提高"物质需求"的"价格"是制约"物质需求"不断增长的手段,但对于基本的"物质需求"不起作用(人们会不计代价地去获得生存目的等基本需求)。而对于非基本的"物质需求"则可以通过提高"物质需求"的"价格"来促使人们增加"人文需求"和"生态需求"。(3)从"物质需求"对"收入水平"(不是指具体某一时点人们的可支配收入,而是指某群体一般的生活水平,亦即反映该群体所处的发展阶段)的关系来看是递增关系,但"收入水平"或"发展水平"较低时递增程度较大,随着"收入水平"或"发展水平"的提高其递增程度越来越小。"收入水平"或"发展水平"达到一定程度后,物质需求的需求收入弹性小于1,并且越来越小。(4)从"物质需求"与其他需求的关系来看,当基本生存发展需要得到满足之后,"物质需求"的边际效用急剧下降。"人文需求"与"物质需求"之间存在较强的替代关系。休闲、文化艺术等对"物质需求"有一定的替代性,反过来"物质需求"的增加在一定条件下也可能转化为一种体现精神满足的"人文需求";"生态需求"对"物质需求"也存在一定的替代作用,如减少一定的非基本的"物质需求"就可能获得一定程度的"生态需求"的满足。(5)从"物质需求"的排他性来看,反映"物质需求"的一定"产品"通常只能满足某一个人的需求,而不可能同时满足其他人的需求,即属于"私人品"性质。(6)从人们对"物质需求"的追求过程来看,首先追求的是基本生存品数量的扩大和品类的扩张,随后则是对"物质需求"品质的追求,再后则是对"物质需求"附加某些精神需求功能的"产品"的追求。随着人们一般生活水平的提高,基本"物质需求"(满足生存发展需要的)的范围是动态地变化的,即某些品类的"产品"、具有一定质量要求的"产品"、具有一定精神价值的"产品"都可能逐步地成为"基本物质需求品",而满足相应的性质。

"人文需求"是出于人类个体的精神满足以及人与人之间的社会关系的目的性而产生的需求。既包括个体对非物质产品(如,文化、艺术、教育等)的精神需求,也包括个体作为社会成员的社会需求(如,个人社会地位、个人社会价值、团体利益、民族自尊和利益等)。"人文需求"的一般性质为:(1)从"人文需求"的边际效用来看,"人文需求"只有在"物质需求"得到一定满足程度后才会对人们的效用满足起到作用。也就是说,基本的"物质需求"得到满足之前,"人文需求"的边际效用为零,而后逐步提高。(2)从"人文需求"对其本身的"价格"(同样可以理解为获得"人文需求"所付出的代价,即为获得"人文需求"而放弃"物质需求"的效用满足代价)的关系来看,"价格"越高其需求越小,反之"价格"越低则其需求越大。(3)从"人文需求"对"收入水平"或"发展水平"的关系来看是递增关系,但"收入水平"或"发展水平"很低时,"人文需求"为零;"收入水平"或"发展水平"达到一定程度后,随着"收入水平"或"发展水平"的提高"人文需求"呈递增态势;"收入水平"或"发展水平"达到一个更高程度后,"人文需求"的需求收入弹性小于1,"生态需求"趋于更快的增长。(4)从"人文需求"与其他需求的关系来看,"人文需求"对生存需要的"物质需求"没有替代作用,对发展需要的"物质需求"有一定的替代作用,而对奢侈性的"物质需求"有较强的替代作用。(5)反映"人文需求"的产品或服务通常具有"公共品"(属于群体的"公共品")性质。(6)从人们对"人文需求"的追求过程来看,首先追求的是满足个人精神价值的需求(包括以物质财富占有为形式的精神满足、个人的社会地位、个人对休闲/艺术/教育/知识的占有与享受等),随后则是对自身与社会关系及对群体利益的关注,再其后则是由关注较狭隘的群体利益逐步扩展到对更广泛的人类整体利益的关注。

"生态需求",是出于对人类整体存续与发展的目的性而产生的需求。

反映的是人类与自然关系、人类作为生态系统中一员所必需的追求（如，对人类整体利益、后代利益、生态系统利益的关注）。"生态需求"的一般性质为：（1）从"生态需求"的边际效用来看，只有在"物质需求"和"人文需求"得到一定满足后才会对人们的效用满足起到作用。也就是说，基本的"物质需求"和"人文需求"得到满足之前，"生态需求"的边际效用为零，而后逐步提高。（2）从"生态需求"对其本身的"价格"（同样可以理解为获得"生态需求"所付出的代价，即为获得"生态需求"而放弃"物质需求""人文需求"的效用满足代价）的关系来看，"价格"越高其需求越小，反之"价格"越低则其需求越大。（3）从"生态需求"对"收入水平"或"发展水平"的关系来看是递增关系，但"收入水平"或"发展水平"很低时，"生态需求"为零；收入水平"或"发展水平"达到一定程度后，随着"收入水平"或"发展水平"的提高，"生态需求"呈递增态势。（4）"人文需求"与"生态需求"之间存在一定的替代关系。比如，放弃那些以物质消耗或占用为手段的精神需求就可能得到一定程度"生态需求"的满足。再比如，放弃某些局部利益而可能得到人类整体利益的一定程度的改善。反之，也成立。（5）反映"生态需求"的"产品"通常具有"公共品"（属于人类整体）性质。（6）从人们对"生态需求"的追求过程来看，首先关注的是与自身生存发展密切相关的局部生态环境的改善（如支持和参与直接影响到自身生存发展的环境保护活动、生态恢复活动、生态能力建设活动、生态性生产与消费活动等），随后才会逐步关注整个生态系统和人类整体的利益（如对地球及自然物权利的认识与维护、对后代人利益的关注与顾及、参与对生态系统维护的共同性行动等）。

（二）人类对物质需求、人文需求、生态需求的递进追求过程

从人类个体的追求来看，基本上遵从以"物质需求"为主，到以"物质需求""人文需求"并重，到以"物质需求""人文需求""生态需求"并重的递进特征。同时在每一阶段，又存在若干细分的过程。

在以"物质需求"为主的需求阶段，首先追求的是基本生存需求数量扩大和品类扩张，随后则是对物质需求质量的追求，再后则是由于物质需求趋向饱和而转向对精神需求的追求；在转向关注"人文需求"的需求阶段后，首先追求的是满足个人精神价值的需求（包括以物质财富占

有为形式的精神满足、个人的社会地位、个人对休闲/艺术/教育/知识的占有与享受等),随后则是对自身与社会关系及对群体利益的关注,再后则是由关注较狭隘的群体利益逐步扩展到对更广泛的人类整体利益的关注;转入关注"生态需求"的需求阶段后,首先关注的是与自身生存发展密切相关的局部生态环境的改善(如支持和参与直接影响到自身生存发展的环境保护活动、生态恢复活动、生态能力建设活动、生态性生产与消费活动等),随后才会逐步关注整个生态系统和人类整体的利益(如对地球及自然物权利的认识与维护、对后代人利益的关注与顾及、参与对生态系统维护的共同性行动等)。

具体而言,人的需求演进过程的特点是:在收入水平极低的阶段,所追求的是为生存所需要的生存性需求,满足这一需求的方式往往是不可替代的,对于任何人而言,这一需求是必须最先予以满足的,这一需求得到基本满足之后才能谈及其他层次的需求。也就是说,最低层次的生存需求满足阶段,是忽略精神需求、长远利益、社会利益、后代人利益以及生态利益的,任何不能给人带来温饱满足的物品或活动都不能给人带来效用的增加(甚至会导致效用的减少)。当收入水平有所增加、个人的生存需求能够得到基本满足后,开始追求其发展需求的满足。生存需求是对人类生存所需要的基本物质条件的追求,而发展需求则既追求一种数量型物质需求,但更多的是追求一种质量改善的物质需求。因而发展需求的满足过程是物质需求不断扩大、更新、替换的过程。发展需求的满足方式不是唯一的,具有某种不完全的可替代性,但不同需求形式间的替代是不完全的。

而当收入水平继续增加时,在生存需求得到基本满足之后,不断扩张的物质需求并不完全意味着效用是从物质的利用中得到的,部分是一种精神层面的满足。也就是说,人类对物质数量和质量的追求,发展到一定的程度后,并不是享受所提供的物质功能,而是对物质占有的享受,即这是一种以物质占有方式体现的精神需求。同时,人们也开始追求非物质性的纯粹的精神满足。也开始关注与他人、与社会的关系,即追求一种与社会关系相关的"需求"。

而当人文需求(包括精神需求和社会关系)的满足达到一定程度后,继续追加并不能使人类个体的效用得到显著的增加,此时人们基于"人类是一个有机整体"的认识转而追求"社会和谐的需求",即此时人们从担负某种人类整体利益责任、兼顾后代人利益责任、帮助较弱势群体等方面得到了一种精神上的满足。这种满足往往是通过减少物质产品或精神产品的占有和使用来实现的，这在现实中表现为一种"集体理性"或一种"利他"行为。在人类开始追求"人类和谐需求"的同时，基于"人类—自然是一个有机整体"的认识，也开始追求"人类—自然的和谐需求"，即通过维护自然资源和生态环境的方式来达到个人效用的满足，这在现实中体现为一种尊重生态伦理的利他行为。这便是"生态需求"。

总体而言，人的需求是低层次向较高层次不断推进的，表现为一种波浪向上的发展态势。有以下特征：（1）每一收入水平都有一种主要关注的需求，这成为这一时期个人行为的主要动力；（2）只有当一个较低层次的需求的增加较少改进其效用水平时，另一种新的需求才有可能急剧地发展而成为新的主要关注的需求；（3）不同层次的需求在一定的范围内具有一定的替代性，但不具有完全的替代性，即不同层次的需求都应得到相应的发展，不可能通过发展某一需求去替代或抑制另一需求；（4）主要需求被新的需求替代后并未停止增长，只不过其增长速度低于新的主要需求的增长；（5）在较低的收入水平阶段，需求是由单一的物质需求构成的，而在较高的收入水平阶段，同一的需求水平可能由不同层次需求的不同组合构成，即可能有不同组合的需求满足方式；（6）在每一需求阶段，人们对这一需求的追求行为在相当程度上决定了人类行为方式和行为特征。同样，在细分的需求过程中，人们的行为方式和行为特征也会发生相应的变化。比如，对物质数量的追求阶段与对物质质量的追求阶段相比，人们的行为方式就会有所不同；再比如，在对局部生态环境关注的阶段与对整体生态系统关注的阶段相比，人们的行为方式也会发生变化。

（三）现实中社会成员的需求如何体现为物质需求、人文需求、生态需求

需要说明的是，对于现实中社会成员的某一行为选择，通常总是兼多种需求于一体，其行为选择是对多种需求做出的权衡取舍。所以，在现实中所看到的某一行为选择，并不能简单地认定为行为者是单纯地满足物质需求，还是单纯地满足人文需求，或是单纯地满足生态需求。从认识方法角度来看，可以将某一行为选择视作一个三维矢量，该矢量分别在三个坐标轴（物质需求轴、人文需求轴、生态需求轴）上的投影，就是该行为选择需求满足的分

解。换言之，该行为选择就是多种需求满足的加总。

第二节 阐释范式假设之二：人类活动的行为者可划分为物质需求者、人文需求者、生态需求者

人们对需求的追求行为在相当程度上决定了人类行为方式和行为特征。现代经济学认识中，将人类的主要追求归结为"物质利益"，所以人类的行为目标就是物质利益的最大化，由于物质利益通常是排他性的（即一般表现为私人利益），因而人们的行为特征就是"经济人"假设所描述的特征。应当说，在人类社会各群体的主导性需求为"物质需求"的阶段，"经济人"假设的描述是适当的。然而，随着人类社会的发展，人类的需求不仅仅是"物质需求"，而是"物质需求""人文需求""生态需求"三种不同层次需求，所以，经济学中描述人类行为特征及行为关系就应当扩展到"物质需求者""人文需求者""生态需求者"的行为特征和行为关系，对"经济人"假设做出相应的修正。

在同一社会中，由于存在处于不同需求层次的社会成员，他们之间也会因他们各自不同的行为方式和行为特征而形成不同的行为关系。"经济人假设"所描述的行为关系基本上只反映了"物质需求者"与"物质需求者"之间的行为关系，并不能反映人类行为关系的全部类型。所以，"经济人假设"所描述的行为关系也必须做出相应的修正。

一 经济学分析基础应由经济人拓展为物质需求者、人文需求者、生态需求者

如前文所述，人类需求由物质需求、人文需求、生态需求构成。人们对需求或需求组合的追求行为，很大程度上决定了其行为方式和行为特征。人类需求的划分，是对传统经济学理论基础的修正和拓展。传统观念中只承认人类生存和发展的物质需求，所以传统理论中的需求满足就是物质利益的最大化，这就是人类中心主义、利己主义的逻辑基础，也是"经济人"假设的逻辑基础。而可持续发展观念下的需求满足是物质需求、人文需求和生态需求三种不同层次需求所代表的人类综合利益的协

调，所以"经济人"的概念应当在"人类需求层次"这一理论认识下做出相应的修正。

由于每一种需求所代表的人类目的和动机的不同，因而在不同的需求阶段无论是个人还是群体所追逐的目标物是完全不同的，所以在不同的阶段会形成不同的价值观和财富观。在以"物质需求"为主的阶段会形成"经济主义"和"消费主义"的行为追求，而到了关注"人文需求"的阶段就会对这样的价值理念进行修正，转向对"精神价值"和"社会和谐"的追求，进一步发展到关注"生态需求"的阶段就会进一步完善人类的行为追求，转向对"人类—自然和谐共生关系"和"人类整体利益"的追求。从这个方面来说，人类需求层次的划分的理论意义在于，可以厘清人类在不同的发展阶段的不同价值追求，拓展了传统理论中人类经济活动单一价值追求（抽象为人们只有对物质财富的追求意志）的认识。这对于客观认识这一价值观在经济活动实践中所带来的不可持续后果具有理论价值。

（一）物质需求者、人文需求者、生态需求者的行为特征

由于每一种需求所代表的价值取向不同，因而人类在不同的需求阶段的行为方式和行为特征是不同的。如，"物质需求"的追求者更多地体现出"利己""个人理性""个人主义"的行为特征；而"人文需求"的追求者则更多地体现出"互利""集体理性""群体利益"等行为特征；[1]"生态需求"的追求者则更多地体现出"利他""人类理性""人类整体利益"等行为特征。[2] 这一区分有重要的理论意义，可以使传统经济理论中单一的"经济人假设"得到修正（简单地分析，不难认识到："经济人"的特征基本上只是反映了"物质需求"追求者的行为特征），因为同一社会中客观上存在着不同行为方式，这需要从理论上进行刻画。笔者认为，人

---

[1] 可以从亚当·斯密《道德情操论》所论述的"合宜性"视角，来理解人文需求者的行为准则，也就是站在"同理心"和"公正的旁观者"角度来审视自身的行为。（参见［英］亚当·斯密《道德情操论》，商务印书馆2018年版。）

[2] 笔者认为，如果把"同理心"和"公正的旁观者"拓展到生态系统，亦可从亚当·斯密《道德情操论》所论述的"合宜性"视角，来理解生态需求者的行为准则。也就是说，站在其他物种种群角度的"同理心"、站在后代人角度的"同理心"、站在生态系统的"公正的旁观者"角度来审视自身的行为。（参见［英］亚当·斯密《道德情操论》，商务印书馆2018年版。）

类活动中并不存在一个整齐划一、人人遵循的行为特征，而是存在多种适应不同群体的行为特征，这才是"经济人假设"最需要修正的！

由于人类活动的价值追求包括"物质需求""人文需求""生态需求"，所以，在同一社会中的人们，由于主要追求的需求不同，而每一种需求所代表的价值取向不同，因而其行为方式和行为特征也不同，所以在同一社会中必然同时存在多种基于不同需求目的的人群及不同的行为方式。即一个社会中实际上存在三种不同行为特征的行为者：物质需求者、人文需求者、生态需求者。在同一社会中客观上存在着不同行为方式，人类活动中也不存在一个统一的行为规范，而是存在多种的适应不同利益主体的行为方式类型。

（1）"物质需求者"，是指以个体生存和个体发展为主要目的、以"物质需求"为主要追求的行为者。由于物质利益一般体现为"私人利益"，所以"物质需求"的追求者更多地体现出"利己""个人理性""个人主义"的行为特征（即"物质需求者"通常采取"经济人"的行为方式，或者说，"经济人"的理论抽象只是对"物质需求者"的描述）。

（2）"人文需求者"，是指以个体精神满足和融入社会关系为主要目的、以"人文需求"为主要追求的行为者。人文利益通常体现为"群体利益"，所以"人文需求"的追求者则更多的是体现出"互利""集体理性""群体利益最大化"等行为特征（显然，"人文需求者"的行为方式不同于"经济人"所描述的行为方式，或者说，"经济人"不适合于反映"人文需求者"的行为）。

（3）"生态需求者"，是指以人类整体的存续发展为主要目的、以"生态需求"为主要追求的行为者。生态利益则体现为"人类整体利益""后代人利益""生态系统利益"等，所以"生态需求"的追求者则更多地体现出"利他""人类理性""人类整体利益最大化"等行为特征（同样地，"经济人"也不适合于反映"生态需求者"的行为）。

（二）现实中的社会成员是"物质需求者""人文需求者""生态需求者"的综合体

需要说明的是，对于现实中具体的社会成员而言，通常是兼而具有多种需求者的身份特征，兼而具有多种需求者的特征时，会在多种行为方式中做出权衡和进行综合，或者在不同的情形下，面对不同的行为关系者的情境下或采取不同的行为方式。所以,在现实中所看到的各种行为方式并不纯粹对应以上所描述的各种行为。但这一划分,在理论分析上是有意义的,也是客观存在的理论抽象。简言之,"物质需求者""人文需求者""生态需求者",是对人类行为特征的抽象,现实中的社会成员都是"物质需求者""人文需求者""生态需求者"的综合体,不同类型的社会成员,或主要倾向于"物质需求者"、或主要倾向于"人文需求者"、或主要倾向于"生态需求者"。

二 人类行为关系应由经济人关系拓展为物质需求者、人文需求者、生态需求者的交互关系

在同一社会中,由于存在主要需求层次不同的社会成员,他们之间也会因各自不同的行为方式和行为特征而形成不同的行为关系。如"物质需求者"面对着"物质需求者""人文需求者""生态需求者"就会以不同的方式去处理他们之间的关系。同样,"人文需求者"面对不同需求层次的行为者也会以不同的行为方式行事,"生态需求者"面对不同需求层次者也会采用不同的行为准则。道理很简单,博弈者面对不同目标的博弈对手,必然采取不同的博弈策略。"经济人假设"所描述的行为关系基本上只是"物质需求者"与"物质需求者"之间的行为关系,并不能反映人类行为关系的全部类型。所以,在可持续发展经济学中,"经济人假设"所描述的行为关系也必须做出相应的修正。

(一) 物质需求者、人文需求者、生态需求者两两之间的行为关系

人类社会中的"物质需求者""人文需求者""生态需求者"两两之间存在以下六种行为关系,如表2-1所示:(1)"物质需求者"之间,由于双方各自以个人利益最大化为目标,所以两者间的交往会形成"囚徒困境"式的博弈(博弈主体各自体现的是"个人理性"),这是物质需求者之间最显著的行为方式;(2)"人文需求者"之间,由于双方都具有"集体理性"的理念,所以两者间交往的行为特征是以联合利益最大化为目标的"合作博弈"(博弈体现为双方对最大化之后的总体利益的讨价还价);(3)"生态需求者"之间,由于双方都具有追求人类整体利益的目标,所以两者间交往的行为特征是整体利益最大化的协同(此时,共同利益是不可分的);(4)"人文需求者"与"物质需求者"之间,一方是

"集体理性",另一方是"个人理性",双方博弈的结果是一方在不损害另一方利益的情形下追求自身利益的最大化,[①] 即相当于"帕累托改进";(5)"生态需求者"与"物质需求者"之间,一方"利他"、一方"利己",双方博弈的结果类似于"智猪博弈",体现为"利己—利他的转化";(6)"生态需求者"与"人文需求者"之间,一方是"人类理性"、一方是"集体理性",双方交往的行为方式是"整体利益上的帕累托改进"(即在不损害"群体利益"的前提下,追求人类整体利益的最大化)。

表2-1 人类行为关系及其特征的类分

	物质需求者(个人利益最大化、不考虑整体利益)	人文需求者(不损害他人利益前提下追求个人利益最大化、可通过交易去实现个人利益和群体利益的统一)	生态需求者(追求整体利益及生态利益、整体利益之中体现个人利益)
物质需求者(利己、个人理性、利益最大化偏好)	"囚徒困境"式博弈		
人文需求者(不损人、集体理性、社会责任偏好)	"帕累托改进"式博弈	群体利益最大化的合作博弈	
生态需求者(利他、人类理性、生态友好偏好)	"利己—利他转化"式智猪博弈	整体利益上的"Pareto改进"式博弈	整体利益最大化的协同

(二)现实中的社会成员之间的行为关系

一方面,上述关于物质需求者、人文需求者、生态需求者两两之间的

[①] 可以从亚当·斯密关于道德与利己的关系角度来理解,斯密认为,人的道德行为源于站在对方的角度或"公正的旁观者"角度的"同理心",在追求自身利益的同时不损害他人利益,并不等同于"利他"。"同理心"也产生于利己之心,利己是目的,利他是手段,根本的动机是为了更好地实现利己目标。(参见亚当·斯密《道德情操论》,商务印书馆2018年版。)

六类行为关系，是理论抽象。由于现实中的社会成员是"物质需求者""人文需求者""生态需求者"的综合体，所以，现实中两个行为主体的关系，可能倾向于某一种关系特征，也可能是多种关系特征的综合。

另一方面，上述关系只是"静态"描述，如果考虑"动态"的话，上述关系还应考虑其动态变化因素。如，"物质需求者"之间，往往会形成"囚徒困境"式的博弈，但当他们考虑长远利益后，将采取重复博弈方式以解决一次性博弈的"囚徒困境"问题。

第三节 可持续发展经济学的若干新范畴

可持续发展经济学，所讨论的人类活动的价值追求从物质需求扩展到了物质需求、人文需求、生态需求，人类活动的行为者从经济人扩展到了物质需求者、人文需求者、生态需求者。那么，经济学所讨论的范围就不仅限于稀缺资源的配置问题，经济学所讨论的投入要素也不限于土地、劳动和资本，经济学所站的视角也不限于微观（个体的利益）和宏观（群体利益及其利益总和）。经济学所讨论的范畴，将随着"人类—自然关系"的纳入而做出改变或拓展。

一 可持续性、效率、公平是经济学讨论的三大主题

主流经济学主要讨论的是资源的"配置效率"问题，其次也对社会福利及其"公平分配"问题有所关注，而适应可持续发展的经济学新范畴还需关注生态系统的"可持续性"问题。这三者构成了经济学讨论的核心主题。

为了维护人类生存基础的生态系统的"可持续性"，必须给出人类经济活动不可突破的界限，这就是经济学必须首先讨论的基本前提，即生态系统的"可持续性"问题。生态系统的"可持续性"问题，在经济学中最直接的体现就是"经济总量规模的约束"。主流经济学的基本假设和思维方式都是目标函数（效用水平、利润水平、国内生产总值等等）的最大化，它所讨论的只是经济体系内部如何配置资源来实现目标函数的最大化，而不讨论生态系统这一外部条件所规定的约束条件。戴利用船只的装

载来比拟这一问题,①即主流经济学只考虑如何更合理地"配置"才能使船只运载得更多,而不考虑船只及其航运条件可承受的最大承载量。显然,过往的经济学把经济的"承载量"看作是无限大的,在实际经济运行中遇到了各种问题(无论是通货膨胀还是失业问题)所提出的解决方案都是扩大经济规模。而"可持续发展"思想则认为:生态系统所决定的"承载力"是有限的,并且现实的经济活动规模离那条承载力限制线越来越近(在某些方面甚至已经超越了承载力限制线)。所以经济学首先应当解决的是全球的"经济总量规模"(即生态系统所能够承载的全球经济活动总量),而后在"经济总量规模"之下去讨论"资源配置"的问题才有意义。对于上述问题,笔者的观点是:以往的经济学思想是在经济总量规模相对于生态系统承载力尚处于规模非常小的阶段形成的,其有关的各种假设、各种认识(包括思维方法)都是适应于其时状况的。但是,随着全球经济活动规模的不断扩大、接近生态系统的承载力,许多以往可以忽略不计的问题就必然发生质的变化,许多不可持续问题也就由此而产生。这就是传统的主流经济学的缺陷所在,或者说这是可持续发展经济学所必须作为前提并着重关注的。

为了实现生态系统的可持续性,必须给出人类经济活动不可突破的界限,这是经济发展所必须认知的前提。简言之,可持续发展,是指人类赖以生存的生态系统的可持续性得以保障,是生态可持续所限制的"全球经济规模"不被突破条件下的"发展"。人类经济社会的发展,必须时刻顾及人类经济社会活动不可突破的界限,这才是"可持续发展"的根本!或可这样来认识:将生态可持续性置于既定约束条件的前提下,各个经济主体才可根据各自的目标函数去追求自身发展利益的最大化和资源配置的最优化。

人类在经济活动中,不仅关注物质需求,而且还关注人文需求和生态需求。所以,人与他人之间、与社会群体之间、与人类整体之间所形成的社会关系的和谐也是人类活动的目的之一,体现在经济学之中就是"公平问题"(关于自然资源和生态环境使用、财富的分配、群体利益和人类

---

① Daly H. E., *Beyond Growth: the Economics of Sustainable Development*, Boston: Beacon Press, 1996.

整体利益的权利与义务等方面的公平），包括：个体与个体之间的公平、个体与群体之间的公平、群体与群体之间的公平、群体与人类整体之间的公平、当代人与后代人之间的公平等。

在有限的经济活动规模、有限的自然资源和生态环境的约束下，如何最大可能地满足社会成员的需求、如何更有效率地实现群体利益和人类整体利益、如何权衡或调整"公平"与"效率"之间的关系，这些问题就是经济学所必须讨论的另一个基本范畴——"配置效率"。

戴利指出，在现有经济学所重视的"配置效率"和"公平分配"的基础上，应当加上一个"生态可持续性规模"，这三者的冲突统一才构成经济学和经济政策的完善性。① 笔者赞同戴利的观点，并且认为：人类需求中物质需求、人文需求、生态需求的关联与权衡恰好与此相符合。物质需求追求中的人类行为关系最终体现为对"效率"的追求，人文需求追求中的人类行为关系最终体现为对"公平"的追求，生态需求追求中的人类行为关系最终体现为"可持续性"的追求。人类关于物质需求、人文需求、生态需求的权衡，实质上也可以看作是"配置效率""公平分配""可持续性"三者矛盾统一的过程。

二 物质投入、人文投入、生态投入：制约经济增长的三类要素

人类的经济活动，无非是通过一定的投入以实现其需求的满足。主流经济学只讨论资本、劳动、土地等要素，除此以外的投入并不予以考察（或者认为除此之外并无其他的投入）。但是随着经济学的发展，"技术""制度"等新的投入要素逐步进入经济学家的视野，这也说明经济运行中的投入要素应当从一个更广阔的视角去分析。笔者认为，对于适应可持续发展经济学的新范畴而言，必须讨论三种形式的投入：物质投入、人文投入、生态投入。

（1）"物质投入"，包括：自然资源、土地、资本设备、劳动等，这些投入都是与物质的直接消耗相关联的（需要说明的是，"劳动"是否应当看作是物质性的投入，笔者认为"劳动"的物质性是非常明显的，因

---

① Daly H. E., *Beyond Growth: the Economics of Sustainable Development*, Boston: Beacon Press, 1996.

为"劳动"是直接由物质能量消耗而转化的)。在传统的理论认识中,认为上述这些投入是一切经济活动投入的全部,并不认为除此之外还有其他类型的投入。但随着经济活动内容的变化和相关研究的深入,人们逐渐认识到物质投入之外还有其他形式的重要投入要素。

(2)"人文投入",包括:个人的精神思想、人类文明积累所体现的人文需求、知识(技术、教育、管理等)、社会关系和社会制度等,毫无疑问,这些东西在现实的经济活动中起着重要的作用,但在以往的学术分析中并没有把它们当作独立的投入因素而客观地刻画它们在现实经济活动中的地位和作用。但这样的认识,随着学术研究的深入而不断地有所修正,如在新的经济增长理论中已经把"知识"(Solow 模型[1]中为"技术进步"和 Lucas 模型[2]中为"人力资本"等)和"资本""劳动"等并列为投入要素,再如在一些制度经济学的研究中事实上也把"制度"作为一种重要的投入要素来讨论。这些理论的发展,表明"人文投入"作为经济活动中重要的投入要素研究得到了相当程度的认识。

(3)"生态投入",即指生态系统在人类经济活动中所提供的生态功能。包括:局部生态环境质量、整体生态系统功能。其作用包括:保障在生态承载力范围内人口规模及其可持续生存传承的能力,保障在生态承载力范围内的经济活动的生产可能性(提供可持续利用的自然资源、生态系统生态功能的自我恢复),保障在自净化能力范围对污染物和废弃物的自净化。生态功能对任何经济活动所起的作用是客观存在的。换言之,没有生态系统的作用,任何的经济活动都无法实现,这些客观存在对任何一个理论认识来说都是不可否认的。但由于以往大多数的理论都认为"生态环境"是无限供给、可自由使用和无价值的,所以一般的理论都把生态功能作为经济活动的一个既定条件而并不单独地把生态功能作为一个重要的投入要素来讨论。而到了今天,人们普遍认识到生态环境并不是无限供给的、生态系统有其独立的价值的情形下,必然要求把"生态功能"

---

[1] Solow R. M., "A Contribution to the Theory of Economic Growth", *Quarterly Journal of Economics*, Vol. 70, No. 1, 1956, pp. 65 – 94.

[2] Lucas R. E., "On the Mechanics of Economic Development", *Quantitative Macroeconomics Working Papers*, Vol. 22, No. 1, 1999, pp. 3 – 42.

的供给作为一种单独的投入来讨论。

　　上述物质投入、人文投入、生态投入是经济增长过程中的三大投入要素（代表性的物质投入是"资本"，代表性的人文投入是"技术进步"，广义的技术进步，也包含组织、文化、制度等对经济活动的影响和作用），代表性的生态投入是生态系统的"生态功能"和"生态系统承载力"），三者相互间在一定条件下存在某种程度的替代关系，但最本质的关系是相互间的互补性。这一"互补性"决定了制约经济增长的是最短缺的投入，并且不可能依赖相互间的替代来解除这一制约。

　　在农业经济时代，制约经济增长的是劳动力和可使用土地的不足；在工业经济时代，制约经济增长的则是资本的短缺，这些都是"物质投入"不足而制约着经济增长的时代。而随着时间的推移到了现今的后工业时代，真正制约经济增长的不再是"劳动力""资本"这些因素，而变成了一些"自然"因素（农业受制于水资源，而不是农业机械或劳动力；能源受制于自然储量，而不是开采能力；高技术产品的更新换代不是受制于技术发明和技术应用能力，而是受制于生态环境对废弃物的降解能力和生态风险的控制能力），这些现象都表明"生态投入"已经成为制约经济增长的主要因素。戴利称这一变化过程为：[1] 世界从一个"人造资本"是经济限制性因素的时代进入到"自然资本"成为经济限制性因素的时代。因此，要想进一步推动经济增长，投资的主要方向不再是"人造资本"（提高生产能力的资本设备）；而应当是"自然资本"（生态系统的恢复），应当采取必要的政策措施来提高"自然资本"的供给量及其使用效率。

　　人类对于"生态投入"的增长还只处于可能进行某种程度的生态恢复活动，在其他方面基本上还处于一个无能为力的阶段，所以经济增长是受制约的。这也从一个侧面说明了"经济总量规模限制"的必然性。对于一个有限的生态系统来说，"经济总量规模限制"是必然存在的（无论我们是否承认已经接近了这一限制，但迟早是会接近的），这一点和人口规模的限制是类似的。多数人能够认识到地球能够承载的人口规模有限，为什么就不能认识到地球能够承载的经济规模有限呢？这其中有一个很重

---

[1] Daly H. E., *Beyond Growth: the Economics of Sustainable Development*, Boston: Beacon Press, 1996.

要的因素就是对"技术进步"的认识问题,不承认经济增长有限和资源危机的人,多半是把"技术进步"看作是可以不断提高生态系统的承载能力的手段(相当于可以不断地提高"船只"的"装载线"),显然这种看法的逻辑是不完备的。"技术进步"并不能使我们的船只——生态系统的承载能力有所改变,它所改变的只是所装载货物的单位重量以及更合理的装载配置。也就是说,"技术进步"所能够起到的作用只是在规模限制条件下更有效地发挥其能力,而不可能改变规模限制本身。

同时也可以思考一下,"人文投入"是否将要或者正在成为制约经济增长的因素呢?随着互联网技术和 AI 技术的迅猛发展,"人的时间"(既包括与消费活动相关的休闲时间,也包括与生产劳动活动相关的时间)的有限性,似乎正成为经济增长的一个基本约束(消费者的"时间约束"体现在,任何有效消费——衣食住行娱,都必然占用消费者的一定时间,经济发展到当今水平,消费者的时间基本已经被占用,继续在原有结构上增加消费品数量,不可能形成消费者的有效消费,也就不可能增加消费者的效用水平)。因此,互联网技术和 AI 技术所带来的生产效率的提高,其核心价值并不完全在于生产能力的提升,而在于减少了人们用于生产劳动的时间,进而增加了人们用于消费活动的时间,后者可能是未来阶段经济增长的主要来源。以"时间"要素为交易对象的经济活动,也可能成为重要的经济活动形式。工作和休闲之间的界限可能变得模糊,更大比例的社会成员从事有关"人文需求"和"生态需求"工作(如慈善、生态环境保护等志愿者工作),既可以看作是工作的过程,也可以看作是满足需求的过程。

三 私人、群体、人类整体:经济学分析中的三重利益主体

人类活动的价值和利益不仅体现在人类个体的生存与发展方面,而且也体现在社会群体的公共利益和和谐关系方面,还体现在人类整体的生存与传承方面。所以,人类活动的利益体现在私人利益、群体利益、人类整体利益三个层面中。

(1)私人利益。获得私人利益(简单地说,即是某个个体独立于其他个体排他性地得到的需求满足)是人类个体生存发展的基本动力,私人利益永远是人类个体最基本的追求,但私人利益决不是个体利益的全

部，人类个体为生存发展目的而存在的利益很多是体现在人类关系和人类整体利益之中的。根据私人利益的目的性及其动机，可以判断私人利益的实现过程通常是"自利"性的。

（2）群体利益。由于社会性是人类的基本特征之一，所以，人类个体维护社会性（社会关系和社会利益）是其天性决定的。另外，人类个体需要得到生存发展，就不得不建立、维护、完善一个良性的人类社会关系，如果没有了这样的社会关系，那么个体的生存发展就得不到保障（或者得不到最大程度的满足，原因就在于社会性关系决定着人与人之间的利益存在互相依存的特征）。也就是说，个体的生存发展利益，部分体现为社会利益（一个群体的利益）。社会利益的实现过程通常是"互利"性的或"共利"性的。

（3）人类整体利益。一方面，人类作为自然界中的一个物种种类有着其整体生存发展的价值和利益，所以，人类个体天然地具有维护人类整体利益、人类与自然和谐关系的特性。另一方面，人类个体的生存发展利益，部分也体现为整体的利益，人类整体的利益得不到保障的话，那么个体的利益（特别是长远利益）也就没有保障。人类整体利益的实现过程通常是"共利"性的或"他利"性的。

人类的不同利益分别体现在个人活动、群体活动和人类整体的活动之中，因而按照人类利益的范围可以将人类的行为主体划分为"私人""群体""人类整体"三个层次：（1）"私人"指个人或企业，"私人"作为行为者的特征是：追求个人或企业的财富利益（生产者追求利润最大化、消费者追求效用最大化）；（2）"群体"指团体或国家，"群体"作为行为者的特征是：追求团体或国家的财富利益（积极地推进经济增长和社会发展目标的实现等），建立社会经济制度，进行国际间的竞争与合作；[①]（3）"人类整体"（指人类利益共同体），"人类整体"作为行为者的特征是：追求人类的生存与发展利益（形成人类人口规模、形成人类消费需求范式、形成生产技术和经济增长范式），平衡人类发展利益与整体利益（包

---

① 新制度经济学所讨论的"集体行动"（collective action），在一定程度上可以借鉴应用于有关"群体""群体利益"的讨论。参见［美］奥尔森《集体行动的逻辑》，格致出版社、上海人民出版社2014年版。

括生态系统利益、其他生物利益、人类后代利益等）的关系。

"私人""群体""人类整体"三者分别作为人类活动的行为者以及人类活动的承受者所产生的一切关系，也是分析人类活动的行为动机和行为结果的一个重要角度，不同行为者—承受者之间会形成各种不同的经济学问题。

四 经济收益、社会收益、生态收益：人类活动追求的三维度绩效

由物质投入、人文投入、生态投入等认识，可引申提出对经济收益、社会收益（人文收益）、生态收益等概念的新认识。

收益并不是简单的"产出减去成本"，而是某一种产出对比所付出的多种投入成本。例如，经济收益的获得，是由物质投入成本、人文投入成本、生态投入成本加总带来的经济产出；相应地，人文收益（社会收益）的获得，是由物质投入成本、人文投入成本、生态投入成本加总带来的人文产出（社会产出）；生态收益的获得，是由物质投入成本、人文投入成本、生态投入成本加总带来的生态产出。

反过来，物质投入，也不仅获得经济收益，还可能形成社会收益（或损益）、生态收益（或损益）；人文投入，可能形成经济收益（或损益）、社会收益（或损益）、生态收益（或损益）；生态投入，可能形成经济收益（或损益）、社会收益（或损益）、生态收益（或损益）。

与之相适应，经济效率、社会效率、生态效率，则会有两种不同角度的认识。[①]"经济效率"，一种角度是单位物质投入成本所带来的经济收益、社会收益、生态收益的总和，另一种角度是获得单位经济收益所需投入的物质投入、人文投入、生态投入的总和；"社会效率"，一种角度是单位人文投入成本所带来的经济收益、社会收益、生态收益的总和，另一种角度是获得单位社会收益所需投入的物质投入、人文投入、生态投入的总和；"生态效率"，一种角度是单位生态投入成本所带来的经济收益、

---

① 日常使用的"经济效率"，通常是指单位物质投入带来的经济收益，即对社会收益（或损益）、生态收益（或损益）忽略不计；日常使用的"社会效率"，通常是指单位物质投入带来的社会收益，即对人文投入、生态投入忽略不计；日常使用的"生态效率"，通常是指单位生态投入带来的经济收益，即对社会收益（或损益）、生态收益（或损益）忽略不计。

社会收益、生态收益的总和，另一种角度是获得单位生态收益所需投入的物质投入、人文投入、生态投入的总和。

第四节　可持续发展对经济学研究范围的拓展

可持续发展经济学新阐释范式，对人类经济活动的需求、行为主体、利益集合，相较于传统经济学理论，都有所拓新，使得经济学的研究范围得以拓展。

一　对可持续发展新认识的一个简洁表述

按照本书的分析逻辑，如果要对"可持续发展"概念重新下一定义的话，"可持续发展"思想即是：人类基于多种需求（物质需求、人文需求、生态需求）、多层面利益（私人利益、群体利益、人类整体利益）的考虑，而权衡决定自身行为及行为关系的行为准则。而"可持续发展"即是在这样的行为准则下所有行为及其后果的总和。与之等价的定义，则可以表述为："可持续发展"即是人类赖以生存的生态系统的可持续性得以保障，生态可持续所限制的"经济规模"不被突破条件下的"发展"。

"可持续发展"所要维护的是"人类—生态系统"的"可持续性"，而不是限定人类发展的途径，"可持续发展"之于人类经济活动，是给出了人类行为所应顾及的界限，而并非给定了人类发展的模式或目标。"可持续发展"，并不是一个目标制定，并没有设定人们在满足自身需求时"可以做什么""不应该做什么"之类的具体目标。处于不同发展阶段的人们、处于不同社会群体中的人们、不同特质的人们对于"可持续发展"的理解都是不同的，各自在"可持续发展"概念下所采取的行为也是各不相同的。或者可以这样来理解，各个个体、各个群体、各个发展层次的人们在各自面对不同的机遇时所选择的"手段"在宏观上的"综合"反映，就是现实中人们所看到的"可持续发展"。

二　可持续发展新阐释对经济学人假设的修正与拓展

为了使经济学理论基础更为切合人类经济社会活动的发展现实，采用"可持续发展"的逻辑基础，可对"经济人假设"进行深化的修正与拓展,可从以下五个方面进行。

(1) 利益主体的行为目标,从单纯追求物质需求拓展为需求的多样化(物质需求、人文需求、生态需求)。

(2) 利益主体的抽象,从单一的人格资本化拓展为人格多元化(物质需求者、人文需求者、生态需求者)。

(3) 利益的体现形式,从单一的个体利益形式拓展为多层面利益形式(私人利益、群体利益、人类整体利益)。

(4) 成本—收益核算中,从单纯物质投入成本拓展为成本认识的全面化(物质投入、人文投入、生态投入)。

(5) 理性的行为准则,从主要关注"优化资源配置"(要素配置效率)拓展为对生态可持续性、效率、公平的关注,从主要关注短期现实利益拓展到对短期利益、中长期利益、远期利益以及预期、风险等因素的关注。

三 可持续发展新阐释对经济学研究范围的拓展

由于人类的利益分别体现在个人活动、群体活动和人类整体活动之中,人类活动的行为主体分为"私人""群体""人类整体"三个层次,因而,站在不同主体的角度来考察自身活动及其周延关系就会形成不同的经济学领域。可简单地划分为:微观经济学(以个人或企业为考量主体,以私人利益为考量对象,考察个人或企业的行为规则及其周延关系)、宏观经济学(以国家或区域为考量主体,以群体利益为考量对象,考察国家或区域的行为规则及其周延关系)、人类整体观经济学(以人类整体为考量主体,以人类整体利益为考量对象,考察人类整体的行为规则及其周延关系)。

(一) 微观经济学

私人(无论是作为消费者的个人、还是作为生产者的企业),其经济活动都是将自己可支配的"资源"(广义的资源,包括私人拥有的财富、知识、能力、时间,个人拥有的自然资源消耗权、生态环境损耗权,乃至个人对群体利益和人类整体利益的表决权等)用于满足自身的需求(包括:物质需求、人文需求、生态需求)。在私人经济活动中可能涉及的关系有:与其他私人的关系、与所处社会的关系、与人类整体的关系。

（二）宏观经济学

把国家或区域作为经济活动主体来看待时，既要考察其作为一个主体的行为活动，也要考察其社会成员微观行为的加总影响。它在行为活动中包括与社会成员的关系、与其他国家或区域的关系、与人类整体的关系。

（三）人类整体观经济学

把人类整体作为经济活动主体来看待时，既要考察其作为一个主体的行为活动，也要考察全体人类成员的微观行为的加总影响，还要考察所有国家或区域的宏观行为的加总影响。应站在代表着生态系统利益、人类永续发展的利益、后代人利益的立场来规范全体人类成员和所有国家或区域的行为。[1]

---

[1] 更为具体的分析，参见本书第十三章第二节"全球可持续发展视角的'人类整体观经济学'探索"的相关内容。

第 三 章

新阐释范式对不可持续问题成因的解析

把人类需求划分为"物质需求""人文需求""生态需求"作为可持续发展的阐释范式，可以对人类经济活动中所导致的各种不可持续问题做出全新的解析。本章从人类经济活动形式、人类行为关系、人类行为主体对生态系统的作用等角度对不可持续问题做出新的阐释。

第一节 人类经济活动与不可持续问题的形成

人类进行经济社会活动的动机是源于人类生存发展的需求，而其活动的方式就是通过一定的投入，以得到一定的产出来满足其需求。简单地说，人类活动就是人类社会成员出于需求满足目的而形成的人与人之间、人与自然之间的交互作用。

一 人类经济活动形式

传统认识中，人类的主要需求是"物质需求"，为满足需求而进行的主要投入是"物质投入"，所以传统理论中更多讨论的人类经济活动是有关物质财富生产、消费、再生产等方面的活动，而较少涉及人类精神需求、人类社会关系、人类与自然关系的活动内容。如果我们将人类需求从单一的"物质需求"扩展到"物质需求""人文需求""生态需求"，把投入从单一的"物质投入"扩展到"物质投入""人文投入""生态投入"，那么关于人类经济活动的讨论范围就会大大扩展。这是在"人类需求层次理论"认识基础上的一个合理的逻辑推论,对于完整地分析人类经济活动以及由这些人类活动所导致的各种社会经济问题(也包括由人类活动导致的各种生态环境退化问题、不可持续发展现象等)是具有理论意义的。

通过建立人类活动中的投入(物质投入、人文投入、生态投入)与需求(物质需求、人文需求、生态需求)相互交织的关联关系,可以将人类经济活动划分为九种不同特征的类型,如表3-1所示。

表3-1　　　　　　　　　人类活动类型的划分

投入＼需求	物质需求 (对物质产品的占有和使用)	人文需求 (对精神文化价值和知识的追求、关注与他人及社会的关系)	生态需求 (关注人类—自然关系的和谐、当代人与人类整体的代际关系)
物质投入 (资源、资本、土地、劳动等)	◆物质消费品的生产和消费 ◆生产资料的生产和再投入 ◆出于规模效应的基础设施建设与使用	◆满足精神文化需求的物质产品及服务的生产和消费 ◆出于体现社会关系及地位目的的消费(如炫耀性消费等) ◆出于社会公益目的的公共品建设与使用 ◆出于社会和谐目的的社会保障的公共支出	◆生态系统及其生态功能作为公共品的供给活动(生态功能区保护、应对全球气候变化、生物多样性保护等) ◆兼具生态正外部性的经济活动(生态林业、生态农业等) ◆旨在消除或降低长期累积的生态负影响的活动(污染治理、生态恢复等) ◆旨在防范生态不公平和生态贫困导致生态脆弱区生态功能不断劣化的活动(生态移民、生态转移支付等)

续表

投入＼需求	物质需求 （对物质产品的占有和使用）	人文需求 （对精神文化价值和知识的追求、关注与他人及社会的关系）	生态需求 （关注人类—自然关系的和谐、当代人与人类整体的代际关系）
人文投入 （精神、知识、制度等）	◆旨在扩大规模并提高经济效率的技术进步、制度改革与创新、组织创新 ◆旨在要素聚集和优化配置的金融活动 ◆旨在提高需求满足程度的结构调整 ◆旨在提升需求品质的技术创新和产品创新 ◆旨在效率与公平兼顾目标的经济制度和财税制度的形成与实施	◆旨在满足文化、教育、艺术等纯粹精神文化产品和服务的生产及消费 ◆出于效用最大化目的的休闲与劳动时间的合理选择及其相关活动的形成 ◆出于维护社会系统正常运行目的的政府活动和非政府组织活动 ◆出于维护社会关系稳定和谐的法律活动	◆旨在促进人类—自然关系和谐的活动（生态制度的逐步形成，生态友好型消费的激励促进，生态友好型生产的标准约束及利益诱致） ◆旨在促进生态公平、代际公平的活动 ◆旨在促进生态效率提高的技术创新和技术进步活动 ◆旨在促使经济规模约束在生态承载力范围内的制度活动和关系协调活动
生态投入 （局部生态环境质量、整体生态系统功能）	◆保障在生态承载力范围内人口规模及其可持续生存传承的能力（保障人类生活的生态功能和生态环境质量） ◆保障在生态承载力范围内的经济活动的生产可能性（提供可持续利用的自然资源、生态系统生态功能的自我恢复） ◆保障在自净化能力范围对污染物和废弃物的自净化	◆依存于生态环境质量的健康、幸福感 ◆生态消费（生态旅游休闲、生态审美需求的满足、生态保健服务等） ◆基于生态环境质量非排他性公共品引致的生态公平制度和生态服务的均等化	◆人类赖以生存传承的生态系统功能完好、生态系统的良性循环（以生态系统的稳定性和抗干扰能力、生物多样性为表征）

（1）物质投入—物质需求之间形成的活动。即通过自然资源、土地、资本、劳动等生产要素的投入来生产物质性产品或服务，以满足人类生存发展的物质消费需要。所形成的就是物质领域的生产、消费、投资等经济活动。

（2）物质投入—人文需求之间形成的活动。即通过自然资源、土地、资本、劳动等生产要素的投入来生产物质性产品或服务，但消费者消费或占有这些产品及服务的目的是满足其精神需求或体现其社会关系及社会地位。这一领域所形成的活动就是以精神满足或体现社会关系及地位为目的的、对物质消耗与占有的追求活动。

（3）物质投入—生态需求之间形成的活动。即通过自然资源、土地、资本、劳动等生产要素的投入来进行生态恢复或建设、生态环境保护或治理，以实现人类对"人类整体利益""人类—自然关系"和谐的意愿。活动内容包括：生态恢复活动（环境污染治理、自然资源的恢复等）、生态保护活动（生态功能保护区等）、局部的人造生态环境和生态功能、生态性生产（生态工业、生态农业等）、生态性消费（绿色消费、生态住宅等）、生态能力建设等。

（4）人文投入—物质需求间形成的活动。即通过精神文化的、知识的、社会关系及组织的、制度的投入，来对人类物质需求的满足产生影响（通常能够使物质生产提高效率、使物质生产结构更加接近需求结构而使人们得到更大程度的满足）。活动内容是有关物质生产效率、物质资源配置、物质需求的演进与结构变化等方面的活动。

（5）人文投入—人文需求之间形成的活动。即通过精神文化的、知识的、社会关系及组织的、制度的投入，来对人类精神满足、人类社会关系等产生影响。活动内容就是有关精神产品的生产消费、财富分配和社会结构的形成、社会公共服务等活动。

（6）人文投入—生态需求之间形成的活动。即通过精神文化的、知识的、社会关系及组织的、制度的投入，来推进人类关注"人类整体利益""人类—自然关系"和谐的理念。活动内容是关于人类—自然关系和谐观念和制度的推行活动（如维护生态系统及其他物种种群的权利、后代人的利益、"人类共同体"的利益、公民"生态环境权"等）、维护代际公平配置自然资源和生态环境活动、全球共同性行动等。

（7）生态投入—物质需求之间形成的活动。即利用局部生态系统的生态功能维护整体生态系统的生态功能,来服务于人类物质需求的满足。活动内容是有关保障人类生产生活的生态功能的活动(诸如,提供可持续利用的自然资源、提供良好的生态环境质量、保护自然资源及其可利用能力、维护生态条件以防范人类活动加剧加频自然灾害等)。

(8) 生态投入—人文需求之间形成的活动。即利用局部生态环境和整体生态系统的精神文化价值,来实现人类社会成员的精神需求。活动内容是有关生态性消费的活动(高质量的生活环境、生态旅游休闲、生态审美、生态保健服务等),也包括促进生态公平的相关活动。

(9) 生态投入—生态需求之间形成的是维护生态环境完好以及生态系统良性运行的活动。

上述所有这些类型的人类活动都是客观存在的,在人类社会的发展过程中都是起着重要作用,但是在传统的理论框架内,很多活动是不被纳入研究分析范围的。所以,也就不能全面地、完整地理解人类的各种行为及其行为后果,这就不难解释人类各时期的经济行为(特别是工业化以来的行为)所带来的种种不可持续现象。对人类行为更系统、更广泛的认识,不仅能够让人们认识到各种行为的动机和可能形成的后果,也能够让人们认识到各种行为所应维护的目标和所应保持的限度。这一点对"可持续发展"理念的实现是极为重要的。

上述九种类型的人类活动,是理论上的归纳。现实中人类某一具体的活动,可能集两种或多种活动类型于一体。

二 人类经济活动形式与各种不可持续问题的生成

自从人类进行经济社会活动以来,就伴随着各种不可持续现象的产生。归根结底,不可持续现象都是过当的人类行为超越自然约束或关系约束所形成的后果。或者说,不可持续现象就是人类活动不适当作用于"生态系统"所引起的后果。不同类型的人类行为,一旦超越自然约束条件,就会形成各种不同的不可持续现象。前文以物质投入、人文投入、生态投入与物质需求、人文需求、生态需求间的关联关系划分的人类活动类型,就为各种不可持续现象引致原因的分析提供了思路,即过度的某种投入,或过当的某种需求所引致。

如表3-2所示,上一节所讨论的九种不同特征的人类活动,一旦超越自然约束或关系约束,都会产生相应的不可持续现象。如下所述。

表 3-2　　各种不可持续问题的成因

投入＼需求	物质需求	人文需求	生态需求
物质投入	◆过当的经济增长、投资、消费、贸易、产业聚集、技术更新活动,导致自然资源过度消耗、生态环境过度损耗、污染物和废弃物过度累积 ◆生产消费过程中污染物排放超过生态系统的自净化能力造成生态环境质量下降 ◆过当的化学品使用和污染排放及累积导致空气污染、水污染、土壤污染 ◆过当的土地开发利用导致森林、湿地、海洋等生态功能区的减少和生态功能的破坏 ◆粗放型的生产方式导致低效率的自然资源消耗和生态环境损耗 ★综合性地造成生态功能的衰减、生态承载力的降低	◆过度追求物质需求而造成休闲等精神需求的减少 ◆出于精神满足的过度消费和过度财富占有,导致无谓的自然资源消耗和生态环境损耗 ◆出于"竞位"目的追求过度经济增长和财富增长,无谓地损害了长期经济增长潜力 ◆过当的公共基础设施建设(如交通运输的过度便利化),强化无谓的自然资源消耗和生态环境损耗 ◆过度社会福利和过当的风险预期造成无谓的自然资源消耗和生态环境损耗 ★综合性地造成经济社会发展矛盾转化为生态环境影响的强化	◆过于强调生态环境保护而影响经济和民生(过当的环保标准影响企业经营、就业及民众生活,与其生态承载力相比过当限制其发展规模,与生态安全标准相比过当划定生态功能保护区,与其发展水平相比过当承担应对全球气候变化责任,不当的生物多样性保护等) ◆以绿色生产之名行促进经济活动之实,形成过剩产能,而带来无谓的自然资源消耗、生态环境损耗 ◆兼具生态正外部性的经济活动被强制推行而得不到合理的生态补偿 ◆不考虑治理效率的污染治理、生态恢复活动,引致新的环境污染和生态破坏 ◆生态贫困治理、不当的生态移民、生态转移支付等造成新的生态环境破坏和生态不公平 ★综合性地造成生态环境维护与治理的不公平性和非效率性

续表

投入＼需求	物质需求	人文需求	生态需求
人文投入	◆工业化城市化过程中未考虑当地生态承载力而导致人口规模无制约扩张 ◆技术创新和产品创新引致消费品过快更新换代，形成无目的性的消费潮流和从众的消费行为，导致生态环境影响的加剧 ◆为需求扩张和生产效率而引入新技术带来的各种生态环境风险（如转基因作物的大面积种植） ◆旨在效率与公平兼顾的经济制度和财税制度，导致强化过度的经济增长，而忽视了其生态环境影响 ◆人为强化社会矛盾造成的防卫性生产（军事战争储备） ◆社会区隔和社会制度原因造成资源非效率配置 ★综合性地因扩张与效率目标而导致经济规模超过生态承载力	◆文化、教育、艺术等体现"经济主义至上""人定胜天"思维，间接加剧生态环境影响 ◆经济发展差距和经济不公平问题，转化为生态环境影响以及生态环境领域的不公平 ◆以资本经济为核心的经济社会制度和行为准则，不利于生态环境保护 ◆休闲的效用性，未得到全社会的价值认同，强化了全体社会成员的忙碌程度和劳作程度，影响其幸福感，也强化了无谓的资源消耗和生态环境损耗 ◆过当地确立社会管理范围和社会管理目标，导致政府活动、非政府组织活动效率偏低和社会运行成本偏高，进而造成无谓的资源消耗和生态环境损耗 ◆社会矛盾和社会冲突造成的生态环境破坏和生态安全危机 ★综合性地因不当的社会关系导致生态环境的无谓损耗	◆生态制度未能有效形成或有效率地推行，强制性的生态友好型消费、生态友好型生产导致环境标准的"逐底竞争" ◆由于区域间、国际间的经济竞争和政治利益，经济增长—生态保护权衡中缺乏协同行动，经济发展过程中存在污染转移、污染产业转移和生态风险转移等"外部化"行为，针对全球公共资源和生态环境存在"公有地悲剧"行为特征，应对全球生态环境问题存在"搭便车"行为，全球冲突加剧生态危机 ◆由于知识产权制度和保持技术竞争优势的原因，导致促进生态效率提高的技术创新和技术进步活动难以推广 ★综合性地因缺乏协同性而导致生态环境保护目标难以落实

续表

投入＼需求	物质需求	人文需求	生态需求
生态投入	◆局域生态系统生态功能的衰退而造成：生态承载力降低、可承载的人口规模和经济规模下降、可承载的污染物和废弃物的自净化能力下降 ◆全球性生态环境的改变，导致生态环境不确定性和生态风险加剧（自然灾害频度强度加强等） ◆自然资源再生能力不足（水资源、能源的短缺、土壤生产能力下降）导致生产力下降 ◆因可利用的自然资源锐减、土壤沙漠化石漠化、生态脆弱区生存条件劣化导致的生态贫困 ★综合性地因生态超载导致生态承载力下降，两者循环劣化	◆生态环境质量不断劣化影响居民健康、幸福感 ◆过度的生态旅游规模和不当行为导致生态景观破坏而导致生态消费供给能力下降 ◆因生态环境质量差距等导致的生态功能分享不公平、承受生态环境影响不公平、承担生态治理责任不公平 ★综合性地因忽视生态环境影响的经济社会发展，反而带来社会福利的降低	◆生态系统的稳定性和抗干扰降低，导致自然灾害频度强度增强、温室效应、厄尔尼诺效应、臭氧层破坏等 ◆生态系统循环被破坏（森林减少、海洋污染、土地沙漠化、生物多样性减少），导致生态功能持续劣化 ★综合性地因人类过当的活动规模和水平导致生态系统功能的持续劣化

（1）物质投入—物质需求领域的活动内容是，进行满足物质需求的物质生产、消费及投资，一旦出现某些社会成员过分追求物质生产及消费的行为，必然大量消耗自然资源和损耗生态环境。可能引起的不可持续现象是：自然资源超过其再生能力的过度消耗，生产消费过程中的污染物排放超过生态系统的自净化能力，过度生产和消费造成大量废弃物的累积等。

（2）物质投入—人文需求领域的活动内容是，为了个人精神满足和体现个人社会地位而进行的物质消耗及占有。某些社会成员若过分强化这一活动,那么可能形成的不可持续现象是:出于物质追求目的而造成休闲等精神满足追求的减少,出于精神满足的过度消费和财富占有,国家(群体)出于"竞位"目的的过度经济增长和财富占有,过度社会福利造成的自然资源浪费和生态环境退化等。

(3) 物质投入—生态需求领域的活动内容是,生态恢复活动(环境污染治理、生态环境的恢复、自然资源生产力的恢复等)、生态环境保护活动(自然保护区等)、局部的人造生态环境和生态功能、生态性生产(生态工业、生态农业等)、生态性消费(绿色低碳消费、生态建筑等)、生态能力建设等。这些活动可能出现问题的方面有:由于人类认识及技术条件的局限而无法达到生态恢复和生态保护的目的,过于强调局部的生态环境和生态功能而忽视甚至损害了整体的生态环境和生态功能,局部的生态能力建设也可能产生新的生态破坏。可能形成的不可持续现象是:经济增长与生态保护关系的失衡,自然资源开采和过度消耗造成对生态系统破坏(环境质量下降、生态功能衰退、自净化能力下降、自然灾害加频加剧等),污染物和废弃物的排放和累积造成的生态环境破坏。

(4) 人文投入—物质需求领域的活动内容是,有关物质生产效率、物质资源配置、物质需求的演进与结构变化等方面的活动。可能形成的不可持续现象是:人口规模无制约的扩张而导致物质需求的无限扩大,需求过频更替和无目的性的消费潮流导致自然资源的加速损耗,为需求扩张和生产效率而引入新技术带来的各种隐患,由于社会矛盾造成的防卫生产(军事储备)而导致资源的损耗,并导致人为的风险增加,社会区隔和社会制度原因造成资源非效率配置等。

(5) 人文投入—人文需求领域的活动内容是,有关精神产品的生产消费、财富分配和社会结构的形成、社会性服务(政府活动、非政府组织等的活动)。可能形成的不可持续现象是:与社会结构关联的社会冲突,与政府行为有关的不恰当的制度(损害多数人利益、阻碍社会进步、僵化思想的制度)等,群体间因资源及财富的配置不公而造成的贫困。

(6) 人文投入—生态需求领域的活动内容是,有关人类—自然关系的观念和制度、代际间的资源配置、全球共同性行动等。可能出现问题的方面包括:缺乏诸如"地球及自然物的权利""人类共同体"公民"环境权"等方面的认识以及与之相适应的观念和制度,资源配置过程中不考虑后代人利益,由于发展水平的差异而在生态环境治理、保护和恢复活动中缺乏全球协调性及共同性行动。可能形成的不可持续现象是:以精神满足为目的的生产方式和消费方式造成生态环境的破坏,新技术带来生态环境风险和不确定性,社会矛盾和社会冲突造成的生态环境破坏和生态安全危机,国际间经济增长—生态保护权衡中缺乏共同行动,代际间资源及财富的不公平性使用等。

(7) 生态投入—物质需求领域的活动内容是有关保障人类生产生活的生态功能的活动(诸如,提供可持续利用的自然资源、提供稳定的自然生态环境、保护自然资源和物质财富、防治自然灾害等)。前文已经指出"生态投入"概念之中还包括人类成员普遍的行为影响、历史上人类行为影响的延续与累积、无法分清责任的外部性影响等综合性因素。因此可能形成的不可持续现象是:生态系统生态功能的衰退而造成物质生产效率降低,需求满足能力下降,相关物质财富损耗,可利用的自然资源锐减等。

(8) 生态投入—人文需求领域的活动内容是有关生态消费的活动(高质量的生活环境、生态旅游休闲、生态审美需求的满足、生态保健服务等)和生态性社会平等及社会和谐的活动。同理,考虑到人类成员普遍的行为影响、历史上人类行为影响的延续与累积、无法分清责任的外部性影响等综合性因素,可能形成的不可持续现象是:人类生活环境质量下降,生态环境(自然景观等)的破坏造成生态消费减少,生态资源和生态环境利用的不平等,生态贫困等。

(9) 生态投入—生态需求领域的活动内容是,维护生态环境完好以及生态系统良性运行的活动。可能出现问题的方面包括:过度使用生态系统的生态功能进行生产活动。考虑到各种人为活动的综合性因素,可能形成的不可持续现象是:综合性生态环境危机,如,生态环境的改变(自然灾害频度强度加强、温室效应、厄尔尼诺、臭氧层破坏等),生态系统循环被破坏(森林减少、海洋污染、土地沙漠化、生物多样性减少),自然资源的紧缺(水资源、能源的短缺)等。

归结为一句话:任何经济社会活动,都会产生其"非意图性的产出",在生态承载力范围内的经济社会活动,在生态系统完好运行状况下，生态系统的自净化能力能够有效消化其"非意图性的产出"。而在超出生态承载力范围内的经济社会活动，生态系统无法完好运行状况下，生态系统的自净化能力无法消化该"非意图性的产出"，则未被消化的"非意图性的产出"，就是各种形式的生态环境影响后果。

联合国环境与发展委员会在1987年发表的全球环境报告《我们共同的未来》中提出涉及当今人类面临的16个严重的环境问题：[①]（1）人口呈几何级数增长且分布结构不合理；（2）土壤流失和土壤退化；（3）土地沙漠化呈扩大化趋势；（4）森林锐减；（5）大气污染和酸雨的危害日益严重；（6）水污染不断加剧；（7）温室效应；（8）臭氧层破坏；（9）物种灭绝；（10）化学制品的滥用；（11）海洋污染严重；（12）能源消耗与日俱增；（13）工业事故频发；（14）军费开支巨大；（15）贫困加剧；（16）自然灾害增加。按照上述分析，不难发现《我们共同的未来》报告中所提及的各种问题是属于不同领域所产生的：其中（2）、（3）、（4）、（7）、（8）、（9）、（16）等属于综合性投入影响生态需求所产生的不可持续问题，（5）、（6）、（10）、（11）等属于物质投入影响生态需求所产生的不可持续问题，（12）、（13）则属于物质投入影响物质需求领域所产生的不可持续问题，（1）、（14）则属于人文投入影响物质需求所产生的不可持续问题，而（15）所提及的贫困加剧问题则包含多重内容——既有物质需求满足程度低的贫困，也有人文因素导致的贫富差距问题，还有生态需求得不到满足的生态贫困问题。由上述分析也可以看出，《我们共同的未来》报告中所罗列的不可持续问题并不全面，特别是忽略了人文因素所导致的生态问题以及人文需求方面所出现的不可持续问题（尤其是没有提及富裕群体与贫困群体之间的矛盾可能导致严重的不可持续问题）。

第二节　人类行为关系与不可持续问题的生成

人类各类主体（个体、群体、人类整体）的经济社会活动，不当地作用于生态系统，会产生各种类型的不可持续问题。同样，人类活动过程

[①] Brundtland G. H., Khalid M., "Our Common Future", *Earth & Us*, Vol. 11, No. 1, 1991, pp. 29–31.

中各种行为主体之间的关系，不当地作用于生态系统，也会产生各种类型的不可持续问题（如，两个团体间是竞争关系，两团体出于竞争目的而无限度地竞相作用于自然资源和生态环境）。

一 人类活动中行为者—承受者关系

前文把人类的不同利益的集合划分为"私人""群体""人类整体"，各自作为人类活动的行为者以及人类活动的承受者有着不同的特征，其所产生的一切关系都是人类基本动机下的行为的反映，也是分析人类活动的行为动机和行为结果的一个重要角度。笔者认为，不同行为者—承受者之间会形成各种不同的有关"可持续发展"的问题，这些问题都是以往的"可持续发展"研究中常常提及的。但以往研究只是从不同视角提出了一个个互不关联的问题，而无法把这些问题串联起来，从而缺乏系统的逻辑认识。所以传统理论的认识都局限在私人行为者与私人承受者之间的关系方面，认为一切问题都是由"经济人"与"经济人"关系所形成的。这就使得有关"可持续发展"的研究思路和研究方法受到局限（如，对私人与群体间的关系、国家与人类整体的关系，都采用针对私人关系的方法去分析，就显得力不从心）。而通过不同行为者—承受者之间关系的分析，就可以把各种有关"可持续发展"问题划分成不同层次、相互之间能够建立起有机联系的经济学问题。

"私人"作为行为者的特征是：追求个人或企业的财富利益（生产者追求利润最大化、消费者追求效用最大化），生产者之间非协作性的激烈竞争；"私人"作为承受者则个人或企业的财富利益容易受到侵害。"群体"作为行为者的特征是：追求团体或国家的财富利益（积极地推进经济增长和社会发展目标的实现，推进工业化、城市化、全球化等），建立社会经济制度，进行国际间的竞争与合作；"群体"作为承受者，团体或国家的利益容易受到侵害。"人类整体"作为行为者的特征是：追求人类的生存与发展利益（形成人类人口规模、形成人类消费需求范式、形成生产技术和经济增长范式），平衡人类发展利益与整体利益（包括生态系统利益、其他生物利益、人类后代利益等）的关系；"人类整体"作为承受者则"人类整体利益"容易受到侵害。

二 行为者—承受者关系与各种不可持续问题的形成

不同行为者—承受者之间所形成的各种不可持续问题如表3-3所示。

(1) 在私人—私人之间（前者为行为者、后者为承受者，下同）会形成这样一些不可持续问题：生产的外部性问题、消费的外部性问题、竞争产生的"囚徒困境"等。

(2) 在私人—群体之间会形成的不可持续问题是：自然资源和生态环境使用的"公有地悲剧"问题、生态环境保护与治理的"搭便车"问题。

(3) 在私人—人类整体之间会形成的不可持续问题是：自然资源和生态环境使用的无价及补偿不足问题、短期利益与长远利益的权衡不当问题。

(4) 在群体—私人之间会形成的不可持续问题是：社会成员间的财富差别与贫困问题、不公平性问题（如生态功能区的享受者与责任承担者之间的不公平）。

(5) 在群体—群体之间会形成的不可持续问题是：群体间的"囚徒困境"、区际外部性影响（生产、贸易的环境影响等）、区际发展差别（代内的资源配置、生态功能区的正外部性及补偿等问题）。

(6) 在群体—人类整体之间会形成的不可持续问题是："过度发达"[1]、全球公共资源（海洋、大气层）使用的"公有地悲剧"、生态系统治理的"搭便车"及协同性问题。

(7) 在人类整体—私人之间会形成的不可持续问题是：自然资源供给制约生产及消费、生态贫困问题（生活环境质量下降、生态需求得不到满足）。

(8) 在人类整体—群体之间会形成的不可持续问题是：区域性自然资源短缺、区域性生态贫困。

(9) 在人类整体—人类整体之间会形成的不可持续问题是：人类整体性活动对人类各世代共有自然资源和生态环境的"公有地悲剧"（自然

---

[1] Daly H. E., *Beyond Growth: the Economics of Sustainable Development*, Boston: Beacon Press, 1996.

资源的不可持续问题、生态系统功能的衰退问题等）、资源及财富配置的代际不公平等。

表3-3　不同行为者—承受者之间所形成的各种不可持续问题

行为者＼承受者	私人（个人或企业财富利益）	群体（团体或国家财富利益）	人类整体（生态系统、人类整体、后代人利益）
私人（个人或企业） 生产者利润最大化行为 消费者效用最大化行为 生产者之间的竞争行为	◆生产的外部性问题 ◆消费的外部性问题 ◆竞争产生的"囚徒困境"	◆自然资源和生态环境使用的"公有地悲剧"问题 ◆生态环境治理的"搭便车"问题	◆资源环境的使用的无价及补偿不足问题 ◆短期利益优先问题
群体（团体或国家） 工业化、城市化推进行为 经济增长—生态环境保护权衡行为 国际间合作与竞争行为 社会经济制度构建与执行行为	◆低收入阶层的贫困问题 ◆资源和财富分配不公平问题 ◆公共服务不均等问题	◆区际外部性影响（生产、贸易的环境影响等） ◆区际发展差别（代内的资源配置差别、生态功能区的贫困问题等）	◆全球公共资源（海洋、大气层）使用的"公有地悲剧" ◆生态系统治理的协同不足问题
人类整体（人类共同性） 人口规模扩张 人类消费需求范式 生产技术和经济增长范式	◆自然资源供给制约生产消费问题 ◆生态贫困问题（生活环境质量下降、生态需求得不到满足）	◆区域性自然资源短缺问题 ◆区域性生态贫困问题	◆人类整体性活动对人类各世代共有自然资源和生态环境的"公有地悲剧" ◆资源及财富的代际配置不公平问题

第三节 人类整体行为作用于生态系统及其不可持续问题的生成

在人类发展的历程中，人类与生态系统以不同形式在不同程度上相互作用。其基础是物质能量和信息的交换过程，这一交换关系并不是单向的，而是双向的和具有反馈机制的。即自然提供给人类以空间、物质和能量，而人类也可以作用于自然使之服务于人类的生存发展。但是，人类对生态环境的作用如果不当，就可能对人类自身的生存构成威胁。由于自然对人类活动影响的承受能力在某些方面是很低的，某些作用的累加效果可能会使"人类—生态系统"发生崩溃。

"人类—生态系统"中生态环境供给与人类需求的关系不容忽视的一个重要方面就是人类对生态系统的"副需求"。这种"副需求"可以看成一种特殊的供求关系，即由人类活动供给生态系统的，但是人类活动供给生态环境的大多数都是生态系统所不需要的物质与能量类型，并且反过来会危及人类自身的安全，如向生态环境中排放污染物等；随着人类活动能力和强度的提高，这种"副需求"的强度而逐步增大。人类在经济活动过程中，例如生产及消费过程，其实并没有"消耗掉"任何东西，它只不过是将物质或能量从一种存在形式转化成另一种存在形式，这种转化了的物质能量形式反作用于生态环境而产生严重的负效应，这种负效应通常不是人们所意图获得的（如，在干旱地区进行灌溉、大规模兴修水利等人类活动往往都会带来许多副作用）。当副作用未直接涉及活动行为者自身时，承受者则是人类整体的生存发展利益，其后果是难以估量的。问题的症结在于人类对自身活动行为及其外部性影响等有着怎样的认识。

一 人类整体行为对生态系统的作用及影响

（一）在不同阶段人类整体行为作用于自然所形成的人类—自然关系

从人类整体作用于生态系统的历史进程来看，如图3-1所示，在不同历史阶段，人类整体行为作用于生态系统的程度不同，形成不同状态的人类—自然关系。在人类发展的初始阶段，人类—自然关系是自然孕育人类的状态。人类完全作为自然界一种生物种群，无主动作用于自然行为；

当人类发展到其活动不仅限于生存目的，而出现大量经济社会活动的阶段，人类—自然关系是人类—自然共生相处的状态。人类作用于自然，但其作用范围、深度、影响远低于生态系统承载力及其自净化力；当人类的繁衍与发展达到足以改造自然的阶段，人类—自然关系是人类—自然对峙相处的状态。人类大幅度作用于自然，其作用范围、深度、影响接近甚至超越了生态系统承载力及其自净化力；当人类对自然的累积作用远远超出生态系统承载力的阶段，人类—自然关系是人类—自然共同退化的状态。人类对自然的累积影响，使得生态系统功能退化，从而导致人类生存条件恶化。

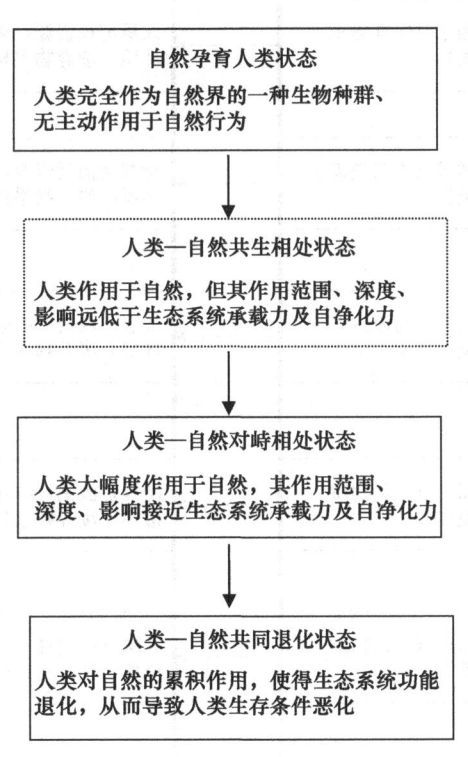

图 3-1 在不同阶段人类整体行为作用于自然所形成的
人类—自然关系的四种状态

（二）人类整体需求作用于生态系统及其影响

从人类需求作用于生态系统来看，有这样几种状况，如图 3-2 所示：

(1) 短期的物质需求是满足社会成员的生存需求。其满足过程必然大量消耗自然资源、对生态环境大力施加影响、大量形成废弃物的累积；(2) 中长期的物质需求是通过大规模的生产活动、技术发展活动、不断扩张的生产活动等手段来满足社会成员的不断增长与提升的消费需求。其满足过程必然持续地消耗自然资源、对生态环境持续地施加影响、废弃物持续地累积；(3) 以物质财富占有多寡的方式来满足的人文需求，其满足过程必然加速消耗自然资源、对生态环境加速施加影响、废弃物加速地

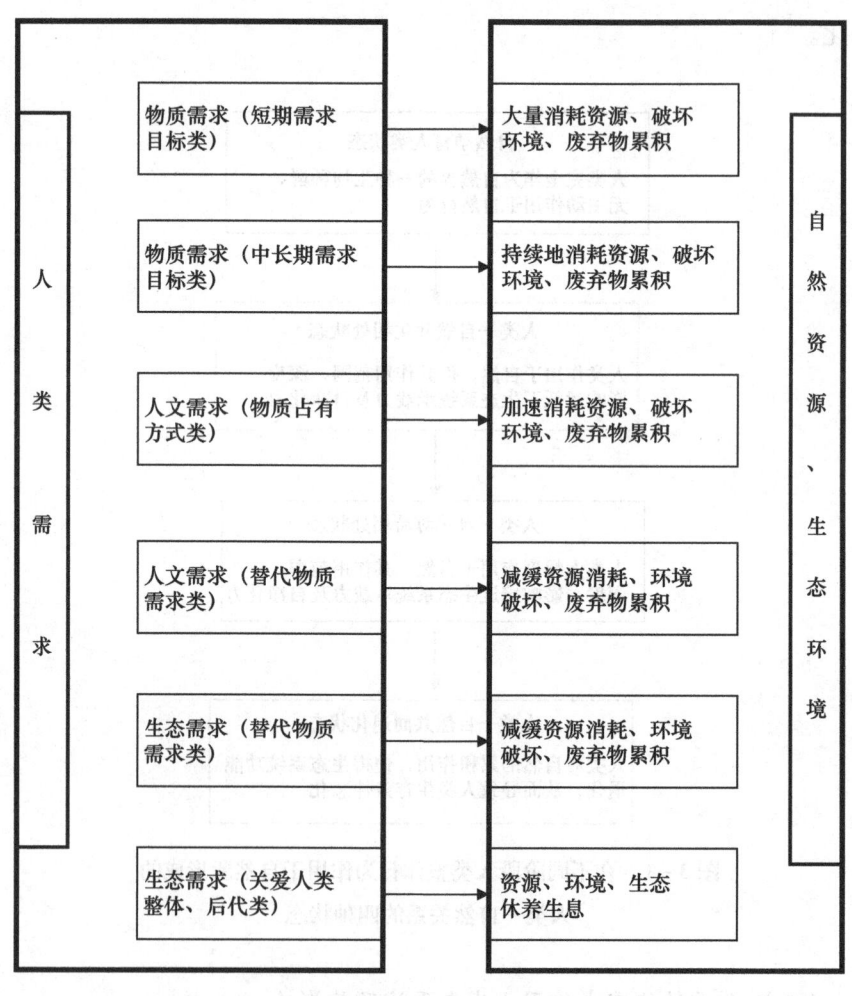

图3-2 人类整体需求作用于生态系统及其影响

累积;(4)部分替代物质需求的人文需求、生态需求,其满足过程可在一定程度上减缓消耗自然资源、减缓对生态环境的影响、废弃物减缓累积;(5)以满足人类整体利益和后代人利益为目标的生态需求,其满足过程可在一定程度上使自然资源、环境得以休养生息。

(三)具体形式的人类整体行为作用于生态系统及其影响

从具体形式的人类整体行为作用于生态系统来看,相继出现了这样一些情形,如图3-3所示:(1)人口急剧增长,不断向新的区域迁移,使

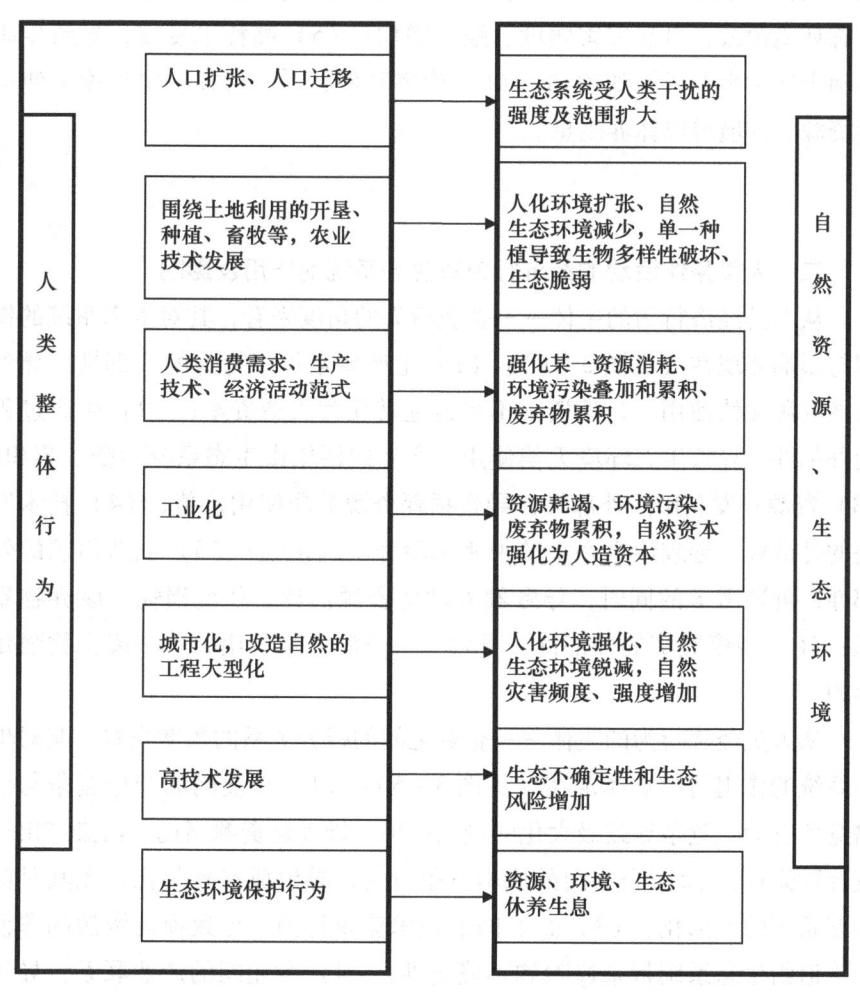

图3-3 具体形式的人类整体行为作用于生态系统及其影响

得人类活动区域不断地扩大,也就使得生态系统中受到人类活动干预的范围越来越大;(2)毁林开荒、毁草开垦、农作物的种植、畜牧等,使得人化环境扩张、自然生态环境减少,单一种植导致生物多样性破坏、生态脆弱;(3)大规模工业生产(人类生产、技术、消费形成范式),使得人类大规模掠夺性利用自然资源、大量排放废弃物而污染环境,短时期内大面积地毁灭性地利用某一自然资源,而导致局部自然生态的彻底改变,这一改变影响到全球的生态系统;(4)城市化、大型工程,导致极度的人化环境,在全球范围内产生全面的、不可逆的、累积性的生态影响,自然生态环境锐减,自然灾害频度、强度增加;(5)高技术发展,导致生态不确定性和生态风险的增加;(6)生态环保行为,可在一定程度上使自然资源、环境得以休养生息。

二 人类整体活动的经济行为对生态系统的作用及影响

从人类经济行为的主体——企业行为的角度来看,其对生态系统的作用与影响体现在(见图3-4):(1)生产要素扩张行为的外部性,导致自然资源无偿使用、自然资本不可逆地转化为人造资本;(2)生产过程的外部性,导致生态环境无偿使用,产生的污染由生态系统承受、累积;(3)资源开发利用的外部性,导致损耗资源的非使用价值;(4)技术发展的外部性,导致给生态系统带来风险和不确定性;(5)创造需求的外部性,创造需求的同时,导致额外增加资源消耗、环境损耗、废弃物累积;(6)规模经济的外部性,导致单一资源强化利用、单一废弃物强化累积。

从人类经济行为的主体——企业之间的行为关系的角度来看,其对生态系统的作用与影响体现在(见图3-5):(1)企业间的产量竞争与价格竞争行为,竞争导致极大化的投入产出、极大化资源消耗—污染产出—废弃物累积;(2)企业间的成本竞争行为,导致成本外部化,尤其是向生态系统的外部化;(3)企业间的技术竞争行为,导致损耗资源的非使用价值给生态系统带来风险和不确定性;(4)企业间的产业联系,导致形成资源链—产业链—污染链,强化对自然资源和生态环境的影响;(5)企业追求聚集效益,强化某一资源的消耗、强化某一地区的环境污染；(6) 企业间的循环经济联系，可在一定程度上形成资源循环利用、废弃物减少累积。

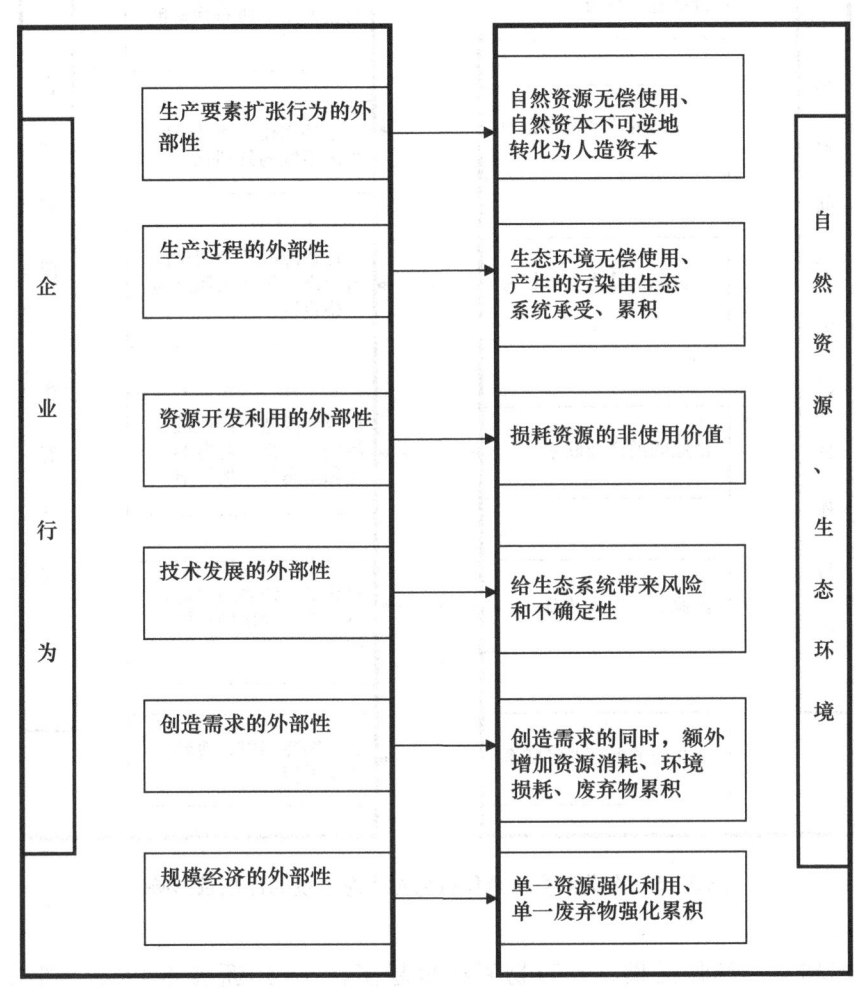

图3-4 人类整体行为中的企业行为对生态系统的作用及影响

从人类利用和改造自然的主要经济行为——技术发展的角度来看，其对生态系统的作用与影响体现在（见图3-6）：(1) 利用自然、改造自然行为，导致累积性的、不可逆的、滞后的、风险巨大的生态价值损失；(2) 单一领域技术，促进单一资源的利用效率提高，但对生态系统造成全面性影响；(3) 资源—产品—废弃物的线性生产技术，导致

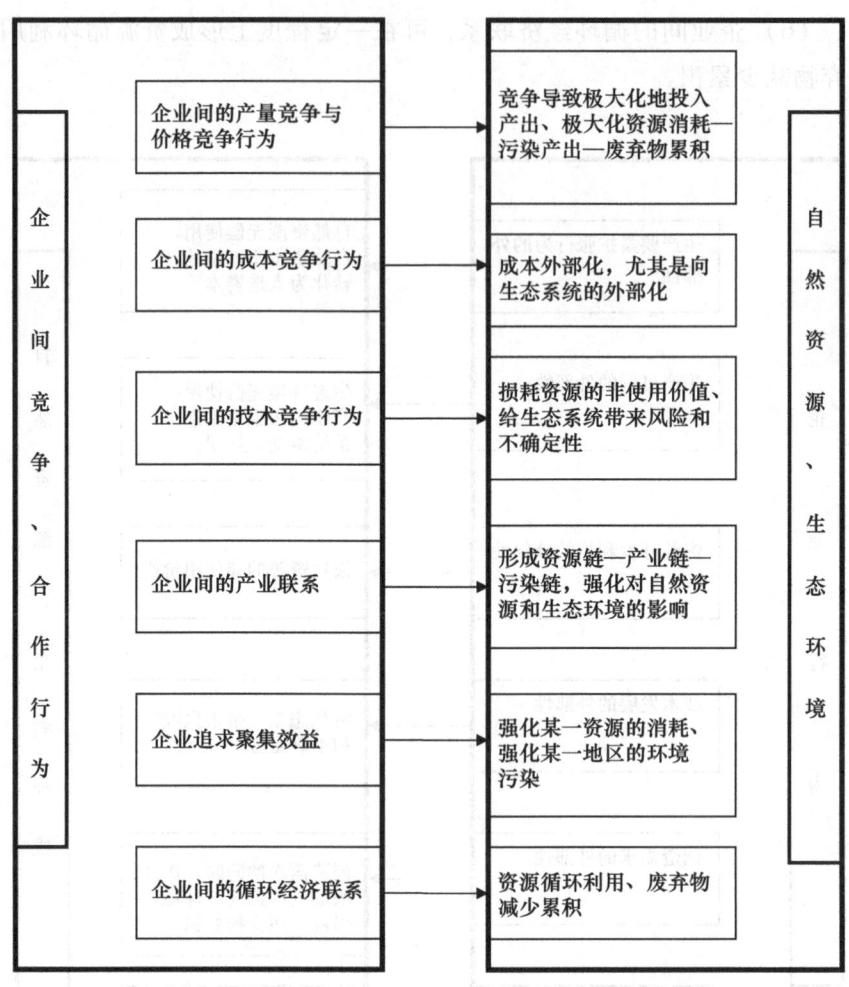

图 3-5　企业间竞争合作行为对生态系统的作用及影响

生产越多，资源耗损、废弃物累积也越多；（4）新技术开发、利用、推广，导致资源稀缺性减缓，但资源环境耗损范围扩大，对生态系统遗留潜在风险和不确定性；（5）技术进步促进经济增长，加速经济活动，也加速加剧资源耗损、环境劣化、废弃物累积；（6）循环经济技术、环保产业技术，可在一定程度上增加资源循环利用、废弃物减少累积、环境压力减缓。

从人类群体间的行为关系（群体之间或区域之间）的角度来看，其对生态系统的作用与影响体现在（见图 3-7）：（1）公有资源、环境的

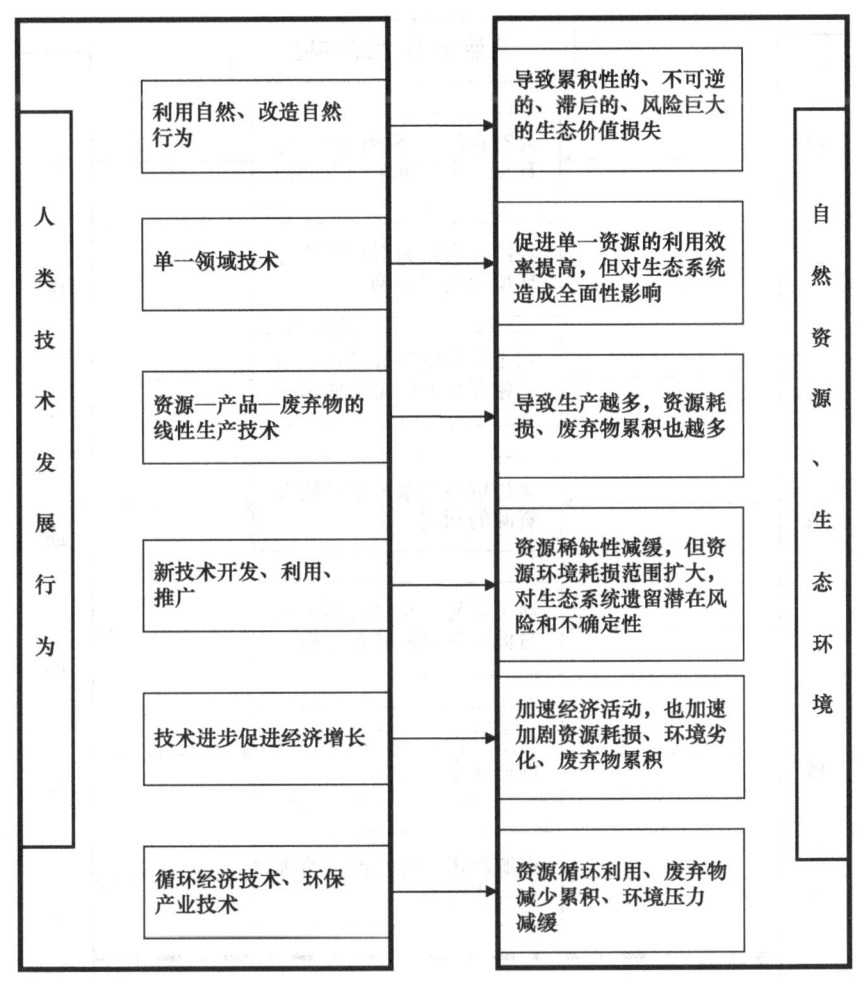

图3-6 人类技术发展对生态系统的作用及影响

抢占与耗损（大气/海洋/空间等）；（2）经济社会行为对相邻生态环境的相互影响；（3）利用自有资源环境过程中对相邻生态环境造成影响；（4）通过贸易关系形成对他人资源的利用；（5）通过贸易与交易关系形成对他人环境的转嫁影响；（6）生态维护、环境治理过程中的搭便车行为；（7）资源利用、环境治理的协同与合作行为。

从人类经济活动的交易行为——贸易自由化和经济全球化的角度来看，其对生态系统的作用与影响体现在（见图3-8）：（1）生产方式自由扩散、资源及产品自由转移，导致环境污染的全球性扩散、生态系统受

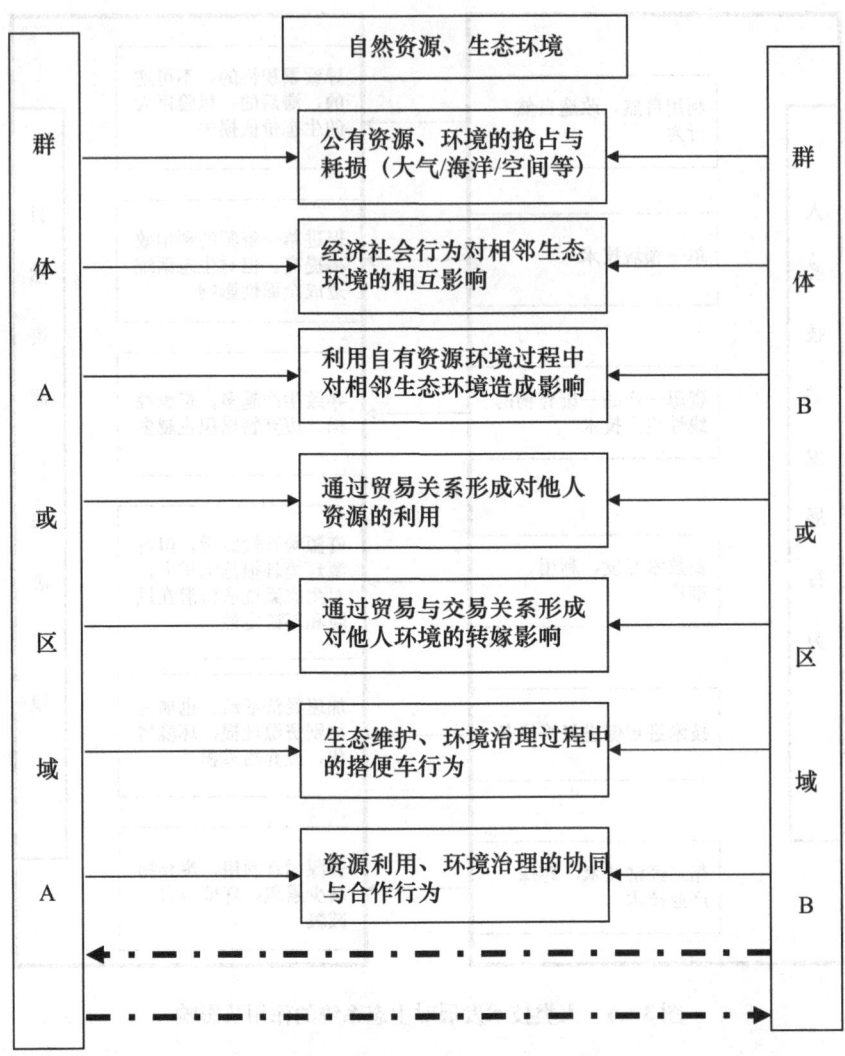

图 3-7 群体—群体关系或区域—区域关系对生态系统的作用及影响

到全面影响；(2) 单一生产范式、消费范式全球性推广，强化单一资源的消耗、单一形式环境影响，造成生态不平衡；(3) 投资地可自由选择，因"劣币驱逐良币"效应，导致生产集中转移至最低环境标准区；(4) 贸易自由化促进各种经济活动增加和扩张（包括运输量剧增），导致资源消耗、环境污染、废弃物累积的剧增；(5) 贸易自由化、经济全球化只以现时利益评估决策，导致资源环境成本外部化，损害资源环境的长

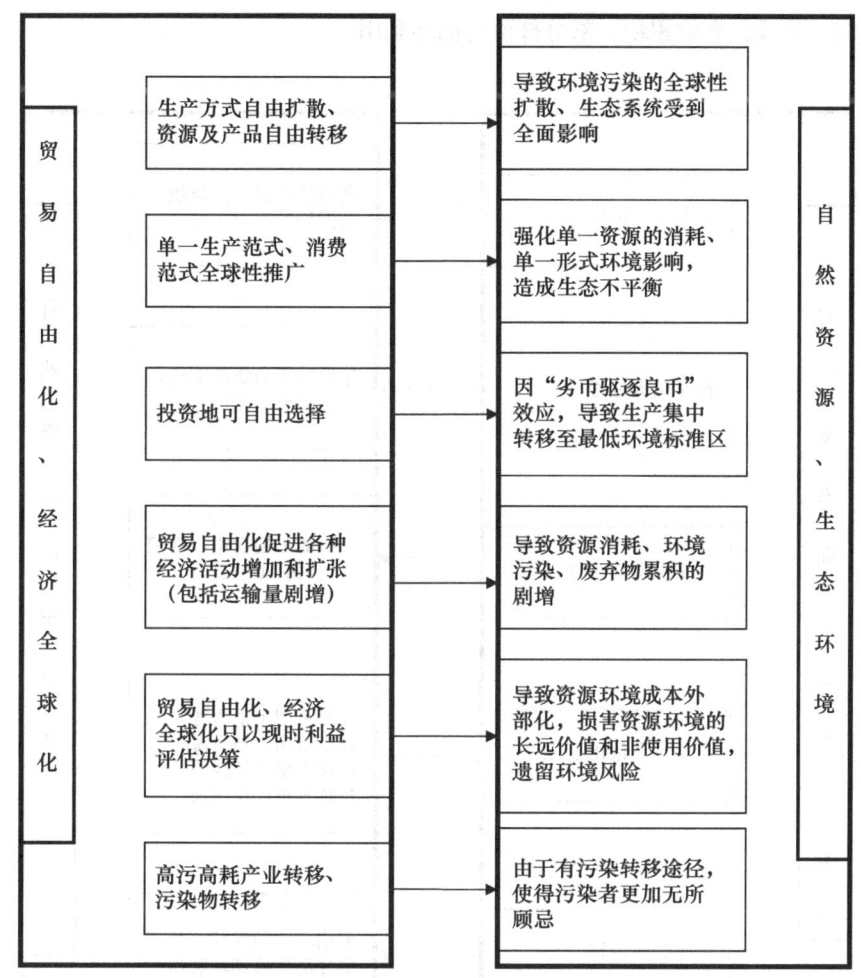

图 3-8　贸易自由化及经济全球化对生态系统的作用及影响

远价值和非使用价值，遗留环境风险；（6）高污染高消耗产业转移、污染物转移，由于有污染转移途径，使得污染者更加无所顾忌。

从人类的生产消费行为的全过程——产品生命周期的角度来看，其对生态系统的作用及影响体现在（见图 3-9，以汽车产品为例）：（1）汽车生产过程，形成高消耗资源、高耗能、高污染的产业长链；（2）汽车销售过程，运输过程的能源消耗、仓储的土地占用；（3）汽车消费准备过程，驾校的土地占用、驾校学习的资源耗费；（4）汽车消费使用过程，交通占用土地资源、存车占用土地资源，持续大量消耗能源，持续大量产生污染；（5）汽车报废过程，形成废弃物累积，部分部件可循环利用。

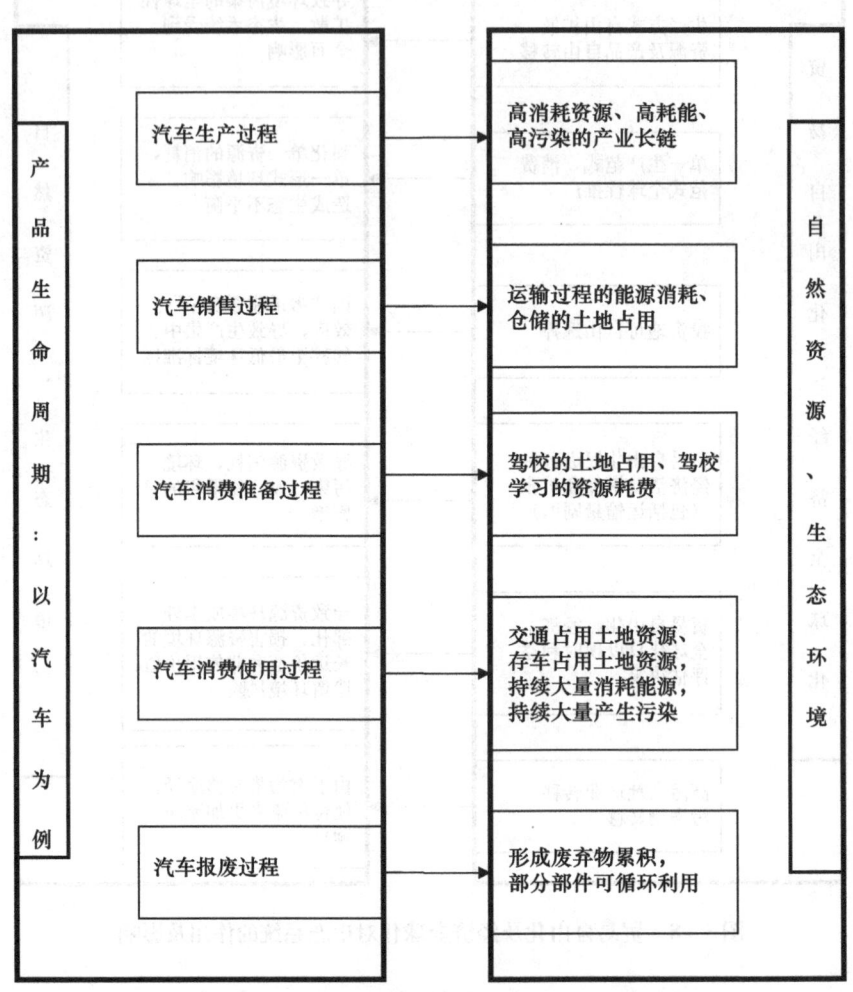

图3-9　产品生命周期对生态系统的作用及影响

第四章

新阐释范式对可持续发展若干问题的解析

"物质需求""人文需求""生态需求"的人类需求划分作为可持续发展的阐释范式,不仅可以对各种不可持续问题的成因做出较为深刻的解释,而且也能够对可持续发展研究领域的各个经济学问题(诸如:资源危机和增长极限问题、"经济人假设"的拓展问题、经济增长—生态维护的权衡问题、代际公平问题、可持续消费问题等)做出具逻辑性的阐释。

第一节 可持续发展阐释范式视角的经济学问题归类

目前经济学各分支领域对"可持续发展"相关问题的研究形成了许多经济学课题,但各个课题与"可持续发展"整体是什么样的关系、课题与课题之间有什么样的联系,并没有综合性的归纳与分析。本章拟采用可持续发展的新阐释范式对此做一探讨。通过建立人类活动中的物质投入、人文投入、生态投入与物质需求、人文需求、生态需求间的关联关系,可以把人类经济活动划分为若干不同特征的领域,在不同的领域里会出现不同的经济学问题。不难发现,某一方面的需求与某一方面的投入不可超越一定界限的"认识"都会相应地形成某一专门的经济学问题。也就是说,"可持续发展"研究中之所以会有那么广泛的涉及,根本原因是由于不同的研究者所讨论的视角不同(有意识或无意识地着重于物质投入、人文投入、生态投入；物质需求、人文需求、生态需求的某一方面或某些方面），各自从不同的人类活动领域提出了各不相同的问题（如表4-1所示）。

表4-1　　　　各种"可持续发展"经济学问题的表征

投入＼需求	物质需求（关注规模、结构、价格、速度、效率）	人文需求（关注价值、幸福感、公平、差距）	生态需求（关注生态承载力—生态负载、代际公平、生态效率、生态制度的有效性）
物质投入	◆生态承载力问题（人口—经济规模不可超过生态承载力） ◆污染排放容量问题（生产—消费规模不可超过生态系统对污染及废弃物的自净化能力，污染物及废弃物的累积问题） ◆自然资源约束问题（生产—消费规模不可超过能源、水资源等的可得水平） ◆改造自然活动的生态环境影响问题（大型工程对生态系统及其生态功能的破坏性影响，众多工程对生态环境影响的累积）	◆生态环境约束下的消费规模问题（最终消费所引致的总生产规模不可超过生态承载力、污染排放容量和自然资源可得水平的约束） ◆生态友好型消费的有效机制问题（如何从消费层面实施碳排放、污染排放额度约束，以引导消费者生态友好型消费选择，抑制炫耀性等消费） ◆公共品和公共服务的生态环境影响问题（加剧或抑制了经济不公平和生态不公平）	◆经济增长和生态环境保护的权衡问题（先增长—污染后治理？生态环境约束前置于增长？） ◆最低生态安全标准问题（为保障重要生态功能区、生态脆弱区而划定禁止开发的生态红线区域） ◆污染治理与生态恢复问题（改进被破坏了的生态环境质量，提升被降低了的生态承载力） ◆提高生态效率的路径问题（为提高生态效率而进行绿色生产——生态工业、生态农业、生态建筑等）

续表

需求＼投入	物质需求（关注规模、结构、价格、速度、效率）	人文需求（关注价值、幸福感、公平、差距）	生态需求（关注生态承载力—生态负载、代际公平、生态效率、生态制度的有效性）
人文投入	◆社会价值观对需求的影响问题（随着价值观的变化，各种需求的评价权重变化） ◆技术变革的生态环境影响问题（技术创新产业创新强化生态环境影响，技术变革引致生态风险和不确定性） ◆技术能否根本性解决资源危机和生态危机问题 ◆制度的生态影响效应问题（各种经济社会制度强化或抑制了经济社会活动的生态环境影响）	◆经济社会不公平性的生态环境影响问题（经济社会的不公平和发展差距转化为生态不公平） ◆生态损耗权的配置问题（有关污染排放权、生态损耗权、碳排放权的初始配置及市场交易的效率与公平性） ◆生态规制的民生效应问题（生态环境保护制度政策对社会成员健康、就业和幸福感的影响） ◆生态规制的公平性问题（生态环境保护制度政策加剧或抑制了经济不公平和生态不公平） ◆技术发展的公平性问题（技术发展加剧或抑制了经济不公平和生态不公平） ◆社会保障制度的公平性问题（加剧或抑制了经济不公平和生态不公平）	◆社会价值观对代际财富均衡的影响问题（随着价值观变化，自然资本与人造资本之间可替代或不可替代或不完全替代） ◆生态环境协同保护—治理的有效性问题（协同过程中利益均衡或搭便车或难以协同） ◆贫困问题的生态环境影响（生态脆弱区贫困与生态劣化的恶性循环，贫困治理加剧生态环境影响） ◆经济不公平问题的生态环境影响（经济社会的不公平和发展差距转化为生态环境影响，转嫁为生态系统承担后果） ◆技术途径提高生态效率的有效性问题（应区分是促进经济增长并加剧生态环境影响的技术或降低生态环境影响的技术，基于利益关系该技术是否可有效推行）

续表

需求 \ 投入	物质需求（关注规模、结构、价格、速度、效率）	人文需求（关注价值、幸福感、公平、差距）	生态需求（关注生态承载力—生态负载、代际公平、生态效率、生态制度的有效性）
			◆生态制度机制的有效性问题（如，生态环境税制度是否真正利于抑制生态环境影响，排放权交易制度是否真正利于提高生态效率，绿色GDP核算制度是否可有效权衡经济—生态利益）
生态投入	◆自然资源和生态环境的价值问题 ◆自然资本纳入国民经济及财富的核算问题	◆自然资源禀赋导致的自然资源差距及收入水平差距 ◆自然地理条件导致的生态贫困、生态功能分享差距、生态承载力差距	◆不确定生态风险问题（生态系统的生态演化或未知因素引致的生态功能变化可能给人类经济活动带来的影响）

（1）从物质投入—物质需求的关联关系来看，综合地考虑物质投入作用于物质需求领域不可超越的界限，就必然会讨论到：关于资源超载使用和资源危机问题、经济目标至上及经济增长极限等方面的问题。

（2）从物质投入—人文需求的关联关系来看，综合地考虑物质投入作用于人文需求领域不可超越的界限，就必然会讨论到：关于消费主义（以占有和消耗物质产品的多少来评判需求满足程度及其社会地位的高低）的批判、消费模式的修正（以适当的精神满足文化满足来替代物质满足的思考）等方面的问题。

（3）从物质投入—生态需求的关联关系来看，综合地考虑物质投入作用于生态需求领域不可超越的界限，就必然会讨论到：有关经济增长与生态环境保护之间的权衡问题（经济增长优先？先污染后治理？环境保护优先？）、生态性生产与生态性消费问题（生态工业、生态农业、绿色消费等）。

（4）从人文投入—物质需求的关联关系来看，综合地考虑人文投入作用于物质需求领域不可超越的界限，就必然会讨论到：关于个人价值及行为准则（包括个人与他人、个人与社会的作用关系）的问题、"经济人假设"的适用范围问题、技术是否能够解决资源危机的问题等。

（5）从人文投入—人文需求的关联关系来看，综合地考虑人文投入于人文需求领域不可超越的界限，就必然会讨论到：有关非公平的社会经济秩序问题、贫困问题及人文贫困问题等。

（6）从人文投入—生态需求的关联关系来看，综合地考虑人文投入作用于生态需求领域不可超越的界限，就必然会讨论到：生态系统的协同保护与协同治理问题、资源财富的代际配置及不可持续的制度及观念的改正问题等。

（7）从生态投入—物质需求的关联关系来看，综合地考虑生态投入作用于物质需求领域不可超越的界限，就必然会讨论到：关于资源环境是否存在价值的问题、以物质财富为标准的国民经济评价是否合理以及应当如何修正等方面的问题。

（8）从生态投入—人文需求的关联关系来看，综合地考虑生态投入作用于人文需求领域不可超越的界限，就必然会讨论到：生态消费问题（生活环境质量、旅游休闲、生态性公益活动等）以及生态消费得不到满足的"生态贫困"问题。

（9）从生态投入—生态需求的关联关系来看，综合地考虑生态投入作用于生态需求领域不可超越的界限，就必然会讨论到：有关生态伦理的行为准则问题（即人类在利用生态环境的过程中，应当以怎样的行为准则来保障生态系统的良性运行问题，进而保障人类整体生存与发展的"生态需求"）。

以下各节拟对有关"可持续发展"的几个重要的经济学问题分别进行讨论。

第二节 对经济人假设及其扩展的阐释

以"物质需求""人文需求""生态需求"的需求层次划分为逻辑前提的人类行为关系分析,如何解决"经济人假设"与"可持续发展"思想之间的矛盾?

一 经济人假设的内涵不断调整

"经济人假设"即是在经济学的研究中假定社会经济生活中的人都是"理性"的(在经济活动中,经济当事人是从利己的动机出发、有理性地追求自身利益最大化),即假定每个人都能够通过成本—收益的比较或趋利避害的原则来对其所面临的一切机会、目标、手段进行最有利的选择。所谓"经济人"即是能够计算、能够寻求自身利益最大化的人。经济人假设是现代经济学建立的最根本前提,因为经济分析中所使用的最大化原理(消费者使自身效用最大化、生产厂商使自身利润最大化等)实质上就是经济人假设的另一表述方式。新古典经济学以经济人假设为前提,认为:微观经济主体都是"经济人",其行为的基本动机就是个体利益最大化,其行为准则就是为实现利益最大化目标而做出最优化的行为选择。

"经济人"概念,是古典经济学家把人从社会人中抽象出来的,[①] 他们认为:人与人之间没有区别,天生是自由平等的,人是具有资本职能的经济人(人在经济领域中,具有"利己心",每个人都是非常理性地以追求个人经济利益最大化为参加经济活动的动力和目的),"经济人"的行为动机有利于生产的发展,有利于人的积极性的调动,会自然而然地增加社会共同利益。"经济人"实质上是个人人格的资本化,反映的是资本的职能和本质。"经济人"概念企图把人归结为只注重改善自身物质条件、而忽视改善自己及别人精神的人,只注意自身经济活动结果、而忽视取得

---

① 一般认为,亚当·斯密的思想是"经济人"思想的重要来源。如果从斯密思想中概括出"经济人",一是人们是从自己的需要和利益出发参与社会分工和商品生产;二是在"看不见的手"的引导下,在追求自己利益的同时,并非出于本意地促进了社会的公共利益。在这个意义上,可以认为斯密是"经济人"思想来源的代表者。

结果的手段和条件的人。

随着现代经济社会的发展,"经济人假设"在现实经济生活中日益暴露出其自身的不足,面对众多的批评,经济学界对"经济人假设"不断做出某些修正(或者是扩大"经济人"原有内涵的范畴)。

(一)"经济人"内涵的扩展

"经济人假设"思想面对某些无法解释的现实问题时,一个修正方式是在"经济人"最初内涵的基础上扩展其所包含的内容。主要体现为:(1)"经济人"由单一生产要素——资本的人格化扩展为所有生产要素的人格化;(2)"经济人"追求利润最大化的单一行为动机,被扩展为各种生产要素拥有者追求自身利益的趋利避害的行为动机;(3)"经济人"作为个人的利益体,扩展为一个相互联系的整体,"经济人"通过市场机制相互发生联系,并通过追求个人利益来促进社会利益;(4)"经济人"从朴素的利益最大化行为准则,发展到能够从预期、规避风险、对策博弈等复杂而具体的"计算"中去实现其利益的最大化。

随着社会经济的发展,人作为社会人的特性进一步显现,"经济人"概念得到了进一步的反思和修正。主要体现在[①]:(1)"经济人"并非完全的"理性人",并非完全按照自身利益最大化原则行事,某些经济行为和目的并非唯一地产生于利益原则。消费者并非完全是从已知的各种选择方法中选择一种能够取得最大化效用的人(他们可能选择满足"次优"或"遗憾较小"的消费组合,他们不仅追求物质消费,也追求高层次的精神文化享受);企业也并非完全追求成本最小化、利润最大化(它们可能追求创新、市场份额、社会责任、稳定发展等间接的利益目标)。(2)"经济人"的动力,并不单纯产生于追求个人利益的内在动力,而且也产生于由许多因素构成的外在压力。(3)"经济人"不单纯是一个经济性目的活动者,而且也是一个具有情感、道德和社会性的人。

(二)"新经济人假设"

随着现代经济社会的发展和人类行为方式的多样化,"经济人假设"更加显示出其与现实经济生活中某些人类行为格格不入的倾向,面对众多的质疑、否定与批评,一些经济学家对经济人假设做了某些更为深刻的修

---

① 参见杨春学《经济人与社会秩序分析》,上海人民出版社1998年版。

正。贝克尔（G. Becker）等提出了所谓新的经济人假设，即当人们在社会经济生活过程中面对若干必须做出取舍的选择（各种选择的结果会对当事人的"最后的满足"或"福利"产生不同的影响）时，人们将更愿意选择那种能为自己带来"较多好处"的选择、而不是相反的选择。① 比较"经济人假设"和"新经济人假设"，可以看出："新经济人假设"扩大了社会经济生活中人们"利益"的范围（不仅仅指直接的经济利益，也包括其他可以得到某种满足的东西），但其根本内涵并没有改变，即人们在经济生活中多数人在多数场合都会自觉不自觉地进行广义的"成本—利益"核算，选择以最小的"成本"支出获取最大"利益"的行为。

新的经济人假设认为，消费者购买某一物品（或服务）并不是最终的经济行为，而是一个中间行为，消费者是用购买行为来创造"最后的满足"或者"福利"，这种"满足"是因人而异的（例如消费者购买私人汽车，有人满足于"交通便利"、有人满足于"舒适"、有人满足于"炫耀地位"）。也就是说，消费者的最终行为并不是对"物"的追求，而是通过"物"得到某种"满足"。

新经济人假设中"时间"是极为重要的一个考虑因素。对消费者来说，"时间"是稀缺资源、是有价值的（可以用"机会成本"来近似地度量），消费者在做出资源配置决策时，总会考虑到他自己的"时间价值"，以此来选择对其最有利（"满足"最大化）的配置。基于对"时间价值"的考虑，理论分析中不需要考虑个人偏好或需求结构随着时间推移而变化，以此来解释不断出现的"新需求"，只需将之解释为"时间价值"的变化。因为消费者考虑到"时间价值"的变化，便追求以更有效更低费用的"新要素"来满足自己的需求。

"新经济人"对传统"经济人"概念的修正表现在两个方面：（1）对原来所使用的某些关键概念赋予了新的广义的解释，把经济人模式从经济领域扩展到了非经济行为领域的分析，从而可以用"经济人"模式来解释更多的实际行为。（2）"新经济人"结合交易成本、信息成本等新的学术概念来修改了传统"经济人"模式中那种"标准理性选择"和"完全信息"假设，从而既能增强经济人模式的解释能力，又使人们能够更深

---

① 参见［美］加里·贝克尔《人类行为的经济分析》，上海三联书店 1993 年版。

刻地理解引致经济人行为的"社会文化环境"方面的因素。在"新经济人"模式中"个人利益"不再仅仅是货币收入、物质享受等纯粹的经济利益，而是明确地包括尊严、名誉、社会地位等不能用纯经济尺度来衡量的各种"利益"。即经济人力图使之最大化的"效用函数"涵盖个人可能追求的任何目标或多种目标的集合。同时，由于目标函数包含了许多非纯粹经济利益的东西，那么经济人决策时所要考虑的"成本—收益"核算也就广义化了，所付出的"成本"也就包含了许多经济的、非经济的利益损失。因此，"新经济人"范式仅仅是提出了一个原则：当人们必须在若干取舍之间做出选择（各种选择的结果将对个人的"福利"产生不同的效果）时，人们将愿意选择那种能为自己带来较多"好处"的解决方法，而不是相反。因此，可以认为人们所做的任何决定始终都包含着人们对该决定的"费用"和"收益"的计算，这种计算有时是明确的，有时则是不经意的。这种"新经济人"的解释在某种程度上超越了经济学家面对"利己""利他"之间的冲突而形成的理论困境，"自利"或"个人理性"只是表现任何人都有一定的行为目标，他总是使自己的行为结果更好地满足自己的目标。在实际行为中诸多的"利他"现象实际上都是行为者"利己"的一种选择，而从行为者之外的人看来则是"利他"的，原因就在于两者判别标准不同。[①]

（三）"广义的理性"

广义的"经济人"是对经济人假设的一种修正，而广义的"理性"则是从另一个侧面对经济人假设的修正。作为理性的经济人，应具有 Ann Rand 所描绘的"理性的人"的所有特征。理性的人在确定和追求其利益时必须考虑四个相关因素：切合实际（reality）、客观背景（context）、责任（responsibility）和努力（effort）。（1）理性的人在确定其利益或目标时是经过理智的思考和判断之后才确定的，并不是任何欲望、感觉、情感、意愿都构成个人的真实利益，只有当他用其所有的知识和价值来确证某种欲望之后才会把它确立为目标，并力图通过行动来达到它；（2）理性的人认为：全面理解自己在社会中的处境是达到目标的必然途径，他不会把那些通过自己直接或间接的努力后仍无法实现的欲望当作自己真正的

[①] 参见杨春学《经济人与社会秩序分析》，上海人民出版社 1998 年版。

目标，不会沉湎于没有实现可能的欲望之中；（3）理性的人总是从自我角度来考虑自己所应承担的责任，积极寻求实现已确证目标的条件和手段，不会把责任推给他人或社会；（4）理性的人知道：必须通过自己的努力来达成目标，并且只有通过竞争的存在才能确切地保证，因为自然是不会自动地满足其欲望的。

也就是说，"理性的人"通常是指人们在切合实际的条件下以自我的努力去追求最大化的利益。"广义的理性"则可以理解为：人们在行为过程中，应当理性地认识到，不应为了直接的利益而牺牲间接的利益，否则就会牺牲更多的未来利益、牺牲更多更大的其他利益。这里，短期利益、个人利益、局部利益、相对于自然的利益看作是直接利益，而长期利益、他人利益、整体利益、自然的利益都看作是间接利益。

人们在行为过程中采取"广义的理性"，其目的在于减少交易成本，通过平衡长期利益和短期利益、平衡个人利益和整体利益关系，牺牲直接利益增加间接利益（一定程度上是获得间接利益的可能性），最终达到自我利益的最大化和群体利益的最大化。但是要实现这一目标的前提是人人都按照这样一种"广义的理性"来行事，否则某些人采取"广义的理性"，另一些人采取原始的理性，那么就会使采取"广义的理性"的人遭受损失。这个条件的实现取决于客观环境从利益角度迫使多数人普遍树立"广义的理性"观念。

（四）利己、利他及利己—利他转换

经济学分析的起点是人的本性、人的目的。传统经济学的分析前提是"理性经济人"，也就是说，人的本性是"利己"的，人的目的是追求个人利益的最大化。先天的人性是存在的，人作为生物体的一种，人人都必须自我保存、人人都必须利己才能生存。所以说，"利己"是人类先天的本性。

然而，表现为"利他"经济行为的也一直是一个不可否认的客观存在。具有先天"利己"本性的人在后天与他人的关系、与人类整体的关系、与自然的关系中，可以自由地做出各种选择：可以选择极端的"利己"，也可以选择极端的"利他"，还可以在"利己"和"利他"之间做出不同程度的混合选择。先天的"利己"和后天的"利己"或"利他"之间并不完全矛盾，一个人即使做出了"利他"行为，也有很多种可能：

或者他出于"利己"的主观目的而形成了客观的"利他";或者他出于"利己"与"利他"的权衡,或者是进行"利己"与"利他"之间的转换,即使他完全出于"利他"意愿,也还是有"利己"与"利他"的选择过程。对于人性中的"利己"和某些人类行为中的"利他"可以从以下角度来认识。

(1)"利己"是人类及个人的先天本性。人类出于生存与发展的目的,"利己"是人类在与万物竞争中得以作为一个物种保存下来的根本动力;个人出于在社会中生存与发展的目的,也同样必须"利己"。"利己"是人类和个人的本性,是使人类和个人得以存在的行为动机。

(2)"利己"和"利他"是相互渗透的。人们的大多数具体行为,往往很难区分它们单纯属于"利己"或者单纯属于"利他"的行为,往往是既包含了"利己"因素,又包含了"利他"因素,如人们追求"利益最大化"就可能既包含自我的利益,又包含整体的利益。

(3)"利己"和"利他"在一定程度上是可以相互转化的。通常所看到的"利己"往往是物质利益或经济利益方面的利己。从"利己"的动机而言,精神方面的"利己"也广泛地存在,而精神层面的"利己"往往会表现为物质利益或经济利益层面的"利他"行为,这就实现了"利己""利他"的相互转化。(在现实中,为了满足对方精神层面的需要,适当牺牲自身的精神利益而得到一定的物质利益补偿的情形也存在,这也是"利己""利他"相互转化的一种情形)。

(4)"利己"是人的天性、是经常性的,两个具有"利己"动机的人进行一次性的交易行为,出于"利益最大化"的目的(其实也是基于避免自身利益最小化的风险的考虑)必然都以"利己"为策略而陷入所谓的"囚徒困境"。但人们为什么还会常常采取"利他"行为呢?这是因为,人与某个人的交易往往是一次性的,但如果把交易对象的其他人都看作是同一个人的重复的话,那么这种交易的博弈就是一个无限重复博弈,人们就会采取"利他"行为了(即所谓采取"集体理性"策略)。

(5)"利己"是道德规范可以操作的一个条件。道德规范是协调人与人之间行为关系的,是使人们不经过协调就可以和平共处的原则。要实现这一目的,就必须使人与人之间是利益对等的、公平交易的。"利己"就是满足这样一个条件,这样在现实中才可能得以实现。如果以"利他"

为道德规范，那么人们的行为将无所适从。

（6）"利己"不是无条件的，应当是有所限制的。为了实现人与人之间的和谐共处，每个人在实施"利己"行为时不能因为"利己"而损害他人的利益，所以在考虑"利己"时必须同时顾及"利他"，必须在"利己""利他"之间做出适当程度的选择。既不能不承认"利己"的合理性，把自己看成是他人实现目的的手段，也不能不考虑他人的利益，把他人看作自己目的的手段，更不能对交易之外的第三者的利益有所损害（这个第三者既包括第三人，也包括某个群体、整个社会或者自然）。

（7）"利己"与"利他"尺度的把握。在一些情况下"利己"与"利他"是一种程度的把握，牺牲自己的利益去"利他"应以不损害他人的利益为限度，没有损害他人利益的"利己"就是合理的。在另外一些情况下，"利己""利他"是一种非此即彼的选择，这时应当比较谁的利益是更基本的需求满足。人的"生存权"是最基本的利益、人的基本生活需求是基本的利益，面对这样的利益时，其他利益应当让位于这些利益，此外一些涉及整个人类生存条件的利益（特别是某些行为可能造成不可挽回损失时）也应看作是最基本的利益而不可牺牲。

二 关于经济人假设及其扩展的阐释

本书关于"经济人假设"以及"经济人假设"是否与"可持续发展"相适应的问题的认识，是基于人类需求划分为物质需求、人文需求、生态需求的理论前提而形成的，主要的观点如下。

（一）对"经济人假设"进行深化、修正与拓展

为了使经济学理论基础更为切合人类经济社会活动的发展现实，采用"可持续发展"的逻辑基础，对"经济人假设"进行深化的修正与拓展，可从以下四个方面进行。

（1）利益主体的行为目标，从单纯追求物质利益拓展为需求的多样化（物质需求、人文需求、生态需求）。

（2）利益主体的抽象，从单一的人格资本化拓展为人格多样化（物质需求者、人文需求者、生态需求者）。物质需求者、人文需求者、生态需求者的划分，是对"经济人"抽象归纳的拓展，使人类行为主体及其行为方式得到更全面的描述。"经济人假设"所描述的只是人类行为关系

的一种，并不能反映所有人类行为关系的全部。

（3）利益的形式，从单一的个体利益形式拓展为多层面利益形式（私人利益、群体利益、人类整体利益）。

（4）成本—收益核算中，从单纯物质成本拓展为成本认识的全面化（物质投入、人文投入、生态投入）。

（5）成本—收益核算中，不仅考虑短期利益，而且考虑中长期利益；不仅考虑确定性的损益，还考虑预期和风险损益；不仅考虑自身多重利益的权衡，而且考虑多元主体间的博弈均衡。

（二）传统经济学理论中的"经济人假设"，只适合于表征"物质需求者"的行为特征，而不适合于表征"人文需求者"和"生态需求者"的行为特征

传统经济学理论以"经济人"为基本假设，即认为人类的行为动机和行为目的是自利的、个人理性的、总是以个人利益最大化为追求目标的。这一认识前提是人类个体都是同质的，并且每一个体都是以物质利益为唯一追求的。笔者认为，这一前提对现实而言并不是准确而全面的描述，现实中客观存在着以物质需求为主、以人文需求为主、以生态需求为主的不同群体，不同群体以及不同群体间的行为动机和行为方式是不同的。"经济人"只是对以物质需求者间行为动机和行为方式的描述，但并不能代表其他类型群体间的行为动机和行为方式，它们有与之不同的行为方式。

在生态哲学观念下的需求满足是物质需求、人文需求和生态需求三种不同层次需求所代表的人类各种利益的最大化，所以"经济人"等概念应在"人类需求层次"这一理论认识下做出相应的修正。

由于每一种需求所代表的人类目的和动机的不同，因而在不同的需求阶段无论是个人还是群体所追逐的目标物是完全不同的，所以在不同的阶段会形成不同的价值观和财富观。在以"物质需求"为主的阶段会形成"经济主义"和"消费主义"的行为追求；而到了以"人文需求"为主的阶段就会对这样的价值理念进行修正，转向对"精神价值"和"社会价值"的追求；进一步发展到以"生态需求"为主的阶段就会进一步完善人类的行为追求，转向对"人类—自然和谐关系"和"人类整体利益"的追求。换言之，人类在不同的发展阶段有不同价值追求，必须拓展传统

经济学理论中人类经济活动单一价值追求（抽象为人们只有对物质财富的追求意志）的认识。这对于消除单一价值观在经济活动实践中所带来的不可持续后果具有重要意义。

由于每一种需求所代表的价值取向不同，因而人类在不同的需求阶段的行为方式和行为特征是不同的。如"物质需求"的追求者更多地体现出"利己""个人理性""个人主义"的行为准则；而"人文需求"的追求者则更多地体现出"互利""集体理性""群体利益"等行为准则；"生态需求"的追求者则更多地体现出"利他""人类理性""人类整体利益"等行为准则。这样一来，可以使传统经济理论中单一的"经济人"假设得到修正。人类活动中并不存在一个整齐划一、人人遵循的行为规范，而是存在多种的适应不同群体的行为规范，这才是传统理论中"经济人假设"最需要修正的！

（三）传统经济学理论中的"经济人假设"，只适合讨论"物质需求者"与"物质需求者"之间的行为关系，而不适合讨论其他行为者之间的关系

人类社会成员对需求的追求行为在相当程度上决定了其行为方式和行为特征。传统认识中，人类追求的主要是物质需求，所以社会成员的行为目标就是物质利益的最大化，由于物质利益通常是排他性的（即一般表现为私人利益），因而人们的行为特征就是"经济人"假设所描述的特征。应当说，在人类社会各群体的主导性需求均为物质需求的阶段，"经济人"假设的描述是适当的。然而，在可持续发展理念下的需求满足是物质需求、人文需求和生态需求三种不同层次需求，社会成员行为追求的目标就是物质需求、人文需求、生态需求等多种利益有机组合的最大化，所以"经济人"假设认识应做出相应的修正。

在同一社会中客观上存在着不同行为方式，社会成员活动中也不存在一个统一的行为规范，而是存在多种的适应不同利益主体的行为方式类型。而在同一社会中，处于不同需求阶段的群体的成员之间，也会因他们间不同的行为方式和行为特征而形成不同的人际关系和不同的处世方式。如，以"物质需求"为主的追求者面对着以"物质需求"为主的追求者、以"人文需求"为主的追求者、以"生态需求"为主的追求者就会以不同的方式去处理他们之间的关系。同样，以"人文需求"为主的追求者

面对不同需求层次的人也会以不同的行为方式行事，以"生态需求"为主的追求者面对不同需求层次者也会采用不同的行为准则。逻辑很简单，博弈者面对不同目标的博弈对手，必然采取不同的博弈策略。从比较"物质需求者"之间、"人文需求者"之间、"生态需求者"之间的行为关系的角度来看："物质需求者"认为交往的对方是不会合作的、相信对方必然会不利于自己，"人文需求者"则认为与对方合作是可能的、通常是有利于双方的，而"生态需求者"则认为相信对方与对方合作是必然、不与对方合作根本无法实现自身利益。"经济人假设"所描述的基本上只是"物质需求者"与"物质需求者"之间的行为关系和行为特征，并不能反映人类行为关系的全部形式。

针对同一社会中不同需求群体成员之间行为动机的不同特征，可从理论上分析不同群体间将形成的人际关系和行为方式（见表4-1）：(1) 以"物质需求"为主的追求者之间，由于双方各自以个体利益最大化为目标，所以两者间的交往会形成"囚徒困境"式的博弈，这是物质需求者之间最显著的行为方式，这也是"经济人"之间行为关系的显著形式。(2) 而以"人文需求"为主的追求者之间，由于双方都具有"集体理性"的理念，所以两者间交往的行为特征是以联合利益最大化为目标的"合作博弈"（博弈体现为双方对最大化了的总体利益的讨价还价）。(3) 以"生态需求"为主的追求者之间，由于双方都具有追求人类整体利益的目标，行为目的是一致的，即人类整体利益的最大化。此时，各个"生态需求者"都无条件地服从于这一共同目的。所以，在这种情况下，相互之间不存在博弈，而是协同。也就是说，在人类整体利益最大化的目标下，决定自己的行为、规范自己的行为。(4) "人文需求"者与"物质需求"者之间，一方是"集体理性"，另一方是"个人理性"，双方博弈的结果是一方在不损害另一方利益的情形下追求自身利益的最大化，即相当于"帕累托改进"。(5) "生态需求"者与"物质需求"者之间，一方"利他"、一方"利己"，双方博弈的结果类似于"智猪博弈"，此时实现了"利己—利他的转化"。(6) "生态需求"者与"人文需求"者之间，一方是"人类理性"、一方是"集体理性"，双方交往的行为方式是"整体利益上的帕累托改进"（即在不损害"群体利益"的前提下，追求人类整体利益的最大化）。

由此可见，在同一社会不同的群体间会有各种不同的行为准则，"经济人假设"所描述的只是人类行为关系的一种，并不能反映所有人类行为关系的全部。所以，"经济人假设"是需要修正和拓展的，在现有的认识上进行修正和拓展也是可能的。

（四）以可持续发展理念对"经济人假设"修正拓展的经济学意义

本节所讨论的问题是在可持续发展理念下对"经济人假设"进行修正与拓展，是基于人类需求划分为物质需求、人文需求、生态需求的理论前提而形成的，对经济学理论可能产生什么样的影响？在此做一简要的总结和展望。

（1）传统经济学理论中的"经济人假设"，只适合于表征"物质需求者"的行为特征，而不适合于表征"人文需求者"和"生态需求者"的行为特征；传统经济学理论中的"经济人假设"，只适合讨论"物质需求者"与"物质需求者"之间的行为关系，而不适合讨论其他行为者之间的关系。因而"个体利益最大化"的行为准则在处理其他行为关系时必须予以修正。"人文需求者"之间的行为特征是以联合利益最大化为目标的"合作博弈"；"生态需求者"之间的行为特征是整体利益最大化的协同；"人文需求者"与"物质需求者"之间的行为特征是"帕累托改进"，"生态需求者"与"物质需求者"之间的行为特征是"利己—利他的转化"的"智猪博弈"，"生态需求者"与"人文需求者"之间的行为特征是"整体利益上的帕累托改进"。

（2）人类行为与"可持续发展"的适应体现在人类的"生态需求"之中，也就是说，只有在人类追求"生态需求"的阶段，其所采取的行为才是与"可持续发展"相适应的，而在"生存需求"之类的"物质需求"的追求阶段，其所采取的行为必然是"经济人"式的。关于各种扩展的或修正的"经济人假设"是否适应"可持续发展"的问题，笔者认为：如果"个体物质利益最大化"的观念并没有改变，"经济人假设"任何扩展都只能外在地对"不可持续"行为稍微有所抑制，而无法内在地根本地解决问题。"个体物质利益最大化"的修正要体现在：不只是个体利益而包括群体利益、人类整体利益，不只是物质利益而包括人文利益、生态利益，不只是最大化追求而包括合作、协同。即只有当"生态需求"成为了人类社会成员内在的追求（而不仅仅是外在的约束）时，"可持续发展"理念才有可能得以普及。对于现实及未来，只有承认人类有"生态需求"的内在追求，否则"可持续发展""生态文明"就无从谈起。

（3）在"可持续发展"理念下，"经济人假设"得以修正和拓展的条件下，经济学理论将有所改变。具体体现为：宏观经济规模，是由生态承载力先行决定的（生态承载力，亦可看作是人类整体的"生态需求"，是一切经济活动的既有约束），其经济增长、经济结构等都是在生态承载力约束下的优化决定；消费者的效用函数是由物质需求、人文需求、生态需求构成的，消费者行为是由三种需求有效协调而决定的（生态系统的承载力决定了资源环境的消耗总量，每一个消费者必然也存在一个可消耗资源环境的限度，这一限度就成为消费者效用最大化的"第二预算约束条件"）；生产者行为中，生产函数是由物质投入、人文投入、生态投入构成的，生产者行为是在宏观环境规制、微观消费者生态需求背景下的利润最大化决定的，迎合消费者在双重预算约束下的消费行为，是生产者行为的决定性因素。

第三节　对资源危机和增长极限问题的阐释

前文对于人类经济活动导致资源危机和增长极限的现象的各种学术论述做过介绍。本节采用可持续发展经济学的阐释范式，对此问题做出新的阐释，并据此提出相应的实践主张。

一　关于资源危机和增长极限问题的理论阐释

随着技术的飞速发展，经济学家曾经担忧过的问题——自然资源成为经济增长的限制，似乎不再成为问题。如同曼昆（N. G. Mankiw）在《经济学原理》中指出的那样，大量塑料制品替代金属制品、大量光学纤维替代铜导体通信传输，彻底解决了人们曾经担忧的金属短缺问题，技术进步使得曾经至关重要的自然资源变得不那么重要；农药、化肥、机械化农业设备、新作物品种以及其他的技术进步，也彻底解决了马尔萨斯（T. R. Malthus）所担忧的人口增长导致自然资源紧张问题。[①]

---

① 参见［美］曼昆《经济学原理》（宏观经济学分册），北京大学出版社2006年版。

技术进步果真能够彻底解决资源危机和增长极限问题吗？笔者认为，在有限时间尺度内生态承载力不可能提升，所以，增长极限就是必然的。一定历史时期的自然资源短缺或许能够通过技术进步予以解决，但是技术进步从来没有使经济活动的生态环境影响有所减轻，反而是随着技术进步而不断强化。因此，技术进步并不能解决增长极限问题，反而使增长极限问题越来越严峻。根本原因在于，现实经济社会中的绝大多数技术进步是出于促进经济增长目的而出现的。也就是说，绝大多数技术进步是强化生态环境影响的，在生态承载力不变的条件下，技术进步带来的必然是生态环境的劣化。只有当绝大多数技术进步不再是出于经济增长目标，而是出于减轻生态环境影响目标的情形下，技术进步才有助于人类应对生态环境危机和增长极限问题。①

笔者关于资源危机和增长极限问题有着以下这样的理论认识。传统思想认识中，自觉不自觉地主张以无限的"物质投入"去满足无限增长的"物质需求"，这样必然导致资源危机和增长极限问题的出现。这里面存在诸多导致问题的因素，可以从"无限的物质投入"和"无限的物质需求"两个方面来认识：（1）认为"物质投入"是"劳动""资本""技术"创造的，因而是可以不断地创造得到的，而没有认识到"物质投入"的可得性是依存于生态系统的可持续性的。（2）"物质投入"的获得是从大自然中无偿地取得的，因而毫不吝惜地使用。（3）技术的迅速发展促使"物质投入"的取得及消耗越来越容易。（4）生产技术的范式促使某些"物质投入"的开采使用呈无限的规模化。（5）"物质需求"的无限追求，由于"物质需求"边际效用不断递减而更加追加"物质需求"的扩张。（6）对"人文需求"的追求，体现在"物质占有和使用的数量的多寡"方面、体现在超越他人的位次方面，使得"物质需求"无止境地扩张下去（体现在国家层面就是不断地追求经济的高速增长以及在经济总量上的你追我赶）；（7）从大自然中"无偿"地取得自然资源进而满足人类的需求，便认为这样会使人类无偿地受益，没有认识到"自然资源"

---

① 笔者认为，对于技术进步问题的讨论，必须严格区分两类技术进步。一类是单纯促进经济增长的技术进步，另一类是促进经济活动的生态环境影响下降的技术进步。两者不能混为一谈。

的使用只是把人类的生态利益向物质利益、长远利益向短期利益的一种转化，即把人类短期的"物质需求"无条件地凌驾于一切"需求"之上；（8）技术的迅速发展和消费的范式，使得"物质需求"不断更新换代，不断把一般性的"物质需求品"催化成"必需品"。

人类由来已久的这种认识以及由此引导的经济活动已经造成了众多不可逆转的影响，更为严重的是人类由来已久形成的这种生产方式和生活方式也已经不可逆转。所以，这样的不可逆影响还会不断深入地发展下去，也就是说，资源危机和增长极限问题的出现是无可避免的。人类目前所能够做的只是缓解和延长这一极端状态的出现。

二 关于资源危机和增长极限问题的实践主张

基于上述理论认识，对资源危机和增长极限问题，从现实经济的角度来看，单纯从"资源存量"与"使用量"的关系方面去考虑是"无解"的，不得不从"需求""技术""认识"等角度去寻求有效的解决方法。对此问题，笔者提出以下实践主张。

（1）人类对于"生存需求"之外的"物质需求"（也包括以物质财富占有方式体现的"精神需求"）的增长应当是有节制、有节奏的，不应继续持有增长越快越好的认识和追求。资源消耗和经济增长至少应当遵循这样的原则：随着"生存需求"的逐步解决和人口规模的逐步稳定，"物质需求"所占的比例应当基本稳定并逐步下降（也就意味着，物质资源的消耗基本稳定并逐步下降）。[①]

（2）人类对于需求的满足，应当逐步用"人文需求""生态需求"去替代边际效用不断递减的"物质需求"，以物质占有数量体现个人社会地位的评价观应予彻底改变。如采用"自然生态景观的非开发性产权"[②]取代以往的"土地产权"（包括其开发使用权），再比如采用诸如文物或工艺品的保值收藏取代房产、名贵汽车及其他高档产品的保值占有，这样

[①] 犹如，随着发展水平的提高，消费者食品消费支出占总消费支出的比重（恩格尔系数，Engel's Coefficient）逐步下降。同理，随着发展水平的提高，社会成员物质需求占比也应逐步下降。

[②] 非开发性产权，是指拥有其产权、可转让，但不可对其进行开发以获取经济利益。

既可维持传统的社会评价观，又可保障自然资源和生态环境不被破坏。为了推动这样一种需求转换，政府部门有必要将"自然生态景观"和"文物收藏品"等人文需求核算其价格计入国民财富之中，同时广泛开展和参与市场交易。

（3）人类关于经济增长的竞争恐怕是难以避免的，有关"经济增长"等的国民经济指标起到了"推波助澜"的作用。修正甚至废止那些鼓动人们及国家不断"你追我赶"的指标也许会起到一定的遏止作用。即使坚持使用"经济增长"一类的发展指标，政府部门有责任把现有技术和结构条件下"经济增长率"和生态环境损耗水平罗列出来，让各个经济主体面对这样一种对应关系做出权衡和抉择，这样就不会鼓励各个经济主体不计生态投入成本地追求经济增长。

（4）需求结构的变化也应是有节制、有节奏的。工业化以来，导致人类物质需求频繁地更替、导致人类对自然资源广泛地深度地使用。某一工业品一经问世，迅速地推广、普及，而后又迅速更新换代，再而后又是另一产品的问世、普及、换代，这样不断地循环下去。这种现象导致自然资源极大的消耗，而消费者真正得到的效用改进是极其有限的（比如录像机、VCD、DVD、EVD，在很短的时期内先后推广和普及，很多家庭同时拥有四代产品，也就意味着，为了获得一种效用而消耗了4倍的资源，同时产生4倍的废弃物！），所以，在现阶段政府部门有必要对需求结构变化加以有序的管制，从生产者和消费者角度予以制约。

（5）"技术"的发展也应是有节制、有节奏的，即便是没有明显"技术风险"的"技术"发展也不是越快越好。"技术"发展不应导致人类物质需求频繁地更替，也不应导致人类对自然资源可以轻而易举地掠夺性使用。对某一技术的评估，必须明确哪些在多大程度上对人类需求和社会发展有正面的"加速"作用，而哪些在多大程度上对生态环境及资源消耗方面有负面的"加速"作用。

第四节　对代际公平问题的阐释

可持续发展的定义中明确提出"既满足当代人的需求，又不对后代人满足其自身需求的能力构成危害"，因而世代间的"代际公平"是"可持续发展"研究中一个基础性的问题。只有有效地解决了"代际公平"问题,"发展"才有可能形成其可持续性,否则"可持续发展"根本就无从谈起。

通过人类—生态系统的传承所形成的人类代际关系可用图4-1来示意性描述。

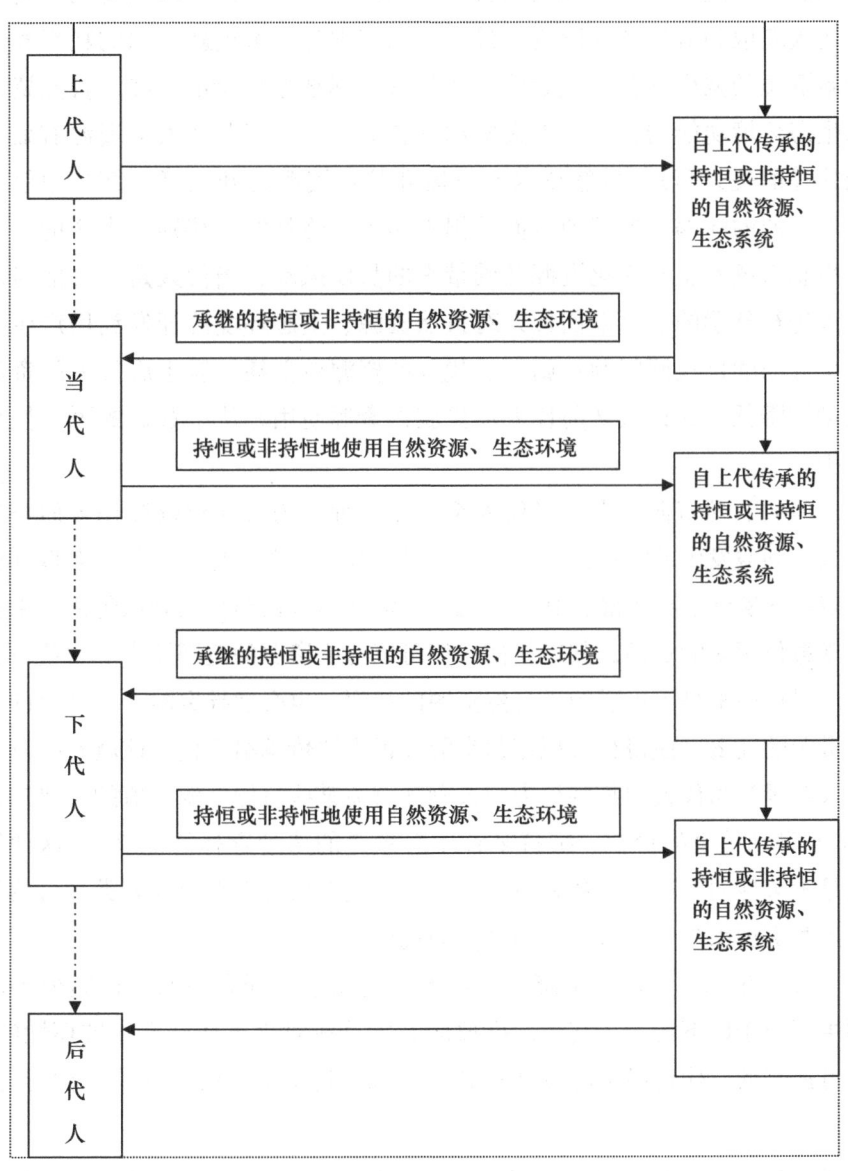

图4-1 通过人类—生态系统所形成的人类代际关系

一　代际公平的基本含义

代际公平（Intergenerational Equity）的概念是佩奇在"社会选择"和"分配公平"的基础上提出的，[①]讨论的是当代人与后代人之间的福利和资源分配问题。世代间的公平问题产生于前代人获取利益的行为对后代人获取利益权利的影响，最显著的表现是不可更新资源的耗竭和可更新资源的减少（如空气、水、土壤等自然要素质量的下降，自然资源和生态环境功能的丧失，人文资源的丧失，自然资源及人文资源有效利用途径的丧失等）。虽然技术的发展和替代资源的开发可以部分地解决自然资源的耗竭，但其他方面的损失是无法弥补的，特别是当今的行为对生态系统安全及文化资源基础带来的长期风险，当代人是不可能对后代人进行补偿的。所以前代人对自然资源、生态环境的开发利用产生了三个方面的世代间问题：属于后代人的资源被消耗、属于后代人的资源质量被降低、后代人从前代人那里获得资源使用并从中获益的可能性被减少。

（1）自然资源耗竭。当代人至少有三种行为会导致资源耗竭而与后代人的利益发生冲突：其一，消耗质量较高的资源，导致后代人获取和使用资源的实际价格上涨；其二，无谓地消耗尚未被当代人确认价值或未被发现最佳用途的资源；其三，使人们可以得到资源的范围缩小。这些行为的后果往往都是不可逆的，自然资源的耗竭，也必然导致附着于其上的人文资源的耗竭，使得长久积存起来的知识无法传承给后代。这就意味着后代人会因为当代人的某些行为而被剥夺有关某些自然资源价值的重要知识（如某种动植物的价值、维持某种生态系统的热带森林的价值）。这种损失是永久性的、不可弥补和不可估量的，也使后代人在处理人类—自然的关系时更加困难、要付出更加昂贵的代价。

（2）生态环境质量下降。与生态环境质量下降有关的世代间公平问题主要源于以下行为：其一，排放废弃物造成对生态环境质量破坏性的、不可逆转的、代价昂贵的改变；其二，减少特定资源的用途多样性行为；

---

① Page T., "Discounting and Intergenerational Equity", *Futures*, Vol. 9, No. 5, 1977, pp. 377 – 382.

其三，严重损害生态环境质量以至耗竭特定资源的行为；其四，降低自然资源可能提供生态环境功能质量的行为；其五，造成后代人生存危机的风险增加的行为等。

（3）资源取得和利用的不公平。与资源取得和利用导致世代间公平问题主要体现在：其一，前代人的消耗影响了后代人的需求满足，而后代人的需求又制约着当代人的需求满足；其二，由于当代人之间不能公平地分配资源，也就使得不同群体的后代从前代所承继的资源不公平；其三，一些人获得利益的同时影响到其他人有效地利用资源，即某些行为会产生"代际"的外部性。

自然资源的耗竭、资源质量的退化、资源取得不公平等问题之间是相互联系的。自然资源的耗竭，必然导致生态环境质量的下降或退化，生态环境质量的退化也会导致资源利用可选择范围的缩小，使得自然资源及生态环境质量的利用难以有效。

"代际公平"概念的核心是：各世代人在利用地球自然资源及其人文资源时，与其他世代人（即过去世代人和将来世代人）之间的内在关系。其出发点是：各世代既是自然和文化遗产的管理人，同时又是利用人。作为生态系统的管理人应制定强制的行为规范以规定当代人对未来世代所负有的伦理上的义务，我们有从上一代承继和享用这一遗产成果的权利，也有使下一代继续享用这一成果的义务。世代间公平的理论要求世代间最低水平的公平，既有继承与前世代相同程度的自然资源的权利，也有使后代享有相同程度资源的可能性和可行性。

"公平"通常理解为"公平地配置和分配资源及福利"。"代际公平"原则的提出是源于我们作为生态系统财产的管理人的目的——为所有世代维持福利和幸福，包含三个方面的内涵：使生态系统的生命维持体系得以持续；使人类生存所必需的生态学流程、生态环境质量、人文资源得以持续；使健全、舒适的人类生存发展环境得以持续。

代际公平原则应满足什么条件？该原则应当促进世代间的平等（即不认可当今世代人可以排除未来世界去掠夺资源，也不认可为了满足将来不确定的需要而使当今世代承担不合理的义务）；该原则不得要求某世代去预测未来世代的价值观（他们必须给未来世代按照自己的价值观达成自己目标的灵活性）；该原则在可预见的情形下应足够明确；该原则应当能够为不同的文化传统、不同的政治经济制度所接受（Weiss E. B., 1989）。按照上述条件，关于代际公平的原则应当是：（1）要求各世代保护自然和文化遗产的多样性，这样便不会对后代人解决自身问题和满足自身价值造成不适当的限制，而且未来世代也有权享有同其前世代相当的多样性；（2）要求各世代维持生态系统的质量，从而使生态环境质量留传给未来世代时的状态不比其前状态下降，并且其有权享有与前代享有相当的生态环境质量；（3）各世代每个成员都有权公平地获取从前代继承而来的自然资源和生态环境，同时也应当保护后代人的这种获取权。

二 对代际公平问题的理论阐释

从人类需求划分为物质需求、人文需求、生态需求的视角来阐述的话，"代际公平"问题包含有多方面的内容，主要有：（1）从人类个体的需求构成角度看，对后代人利益的关注、对人类整体生存与发展的关注是每一个体的"生态需求"。也就是说，"代际公平"实质是每一个体的"生态需求"与其"物质需求""人文需求"三者之间的权衡。（2）从人类行为活动角度来看，人类及其活动的规模、人类对生态系统及对人类自身所持的认识及观念、人类作用于生态系统的技术、人类关于自身行为的制度等"人文投入"因素作用于"生态需求"，必然产生"代际公平"问题，"人文投入"与"生态需求"是否超越各自的限制就会出现"代际间"是否公平的问题。（3）从人类行为关系的角度来看，"物质需求者"之间、"人文需求者"之间以及"物质需求者"与"人文需求者"相互之间都可能通过外部性对"代际公平"产生不利影响，因为"物质需求者"和"人文需求者"都不会顾及后代人的利益。而"生态需求者"与"物质需求者""人文需求者"之间，"生态需求者"在两两的博弈中则会通过"利己—利他的转换"来尽力维护"代际公平"。在"生态需求者"之间，则会通过协同行为来保障"代际公平"。（4）从人类行为者—承受者关系的角度来看，"人类整体"作为行为者为了当代人利益可能通过类似"公有地悲剧"的行为来对"代际公平"产生不利影响，而"人类整体"作为承受者又会极力地维护后代人及人类物种整体的利益，由此而形成一种均衡——"代际公平"。

总之,"代际公平"问题,是上述各种关系的交织以及人类对各种关系的权衡取舍。这种权衡取舍必然反映为人类各种需求满足过程中的先后次序,优先满足的是"物质需求"中的"生存需求",其后才是"物质需求"的质量提高和范围扩张,而后是"人文需求"中的精神需求和社会关系需求,最后才是"生态需求"(各种需求之中,既有"必需的",也有"可替代的")。"代际公平问题"必然要遵循这一次序,只有这样才能满足所谓的"公平原则"——当代人既不为后代人做更多的"牺牲",也不使后代人可享有可使用的资源比当代人更少。

按照这一次序,当代人必须也必然会无条件地(不考虑后代人利益)去满足其"必需的"需求(特别是生存需求),而在满足其"可替代的"需求(如体现为物质占有的精神满足等)时,则有可能各种需求间的替代关系更多地追求"生态需求",即减少边际效用较低的需求而增加边际效用较高的需求。"生态需求"中,也是追求边际效用较高的"生态需求"。那么"生态需求"中边际效用较高的是什么样的需求呢?很显然,能够更有效地保障后代人生存和人类整体传承下去的东西便是边际效用较高的"生态需求"。也就是说,"生态需求"中人们首先顾及的是留传给后代人以满足生存需要的自然资源和生态环境。

因此,就人类各种需求的权衡而言,对自然资源和生态环境的代际分配,应秉持这样的倾向:在满足当代人"必需的"需求的基础上,较多地考虑留给后代人以生存必需品所需的资源,不能使后代人因缺乏生活必需资源而陷入难以生存的境地;而对于非生活必需品所需的资源则可以更多地考虑当代人的所需,只要适当地留给后代人一部分。这是因为非生活必需品是可以选择的、有替代性的,所以这类资源即使留给后代人的较少既不会影响到后代人的生存,也不会影响到后代人的需求满足,因为他们可以进行新的选择!

自然资源和生态环境的代际配置可以理解为"当代人"与"后代人"之间的"博弈",但是"后代人"并不可能真正出现在这一博弈中。所以"代际公平"归根结底体现为"当代人"的一种生态伦理,即当代人基于其对生态系统、对人类物种本身的基本态度而在与自然交往过程中遵循一定的行为准则。人类和自然界的其他生物一样,都承担着繁衍后代的责任义务,这是大自然的一个法则。所以人类必须考虑后代人的利益，在当代人与后代人的价值和利益相冲突时，应当兼顾两者的利益，等同视之，而不应顾及一方面的利益而损害另一方面的利益。在涉及后代人利益时，当代人的行为准则是：（1）责任原则。自然资源和生态环境不仅属于当代人，而且也属于后代人。把一个完善的生态系统传承下去，是当代人责无旁贷的义务，当代人不应当通过对自然资源和生态环境的不当利用，来侵占未来人类的利益。（2）节约原则。出于对后代人利益的考虑，当代人在经济社会活动中应采取节约的生产方式和生活方式。（3）慎行原则。人类改变和利用自然的行为，其后果是不确定的，很可能给后代人带来长远的不利影响。这就要求当代人在采取行动（特别是新的科技活动）时应采取慎行原则，要充分估计和防范长远的不确定性影响和风险。

在当代人为了自身利益而采取重大行为决策时，如果涉及后代人的重大利益，应有代表"后代人"利益的代言人（具有典型"生态需求者"行为特征的社会成员）参与决策，达成利益博弈均衡。所以，可持续发展法律制度，应当确定"后代人"参与决策的权利和实际可操作的程序。

第五节　对可持续消费问题的阐释

联合国环境与发展大会通过的《21世纪议程》指出："全球环境不断恶化的主要原因是不可持续的消费和生产模式，尤其是工业化国家的这种模式。"由此可见，传统的消费模式被认为是造成环境恶化的重要原因，同时改变传统的消费模式也就应当是实现可持续发展目标的重要内容。

消费活动作为人类最基本的行为活动，对生态系统直接和间接地产生着巨大的影响，这种影响通常都是负面的。主要表现为：（1）消费活动作为人类生活中的普遍性行为和经常性行为，每时每刻、每个人、每个地方都在进行着一定的消费活动，也就意味着同时在进行着资源消耗和废物排放的过程。（2）消费活动是分散的，但分散的行为后果的加总却会造成巨大的环境危害，消费行为的加总和累积正是造成巨大环境问题的主要原因。每个人每一时刻消费行为对生态环境造成的影响是微不足道的，但其加总的和累积的影响却是巨大的。(3)消费者既是生态环境问题的肇事者，又是生态环境问题的受害者。如生活垃圾、生活污水即是人类消费活动的副产品，也就是人们在消费物质产品得到效用满足的同时，也在制造生态环境问题而使自身及他人承受生态破坏、环境污染所带来的"负效用"。再如人们在享受汽车的速度和便利时，也大量地排出汽车尾气而造成空气污染，而给自身及他人带来危害。(4)随着经济的发展，消费活动会出现异化而呈现"过度消费"现象。人们不再根据生存生活的实际需要来确定消费数量和消费品种，而是超前地、超量地消费，有时仅仅是以消费的数量或消费的方式来衡量个人的社会地位以获得某种精神层面的需求满足。(5)消费活动是一种具有极强示范性的行为，高收入群体的消费模式往往成为低收入群体的追赶对象，这往往造成消费与实际的需求偏好出现偏离，而造成自然资源和生态环境无谓的损耗。

一 传统消费模式的不可持续性与可持续消费的特征

传统的消费模式是与传统的价值取向、财富观念及发展理念、经济增长模式相适应的。最典型的表现就是"消费主义"的消费行为特征。传统的消费模式可以归纳出以下特点：(1)传统的消费模式是一种"线性消费过程"，即经济系统致力于把自然资源转化成为产品以满足人们提高生活质量的需求，由自然资源转化的产品使用之后便被当作废物而抛弃。随着人们生活水平的提高，消费需求越高，生产的产品越多，消耗的资源也就越多，而因排放废物也就越多，因而形成了一种消费需求—资源消耗—环境污染的"线性模式"。(2)传统的消费模式是受传统的社会心理、文化理念、价值取向的影响而形成的，把物质占有和消费的数量作为个人经济成就、个人社会地位实现的基本方式，从而使得人们所追求的"财富"是以自然资源消耗、生态环境损耗为基础的，亦即，传统的消费理念是一种与可持续发展相悖的观念。(3)传统的消费模式是一种不考虑长远利益、全球公众利益及子孙后代利益而不断更新与扩张的消费模式。起着消费"示范"作用的高收入阶层的消费方式本身就是追求一种高消耗、高排放的消费方式，而更多的"追随者"都朝着这一消费目标努力。如：高档饮食（表现为对农业资源、生态资源的损耗与破坏)、高档住宅（表现为对土地资源及相关环境的破坏)、私家车（表现为对能源资源、土地资源、矿产资源和生态环境的消耗与破坏）。（4）传统的消费模式是追求以工业技术、人为技术对自然的改造所获取的产品及服务，而忽视人类从生态环境条件中所能够享受到的各种效用。也就是说，传统的消费模式只追求产品服务的"经济价值"所转化的需求满足，而不考虑生态环境"存在价值"所给予人们的需求满足。（5）现行的消费模式是随着工业技术飞速发展而逐步形成的，技术的累积发展使得人们对产品服务的需求加速地提高，从而以加速度的方式促使自然资源和生态环境污染的消耗。① 且技术的发展使人们产生这样的错觉：物质稀缺的时代一去不复返，人们可以在自己的收入范围内尽可能多地消费各种产品（这种加速消费的方式有助于经济的循环和发展），且技术可以解决任何资源的稀缺。也就是说，在"技术万能"的错觉下，传统消费模式形成了一种"加速消费"。（6）传统的消费模式是在工业经济制度和工业经济道德观念下所形成的，对物质利益的行为是受制度保护且不受道德观念制约的。（7）传统消费模式是追求较低需求层次（相当于马斯洛需求层次中的生存需求和发展需求）满足的消费模式，仅是这一层次需求的不断强化，而不是向更高需求层次的提升。

要实现可持续发展，就必须建立可持续发展消费模式，最首要的就是彻底改变传统的不可持续的消费模式。从各种关于传统消费模式的批判、可持续消费的讨论、绿色消费的原则等方面的论述中，可以将可持续发展的消费模式归纳为以下特征。

（1）它是一种节约型的消费，这里的"节约型"是主张适度消费、反对奢华和浪费，这与经济不发达时期的"节约"概念有所不同（经济不发达时期所谓的"节约"，是以耗费更多时间甚至资源方式来维持较低质量的生活水平，本质上并不是真正的节约）。可持续发展的"节约型消

---

① 仅以近年快速发展起来的网络购物和快递物流业来看，使用了大量的一次性包装物，每年仅快递消耗塑料编织袋和泡沫塑料填充物数百亿个、塑胶袋和包装箱数百亿个、胶带数百亿米。相应巨量的一次性包装物，不仅因废弃物累积造成严重的生态环境影响，而且因这些包装物的大量生产而不能循环使用、不能有效回收，仅使用一次就废弃。这些都会造成巨量包装物生产过程中巨大的资源消耗、能源消耗、碳排放、污染排放，给生态环境带来沉重负担。

费"是在不降低消费质量和水平的前提下，排除由于非客观需求因素（社会因素、心理因素等）造成的多余的、不适当的消费。那种多余的消费实质会造成自然资源的过多消耗和生态环境的无谓损耗，而对社会利益和个人长远利益和人类整体利益产生负面影响。

（2）它是一种以"可持续发展"为终极目标理念下的消费，即人们彻底摒弃以物质占有与消费的水平作为个人经济成就及社会地位实现方式的传统思想，选择与可持续发展原则相适应的消费方式。

（3）它是一种"共享型"的消费。从整个社会角度来看，贫富差距较小可以避免因消费观念差异而导致的矛盾，人们可以在一种共同的消费理念下来形成一种可持续发展的消费"秩序"。当然，"共享型"消费并不是要求一种均同的消费，而是每个社会成员根据其能力、消费偏好等所产生的适度消费需求者能够得到满足，但不同的消费需求满足方式都遵从可持续发展的基本原则。"共享型"消费能够在创造更多的社会福利时减少不必要的消费，促使广大社会成员的共享满足消费需求的可持续性。①

（4）它是一种理性而文明的消费。可持续发展的消费模式所满足的主要需求方面是较高层次的需求。传统的消费需求更多的是满足生理需求（人类最低限度的基本需求，如满足饥渴、御寒、睡眠等所需的衣食住行等方面的需要）、安全需求（人们从长远生存利益考虑，希望保护自己以免遭受危险威胁的需求，如保险、保健等），所以人们就在这一层次上追求需求满足的极限。但事实上这种需求满足是"不经济"的，因为需求满足的边际效用是递减的，这种需求满足达到一定程度以后并不能使其效用水平增加多少。而发展到可持续发展阶段，人们的生活需求、安全需求得到满足的前提下，更多地会去追求精神需求（人们对文化、艺术、精

---

① 近年来，随着互联网技术发展和普及，而出现各种"共享经济"模式。这些"共享"方式，在营运模式设计合理的情形下，是有利于提高产品和服务的利用效率，进而有利于减少不必要的资源消耗和生态环境损耗。笔者认为，与传统经济模式相比，"共享"模式，简单地理解就是"不求所有但求所用"。每个消费者所购买的消费，并不是特定空间、特定时间点、特定数量的产品或服务，任何大宗的商品或服务都可能"零买"，都可以随时随地获得。不妨把共享经济称为"物融"，"金融"是将分散的资金融合起来进行更有效的资金配置使用，以满足资金需求者各类形态的资金需求。而共享经济与之有类似的特征，是将分散的各种产品服务融合起来，进行更有效的产品服务配置，以满足消费者非特定空间、非特定时间、非特定数量的消费。

神情感的追求）、社会需求（即人类在社会性生活中理想的人际交往、得到友谊和重视、社会团体的认同等）、尊重需求（人类满足自尊心和荣誉感的需求）、自我成就需求（人类获得成就的欲得到满足的需求）、生态需求（个人对人类与自然和谐相处的追求、对人类整体生存发展利益关注的追求）。更高层次上需求满足是较少以自然资源消耗和生态环境损耗为前提的。

（5）可持续发展消费模式是一种不断更新替代而保持在一定量度水平上的消费，而不是传统的那种不断累加不断加速的消费模式，即这种消费模式对自然资源的消耗及对生态环境的利用是呈平稳状态的。①

（6）可持续发展消费模式下人类所享受的效用更多来自生态环境的"存在价值"，而通过技术对自然进行改造产生的"经济价值"往往会反映为人类的低效用、零效用甚至负效用。

（7）可持续发展消费模式会在可持续发展的制度和道德观念下逐步形成，传统的消费模式在新的制度和道德观下将难以为继。可持续消费观应包含这样一些消费理念：其一，节约型消费。根据人类需求不断提高和升级的要求，在保障舒适生活的同时，反对奢华、浪费，按照"绿色消费"原则进行消费或不消费的选择。其二，理性消费。建立与收入水平、需求水平相适应的生活方式和消费水平，摒弃奢华生活潮流的引导、改变单一的消费结果。其三，合意消费。以自身体验和内在需求偏好为依据决定其消费行为，消费由注重数量型转向注重质量型，追求消费需求的多样化，不断提高精神价值和精神享受的消费的比重，以此作为生活质量提高的目标。其四，公正消费。在消费选择和消费过程中，不仅考虑消费主体自身的利益，而且还考虑不给他人、不给社会整体、不给生态系统造成负外部性影响；在一定的条件下，还应考虑能给他人、社会、生态环境带来正外部性的影响。

二 对可持续消费的理论阐释与实践主张

从人类需求划分为物质需求、人文需求、生态需求的视角来阐释的

---

① 由此，笔者认为：由可持续发展消费模式引导的生产活动，其特征应当是：以生态环境影响较小的产业逐步替代生态环境影响较大的产业，以生态效率较高的产能逐步替代生态效率较低的产能，而不是不断扩张规模的传统生产模式。

话,"可持续消费问题"可以从以下方面来认识。

(1) 一般来说,人类的消费需求是由生存需求、物质需求数量、物质需求质量、精神需求、社会关系需求、生态需求等构成的,满足过程是递进式发展的,各种需求之间存在一定程度的、非完全的替代关系。

从消费需求的递进特征不难得出,"线性消费"不符合人类消费需求特征。物质需求,并不是数量越大质量越高其效用满足程度就越高,当其数量质量达到一定程度后,其边际效用是急剧地递减的。此时继续追加物质需求的数量及质量并不能给消费者带来明显的效用改进。此时,更有效的效用改进方式是,以非物质的"人文需求""生态需求"来替代"物质需求"的不断追加。

(2) 消费的潮流化、消费品随着技术的"加速度"发展呈过当的更新换代趋势,使得每一个消费者的"基本需求"不断地增加、不断地升级。随着经济社会的发展,人类的"基本需求"逐步地拓展和提升是必然的,如从最初的"食物"、到"衣食住"、到"衣食住行健"等的变化。但是,人类"基本需求"的拓展和提升,应当是稳步的、非频繁改变的,否则就使得"基本需求"的内涵发生异化。现代工业经济社会,伴随着技术的飞速发展,总是试图把一切的工业品都转化为人类的"基本需求"而普及到每一个消费者,这是"经济主义"和"消费主义"思想长期推行的结果。当人们逐步认识到每日都在不断更新的"基本需求"与人类递进追求"物质需求""人文需求""生态需求"的一般特征相违背时,人们也会逐步地从这样的追逐潮流队伍中退出,转而去实现非物质消耗的"人文需求"和"生态需求",秉持"可持续发展"消费观的人越来越多就是很好的例证。消费品的潮流化与人类需求特征相违背还体现在:消费品的潮流化导致的盲目性消费,违背了消费的"意愿性"和"目的性"特征;消费品的全球普及化,抹杀了消费需求"个性化""多样化"的消费偏好特征;以人造的物质产品替代生态环境的"服务",从效用满足角度来说,是得不偿失的、非理性的,是一种反递进趋势的"逆替代"。

(3) 奢侈性消费、炫耀性消费、享受型消费等体现的是有关精神满足和社会地位的"人文需求",但也可看作是以物质财富的大量占有、大量使用为表现形式的"物质需求"。从"人文需求"角度看,这一需求是可以由其他非物质的"人文需求"替代的,从"物质需求"角度来看,这种形式的需求满足是边际效用急剧递减的。这样的"人文需求"只能在较小的群体范围内、在短暂的时间长度内可以得到正面的评价(短期视角能够得到正的效用满足),而在较大的社会空间内、在较长的时间长度内通常得不到正面的评价(长期视角难以得到正的效用满足)。

(4)"绿色消费"所体现的特征是:其一,在"物质需求"的满足过程中尽可能地消除对其他"物质需求"的负影响(如,对无公害产品的消费使用,通过提高农产品的价格来换取农产品的安全),归根结底是以减少"物质需求"的数量换取"物质需求"的质量。其二,在"物质需求"的满足过程中尽可能地消除其对"生态需求"的负影响(如,减少污染、减少废弃物累积、物资的回收利用),即是以降低"物质需求"的数量或质量来换取"生态需求"的增加。其三,在"物质需求"的满足过程中尽可能地消除消费的外部性影响或"公有地悲剧",这是以降低"物质需求"的数量或质量来换取"人文需求"的提高。

(5)从人类行为关系角度来看,"生态需求者"通过转移支付等方式来帮助"物质需求者"满足其基本的生存需求,以换取"物质需求者"减少对生态环境的破坏,也就转化为实现了自己的"生态需求"。

(6)"节约型消费""理性消费""合意消费"等理念对"物质需求"的抑制,实质上也是对"生态需求"(体现为关注人类整体、后代人利益、生态系统)的追求,即以减少"物质需求"数量来换取"生态需求"的增加。"公正消费"理念对"物质需求"的抑制,则是对"人文需求"(体现为关注他人利益以建立良性社会关系)的追求,即以减少"物质需求"数量来换取"人文需求"的增加。

在现实生活中,"可持续发展"消费模式的建立,并不完全是对人类需求的一种抑制(准确地说,应当是对人类不合理消费可能导致无谓资源消耗生态环境损耗进行理性的抑制),同时也会对人们各种需求满足程度的提高(生活质量和生活水平的提高)起着重要的作用。与其说是抑制消费,不如说是改变消费理念、消费方式和消费结构。消费理念和消费方式在以下方面进行改变:其一,在生存需求、发展需求得到基本满足之后,应更重视精神需求、人类和谐需求、人类—自然和谐需求，在更高需求层次上使人们的需求得到了满足，从而提高了其效用水平；其二，人们的消费以安全、健康为前提，相应地减少消费者因安全性、健康性不足而带来的福利损失；其三，所有消费者都应树立兼顾他人、兼顾整体、兼顾生态环境的理念，从而每一个消费者都可以避免因他人的行为而给自己或整体带来的"负外部性"；其四，生态环境质量因消费者普遍的重视而维护或改善，人们的生存条件得到相应的改善，人们享受生态环境"服务"而使得生活质量提高；其五，消费者个人消费更加理性（不追求高消费、超前消费、盲目消费、偏离需求目的的消费），可以使消费者以最低的消费支出达到最大的效用满足；其六，消费活动产生的废弃物数量减少且利于回收再利用，可以使消费处理过程带来一定的收益。

而在改变消费结构方面则应着重处理以下关系。

（1）必需品与非必需品的关系。对于非必需品的物质消费应当在普及规模、普及速度方面加以抑制。现实生活中往往会出现一些产品被迅速地推广普及，使得原本并不是生活中的必需品而成为家家户户拥有、人人拥有的"必需品"，这样就使得"必需品"的范围在不断地扩大，也就使得自然资源的消耗和生态环境的损耗不断地随之增加。笔者认为，这是必须彻底改变的消费模式，笔者建议对非必需品应限制其普及规模（当某一类产品普及率达到一定程度后应加征生态环境影响税）、对非必需品应限制其提前消费（限制以贷款、分期付款等方式消费）。

（2）物质财富与非物质财富的关系。对于以物质产品为财富占有形式的行为应当予以抑制，而应当鼓励以非物质产品为财富占有形式的行为。现实社会中，往往以豪华别墅、高档汽车、高档服饰等奢侈品作为财富的占有方式。但这种财富占有方式，以自然资源的过度消耗和生态环境的严重损耗为代价，而其产品仅仅起到的是表征财富和地位的作用，这完全是由社会成员的财富观念决定的。只要改变了这样一种财富观，就能够使自然资源生态环境消耗大大减少。笔者认为，全社会应当引导财富占有以非物质形式（如艺术品、生态功能区的非开发性所有权、自然风景区的非开发性所有权、人文标志等）为主要方式。笔者建议：在初期政府部门应积极地参与非物质财富的交易，以政府的信用来确立非物质财富的"真实性"。

(3) 排他性消费与公益性消费的关系。个人的可支配收入用于满足自身的效用是天经地义的，但在基本需求得到满足之后部分地用于公益性活动同样能够增加自身效用的满足程度（甚至满足程度更高）。笔者认为，全社会应当引导富裕群体以"利己—利他转换"的理念更多地投入于公益性消费之中。通过帮助弱势群体、投入社会公益、进行生态环境保护等方式以实现自身精神需求和生态需求的满足。

(4) "生态环境不友好型"消费与"生态环境友好型"消费的关系。作为文明的消费方式应当推行"生态环境友好"消费：使用对大气、土壤、水资源等自然资源及生态环境保护有益的产品（如无氟利昂制冷设备、无磷洗涤剂、无铅汽油等产品），抵制和排斥"生态环境不友好"消费品（如过度包装的产品、寿命过短而造成不必要资源消耗的产品、以珍稀动植物资源制造的产品、在制造和使用过程中对资源及环境造成较大影响的产品、在制造和使用过程中对他人造成较大负面影响的产品等），抵制和排斥与消费相关的一些活动的"生态环境不友好"行为（如一次性资源产品的使用和处理、过度包装产品的使用与处理、产品消费后的任意处置等行为）。笔者建议：在所有产品和服务的标识上都应当明确标明该产品的污染排放水平、碳排放水平以表征其"生态环境不友好"程度。①

(5) "正效用"消费与"负效用"消费的关系。消费者应当坚持以自己的消费偏好来确定自己的消费。传统的消费模式中往往会出现导致效用减少的情形（如超过承受能力的奢侈性消费、陋习性的消费、盲目性的追随潮流消费、不顾生命健康生命安全的消费）。笔者建议：在可能导致奢侈性消费和盲目性消费的产品及服务标识上应强制性地从消费能力、消费取向、消费风险等方面标明"审慎消费"的警示告知。②

---

① 丹麦、日本、英国等国家尝试在一些消费品上标注碳排放量，其目的是引导消费者购买碳排放量更低的产品，具有引导消费者限制其碳排放额度的意涵，作为倡导消费者生态友好型消费的手段。参见《丹麦考虑食品标示"气候变化影响"》，新华社新媒体，访问时间，2015 - 10 - 10（https：//baijiahao. baidu. com/s？id = 1613929727437024264&wfr = spider&for = pc）；《日本碳标签认证体系》，中国碳交易网，访问时间，2015 - 3 - 14（http：//www. tanjiaoyi. com/article - 7674 - 1. html）；《英国全球最早推出产品碳标签制度的国家》，中国碳交易网，访问时间，2015 - 7 - 3（http：//www. tanpaifang. com/tanbiaoqian/2013/0703/21909. html）。

② 如同在烟草制品上标明"吸烟有害健康"一样，对消费者起到警示告诫作用。

第六节 对经济增长—生态维护权衡问题的阐释

"可持续发展"所追求的是人类多重的价值满足以及多样化人类社会的多种需求，既要追求物质经济活动的增长，也要追求生态系统生态功能的维护，还要追求两者间的协调。然而在现实中，经济增长与生态环境质量退化往往是伴随而行，那么在人类的经济活动中应当如何在两者间进行权衡呢？怎样才能兼顾两个目标而使人类私人利益和人类整体利益得以共同提高？因而，"经济增长—生态环境维护的权衡"问题也就成为了"可持续发展"研究中的一个重要课题。

总体上说，经济增长与生态环境维护终究是一种权衡取舍的关系，经济增长或多或少总会对生态环境造成某种程度的损害，而经济增长又是人类需求满足的重要手段，所以也不可能为了维护生态环境而放弃经济增长。因此，在两者之间也只能根据人类多种需求的组合变化来做出权衡取舍。一方面，如果两者之间的权衡关系掌握得不适当，就极有可能导致经济增长超越生态环境所能承受的阈值，进而导致生态环境的不可持续性和经济增长的不可持续性；另一方面，如果过分地强调生态环境的维护，则会使经济社会止步不前，随着人口等因素的变化同样会导致经济社会的不可持续。

一 对经济增长—生态维护权衡问题的理论阐释

按照本书的阐释范式来分析，此处所讨论的"经济增长—生态环境维护权衡"，至少包含着以下几方面的内容：（1）人类物质需求、人文需求与生态需求的权衡；（2）人类成员个体利益、群体利益与人类整体利益的权衡；（3）"物质需求者""人文需求者""生态需求者"群体间的认识差异及博弈；（4）人类整体当前利益与长期利益的权衡及决策；（5）是历史权衡与短期权衡的综合。任何时期的经济增长—生态环境维护关系都是以上多种关系交织而形成的。

举一个例子就可很好地说明上述问题。如，私人汽车的发展与否的决策，就包含着多方面的权衡。一方面私人汽车体现着时间效率、个人自由、社会地位、汽车工业发展对国民经济的推动，另一方面汽车拥有量又体现着对土地资源、能源、环境的副作用。做出是否发展私人汽车的决策就不得不进行以下各方面的权衡。

（1）私人汽车体现的时间效率代表着个人的"物质需求"，而由于拥有汽车而体现的个人自由、社会地位则代表着个人的"人文需求"；而由于使用汽车而造成土地资源占用/能源消耗/环境污染则代表着个人及人类整体"生态需求"的损失。这样，人们就不得不在"物质需求""人文需求""生态需求"三者之间做出权衡。对于各个个体来说，由于三种需求所带来的效用不同，所以各自会得出"拥有"或"放弃拥有"的权衡取舍。而对于一个群体或一个国家来说，则会在拥有数量方面得出"较多拥有"或"较少拥有"的权衡取舍。

（2）私人汽车体现的时间效率、个人自由、社会地位等反映的是"个人利益"，汽车工业发展对国民经济的推动则反映了"群体利益"、私人汽车过多导致的交通拥挤，又反映着其对"群体利益"的损害，汽车对土地资源和能源的消耗、对环境的破坏则又是"人类整体利益"的损害。所以，"私人""群体""人类整体"三者之间必然会为各自的利益而进行博弈，最后达成某种关于汽车拥有总量的均衡。

（3）就不同类型的人类群体来说，"物质需求者"会看重私人汽车所能够带来的"物质需求"满足程度的增加，大部分倾向于拥有；"人文需求者"则会看到私人汽车所带来的"人文需求"某些方面的增加以及某些方面的减少，部分倾向于拥有、部分倾向于放弃拥有；"生态需求者"则更加看重私人汽车所带来的"生态需求"满足的重大损耗、倾向于放弃拥有。三者之间也必然围绕"拥有""不拥有"以及"损害""被损害"进行博弈。

（4）就短期的经济利益而言，汽车工业的发展是有巨大作用的，但对土地资源及能源的损耗、对生态环境造成的污染所引起的长期影响也是极其严重的。所以，在汽车工业的发展过程中，必然由短期利益和长期利益的关系对汽车工业的发展速度、发展规模等做出权衡。

（5）汽车工业的发展，其实也会对当代人与后代人的代际公平产生大的影响。如，汽车给当代人带来快捷等享受的同时，汽车尾气的大量排放造成的大气臭氧层破坏就必然影响未来人类的生存条件，而由后代人承受着。当人类考虑代际公平时，就必须在当代人的享受与后代人的生存条件之间进行权衡取舍。

人类社会经济发展过程中的各种决策，如工业化的决策、城市化的决策、全球化的决策等都必然进行上述各方面的权衡取舍。

在现实中，在讨论经济增长与生态环境维护的关系时，人们总是希望两者能够达到相互促进的效果，即实现所谓的"双赢"（win – win）①。对于经济增长与生态环境维护的"双赢"问题，笔者有下述观点。

（1）经济增长与生态环境维护的"双赢"在局部的区域可能得以实现，而在全球范围内绝对不可能实现。这是因为，现实中局部区域的"双赢"多数来自两种途径，一是"损人利己"，即通过损害他人的经济利益或环境利益来实现；二是"自欺欺人"，即以某一种生态风险的方式，把生态破坏的危险遗留给未来、他人或后代。既存的经济增长与生态环境维护的"双赢"如此，如果有人把"双赢"当作目标追求的话，也必然如此。

（2）经济增长与生态环境维护的"双赢"，在短期视角内可能得以实现，而在较长时间视角内不可能实现。这是因为，即便有非"损人利己"方式实现的经济增长与生态环境维护的"双赢"（如在沙漠化地区植树绿化的活动），那也只是对过去破坏后果的某种补救，而不可能在长期视角内体现为一种正的生态收益。

（3）在现实中，与其说经济增长与生态环境维护的"双赢"，不如说是经济增长与生态环境维护的"两难权衡"。在短期内人们遇到的每一个具体决策，事实上都不得不面对两难的选择——部分地牺牲资源环境以换取一定的发展机会，或者放弃短期的发展机会以维护资源环境并保留其选择价值，这是现实中最常面对的问题。而所谓的"双赢"往往是人们对自然资源、生态价值的评价有意无意地偏离其原有主旨后得出的结论（如对自然景观资源最好的保护就是维持其原貌不受任何形式的损害，在

---

① 严谨地说，"双赢"的表述是不正确的。"双赢"，是指两个主体在博弈过程中各自的利益都有所增进的情形。而讨论经济增长与生态环境维护问题时，通常情况下，不是两个主体的博弈关系，而是同一主体两个目标的权衡关系。所以，笔者不赞同"经济—生态双赢"之类的表述。

这一价值评价标准不变的前提下,任何投资行为都不可能使其价值有所增加,而或多或少都会对其景观价值有所损耗,所以任何投资活动都不可能产生"双赢"的效果)。所以,人们在决策时,不应侈谈"双赢",而应切合实际地在尽可能少地损害生态系统的非使用价值的条件下实现一定的经济利益。

(4)另外一种情况也应注意,对于一个自然保护区,没有任何投资活动未必就自然而然地保护了生态系统,因为没有追求利润的投资活动,未必就没有低效的其他损害生态系统价值的活动。所谓的"双赢"往往是通过一定的投资活动而制约了原来的一些不利活动而使生态系统受到较少的损害,这是值得提倡的,但严格说不是"双赢"。

二 对经济增长—生态维护权衡问题的实践主张

如前文所述,要想使经济增长和生态维护的双重利益同时得到改进是难以实现的。所以,只能在两个目标之间做出权衡。笔者认为:不仅应当对具体的投资项目进行经济利益和生态环境损害的评估与权衡,而且更应当在宏观的经济发展目标及经济发展规划方面进行发展利益和生态损害的评估与权衡。比如,对于推进工业化、城市化、全球化问题,对于经济中长期增长目标、经济结构变化目标问题,就应当明确地进行以下方面的评估和权衡。

(1)该经济发展战略,预期能够在多大程度上改进社会成员的"物质利益"、预期在哪些方面将导致对社会成员的"人文需求"产生正面或负面的影响、预期在土地资源占用、自然资源、能源消耗、环境污染等方面会带来哪些及多大程度的生态环境影响。这样,对于该经济发展战略,就可以基于"物质利益""人文需求""生态影响"三者间的权衡,对"是否推行""推行规模""推进速度"等问题做出决策。

(2)该经济发展战略的实现,将会使社会成员的"个人利益"产生什么样的影响、将会使各地区或各团体以及整个国家的"群体利益"产生什么样的影响,同时将对土地资源、自然资源、能源消耗、生态环境改变产生什么样的影响,进而对"人类整体利益"(包括区域性的生态环境、整个地球的生态环境、后代人的利益)造成什么样的影响。所以,在经济发展战略的决策程序上,应当由"个人利益"的代表者、

"群体利益"的代表者、"人类整体利益"的代表者三者之间进行为各自利益的博弈,通过不断的"讨价还价"来达成一个能够均衡各方利益的发展战略。

(3) 就全体民众而言,可以根据各自不同的价值倾向区分为"物质需求者""人文需求者""生态需求者"。就不同的地区而言,也可根据各地区主流的价值倾向区分成不同的类型。所以,对于一个全局性的发展战略应当允许各地区在"推行规模""推进速度"等方面做出有自身倾向性的战略决策。

(4) 一个经济发展战略代表的是各种利益体的博弈均衡,国家一级的政府不应站在某一特定利益体的立场上,而应当是促成各个利益主体进行"利益交易"的中介,如通过税收、财政支出的方式来实现"生态需求者"与"物质需求者"之间的利益转换、实现富裕地区帮助贫困地区进行生态维护的利益转换。

(5) 一个经济发展战略,必然会对周边地区、对全球的生态环境造成一定的影响(即"外部性影响")。该战略的制定者应当向周边地区政府及相关的国际组织通告,至少让他们对可能形成的影响进行必要的评估,或许为了保障其利益而与之进行有效的"科斯交易"。

第七节 对可持续发展人类行为准则的阐释

"可持续发展"是人类作用于"人类—自然系统"的行为规则。涉及资源保护、环境防治、生态维护、经济—民生、政治及伦理诸方面。凡是个人与个人、个人与社会群体、个人与人类整体、个人与自然、社会群体与社会群体、社会群体与人类整体、社会群体与自然之间反复博弈,最终为任意两个博弈者共同获益的博弈均衡,都应成为社会中普遍性的"行为规则"。因为所有这些"行为规则"能够使各个主体在不损害其他主体利益的前提下获得最好的或最不坏的结果,这些"行为规则"理应成为最广泛的大众所接受的"伦理"或"制度"。应当说明的是,"可持续发展"的行为规则只是指出了人类行为所应顾及的若干"行为边界",并不限定人类各主体在其利益目标下的具体行为追求,只要是不损害他人利益、群体利益和人类整体利益的任何行为都应得到包容。

一 与可持续发展相适应的人类行为准则

美国环境教育家穆勒（Muller, 1990），提出了关于为保证"可持续发展"所应遵循的众多原则，这些便是现阶段已经认识到的人类行为中所应遵循的"规则"。穆勒提出的众多原则中，对人类行为中应关注行为的"临界"有所涉及，但似乎应更加突出地强调，即人类在生活和社会经济活动中做出任何行为都应时刻考虑到是否超越了"可持续发展"的"临界"——构成可持续发展系统的各个方面规定的行为安全范围。

（1）地球承载力临界。全球光合作用的产物供给人类活动的量对人口和经济规模的规定。当人口规模接近地球承载力临界之后，在全球范围内应保持"人口零增长临界"，在区域范围内人口规模应与其生态承载力相适应，在个人行为中应对生育予以控制。

（2）系统抗干扰临界。在人类—自然系统的运行过程中不可避免地会出现自然的或社会经济的波动，但系统自身有一定的抗干扰能力会使波动平静下来。但是这些波动不能超越系统所能承受的强度，否则会使系统崩溃。这一"临界"反映到人类的行为中就要求各种外部冲击（指因人类对自然的极端行为或人类一贯行为的长期累积所诱致的自然灾害）和内部扰动（指人类群体之间的利益之争导致的社会动乱以及由此导致的对自然的伤害）限制在尽可能低的程度。

（3）环境及生态质量临界。无论有任何迫切的理由，人类行为不应对自然造成不可逆转的环境破坏和生态退化（至少不应产生不可弥补的损害后果）。

（4）生态安全临界。即"至少要划出多大比例面积的保护区才能遏止物种减少的势头"。反映到人类行为准则中，在全球范围内既要保护对地球生态系统起重要作用的"生态区"，还要保证全球有足够比例的保护面积，在区域范围内则要求维护生态子系统的安全和足够比例的保护面积。

（5）代际转移临界。即留给后代的资本存量至少不低于当代水平，且应保持一定量的自然资本存量恒定。

（6）各种具体面对的临界。如：土壤的侵蚀能力与土壤的保护能力的平衡、森林的采伐与森林的营造之间的平衡、海洋鱼类的捕捞与鱼类种群自然增长的平衡、草原的牧养量与草原的载畜量的平衡、地下水的抽取与地下水的补给的平衡、人为的温室气体"发射率"与它的"固定率"之间的平衡等。

（7）社会差异临界。穆勒提出的众多原则中较多关注的是人类与自然的关系，然而人类群体之间、人与人之间的关系及利益矛盾往往会直接或间接地表现为人类对自然的作用，所以为了维护人类个体利益、群体利益和自然利益，也应对有关人类群体之间、人与人之间的关系的人类行为予以约束。"社会差异临界"就是人类社会关系临界的集中体现。兼顾效率与公平是可持续发展所要求的。人类作为个体有其个体的利益和目的，而人类作为整体也有其整体的利益和目的，所以个人的行为不仅要追求个人财富的最大化，而且要兼顾社会利益，不同社会群体间的财富差异程度的大小在一定程度上反映了个人利益和社会利益的偏离程度。实践表明，社会群体间存在一定程度的财富差异有助于不同群体间的竞争而促进共同的发展，但这种差异一旦超过社会忍耐程度就会导致社会动荡，进而影响经济增长乃至环境资源维护。使社会群体间财富差异保持在社会最大忍受范围内的阈值，就是社会差异临界。

二 从行为者—承受者关系来认识可持续发展行为准则

"可持续发展"行为准则实质上是不同人类关系中的不同主体在生存实践中与其他主体反复博弈，最终为任意两个博弈者共同获益（能够使各个主体在不损害他人利益的前提下获得最好的或最不坏的结果）的博弈均衡。本小节按照可持续发展阐释范式的分析逻辑，从"私人""群体""人类整体"的不同行为者—承受者关系角度对各种"可持续发展"行为准则进行归纳和分析。其中，"人类整体"作为承受者时更细化为"人类种群""后代人""自然资源""自然环境""其他生物种群""地球生态系统"。

在下述讨论的行为准则中会多次使用"顾及"一词，之所以会得出各行为主体在某些行为关系中必须某种程度上顾及承受者的利益，并不是基于感性的判断，而是基于各行为主体自身各种利益总和的要求。可以设计一个形象的博弈情境来比拟上述关系。① 以下讨论的多种关系都和上述博弈相类似，现将结论列于下。

（一）"私人"作为行为者的行为准则

（1）面对的是私人承受者时，易出现的"不可持续问题"是：生产或消费过程中对他人形成外部性影响、在竞争过程中导致"囚徒困境"的结果。所以，为了克服上述问题的出现，私人行为者在行为过程中应当秉持这样的行为准则：面对没有直接关联的他人时，自身获取最大化效用行为以不损害他人利益为前提（或主动地协商并给予足够的补偿），面对有直接关联的他人时，尽可能地谋求符合共同利益的"合作博弈"。

必须注意的是，由于"个人"对于利益的认识并不一致（可区分为"物质需求者""人文需求者""生态需求者"），所以，居于高层次的需求者应当首先保证低层次需求者基本需求的满足，这是上述行为准则得以实现的前提。

（2）面对的是群体承受者时，易出现的"不可持续问题"是：生产或消费过程中对共有资源的无制约使用而导致"公有地悲剧"、对"公共品"的供给采取"搭便车"态度。为了克服上述问题的出现，私人行为者在行为过程中应当秉持这样的行为准则：自觉维护群体利益（时刻意识到可能导致的"公有地悲剧"）、自觉履行自身对群体利益的义务（不存"搭便车"之念）。

（3）面对的承受者是"人类种群"时，易出现的"不可持续问题"是：在经济社会活动中形成有悖于自然生态环境的习俗、追求不顾及人类种群生存发展的个人利益、在经济利益或精神利益的驱使下有意无意地去尝试打开可能改变人类种群的"潘多拉盒子"。为了克服上述问题的出现，私人行为者在行为过程中应当秉持这样的行为准则：维护人类在自然

---

① 假设父子两人为同一事业的竞争者，各自有自身的独立利益，但是父亲又在精神方面因自己儿子的成就而得到一份"快慰"效用（可以假设儿子获得效用的50%可以累加到父亲的效用之中去以构成他的总效用）。如果双方互不顾及对方的利益，那么各自获得90单位的效用；如果双方互相顾及对方的利益，那么各自获得100单位的效用；如果一方顾及对方、另一方不顾及对方，那么顾及者获得80单位的效用、不顾及者获得120单位的效用。此时，在这个博弈情境中的博弈者最终选择的均衡结果是：父亲"顾及"、儿子"不顾及"（对应的支付分别为120、140）。这是唯一合理的结果。

生态条件下生存发展的生活习性、敬畏人类种群生存发展的基本伦理、在科学研究和技术开发方面有禁区（不要尝试打开可能改变人类种群的"潘多拉盒子"）。

（4）面对的承受者是"后代人"时，易出现的"不可持续问题"是：在生产消费活动中不顾及后代人生存发展权利，掠夺式地利用原本属于各世代的自然资源和环境、给后代人遗留下巨大的风险或不可逆的环境改变。为了克服上述问题的出现，私人行为者在行为过程中应当秉持这样的行为准则：遗留给后代的遗产不仅是物质财富而且包括再生的资源和优美的环境、在个人行为范围内保留给后代以同等的生存发展机会、在可预见的范围内约束可能给后代人带来不当后果和风险的行为。

（5）面对的承受者是"自然资源"时，易出现的"不可持续问题"是：无制约地耗损自然资源。为了克服上述问题的出现，私人行为者在行为过程中应当秉持这样的行为准则：除满足基本生活需求之外尽可能减少对资源的消耗、不要使用高质能去做用低质能可完成的事（即遵循"优能优用原则"）。

（6）面对的承受者是"自然环境"时，易出现的"不可持续问题"是：无制约地向自然环境排放污染物和废弃物。为了克服上述问题的出现，私人行为者在行为过程中应当秉持这样的行为准则：除满足基本生活需求之外尽可能降低废弃物和污染物沉库的增加，污染物废弃物排放者应承担"环境"补偿责任，不要使用高排放的方式去替代低排放方式可以完成的事，任何可能导致环境变化的行为都应事先进行技术上的预防和经济上的补偿。

（7）面对的承受者是"其他生物种群"时，易出现的"不可持续问题"是：无制约地利用"其他生物种群"资源来满足自身需求、以灭绝方式来排除"其他生物种群"对自身的伤害。为此，私人行为者在行为过程中应当秉持这样的行为准则：遵循"最低需求原则"（在有害和危险性生物面前，人类有权保护自己，但应尽可能减小对对方生物的伤害）、"自卫原则"（人类无权利用"其他生物种群"资源来满足自身非基本的和奢侈的需求）。

（8）面对的承受者是"地球生态系统"时，易出现的"不可持续问题"是：以"征服自然"的心态无制约地向自然施加人为影响。为此，私人行为者在行为过程中应当秉持这样的行为准则：永远怀有敬畏自然的理念来处理人与自然的关系、制约自身那些可能导致对生态产生累积性影响的行为。

（二）"群体"作为行为者的行为准则

（1）面对的是"私人"承受者时，易出现的"不可持续问题"是：在追求群体利益的过程中，忽视群体中低层个体的利益、忽视群体中个体间的差异程度、忽视群体中某些个体对群体利益的侵扰。所以，为了克服上述问题的出现，"群体"在行为过程中应当秉持这样的行为准则：追求群体利益（或多数人利益）时应顾及群体中最弱势阶层的境遇和利益、个体财富差异维持在社会可忍受程度内、形成对违背群体利益的个体予以惩处的机制。

（2）面对的承受者是其他"群体"时，易出现的"不可持续问题"是：生产或贸易过程中的外部性影响、"群体"间竞争的"囚徒困境"后果、"群体"间的不公平秩序和贫富差距过大、"群体"间的生态不公平。所以，为了克服上述问题的出现，"群体"在行为过程中应当秉持这样的行为准则：追求群体利益以不损害其他群体利益为前提（或主动地协商、补偿、谋求合作）、"群体"间建立公平的经济秩序（顾及最弱势"群体"的境遇和利益、"群体"间财富差异维持在可忍受程度内）、"群体"间建立公平的生态秩序（顾及并补偿生态功能区群体的利益，发达群体可以通过财富转移换取欠发达群体对生态功能的保障，但不可在贸易活动中转嫁资源/环境/生态的问题）。

（3）面对的承受者是"人类种群"时，易出现的"不可持续问题"是：区域范围内人口规模超过生态承载力、形成有悖于自然生态环境的消费模式与生产模式、追求不顾及人类种群生存发展的竞争优位、在竞争利益的驱使下去尝试打开可能改变人类种群的"潘多拉盒子"。所以，为了克服上述问题的出现，"群体"在行为过程中应当秉持这样的行为准则：区域范围内维持人口规模不超过生态承载力、形成适应自然生态环境的消费模式与生产模式、在群体的竞争中不要去尝试打开可能改变人类种群的"潘多拉盒子"。

（4）面对的承受者是"后代人"时，易出现的"不可持续问题"是：在经济社会活动过程中，整体性地（或者纵容个体地）掠夺式地利用原本属于各世代的自然资源和环境、给后代人遗留下巨大的风险或不可逆的环境改变。所以，为了克服上述问题的出现，"群体"在行为过程中应当秉持这样的行为准则：顾及后代人的生存发展需求来制约"群体"整体或所属个体的行为追求（资源的占用、环境的耗损等）。

（5）面对的承受者是"自然资源"时，易出现的"不可持续问题"是：无约束地、单一性超规模地、无成本地使用自然资源。为了克服上述问题的出现，"群体"在行为过程中应当秉持这样的行为准则：永续性原则（任何条件下可再生资源的使用速度不超过其再生速度）、局地性原则（尽可能从最局部范围内获得最大需要）、效率原则（对资源的利用达最高效率）、多样性原则（从众多源泉中获取资源）。

（6）面对的承受者是"自然环境"时，易出现的"不可持续问题"是：所属区域范围内污染物废弃物排放速度超过环境的自净化能力、容忍"群体"内个体的污染物废弃物任意排放行为。所以，为了克服上述问题的出现，"群体"在行为过程中应当秉持这样的行为准则：区域范围内应保证废弃物排放速度不超过环境的自净化能力、局地性原则（尽可能在最局部范围内处置废物、形成污染物废弃物排放的公平秩序（形成排放者承担补偿责任、制约污染物沉库的增加、预防可能导致环境变化的行为等机制）。

（7）面对的承受者是"其他生物种群"时，易出现的"不可持续问题"是：人类某群体为满足自身需要不择手段地伤害物种和生物群落、经济开发活动不顾及维护生态多样性在生物物种方面的体现。为了克服上述问题的出现，"群体"在行为过程中应当秉持这样的行为准则：遵循"最小错误原则"（人类某群体为满足基本需要或不得已时，至多伤害某些生物个体，而不要伤害物种和生物群落）、区域内建立足够规模的"生态保护区"。

（8）面对的承受者是"地球生态系统"时，易出现的"不可持续问题"是：对于地球生态系统内的资源环境造成"公有地悲剧"后果。为了克服上述问题的出现，"群体"在行为过程中应当秉持这样的行为准则：自觉地抑制可能导致"公有地悲剧"后果的群体行为（或群体内的个人行为）。

（三）"人类整体"作为行为者的行为准则

（1）面对承受者是"群体"时，易出现的"不可持续问题"是：全球整体发展过程中的不均衡发展。为了克服上述问题的出现，"人类整体"在行为过程中应当秉持这样的行为准则：在全球的发展过程中顾及最弱势"群体"（国家、种族、区域、阶层）的境遇与利益。

（2）面对承受者是"人类种群"时，易出现的"不可持续问题"是：全球范围内人口规模超过生态承载力、开发或使用可能给"人类种群"带来巨大风险的新技术。为了克服上述问题的出现，"人类整体"在行为过程中应当秉持这样的行为准则：全球范围内维持人口零增长、高风险技术投入使用应得到全球范围的确认（考虑到任何新技术的使用都可能产生难以预测的后果、考虑到人类的任何行为都不应显著地干扰地球上的人类生存环境）。

（3）面对承受者是"后代人"时，易出现的"不可持续问题"是：整体上不顾及后世代生存发展所需的资源和环境。为了克服上述问题的出现，"人类整体"在行为过程中应当秉持这样的行为准则：至少应预留给可预见之后世代生存发展所需的资源和环境。

（4）面对承受者是"自然资源"时，通常容易出现的"不可持续问题"是：不可再生资源的耗竭性使用。为了克服上述问题的出现，"人类整体"在行为过程中应当秉持这样的行为准则：全球范围内不可再生资源的整体耗损速度应低于寻求替代技术的速度。

（5）面对承受者是"自然环境"时，易出现的"不可持续问题"是：环境问题的全球性累积和全球的非协同性处理。为了克服上述问题的出现，"人类整体"在行为过程中应当秉持这样的行为准则：任何可能导致环境危害累积或有巨大环境风险的普及性行为都应事先进行技术上的评估和防范，并在全球范围内协商决策。

（6）面对承受者是"其他生物种群"时，易出现的"不可持续问题"是：满足人类需求过程中导致生物种类的灭绝。为了克服上述问题的出现，"人类整体"在行为过程中应当秉持这样的行为准则：至少应维持生物种类的多样性没有显著减少。

（7）面对承受者是"地球生态系统"时，"人类整体"在行为过程中应当秉持的行为准则是：对生态系统的维护与治理实现全球性协同、维护全球最重要的"生态保护区"、形成全球生态公平的机制、顾及最弱势群体对生态的需求，如表4-2所示。

表4-2　不同行为者—承受者间所应形成的"可持续发展"行为准则

行为者 承受者	私人行为者 （个人或企业）	群体行为者 （团体或国家）	人类整体行为者 （个体加总/人类共同体）
私人承受者	◆自身获取最大化效用行为以不损害他人利益为前提，尽可能地谋求符合共同利益的"合作博弈"	◆追求群体利益（或多数人利益）时应顾及群体中最弱势阶层的境遇和利益 ◆个体财富差异维持在社会可忍受程度内 ◆形成对违背群体利益的个体予以惩处的机制	
群体承受者	◆自觉履行自身对群体利益的义务（不存"搭便车"意愿）	◆追求群体利益以不损害其他群体利益为前提（或主动协商并给予足够补偿） ◆顾及并补偿生态功能区群体的利益 ◆发达群体可通过财富转移换取欠发达群体对生态功能的保障（但不可在贸易活动中转嫁生态环境损耗）	◆全球发展中顾及最弱势群体（国家、种族、区域、阶层）的境遇与利益
人类种群	◆形成有利于在自然生态条件下生存发展的生活习性、形成有利于人类种群生存发展的行为理念 ◆不要去尝试打开可能改变人类种群的"潘多拉盒子"	◆区域范围内维持人口规模不超过生态承载力 ◆形成尽可能减少依赖资源和环境的消费模式与生产模式 ◆在群体的竞争中、不要去尝试拥有威慑他人的"潘多拉盒子"	◆全球范围内维持人口零增长 ◆高风险技术投入使用应得到全球范围的确认（考虑到任何新技术使用都可能产生难以预测的后果、人类任何行为都不应干扰地球生态系统的自然循环）
后代人	◆遗留给后代的遗产不仅是物质财富而且包括再生的资源和功能完好的生态环境	◆顾及后代人基本的生存发展需求来制约自身的行为追求（资源占用、环境耗损等）	◆至少应预留给可预见后世以生存发展所需的资源

续表

行为者 \ 承受者	私人行为者（个人或企业）	群体行为者（团体或国家）	人类整体行为者（个体加总/人类共同体）
自然资源	◆尽可能减少基本生活需求以外对资源的消耗 ◆优能优用原则（不要使用高质能去做用低质能可完成的事）	◆永续性原则（任何条件下可再生资源使用速度不超过其再生速度） ◆局地性原则（尽可能从最局部范围内获得最大需要和处置废物） ◆效率原则（对资源的利用达最高效率） ◆多样性原则（从众多源泉中获取资源）	◆全球范围内不可再生资源的整体耗损速度应低于寻求替代技术的速度
自然环境	◆尽可能减少基本生活需求以外的废弃物的产生	◆区域范围内应保证废弃物排放速度不超过环境自净化能力（排放者应承担补偿责任） ◆尽可能降低废弃物和污染物沉库的增加 ◆任何可能导致环境变化的行为都应事先进行技术上的预防和经济上的补偿	◆任何可能导致环境危害累积或有巨大环境风险的普及性行为都应事先进行技术上的评估和防范，并在全球范围内协商决策
其他生物物种	◆遵循"自卫原则"和"最低需求原则"	◆遵循"最小错误原则"区域内建立足够规模的"生态保护区"	◆至少应维持生物种类的多样性没有显著的减少
地球生态系统	◆敬畏自然的理念 ◆制约自身那些可能导致对生态产生累积性影响的行为	◆对于地球资源环境顾及"公有地悲剧"的后果	◆对于生态系统的维护与治理实现全球性协同 ◆维护全球最重要的"生态保护区" ◆形成全球生态公平的机制、顾及最弱势群体对生态的需求

第 五 章

新阐释范式对"发展内涵"的解析

"可持续发展"是由"可持续"（sustainable）和"发展"（development）两个关键词构成的，采用本书的理论逻辑讨论"发展内涵"自然是本书的必要内容。本章所要讨论的是，"发展"是关于什么的"发展"，"贫困"是关于什么的"欠发展"，逻辑出发点依然是可持续发展经济学的新阐释范式——"物质需求""人文需求""生态需求"的人类需求三类分。

第一节 发展内涵：经济增长—社会发展— 可持续性的协同增进

发展是人类社会的永恒主题，但"发展"作为经济学概念是在20世纪50年代以来发展经济学的研究后才逐渐形成的。早期发展理论（以刘易斯的发展经济学为代表）的出发点实质上是物、产品、经济增长，所以把国民生产总值及人均国民收入的增长作为评判发展的首要标准甚至是唯一标准，从而把储蓄、投资、技术进步、知识增长等作为发展的主要动力。70年代以后发展理论开始转换视角，从对物质量的增长的关注转向对经济社会其他方面变化的关注。托达罗（M. P. Todaro）认为："发展必须包括经济的加速增长，缩小不平等状况和消灭绝对贫困，也包括社会结构、公众观念和国家制度这些主要变化的多方面过程。从本质上说，发展必须体现变化的全部内容，通过这些变化整个社会系统应面向系统内的个人和集团的多种多样的基本需求和愿望，使大家普遍觉得原来不满意的生活条件已在物质和精神方面都向更好一些的生活环境和生活条件转变。"

70年代以来，人们更明确了"增长"与"发展"的区别，进一步强调了"发展"的人文性、整体性、内在性、综合性，联合国教科文组织1979年在"综合发展观"的专家会议上对这种发展思想做出了系统的说明："发展"是以社会—人的发展为中心的，"发展"不仅应促进人的物质需求，而且应满足人的社会文化、精神需求。"发展"包含着三种核心价值——生存、自尊和自由，"发展"的过程也就是三种核心价值不断实现和逐步提高的过程。

"经济发展"的内涵较之"经济增长"是不断地修正和改变的。

一 多维视角的"发展内涵"

（一）托达罗关于"发展内涵"的论述

托达罗对有关"发展"的认识进行了总结。[①] 他在总结以往的"发展观"时指出：20世纪70年代以前，"发展"几乎总是被视为一种经济现象，即迅速取得的总量和人均国民生产总值增长，或者以就业或其他经济机会的方式，逐渐地惠及（trickle-down）人民大众，或者为增长的经济和社会利益更广泛的分配创造必要条件。为"完成增长的任务"（getting the growth job done），贫困、失业和收入分配问题都是第二位重要的。

托达罗在谈及20世纪70年代以后的"发展"的新观点时指出：经济发展已开始按照在增长的经济范围内减少和消灭贫困、不平等和失业方面重新定义。"从增长中进行重新分配"已经成为一个共同的口号。他引用Dudley Seers有关发展内涵的论点，"对一个国家的发展所提出的问题是：贫困发生了什么变化？失业发生了什么变化？不平等发生了什么变化？如果这三方面都从原来的高水平上下降了，对这个国家来说无疑是个发展时期。如果这些中心问题的一个或两个方面的情况越来越糟，即使人均收入增加一倍，把它叫作'发展'也是不可思议的"。他还引用了世界银行《世界发展报告》的相关观点，"发展的挑战……就是改善生活质量。特别是在世界贫穷的国家中，更好的生活质量要求有更高的收入，但

---

① Todaro M. P., *Economic Development in the Third World Third Edition*, New York: NY: Longman, 1985.

是它包含更多的内容。它把更好的教育、更高的卫生和营养水平、更少的贫困、更清洁的环境、更多的机会均等、更大的个人自由和更丰富的文化生活都包括在目的之中"。托达罗认为，发展必须既包括经济的加速增长、缩小不平等状况和消灭绝对贫困，也包括社会结构、民众态度和国家制度的重要变化的多方面的过程。通过这种变化，整个社会制度顺应制度内个人和社会集团的多种多样的基本需要和愿望，从广泛被认为不满意的生活条件转变为在物质和精神两方面都被认为更好一些的生活条件和状况。

托达罗提出，"发展"的内在含义由三个核心价值——生存（sustenance）、自尊（self-esteem）、自由（freedom）构成，它们代表了所有个人和社会追求的共同目标，它们与所有社会和文化中始终体现出来的基本人类需求密切相关。（1）生存：提供基本需要的能力。每个人都有某些"维持生命"的基本需求（食物、住房、健康、保护等），没有它们就无法生活下去，因此经济发展是改进生活质量（即"发展"）的必要条件，没有社会和个人持续不断的经济进步就不可能实现人的潜能，所以增加人均收入、消灭绝对贫困、增加就业机会、减少收入不平等构成了"发展"的必要条件，但不是充分条件。（2）自尊：要被当作一个"人"来看待。美好生活的另一个组成部分是自尊，一种觉得自己有价值和自尊感，而不是觉得自己成为他人为达到其目的而被利用的工具的感受，所有的民族和社会都在寻求某种自尊的基本形式。托达罗引用的话，"只要尊敬和尊重不是建立在物质成就的基础上，那就有可能甘于贫穷而不感到受人轻视。相反，一旦优裕的生活的流行风气是把物质福利当作尊敬和尊重的基本因素，物质上'欠发达'的人们要感到受尊敬和尊重就变得困难了。……如今，为了获得生活在不体面的欠发达状态中所不能获得的尊敬，第三世界正在寻求发展。……正因为发展是一个重要的、或许甚至是必不可少的获得尊敬的途径，所以发展理所当然地成为了一个目标"。（3）自由：从奴役中解放出来、能进行自由选择。人类自由是指从异化的物质生活条件中，从社会受自然界、无知、他人、制度等的奴役中解放出来的意思。自由会有社会及其成员选择范围的扩大，而同时在追求我们称之为发展的社会目标时外部限制达到最小的含义。经济增长的好处并不在于增加了幸福，而在于它增加了人类选择的范围。与贫困相比，财富可使人们能够获得对自然界和物质的更大控制力、使人们获得选择更多闲暇的自由、使人们否定物质需求重要性和追求精神需求的自由。人类自由应包含各种机会均等的内涵。

托达罗提出了"发展"的三个目标：(1) 增加诸如食物、住房、健康和保护等基本生活必需品数量的可得性，并扩大它们的分配。(2) 提高人们生活水平，除了使之获得更高的收入外，还应提供更多的工作、更好的教育（这些不仅用来增进物质福利，还用来产生个人和国家更大程度的自尊）。(3) 扩大对个人和国家可得的经济和社会选择范围，一个国家如果三个目标都实现了，即可以称得上真正的"发达"。如果仅仅实现了第一个目标，那么只能称为"经济上较发达。"

（二）"发展内涵"的综述

"经济发展"既包含一定程度经济规模的增长，又包括随着这种经济规模变化而导致的结构改进，也包括经济运行质量和社会成员生活福利的有效提高。综合各种学术观点[①]，"发展"的含义似乎应该包括以下各个方面的内容，缺一不可。

1. 发展包含一定程度的经济增长[②]

综合而言，纵然用国民生产总值的增长或人均国民收入的增长来描述经济发展是不充分的，但经济增长是经济发展的一个必要条件。特别是在经济发展的一定阶段，经济增长是发展的最主要内容。所以，在战后的二三十年间，无论是经济理论还是经济发展实践，大都是注重于经济增长以及经济增长中的关键性因素——资本形成、技术进步、人力资本、需求促

---

① 这些观点主要转引自《发展经济学》（谭崇台，上海人民出版社1989年版）、《发展经济学》（陈宗胜，复旦大学出版社2000年版）、《新发展经济学：回顾与展望》（陈宗胜，中国发展出版社1996年版）。

② 埃尔斯沃思（Elsworth, 1965）提出"经济发展问题实质上就是通过增加人均产出来提高国民收入水平，使每个人都能消费更多"。迈拉尔（Mylar, 1957）认为"经济发展的定义就是提高普通人口的生活水平"。奥肯和理查森（B. Okun, R. W. Richardson, 1962）认为"经济发展可以定义为物质福利持续而长期的改善，……反映出物品和劳务流量的增加"。伊·阿德尔曼（1961）提出"经济发展定义为这种过程——从人均收入增长率很低或负的经济转变为人均收入持续增长为长期特点的经济"。C. P. 金德尔伯格（1983）指出"很难想象没有增长的发展。功能的变化总是自然而然地包含着规模的变化。虽然我们可以描述出有增长而无发展的现象，我们却认为发展过程几乎必然依赖于某种程度的同时发生的经济增长"。

进（包括出口贸易）的发展等。

2. 发展包含社会经济结构一定程度的改进与优化，包含经济运行质量效率一定程度的改善与提高①

综合而言，发展所包含的结构改进、质量提高是指收入产出结构与人类需求结构的变化相吻合，收入分配结构与社会公平目标相一致、资源利用效率不断提高、经济增长稳定而可持续。

3. "发展"包含一定社会发展目标的实现

众多学者都强调发展的意义在于"社会发展"②，包括：人民生活水平的普遍改善、解决就业、平等、根除贫穷、实现基本需求等。

---

① 金德尔伯格（C. P. Kindelberg，1983）指出，"经济发展"不仅指更多的产出，还指和以前相比产出的种类有所不同以及生产和分配所依赖的技术和体制安排上的变革。增长意味着以更多的投入或更高的效率去获得更多的产出，发展内涵则不只指这些，它还意味着产出结构的变化以及生产过程中各种投入量分布的变化。假如以人的发育来做比喻的话，增长是犹如身高和体重之类的总量变化，而发展则包含诸如体质、协调能力、学习能力、对环境的适应能力之类的机能的变化。辛格（H. W. Singer，1964）等一些学者强调发展中的经济结构变化，尤其是农业部门的相对缩小。一些学者则更强调发展中的社会结构的变化，哈基姆（G. Hakim，1968）指出，"提高人均收入意味着大多数人口的较高生活水平，……否则只能是扩大已经比较富的富人与穷人之间的差距"。克劳尔（R. Crowl，1989）则从"无发展的增长"角度谈论了发展的内涵，即使经济运行已出现了一定程度的经济增长，但若由于制度上的原因，产出增长的结果是长期两极分化、贫富不均的情形越趋严重，经济增长往往是经济上的虚耗的结果、资源配置低效率甚至负效率，这些与经济发展不一致的经济增长现象出现的根本原因在于经济结构方面的问题。结构合理且功能相合是现代经济发展的要求，否则便会出现"无发展的增长"。

② 辛格（H. W. Singer，1965）在其题为《社会发展：最主要的增长部门》一文中指出："不发达国家存在的问题。发展是增长加变化，而变化不单是在经济上，而且还在社会和文化上；不单在数量上，而且还在质量上，……其主要概念必定是人民生活质量的改善。……人民生活水平的改善可以直接地通过'社会发展'和间接地通过收入和经济资源的增加（'经济发展'）来达到。较好的保健、较好的教育、较好的营养本身就是发展的主要因素。"可见，辛格等学者强调的是"社会发展"。西尔斯（D. Sears，1969）在题为《发展的含义》（或译为《发展的意义》）的著作中指出，"把发展与经济发展、经济发展与经济增长相混淆，是我们十分轻率的表现。认为只要国民收入增加快于人口增加，或迟或早会导致社会和政治问题的解决，那是太天真了。情况看来好像是，经济增长可能不仅无法解决社会和政治难题，某种类型的增长实际上反倒可能引发这些难题。因此，就一个国家发展而言，可以提出如下问题：对于贫穷发生了什么改变？对于失业发生了什么改变？对于不平等发生了什么改变？如果这些问题中有两个问题、特别是所有三个问题都趋于恶化，即使人均收入成倍增加，把这种结构称为'发展'，将使人感到奇怪"。这种把"发展"目标理解为解决就业、平等、根除贫穷、实现基本需求的观点，在20世纪70年代占支配地位。对于发展中的就业问题，长期担任国际劳工局局长的莫尔斯（D. A. Morse，1970）

4. "发展"包含人类发展

早期发展理论所关注的是物、产品、经济增长,所以把人均国民收入的增长作为评判发展的首要标准。20世纪70年代以后发展理论开始转换视角,从对物的关注转向对人的关注。人类在需求观念上的变化,也是发展问题研究中应适应的变化之一。人类由最初的满足物质需求,转换为精神文化需求,转换为人的能力、要素、个性的自由发展,转换为人的发展是人类社会发展的最高目标,发展除了满足人的基本需要这个低层次的要求外,还有更高的层次:自我实现,即不断提高人的素质、发掘人的潜力、

(接上页)提出了"贬低国民生产总值"的口号,认为"应把就业作为发展的主要目标和标准","无法接受高失业率和低就业率","没有经济的迅速增长难以解决发展中国家的就业问题,但即使有了经济的迅速增长,也不可能提供足够的职位,在选择经济发展模式中应当重视就业目标","不改变收入分配不可能获得高水平的就业。重视就业发展战略的一部分必须是一个通过由富到贫的收入再分配来改变需求模式。收入再分配占据就业问题的中心地位"。与就业问题相关联的是不平等。国际劳工局(International Labour Organization, 1972)在题为《就业、收入和平等》的报告中提出了"机会的不均衡"问题,指出"如果问题首先在于缺少工作,解决方法必然是如何提供更多的职业。但是,如果问题首先在于机会不均衡,解决的办法必然是使不均衡变成均衡,……因而我们的重点应放在纠正不均衡上,要在地区、地方和个人的收入、教育和占有土地以及其他方面,以平等代替严重的不平等"。前世界银行行长麦克纳马拉(R. S. McNamara, 1971、1972、1973、1974)在题为《向董事会致词》的演进中更加明确地提出了发展中的不平等和贫穷问题,他指出,经济指标的增长并不能保证发展中国家人民中大多数人的生活质量有显著的进步,国民收入的增加如果没有对穷人起作用就不能惠及穷人。"过去大多数发展中国家,国民收入的增加并没有对穷人起显著程度的影响,……贫穷问题深深地植根于制度构架之中,特别是深植于制度内部的经济和政治权力的分配之中。……增长不是公平地惠及穷人,在许多发展中国家,迅速的增长伴随着更大的收入分配不当。" R. S. 麦克纳马拉既关注国家、地区和社会—经济阶层之间的收入与财富严重分配不公的问题,也关注各国社会底层的贫困问题,他提出"应该在某些国家的发展计划中确立占人口40%的最贫穷者收入增长的专门指标"以根除绝对贫困。与解决贫困问题相关联的是"基本需要"思想。国际劳工局(1976)的文件《就业、增长和基本需求:一个世界性的问题》中指出:"与较早时期的期望相反,过去20年的经验表明,总产量的迅速增长,其本身不能减轻贫穷和不平等。为了使发展的利益慢慢地向下传递直到最穷阶层,恐怕要等待几个世代,这从人性上来说是难以接受的、从政治上来说是不负责任的。……各国应采取基本需要方法,目的是达到某个最低生活标准,'基本需要'解释为一个社会应为其人民中最贫穷的部分规定最低的生活标准。这个生活标准应包括一个家庭用做个人消费的最低需要:食物、住房、衣服;还享有最基本的服务:安全饮用水、卫生设备、交通运输、保健和教育;每个愿意工作的人都有合适报酬的职业;有一个健康的高尚的和令人满意的环境,并能在影响每个人的生活、生计、个人自由的事务上参与制度决策。"

实现社会与自然的和谐关系。①

5. "发展"包含社会成员和社会整体福利的增进

以福利增进指标来度量经济发展是改进以国民生产总值或人均收入来度量的重要思路之一。② 与"福利增进"来度量"发展"思路相类似的

---

① 法国学者佩鲁（Francois Perroux）批评增长论是一种经济主义的观点，认为其忽视了人类的行为和历史，具有很大的片面性和狭隘性。他强调要从"人的活动及其能力"（行为者的态度、志向、对待特定情境做出反应的能力等）来研究发展问题，明确提出发展的目的是促进共同体每个成员的个性全面发展。美国学者英格斯（Alex Ingers）在《人的现代化》一书中则提出，国家落后也是一种国民的心理状态，社会现代化的关键是人的现代化，而人的现代化首先是观念的现代化，即心理素质、精神状态、思维方式以及创造能力等方面的现代化。联合国发展计划署（UNDP，1990）首先提出"人类发展"的概念，自1990年始UNDP每年发表一份不同主题的《人类发展报告》，其中对"人类发展"概念的规范为：（1）人类发展的目标就是为人类创造一个能享受长寿、健康和有创造性生活的，充满活力的环境，人类的发展即是扩大人的选择范围的过程；（2）发展必须把人置于所关心的一切问题的中心地位；（3）发展所着重关注的是整体社会而不仅仅是经济，目的是扩大人类的选择范围而不仅仅是增加其收入；（4）人类发展既与通过对人的投资扩大人类能力有关，也与保证充分利用的这些能力（通过使其变为现实的结构）有关；（5）人类发展建立在生产力、公正性、持续性、享有权利的基础之上；（6）必须建立有效的政策管理，充分利用经济增长为增进人类福利所提供的机会，同时重视经济增长的质量、分配、世代间的可持续选择。"人类发展"包含的要素可概括为：生产率（必须使人们能够增加生产率，并充分参与产生效益和有报酬的就业过程）、公正（人们必须获得平等的机会，所有有关经济和政策的壁垒都应消除，以便让人民参与并从中受益）、持续性（必须保证这一代以及以后各世代都能得到发展的机会，物质的、人文的、环境的等形式的资本都得到补足）、权能授予（发展必须"由人民"而进行，而不是"为他们"而进行，人民必须充分参与形成他们生活的决策过程）。"人类发展"的选择性则包括个人能力的形成和人们对其所获得能力的使用，长寿和健康的生活、获得知识、享有维持一定生活水平所需的资源三个选择对"人类发展"是至关重要和必不可少的。

② 使用国民生产总值或人均国民收入来作为度量经济发展的主要标准之所以受到质疑，重要的一点就是产品或收入不能说明使用这些产品所获得的福利大小。人类的需求不仅仅是反映在食品、衣物这类看得见的产品或劳务方面，也反映在教育、旅游、休闲之类的精神享受方面，甚至还包括"获得自由"这种难以度量的东西。所以，社会成员的福利所包含的内容不是人均产值或人均收入水平所能容纳的，福利更广泛的含义也包括获得福利（如接受教育、获得健康等）的能力。"发展"中所讨论的福利改进也不仅仅是指社会成员个人福利的改进，也包括社会整体福利水平的提高。既包括加总的个人福利的增加，也包括某些集体目标（如国家主权、民族地位、合作精神等）的实现。哈根（E. E. Hagen）、尼维阿罗斯基（N. H. Nivearosky）、联合国社会发展研究所（UNRISD）等提出的衡量经济发展的指标，基本上都是从这一思路进行的。一般认为，经济发展指标至少包括五个方面：基本必需品的消费量、收入分配的均等程度、教育水平（识字率）、健康水平、就业状况。这些方面比产值和收入更能直接反映经济福利水平的高低，也更能直接反映人类对于发展所追求的最终目标。此外，各个社会群体也可以根据自己的价值判断标准来选择适当的福利指标，进而体现其对"发展"含义的不同认识。

是以"物质生活质量"来度量"发展"的观点。①

（三）对"发展内涵"传统认识的评析

1. 理论评析："发展内涵"偏于单一的功利价值追求

现代工业社会对于"发展"的认识建立在功利主义（utilitarianism）价值观之上。"功利"（utility）是指个人行为的实际效果及其对自身、对他人、对社会所产生的实际效益或实质性价值。"功利主义"从自然人性论出发认为人的本性是追求快乐，功利是快乐的基础；功利主义的基本原则是凡是有助于产生快乐的行为或事物就是好的，反之则是坏的；功利主义主张以人的行为效果（而不是人的行为动机）作为衡量道德价值的标准；功利主义提出的最高道德准则是"最大多数的最大幸福"，但个人利益是唯一真实的利益。"功利主义"的精神渗透到人类发展实践的方方面面，影响到人类社会所有成员的行为方式，因而也决定了人们对于"发展内涵"的认识，主要体现在以下方面：（1）由于只强调行为的功利及效果，导致只注重当前利益而忽视长远利益、只注重局部及个人利益而忽视整体利益、只注重效果而忽视行为动机及原因、只做当前的算计而不计对将来的影响，其结果必然导致人们不顾他人利益、长远利益和人类整体的利益而永不知足地向人类赖以生存自然环境攫取。（2）功利主体通常以创造多少财富或收入作为衡量判断事物及行为标准、作为衡量个人创造价值及社会地位的标准，作为一个国家发展程度的衡量标准，必然导致人类对物质需求的无限制追求，从而导致异化于、失衡于人类理性的畸形发展。（3）功利主义把一切关系都看作从属于功利关系，使得人们普遍的价值取向是对物质利益财富的追求，使得人们行为时并不考虑其"总体境遇"（即得人们行为中不考虑行为可能给自身的将来、给他人、给人类整体带来的后果），必然导致人们在实现其"功利"目的过程中不顾他

---

① 持这类观点的学者认为，现代经济发展的程度与水平反映在人类物质生活的质量方面，而不是主要反映在物质生活的数量方面。莫里斯（M. D. Morris, 1977）提出用"物质生活质量指数"（PQLI）来度量经济发展，他认为识字率指数、婴儿死亡率指数、预期寿命指数是反映一国人民经济福利和生活水平的综合指标。相类似地，美国社会健康协会（ASHA）以基本需求战略理论为基础提出了度量经济发展的ASHA指数，由人均国民生产总值增长率、就业率、识字率、平均预期寿命、出生率、婴儿死亡率等指标构成。

人、不顾将来、不顾整体。①

尽管20世纪70年代以后,人们对于"发展内涵"朝着突破功利主义价值观的方向有所探索,但总体的框架并未真正突破,往往只是对"发展内涵"的修修补补,并未超越功利价值认识来提出"完善发展"的完整内涵。

2. 实践评析:对"发展内涵"的追求偏于单一的经济增长目标

在现实的发展过程中,由于行为主体深受"经济至上"观念(也可看作是功利主义的发展实践观)的影响,往往存在以下倾向:(1)重视"发展"指标的总量水平、增长速度,而较少关注结构的合理性,最突出的表现在于对经济指标的认识方面,对经济总量达到的水平和经济的高速度给予极高的评价,而对于这一规模及速度下的结构并不深究,也不讨论规模和速度对整体的发展、对长远的发展有什么样的影响。(2)重视"繁荣"而忽视"发展内涵"的"多样化"。依然喜欢用经济指标来单一地评价"发展",而没有从不同的群体(不同阶层)视角来分析各自的"需求"是否都相应地得到了改善。即关心的是评价指标的"评价"、而不是发展主体的"需求满足度"。(3)在涉及社会经济各阶层的"发展"问题时,通常更重视最好水平和平均水平,而对最低层次的问题实质重视不足。(4)作为"发展内容"的重要方面,对"发展"所涉及的各种"关系"没有给以足够的正视。诸如一个阶层的改进是否损害另一阶层的利益、一个方面的改进是否以另一方面的损害为代价、社会成员间的财富差别是否合理、一国的发展是否对他国产生影响等问题都没有纳入"发展"的评价之中。

(四)对"发展内涵"走向完善认识的归纳

从以上的综述中可以看出,"发展"的概念及其含义是从以下各个不同方面提出来的。

(1)不同的主体角度:关注社会成员个人的利益或效用满足的变化、关注不同阶层社会群体利益或福利的变化、关注整个社会(某一国家)利益或福利的变化、关注全球整个人类生存发展利益的变化以及关注后代人的生存发展利益。

---

① 杨雪英:《评功利主义价值观的生态后果》,《生态经济》2002年第4期。

（2）针对发展过程中的不同层面：关注发展的目标、关注发展的手段、关注发展的动力、关注发展的策略、关注发展过程和动态变化、关注发展的结果和成效。

（3）针对与发展相关的不同客体对象：关注人类获得发展利益的能力、关注资源的利益和效率、关注制度及组织结构的变化、关注环境的利用和破坏。

（4）针对不同的社会经济背景：针对人类社会从落后走向进步的发展过程、针对人类社会从不平等走向平等的发展过程、针对人类社会从关注单一经济利益走向关注多方位利益的发展过程、关注人类社会未来的发展过程、关注人类社会整个的发展过程。

二　发展的可持续与可持续的发展

（一）"发展"的"可持续"

20世纪80年代以来，伴随着人类对南北差距扩大、人口膨胀、资源紧缺、环境污染、贫困加剧等一系列全球性问题的关注，"发展"的可持续性问题的研究应运而生。

发展的过程能否在一个无限长的时期内保持下去？人类社会的发展进程是否会中断？一系列关于人类社会未来命运的讨论促成了"可持续性"概念的产生。由于发展过程至少受到经济、社会、生态三方面因素的制约，发展的过程要持续下去，这三个方面系统的结构就不能失去动态平衡。从经济角度看，经济系统只有其收益超出其投入才可能持续下去；从社会角度看，社会系统只有保持社会的稳定、减少社会群体间毁灭性冲突才可能持续下去；从生态角度看，生态系统只有保持其生态功能的循环正常稳定才有可能使之持续下去；而从综合的角度看，"发展"所受到的经济、社会、生态制约之间又是相互影响、不可割裂的。所以经济意义上的可持续性是"要保持自然资源质量的前提下使经济发展净收益最大化"；社会意义的可持续性是"在经济体系和生态体系动态作用下，人类生命可以无限延续、人类个体可以充分发展、人类文化不断进步"；生态意义上的可持续性是"为了当代人和后代人的利益，为将来提供尽可能多的选择，维持或提高地球生命支持系统的完整性"。"发展"的可持续性可以通过"留给后代人的选择机会不少于当代人所拥有的"来界定，而人类的选择机会依赖于其所拥有的资本,而人类社会至少存在四种类型的资本:人造资本(相当于传统经济理论中所指的资本)、自然资本(如自然资源)、人力资本(如对个人的教育、卫生健康等方面的投资)、社会资本(对一个社会发挥作用的文化基础和制度),因而发展的"可持续性"可理解为"当代人留给后代人的四种资本总和不少于当代人所拥有资本的总和"。

"发展"的可持续性问题,由于人类认识能力和现有认识水平的限制,发展过程中存在着许多不确定性和许多尚未所知的东西,因而人们并不完全知道实现"发展"可持续的充分条件、必要条件是什么。富尔乐(R. D. Fuerle)提出"人口上的不确定性、时间上不确定性、初始条件的不确定性"的所谓"三个不确定性定律",其含义是:如果相互作用的人数增加会导致不确定性呈指数提高、如果某个人进行选择则不确定性随时间迈进未来的跨度加长而呈指数增长、如果一个系统当前的不确定性增加则其未来各时点的不确定性均相应增加。应用于"发展"问题的讨论:伴随着技术的快速进步和人类活动强度的增大,不仅人类社会和环境之间的相互作用的不确定性迅速增加,而且人们对这种相互作用的过程及其后果也存在大量的未知。由于不确定性和对事物的未知,要使发展持续下去,人们必须采取新的方法的途径,"可持续发展"思想和战略便是反映了人类的这种努力。

(二)"可持续"的"发展"

"可持续发展"思想是由"发展"及其"可持续性"两个核心概念构成的和界定的,其内涵至少包括以下几个方面:(1)发展机会权利和义务的公平性。人的生存、自尊、自由的机会和权利是发展的核心,发展的资本是这种机会和权利的表征,这些资本应在当代人与后代人之间公平分配。而在人类享有公平权利的同时,各个社会群体和成员也应对可持续发展承担平等的责任和义务。(2)发展过程中经济的可持续性、社会的可持续性、生态的可持续性以及经济、社会、生态的协调。包括经济的增长的人类生活质量的提高、社会性的稳定和进步、生态系统的稳定性和抗逆性以及在长期承载容量范围内。(3)发展战略的全球协同性。由于经济社会的全球化、生态环境变化的全球性影响,只有建立全球的合作关系、采取全球性合作行动,才能使人类社会得以持续性发展。(4)需求的可持续性。"发展"是以满足全体人类（当代人与后代人、富人与穷人）的基本需求、提高人类生活质量为目的的，"发展"既然是包括物质消费、教育、医疗卫生和环境保护等内容的生活性水平的持续提高，人类的需求应以人类生活质量提高为目标，不应强调物质财富的扩张，而应将消除贫困、改善环境、满足人类基本需求、增进人力资本和社会资本作为主要发展目标。(5)发展方式的调控性。"发展"的可持续、不可持续都是人类社会和成员的行为结果，"发展"能否持续下去，取决于人类行为方式的调整。虽然未来是不确定的和未知的，但人类可以调节自身的行为来减少不确定性以接近可持续发展的行为模式（M. Munasingle, 1996）。

"发展"的可持续性将人类福利、社会经济水平、资源与环境管理、环境价值伦理等一系列问题纳入到一个统一的框架内，从而导致了以下几方面的对立统一：(1)近期利益与长远目标的对立统一。可持续性追求人类社会的长期发展关系到后代人的利益，但行为的主体却是当代人，他们关心的却是近期利益。(2)宏观经济、社会、生态系统与微观群体或个人行为的对立统一。可持续性涉及气候变化、生物多样性、资源枯竭、全球安全等全球性问题，这些问题的产生都与人类社会个人或组织的微观行为有关，但由于外部性、不确定性、未知等因素的影响，微观行为者通常不会自觉地关心其行为的宏观后果。(3)社会经济发展与生态系统稳定的对立统一。通过经济增长经济发展的方式以消除贫困、减少资源消耗和减少环境污染都是"发展"的基本内容，但相互之间的决策是相反的，应如何寻求两者间的平衡点就成为了决策的关键，"多目标决策""最大可持续利用""预期效益""最小数量安全标准"等思路都反映了人们的这种努力。(4)效率与公平的对立统一。效率和公平对于可持续性都是必需的，但两者间短期内是存在矛盾的，经济上的市场理性可以促进增长和效率，但会造成不公平、贫困甚至环境破坏，而政府的干预管制虽有利于环境和公平，但会造成效率的损失。

第二节 发展内涵：可持续发展阐释范式的认识

如前文所述，人类对于"发展"的认识，是从经济增长到社会发展，再到可持续发展一步一步演进而来的。当前思想背景和现实背景下，可持续发展观念下所认识到的"发展内涵"（contents of development）将逐步成为主流。本书所提出的可持续发展阐释范式可以从新的视角对"发展内涵"做出阐释。

一 可持续发展思想所概定的"发展内涵"

"可持续发展"是对现代工业经济发展的现状、后果及前景进行反思后而提出的一种发展观念。布伦特兰在《我们共同的未来》中提出的"可持续发展"定义是："既满足当代人的需求，又不对后代人满足其自身需求的能力构成危害的发展。"[1] 这一概念得到了广泛的接受和认可。布朗（Brown）对"可持续发展"的定义是：能动地调控自然—经济—社会复合系统，使人类在不超越自然资源和生态承载力的条件下，促进经济发展、保持资源永续和提高人类生活质量的系统调控过程。[2] 可持续的发展没有静止的标准、人类社会发展没有止境，可持续的发展反映的是自然—社会—经济系统的良好运行状态和总体趋势。

综合而言，可持续发展思想所指称的"发展"至少有以下几方面的内涵。

（1）发展应当以自然—人类的和谐为前提。

（2）发展应当与自然资源和生态环境的永续性利用、生态系统的承载能力相适应。

（3）发展是利用自然资源和生态环境的过程，而自然资源和生态环境都是有价值的，所以发展是有代价的，良性的发展应当说是发展与代价的理性权衡。

（4）发展应追求当代人之间的公平与协调。一方面，可持续发展要求满足全球全体人民的基本需求并给予全体人民平等性的机会（公平地配置资源等）。换言之，某一群体的发展不应损害其他群体的利益和发展。另一方面，对待生态环境问题，全球各社会群体应当进行协调行动才有可能解决，也就是说，发展过程中全球有整体的利益必须维护。

---

[1] Brundtland G. H., Khalid M., "Our Common Future", *Earth & Us*, Vol. 11, No. 1, 1991, pp. 29 – 31.

[2] Brown L. R., "Building a Sustainable Society", *Society*, Vol. 19, No. 2, 1982, pp. 75 – 85.

(5) 发展要顾及"代际公平"。自然资源和生态环境都掌管在当代人手中，但当代人作为后代资源和财富的托管者无权任意地使用，当代人不能因为自己的需求和发展而损害后代生存和满足需求的条件，要给后代人利用环境和自然资源来生存和满足需求的权利。

(6) 人类的需求是多方面的、是动态发展的。传统的发展模式以经济增长为根本性的目标，使得全球的自然资源和生态环境承受着前所未有的压力而不断地恶化，反而无法保证人类各种需求的均衡满足。人类的需求包括：物质的基本生活需求、更高层次的发展需求、精神的基本生活需求、使身心健康和生活和谐的环境需求、关注人类与自然和谐相处以及关注人类整体生存发展利益的需求等，这些人类需求是构成可持续发展目标的基础。

二 可持续发展阐释范式视角的"发展内涵"

综合前文托达罗等众多学者关于"发展内涵"的分析以及关于"发展的可持续性"的讨论，采用物质需求、人文需求、生态需求的逻辑语言和逻辑思路，笔者认为"发展"至少应该包括以下方面的内涵。

(1) "发展"是人类价值不断得以实现的过程。而人类的价值观是不断发展变化的，所以"发展"的内涵也必然随之不断发展变化。在不同的社会历史阶段，不同的社会经济背景下，"发展"是由不同的目标、手段、过程和结果构成的，所以"发展"在相隔久远的时间坐标上是难以确定统一的度量和评价指标的、是不可比较的。

(2) "发展"是对人类需求满足程度的一种表征。而人类基于其价值观念形成的"需求"是多种多样的、不断变化的、因人（因其需求已经得到满足的程度、因其向往得到满足的方向、因其所属群体等）而异的。所以"发展"不能只考察某一种人类需求（如物质需求）的满足程度、而应该考察人类各种主要需求的满足程度、各个群体对各种需求的满足程度；"发展"不应在不同的阶段和不同的背景下使用一种恒定的度量指标，而应该随着人类需求内容的变化而改变；"发展"不应在不同的社会群体间使用同一的判断标准，而应针对不同群体不同需求内涵来确定不同的判断指标。

(3) 人类需求可以划分为不同的层次（如基本生活需求、发展需求、精神文化需求、自我实现需求、关注人类自然和谐的需求、关注人类整体生存发展的需求等），但不同层次需求之间不是叠加的关系，而是递进式的关系。只有当较低层次的需求得到较充分的满足的时候，较高层次的需求才有意义，否则较高层次的需求满足是没有意义的（比如当一个人的基本生活需求尚未得到满足时，为他提供所谓精神文化是没有任何意义的，也不会对他的效用满足水平有任何的帮助）。所以"发展"的内容是不能超越所讨论社会群体的需求层次的。由此可见，那种以欧美发达国家发展观为评价标准的发展思想和发展模式是不可取的，正如佩鲁指出的"人民曾受到愚弄，消极地接受那些不仅从未以其自身经验为基础而获得的，而且是由西方人向他们灌输的思想、公式和战略"。[①] 因此，无论是制定发展目标，发展策略，还是对发展过程进行度量和评判，都应站在不同社会群体所适应的需求层次上来进行。如果仅以低层次的指标来评判高层次群体的"发展"，那么会低估和错估其"发展"并压抑其"发展"内容的深化，如果以高层次的指标来评估低层次群体的"发展"，那么不仅不能使他们真正得到发展，而且会使"发展"内容走向歧途。

基于上述认识，在同一社会中存在着不同需求层次的社会群体时，不能采用统一的（高标准、低标准或是平均化的）评价准则来评判整个社会的"发展"、来确定"发展"的目标、来选择发展的手段和策略，而应该分别对适应于不同需求层次的社会群体来进行评判，使得各个群体在各自的"标准"下都有所"发展"，而且一个社会群体的"发展"不能损害其他社会群体的"发展"。这实质就是以往学者们所关注到的产值和人均收入的增加并不能解决贫困和不平等现象的关键所在，同时也是传统计划经济社会中利益平均化以后并不能有效促进社会发展现象的关键之所在。

（4）尽管"发展"的本质是社会成员个人利益变化的反映，但某些个人利益是通过社会整体利益形式表现出来的（如民族尊严、生态利益、后代人利益、制度等）。所以，"发展"的内涵也包括某些不可分割的、代表社会整体利益的指标的改进，但这些"整体性"指标的改进也以不损害各社会群体的"发展"利益（或者这些改进足以弥补各群体所遭受

---

① 参见［法］弗朗索瓦·佩鲁《新发展观》，华夏出版社1987年版。

的利益损失）为前提。

（5）"发展"是以改进社会成员福利为目的的社会经济运行状态的改变。严格地说，"发展"不是指以新增投入产生新增产出这样一类的过程，而是全社会的资源和财富以不同的表现形式的变换、给人类带来的满足程度的变化。所以，"发展"必须考察所涉及资源的价值。（至少应考察改变了状态的资源在状态改变前后其价值的变化。例如，一定的森林资源，在被砍伐利用之前具有一定物质层面的生态功能价值、一定精神层面的景观价值、一定人类整体利益层面的生态价值，而在砍伐利用之后则仅具有木材资源价值而丧失了其他的价值。）

基于人类需求层次的不同，其价值判断的观念也不同，不同的社会群体对于资源价值以及资源价值的改变的认识是不同的。所以，要讨论"发展"的代价时，不同的群体在看待某一类似的过程时可能得出不尽相同的判断。这时的问题更加复杂一些，某一群体改变资源状态的行为会影响到其他群体在不同判别标准下的利益，也会影响到整个社会的整体利益（仍以森林资源利用的例子来说明，低需求层次的群体砍伐森林而实现了其木材资源的价值，但同时却损害了较高需求层次群体原本享有的景观价值，同时也损害了社会整体的生态价值），这时应当如何来处理相关主体间的利益关系呢？此时相关的利益者会根据各自的价值观进行一种使自身利益最大化的博弈，博弈的均衡结果即代表了整个社会共同决策、共同接受的一种"发展"行为。"发展"应当认可这样一种决策及决策后果。这一博弈的结果，从形式上看，通常是有利于低层次需求社会群体改进福利水平。[①] 这与英国学者罗尔斯（J. Rawls）的伦理公正原则是相适应的。罗尔斯从哲理的角度考察了一个理性人在不知晓其社会位置的情形下所应采取的选择。他在"每个人都有不知道各自在社会中的确切位置（不知道自己是穷是富、处于有利还是不利地位）"的假设状况下，每一个理性人选择的社会公正原则是选取一个使社会中最为不利的地位的成员或群体福利最大化的方案，这样社会各成员就可以确保自己面临最不利风险时可以得到最大保护。笔者认为，罗尔斯的关于公正的一般原则可直接应用于发展问题，在发展中出现不均等时，应着重改善社会成

---

① 参见本书关于人类行为关系部分的相关分析。

员中需求层次最低的那一社会群体。作为一种理性的社会选择和伦理原则，应当把能够促进需求层次最低的社会群体的福利改进看作"发展"的一项重要内涵。

第三节 "发展"与"贫困"：可持续发展阐释范式的解析

"发展"简言之即是：一个社会内部各社会成员的各种需求满足程度的普遍提高。由于社会成员的需求不是唯一的（不仅有"物质需求"而且包括"人文需求"和"生态需求"）、社会阶层及其追求不是唯一的（对应于低中高收入阶层，其需求也各不相同）、① 需求满足方式也不是唯一的（不仅体现为"个人利益"，而且也体现为"国家利益"和"人类整体利益"）、② 社会成员需求的时间维度也不是唯一的（不仅追求短期的需求满足，而且也必须顾及中长期和远期的需求满足能力）、③ 社会成员的需求满足过程不是独立的（而是各种利益关系的交织），所以"发展"的内容必须包含各种形式，"发展内涵"的深化方向必然是价值追求的"多样化"与价值实现形式的多样化。

笔者认为，"发展"的完整内涵至少应包括：（1）社会各成员及各阶层对于各时间维度的各种需求满足的改进与协调；（2）各层面利益的共同提高及其关系的协调；（3）各主体在需求满足过程中，必须遵循帕累

---

① 一般来说，人类需求是由生存需求、物质需求数量、物质需求质量、精神需求、社会关系需求、民族与文化层面的需求、生态需求等构成，满足过程是递进式发展的，各种需求之间存在一定的、非完全的替代关系。只有当相对低层次的需求得到满足之后，较高层次的需求才有意义，各阶层（低、中、高收入阶层）所对应的需求得到相应的满足和改进，才具有"发展"的意义。

② "发展"，本质上是各个个体利益的增进，但由于个体的某些利益是不可分的，综合地体现在"国家利益""人类整体利益"之中。另外，国家利益，虽然也是"个人利益"的体现，但代替不了"个人利益"。所以，"发展"必须是"个人利益""国家利益""人类整体利益"的共同改进，缺一不可。

③ 从个人发展来看，有短期目标、中期目标和生涯目标，从国家发展来看，有短期目标、中长期目标、历史目标。

托改进原则、卡尔多改进原则、罗尔斯公正原则和可持续发展原则①,以达成各种利益关系的协调。完善的"发展",是上述各方面的协同增进。国家层面的完善"发展",则是经济增长—社会发展—生态可持续的协同演进。

与"发展"相对应,"贫困"则是指一个社会之中某些成员某些方面需求的满足程度的不足。或是社会成员某种需求(物质需求、人文需求、生态需求)满足程度的不足或关系失调;或是某些阶层(低中高收入群体)的利益受损或关系失调;或是某些层面利益(私人利益、群体利益、人类整体利益)的利益受损或关系失调;或是某一时间维度(短期、中期、远期)的发展能力受损或关系失调。

应当指出的是:"贫困"与"发展"并不是完全对应的概念,"发展"是指人类生存状态向好的必要条件得以实现的前提下、充分条件的改进,而"贫困"是指人类生存状态向好的某些必要条件得不到满足的状态。两者既有联系,也有区别。

以下分别从"个人发展""个人贫困""国家发展""国家贫困""发展中的利益关系"角度来讨论"发展"的具体内涵。

一 社会成员的"发展"与"贫困":各种需求得到满足与否视角的认识

人类社会成员的需求分为物质需求、人文需求和生态需求,所以,社会成员的"发展"或为物质需求满足程度的提高、或为人文需求满足程度的提高、或为生态需求满足程度的提高、或为各种需求满足程度的综合提高。社会成员的"贫困"或为物质需求得不到满足、或为人文需求得不到满足、或为生态需求得不到满足、或为多种需求得不到满足。

(一)社会成员各种需求在不同目标下所追求的"发展"

要想完整地认识人类个体追求的"发展",不仅要认识其追求物质需

---

① 帕累托改进原则,即在实现某一方面利益时以不损害其他方面的利益为前提;卡尔多改进原则,即实现某一方面利益而损害另一方面利益时,应给予受损方足够的补偿;罗尔斯公正原则,即在发展中出现不均衡时,应着重关注处于最不利地位者的利益;可持续发展原则,即发展以不超过自然承载力、不损害生态系统和后代人利益为约束。

求、人文需求和生态需求等各种需求,而且要认识到:某个人在短期目标、长期目标和生涯目标下,某种需求追求所体现的行为是不同的。所以,人类社会成员在某一时间点上所追求的内容是多种多样的(但不是杂乱的,而有其内在逻辑的)。如表 5-1 所示,"个人发展"的内涵可以具体展开为:

(1) 为满足当前的物质需求,个人所追求的"发展"是:生活保障。即通过就业及投资活动来获取物质财富,来达到满足当前物质需求的目标。判断这一方面是否得到了"发展"的依据就是,能否得到就业及投资机会、能否在就业及投资活动中得到足够的报酬以满足当前的物质需求(与当前经济形势的状况、就业等相关的经济政策等有关)。

(2) 为满足长期的物质需求,个人所追求的"发展"是:财富能力。即根据生活环境的背景条件、自身的能力条件和长远的消费目标,通过一定的方式(如教育程度的选择、职业的选择等)确立并形成长期的满足物质需求的长期财富获取方式。判断这一方面是否得到了"发展"的依据就是,目前所进行的活动是否有利于长期获得财富及长期满足物质需求、是否逐步接近你所设定的长期消费目标(与整体经济的发展潜力有关)。

(3) 为满足整个生涯的物质需求,个人所追求的"发展"是:社会保障。即通过诸如储蓄、保险、选择低风险的职业与投资等活动来尽可能地降低未来某一时刻物质需求匮乏的风险,以使终身的生活得到保障。判断这一方面是否得到了"发展"的依据是,是否有维护保障健康的条件(安全工作生活环境、健全的医疗保健体系、健全的医疗保险制度等)、是否有稳定的社会政治环境、是否有完善的社会福利制度和社会保障制度。

(4) 为满足当前的人文需求,个人所追求的"发展"是:精神文化。即在个人可支配的收入及时间等方面,以适当的部分来满足健康、休闲、娱乐等精神需求,并在生活工作环境中与周围的人建立良好的人际关系。判断这一方面是否得到了"发展"的依据是,是否具有得到精神满足的能力(如一定的文化水准和一定的艺术修养)、能否得到精神满足的机会(如是否有足够的休闲时间、是否有与你的收入水平相适应的精神产品服务的提供)、是否拥有使你精神愉悦的人际关系(社会竞争压力是否过大等）。

（5）为满足长期的人文需求，个人所追求的"发展"是：社会地位。即个人致力于完善自身修养、建立良好的社会关系和个人的社会信用、谋取适当的社会地位，以满足精神及社会关系方面的"人文需求"。判断这一方面是否得到了"发展"的依据是，个人的社会形象、社会信用、个人的社会关系是否得到正面的评价，个人活动所处的社会关系是否令人愉悦（是否有宽松的社会政治环境、普遍遵循人人向善的处世准则），拟长期进行的行为活动（职业、社会活动、处世行为等）在所处的社会环境中能否得到精神满足和社会认可（社会所推行的制度、道德与普遍的价值取向是否相适应）。

（6）为满足生涯的人文需求，个人所追求的"发展"是：社会公平。即个人既希望自身在社会中得到平等的机会和平等的待遇，也希望他人同样能够得到平等的机会和平等的待遇、希望一切的行为关系都在公平的社会环境中得以实现。判断这一方面是否得到了"发展"的依据是，当前社会的平等程度（经济的贫富差距、政治权利的平等程度），有关社会公平的制度体系是否健全（各种法律制度的制定及实施状况），是否普遍推行平等待人、公平待人的价值取向。

（7）为满足当前的生态需求，个人所追求的"发展"是：环境宜居。即个人选择具有良好自然环境质量的生活工作环境、以享受自然环境服务所带来的"生态需求"方面的满足。判断这一方面是否得到了"发展"的依据是，所处的生活工作环境的环境质量是否良好（空气质量、气候条件、森林覆盖率等）、是否具备得到自然环境服务的条件（有关生活环境的保障制度是否健全、是否形成了普遍遵循的环境准则等）。

（8）为满足长期的生态需求，个人所追求的"发展"是：生态完好。即个人希望生活在不会发生急剧变化的生态环境之中。判断该方面是否得到了"发展"的依据是，局部或者整体是否进行着可能导致生态环境急剧变化的活动（如，大型的改造自然的建设活动，造成累计影响的普遍性的生产消费活动），是否有抑制那些破坏生态环境活动的制度，是否普遍推行与自然为善的生活方式和生活态度。

（9）为满足生涯的生态需求，个人所追求的"发展"是：代际公平。即个人既不希望承受生态环境因前人活动而遗留的滞后性影响，也不希望自身的活动给后人遗留负面的影响。判断这一方面是否得到了"发展"的依据是，所处的生态环境是否在持续地恶化，生态环境恶化的风险性是否越来越大，是否有顾及生态系统利益和后代人利益的制度、行为准则。

表 5–1　　　　　　个人发展在不同时间维度上的具体内涵

时间维度 需求类型	短期目标	长期目标	生涯目标
物质需求	生活保障	财富能力	社会保障
人文需求	精神文化	社会地位	社会公平
生态需求	环境宜居	生态完好	代际公平

（二）社会成员各种需求在不同目标下得不到满足所体现的"贫困"

社会成员各种需求的各种目标得不到满足的状况就会体现为不同类型的"贫困"。以往的研究中有"贫困"和"人文贫困"的概念。"贫困"，一般定义为家庭总收入不足以取得维持物质生活所必需的资源的群体，通常以家庭可支配收入、人均收入、食品支出比率（恩格尔系数）、热量指标、医疗卫生住房教育等方面的需求等福利指标来衡量。可见以往的"贫困"概念基本上讨论的是"物质需求"在中短期得不到满足的状况。"人文贫困"（human poverty）是联合国开发计划署编写的《人类发展报告1997》中提出的一个全新的贫困概念，指寿命、健康、居住、知识、参与、个人安全、环境等方面的基本条件得不到满足因而限制了人的选择的群体的状况，亦即意味着一些基本能力的缺乏而无法履行必要的生产和生活职能的群体的状况。"人文贫困"有多方面的内涵，包括：（1）与人力资本相关联的因素、营养状况、健康状况、天资禀赋、受教育程度、预期寿命等。（2）与社会环境相关联的因素，经济活动的参与度、政治生活的参与度、社会安全感、社会性歧视等。（3）与生态环境相关联的因素，生态系统破坏、环境污染等对居民生产生活带来影响方面。由此可见，"人文贫困"既包含有"物质需求"长期目标得不到满足的状况，也有"人文需求"得不到满足的状况，还有"生态需求"得不到满足的状况。可见，与"发展"相对的"贫困"是包含多方面内容的。

按照本书的分析逻辑,物质需求、人文需求、生态需求在短期目标、长期目标、生涯目标下的"贫困"分别为(见表5－2):

(1) 当前的物质需求得不到满足所体现的"贫困"为:生存贫困。即个人因失业,土地、资本等生产要素短缺,水资源、粮食等生存资源短缺而形成的贫困状态。个人生存贫困的加总在宏观上的体现就是:高失业率、多数人不占有土地和资本等生产要素(或占有不足)、水资源和粮食等生存资源严重短缺(人均水资源拥有量、粮食拥有量低于必要的水平)。

(2) 长期目标下的物质需求得不到满足所体现的"贫困"为:能力贫困。即个人长期获得物质需求满足的能力不足,诸如缺乏人力资本、技术管理能力、无形资本等重要生产要素。个人能力贫困的加总在宏观上的体现主要是:总体教育程度的不足(平均教育年限低、受教育年限低的人口比率高)。

(3) 生涯目标下的物质需求得不到满足所体现的"贫困"为:风险贫困。即个人生活安全和生活保障存在巨大的不稳定性和巨大的风险。风险贫困的加总在宏观上的体现主要是:缺乏健全的医疗保健体系和健全的医疗保险制度、缺乏完善的社会福利制度和社会保障制度、缺乏长期稳定的经济环境或稳定的社会环境。

(4) 当前的人文需求得不到满足所体现的"贫困"为:精神贫困。即个人极度追求物质需求而导致的人文需求不足、社会地位低下或社会关系不良而导致精神需求不足、受教育程度低下等原因影响无法尽情享受新生活等。个人精神贫困的加总在宏观上的体现主要是:非物质的第三产业比例偏低、社会等级和贫富差距明显。

(5) 长期目标下的人文需求得不到满足所体现的"贫困"为:社会贫困。即社会的各种差别使得个人希望得到机会平等、社会公平等方面的精神需求得不到满足的状态。也包括个人由于所在国家地区整体发展的落后而导致个人各方面需求得不到全面的满足和提升。体现这一贫困的主要是:该国家的发达水平与发达国家的差距、国内的地区差别、行业差别、职位差别、等级差别(包括经济的、社会的各方面的差别)。

(6) 生涯目标下的人文需求得不到满足所体现的"贫困"为:文化

贫困。即因文化原因而对获取财富产生制约、或因财富获取原因而导致思想文化的不适、或因制度及主流观念原因而导致精神上的压抑。也包括因文化因素所导致的社会不平等和社会不公平。

（7）当前的生态需求得不到满足所体现的"贫困"为：环境贫困。环境质量低劣地区的生活者、环境事件的受害者、自然灾害的受害者等人群，其各种需求得不到满足的贫困状态。个人环境贫困的加总在宏观上的体现主要是：环境质量低劣地区的生活者的人口比例、环境事件的发生频度及受害人群比例、自然灾害的发生频度及受害人群比例等。

（8）长期目标下的生态需求得不到满足所体现的"贫困"为：生态贫困。即森林减少、土地沙漠化、海洋污染、农耕地丧失等局部生态破坏问题的直接受害者以及因维持生态功能而得不到补偿地区的生活者，其各种需求得不到满足的贫困状态。个人生态贫困的加总在宏观上的体现主要是：平均森林覆盖率、沙漠化比率、荒废土地比例、生态功能区人口比例等。

（9）生涯目标下的生态需求得不到满足所体现的"贫困"为：代际贫困。即因历史上前代人生态破坏而造成后遗影响，其后代人的各种需求得不到满足的贫困状态。

表5-2　　　　　　　个人贫困在不同时间维度上的具体内涵

时间维度 需求类型	短期目标	长期目标	生涯目标
物质需求	生存贫困	能力贫困	风险贫困
人文需求	精神贫困	社会贫困	文化贫困
生态需求	环境贫困	生态贫困	代际贫困

二 社会成员的"发展"与"贫困"：各种需求关系得当与否视角的认识

以下分别从三种需求的组合关系、各种需求者角度、各利益层面角度来讨论社会成员的"发展"与"贫困"的问题。

（一）三种需求的组合关系对社会成员"发展"与"贫困"的影响

社会成员的需求由物质需求、人文需求、生态需求构成，每一种需求的增加都会对个人的"发展"产生影响。但各种需求与"发展"之间并不是简单的单调递增关系，而只有当需求的满足过程符合需求的递进特征时需求增加才会对其"发展"产生正的影响，反之不当的需求增加反倒可能导致对其"发展"产生负面的影响。前文第二章第一节第三小节对需求的演进有过详细的分析。结合该节讨论过的人的需求演进过程的特点来分析"发展"问题，则可以得到以下认识。

（1）个人在其收入水平极低的阶段，所追求的是为生存所需要的生存性需求，这一需求是不可替代的、是必须最先予以满足的，这一需求得到基本满足之后才能谈及其他层次的需求。即最低层次的生存需求满足阶段，是忽略精神需求、长远利益、社会利益、后代人利益以及生态利益的，任何不能给人带来温饱满足的物品或活动都不能给人带来效用的增加（甚至导致效用的减少）。

所以，对于处于这一阶段的社会成员来说，只有"生存性需求"的增加才能对其"发展"有正面的影响，而其他任何需求的增加都不应算作是"发展"（甚至应看作是对其"发展"的负影响）。

（2）当收入水平有所增加、个人的生存需求能够得到基本满足后，开始追求其发展需求的满足。生存需求是对人类生存所需要的基本物质条件的追求，而发展需求既追求一种数量型物质需求、更多的是追求一种质量改善的物质需求。因而发展需求的满足过程是物质需求不断扩大、更新、替换的过程。

因此，对于处于这一阶段的社会成员来说，单纯地增加物质需求的数量，对"发展"产生的作用越来越小，而提高物质需求的质量（包括各种物质需求的更新换代、新功能产品的创造等）对"发展"的作用则增强。超前使之追求"人文需求"或"生态需求"都会损害其"发展"。

（3）而当收入水平继续增加时，在生存需求得到基本满足之后，人们也开始追求非物质性的纯粹的精神满足（体现为对休闲、娱乐、文化等的追求），也开始关注与他人、与社会的关系的"人文需求"（体现为对社会地位、社会评价的追求）。

对于处于这一阶段的社会成员来说，只有"人文需求"的增加才会对其"发展"产生较大的影响，而继续使之追加一般性的物质需求，或提前追求"生态需求"对其"发展"是无显著作用的。

（4）当人文需求的满足达到一定程度后，继续追加并不能使人类个体的效用得到显著的增加，此时人们转而追求"人类和谐的需求"，即此时人们从担负某种人类整体利益责任、兼顾后代人利益责任、帮助较弱势群体等方面得到了一种精神上的满足，这种满足往往是通过减少物质产品或精神产品的占有和使用来实现的，现实中表现为一种"利他"行为。在人类开始追求"人类和谐需求"的同时，也开始追求"人类—自然的和谐需求"，即通过维护自然资源和生态环境的方式来达到个人效用的满足，现实中体现为一种尊重生态伦理的"利它"行为。

所以，对于那些公益性的活动、生态维护活动等，从经济视角来看是没有收益的，但对于处于"生态需求"阶段的人们来说，这也是"发展"内容中极其重要的一个方面。而对于处于其他需求阶段的人们来说，则又不能作为"发展"的内容。

从上述分析不难得出，判断某一事物是否有利于"发展"，不仅要看该事物的内容和可能产生的影响，更必须分析该事物所作用的对象以及该对象所处的发展阶段。给予"物质需求"已经充分满足的人以更多的物质需求，并不能给其带来新的"发展"，反倒可能导致"精神贫困"和"社会贫困"；给予"物质需求"尚未得到有效满足的人以人文需求或生态需求，同样不能给其带来任何有效的"发展"，可能导致其"生存贫困"或"风险贫困"；给予"物质需求"或"人文需求"尚未得到充分满足的人以超量的、超前的"生态需求"或"人文需求"，也不能给其带来更快的、更有效的"发展"。在有关"发展"的评判时，应当将上述因素作为负面的影响纳入"发展"的评价体系之中。

（二）从"物质需求者""人文需求者""生态需求者"关系来看的"发展"与"贫困"

从抽象的理论分析角度，可以把人类划分为"物质需求者""人文需求者""生态需求者"三个"阶层"。对于"物质需求者"来说，只有"物质需求"的增加，才能算作其"发展"的内容；对于"人文需求者"来说，只有"人文需求"的增加，才能算作其"发展"的内容；对于"生态需求者"来说，只有"生态需求"的增加，才能算作其"发展"的内容。

而对于由"物质需求者""人文需求者""生态需求者"三个阶层构成的整体来说，真正的"发展"是三者共同的发展（指三者各自都有一定的发展），如果一个或两个阶层得到"发展"的同时，另一个阶层有所倒退的话，则整体不能算作是正常的"发展"。即每一个阶层的发展都必须遵循帕累托原则，在不阻碍他人"发展"的前提下追求自身最大的"发展"。这就要求不同的阶层在处理自身的"发展"问题时，必须顾及可能给其他阶层带来的影响。如：（1）"物质需求者"在满足个人的物质需求时，不应损害"人文需求者"的精神利益和社会利益，反之"人文需求者"在追求精神需求和社会需求时，也不应妨碍"物质需求者"满足其物质需求。（2）"物质需求者"在满足个人的物质需求时，不应损害"生态需求者"的生态需求，反之"生态需求者"在追求生态需求时，也不应妨碍"物质需求者"满足其物质需求。（3）"人文需求者"在追求精神利益和局部社会利益时，不应损害人类整体的生态利益，反之"生态需求者"在追求生态需求时，也不应妨碍"人文需求者"的局部利益。如果这些问题不能在帕累托原则下有效地处理好，那么对整个社会来说就不是有效的"发展"。

"物质需求者""人文需求者""生态需求者"是理论概念，在现实中是很难评判某一个人是属于哪一个阶层的。但在现实对"发展"的评价中，不妨做这样的问卷调查："你是否觉得有关生态保护的活动过于超前而不利于生活水平提高""你是否觉得现实中的人们过于追求精神满足和社会关系而制约了生活水平的提高""你是否觉得现实中的人们过于追求经济利益而缺乏精神文化追求、进而制约了生活质量的提高""你是否觉得现实中的人们过于追求经济利益而没能保持你所期待的生态环境水平"……通过这些问题，从普遍性的答案中就可具体地发现现实中所存在的不利于"发展"的倾向。

（三）从"私人""群体""人类整体"关系来看的"发展"与"贫困"

人类利益可以划分为"私人""群体""人类整体"三个层面，作为一个社会的发展也必然要求三个层面的利益同时得以改进，任何一个层面利益的改进都不应损害或妨碍其他层面的利益。三个层面的利益必须是相互照应的，而相互之间并不存在谁优先谁在后的关系。如果为了追求某一层面的利益而损害到其他层面利益的话，就必然影响整个社会的发展。

所以，为了发展，就必须有效地处理好三个层面利益间的关系。即（1）实现"私人利益"时，应尽量避免生产及消费的外部性及"公有地悲剧"等原因而导致的自然资源和生态环境问题（如对森林、草地、海洋等的掠夺性开发）、自然资源环境的使用的无价及补偿不足问题（如自然资源任意开采，污染物、废弃物的任意排放）、短期经济利益优先于生态环境的问题（如实施先开发后治理的政策）等。（2）实现"群体利益"时，应尽量避免区域间自然资源的争夺而导致的"囚徒困境"、区际生产及贸易的外部性环境影响（如污染转移）、区际发展差别的强化（如富者愈富、穷者愈穷）、地球资源（海洋、大气层）使用的"公有地悲剧"、生态系统治理的"搭便车"及非协同性问题。（3）实现"人类整体利益"时，应尽量避免生态功能区的享受者与责任承担者之间的不公平问题（如强调热带雨林的生态保护而又不对热带雨林所在地给予足够的补偿）、人类整体性活动对人类各世代共有资源环境的"公有地悲剧"（如全球普遍性的资源环境耗损型消费模式）、资源及财富配置的代际掠夺（如不可再生资源在可预见的期间将枯竭）等。

凡是不能有效地处理上述关系的行为，都是有损于整体发展的行为。在有关发展的评判时，应当将其作为负面的影响因素纳入发展的评价体系之中。

三 国家的"发展"与"贫困"

国家（或地区）的发展是通常讨论"发展"问题时的主要针对主体。国家（或地区）作为人类成员的一种群体集合，既有其构成成员物质需求、人文需求、生态需求的加总，也有体现成员群体利益的人文需求和生态需求。本节通过分析一个国家在不同目标下的行为追求来讨论国家的"发展"与"贫困"的内容。一个地区或一个区域的"发展"与"贫困"内容也大体与此类似。

（一）国家各种需求在不同时间范畴内所追求的"发展"

一个国家的各种需求也必然表现为国家作为一个主体的行为追求，一个国家的各种需求在短期目标、长远目标、历史目标下所体现的行为追求是不同的。所以，国家在某一时间点上所追求的内容是多种形式的，由此而体现的发展内涵也是多方面的。经济实力、政治实力的增强是其一方面，而与"人文需求"相关的民族尊严、文化发展、制度建设也是"发展"的重要方面，而且与"生态需求"相关的生态环境保护及其对人类发展的贡献也是有关其发展的重要方面。如表5-3所示，关于国家发展的内容可具体展开为：

（1）为实现当前的物质财富增长，国家所追求的发展是：短期经济景气。即通过经济增长来促使其成员获得就业及投资的机会以使之获取物质财富，满足当前的物质需求。判断这一方面是否得到了发展的依据就是，GDP增长率、就业率、投资增长率、居民收入增长率等。

（2）为实现长期的物质财富增长，国家所追求的发展是：长期经济潜力。即通过技术发展、教育发展、企业发展等来形成支撑其长期经济增长的潜力。判断这一方面是否得到了发展的依据就是，是否形成了有利于长期发展的经济运行模式、长远经济发展计划（经济总量、经济结构、经济前景等）是否内在地逐步实现、国家竞争力（技术竞争力、企业竞争力、人类资源竞争力等）是否稳步地提升。

（3）为保障历史性的物质财富增长，国家所追求的发展是：国家经济安全。即通过经济的或政治的手段使本国在可预见的时期内的国家安全得到全面保障，包括国民赖以生存的国土以及国民稳定生活环境的保障、未来经济增长中各种资源的保障、技术发展的保障、未来发展中风险及不确定性的预防和制约等。判断这一方面是否得到了发展的依据是，国家安全保障程度及全球政治环境的稳定程度、未来经济资源的可得性、技术发展与竞争趋势、未来发展中风险及不确定性的大小等。

（4）为实现当前的人文发展目标，国家所追求的发展是：人文及社会发展。即通过社会发展政策、社会福利政策等来促使国民在健康、休闲、娱乐、艺术、文化、教育等方面的精神需求得到满足，同时通过有效的国内政治制度等来形成良性的社会关系（最大限度地减少减轻社会矛盾以维护社会的稳定）。判断这一方面是否得到了发展的依据是，有关国民健康、休闲、娱乐、艺术、文化、教育等方面的人文发展指标是否向好、有关社会矛盾的数量和程度是否在减少和减轻。

（5）为实现人文发展的长期目标，国家所追求的发展是：社会公平制度。即，逐步地建立与完善一个经济、社会、政治等方面公平、公正、平等、效率的制度体系，这是对社会成员要求得到社会平等和社会公平需求的综合体现。判断这一方面是否得到了发展的依据是，制度是否体现了国民的社会地位和政治权利的平等，制度是否有利于缩小国民间经济利益的差别和社会地位的差别，制度是否较好地体现了公平与效率的权衡。

（6）为实现人文发展的历史目标，国家所追求的发展是：民族及文化强盛。即社会成员追求精神满足和社会地位的需求体现在"国家利益"方面的内容，如：民族的强盛而带来的民族自豪感，以及民族文化的依存感而带来的凝聚力。因此，经济、政治、文化等方面的全面强盛便成为了一个国家的人文需求在历史目标下所追求的发展。判断这一方面是否得到了发展的依据是，在有关经济、政治、文化等方面的国家间的"位次"竞争中，本国国民内心的自豪感程度及其变化。

（7）为保障当前的生态发展，国家所追求的发展是：环境质量保障。即全体社会成员都希望得到良好的环境质量和环境服务，这一需求的总和便要求整体上抑制自然环境质量的恶化，亦即在生产活动、消费活动中限制环境污染，并推行污染较小的生态经济（如，生态工业、生态农业、绿色产业等）。判断这一方面是否得到了发展的依据是，总体的环境质量、污染总量、地区间环境质量差别、污染总量与经济规模的比较等。

（8）为实现生态发展的长期目标，国家所追求的发展是：生态系统维护。即一个国家要想保持其长治久安、长久发展，首先需要一个稳定的生态环境，凡是对该地区（甚至对全球）有重要影响的自然生态区就必须予以有效的保护（已经有所破坏的则应予以适当的恢复），才能使其生态环境不致发生剧烈的变化。判断这一方面是否得到了发展的依据是，总体生态环境的质量、被保护的自然生态区与应保护的自然生态区的比率、已开发的生态区的开发程度与可承受的开发程度的比率等。

（9）为实现生态发展的历史目标，国家所追求的发展是：人类代际公平。即国家的生态需求的历史目标也是整个人类的生存发展（只有保障了人类的生存发展才能谈到民族的生存发展问题），国家在为本国民众之外的人类整体、后代人、生态系统所做贡献也是国家发展的重要内容。判断这一方面是否得到了发展的依据是，凡是对全球对全人类有重要影响的自然生态区是否予以切实的保护，是否着力限制自然资源枯竭和生态环境恶化的风险性,是否推行顾及生态系统和后代人利益的制度、行为准则。

表5-3　国家发展在不同时间维度上的具体内涵

时间维度 发展方面	短期	中长期	历史性阶段
物质财富方面	短期经济景气	长期经济潜力	国家经济安全
人文社会方面	文化及社会发展	社会公平制度	民族及文化强盛
生态环境方面	环境质量保障	生态系统维护	人类代际公平

（二）国家各种需求在不同时间范畴内得不到满足所体现的"贫困"

一个国家的各种需求在不同时间范畴内得不到满足的状况就会体现为各种不同类型的"落后",采用类似的分析方法可以得出,如表5-4所示。

（1）一个国家当前无法实现物质财富增长,所体现的"贫困"为：国力落后。即由于人均经济总量低下、资本和资源短缺、人口规模过大、失业严重、债务累累等原因而造成的整体性贫困状况,也包括土地等生产要素短缺、水资源和粮食等生存资源短缺而形成的整体性贫困状态。

（2）一个国家无法保障中长期的物质财富增长,所体现的"贫困"为：发展能力落后。即由于教育落后（国民受教育水平普遍低下）、科技落后（企业普遍技术落后）、人口增长过快（使得国家无力保障国民的基本需求）等原因导致的国家发展潜力不足进而造成的整体性贫困状态。

（3）一个国家无法保障长远的物质财富增长,所体现的"贫困"为：资源危机。即由于自然资源消耗殆尽,又无力通过经济的或政治的优势从其他国家去获取,而导致未来经济发展和经济安全的巨大风险的状态。

（4）一个国家的人文发展和社会发展在当前受到抑制,所体现的"贫困"为：社会不稳定。即由于社会结构不合理及社会成员之间的不和谐而导致社会冲突、社会动荡状态。

（5）一个国家的人文发展和社会发展长期受到抑制,所体现的"贫困"为：制度落后。即由于制度安排不当（不适应社会经济发展的需要）、不合理（社会成员所要求的社会公平和社会平等得不到满足）而导致的阻碍发展的状态。

（6）一个国家人文发展和社会发展受到历史性的抑制，所体现的"贫困"为：文化落后。即由于固守传统文化制约社会经济的发展，或因经济增长而导致民族文化沦丧等状态。

（7）一个国家因短期的生态环境原因，所体现的"贫困"为：环境劣化。即由于环境污染严重、自然灾害频发等因素造成的整体性贫困状态。

（8）一个国家因中长期的生态原因，所体现的"贫困"为：生态变迁。即由于局部生态系统被破坏——森林减少、土地沙漠化、水体污染、农耕地丧失等因素造成的整体性、长期性贫困状态。

（9）一个国家因历史性的生态环境原因，所体现的"贫困"为：生态不可持续。即由于生态环境脆弱、后代人生存发展困难等因素造成的整体性的、不可逆转的贫困状态。

表5-4　　　　国家贫困在不同时间维度上的具体内涵

时间维度 贫困方面	短期	中长期	历史性阶段
物质财富方面	国力落后	发展能力落后	资源危机
人文社会方面	社会不稳定	制度落后	文化落后
生态环境方面	环境劣化	生态变迁	生态不可持续

（三）从"私人""群体""人类整体"关系来看国家的"发展"与"贫困"

从"私人""群体""人类整体"的利益层次角度来看，"国家"虽然在某种程度上也代表"私人利益"和"人类整体利益"，但更主要的是代表由全体国民构成的群体的群体利益。因而，在国家的"发展"过程中，必须有效地处理"国家利益"与"私人利益"，"国家利益"与"人类整体利益"的关系，否则就会对国家的发展造成负面影响，甚至形成相应的贫困状态。

在讨论"国家"与"私人""人类整体"的关系时，"私人利益"指个人利益、企业利益（包括局部的区域利益或地方利益），其他"群体利益"指其他国家利益,"人类整体利益"指人类整体利益、生态系统利益、后代人利益。

(1) 在"私人"作为行为者、"国家"作为承受者时,两者之间容易形成的是:自然资源和生态环境使用的"公有地悲剧"问题、生态环境保护与治理的"搭便车"问题。当消费者、生产者(企业)、区域(地方)在对待共有资源、共有环境普遍采取上述行为时,对国家的发展是有负面影响的;反之,当上述主体在观念上或制度上能够有效应对上述问题时,则有利于国家的发展。

(2) 在"国家"作为行为者、"私人"作为承受者时,两者之间容易形成的是:社会成员间的财富差别问题、地区间的财富差别问题、不公平性问题(如生态功能区的享受者与责任承担者之间的不公平)等。如果国家的行政或制度导致了社会成员间、地区间严重的财富差别(尤其是不平等、不公平的制度形成的差别),或许总量有所增长、局部有所发展,但对整个国家的"发展"而言是有害的。反之,如果国家能够通过各种政策(如转移支付政策、生态功能区责任的公平承担政策)来有效抑制不公平问题、超限度财富差别问题,那么就有利于国家的发展。

(3) 在国家与国家之间容易形成的是:国家间竞争的"囚徒困境"、国家间的生产及贸易的外部性影响(包括经济影响、环境影响)、国家间的发展差别等问题。当一个国家与另外一些国家在经济、政治方面形成非合作的"囚徒困境"型竞争而引致损人不利己的结果时,当一个国家完全不顾及相关国家的经济利益和环境利益而毫无顾忌地施加外部性影响时,当一个国家与另外一些国家的发展差别过大(尤其是通过不公平的国家间经济秩序或政治秩序而形成的发展差别)时,或许短时期内国家利益有所增长,但总体上来看是不利于国家的"发展"的。当一个国家承受来自另外一些国家的生产及贸易的外部性影响、严重的发展差别等行为时,也同样不利于其"发展"。

(4) 在"国家"作为行为者、"人类整体"作为承受者时,两者之间容易形成的是:"过度发达"["过度发达"这个概念是 E. Daly (1996) 提出的,指一个国家的发达水平达到这样的程度:它的人均资源消耗水平如果普及到所有国家将不可能被承受]、地球资源(海洋、大气层等)使用的"公有地悲剧"、生态系统治理的"搭便车"及非协同性问题。当

"国家"在制度、政策等方面不能有效地制约地球共有资源、共有环境的无端使用时，当"国家"面对全球性生态保护与治理问题而不采取协同性行为时，也会对"国家"的长远"发展"产生不利的影响。因此，保护生态系统、保护地球共有资源、顾及人类整体利益、顾及后代人利益不仅是"国家"的义务，而且也是保障"国家"长远"发展"的需要。

（5）在"人类整体"作为行为者、"国家"作为承受者时，两者之间容易形成的是：区域性自然资源短缺、区域性生态贫困。当一个国家极端地不公平地承受着"人类整体"的行为后果（如，集中承受着全球的某种污染、单独承担着影响全球生态环境的热带雨林的保护责任、单独承担着某种资源不开发留给后代人的责任、单独承担着某一影响全球的生态环境区的恢复和治理责任）时，必然对该国的发展产生负面影响。

四 "发展"评价的思路：基于可持续发展阐释范式

对照"发展内涵"的深化方向和具体内容，来评析现实的发展，就会得出各国的发展过程都普遍存在以下有悖"完善发展"的误区，需要在真正追求"完善发展"的过程中进行理念上的和政策上的改进。

（一）以人均 GDP 指标反映"发展"忽略了发展内涵的多维性

尽管发展理论关注了"个人"的发展，但发展现实中主要关注的还是国家层面的发展数据，而忽略了"发展内涵"的一个重要方面——"帕累托改进"，即一个阶层的改进不能损害另一阶层的利益（也不能弥补另一阶层的退步）、一个方面的改进也不应当以另一方面的损害为代价（也不能弥补另一方面的退步）。现实中对"发展"的评价往往是用"人均 GDP"或"人均收入水平"这样一类的"平均数"来衡量，这就可能隐藏了许多有违"真实发展"的内容。主要体现在以下方面：(1)"人均指标"，用一个平均数，掩盖了业已存在且不断加重的城乡差别、地区差别、行业差别、贫富差别；"人均指标"的改进，并不意味着贫困问题、不公平问题自然而然会得到解决，反而有可能随着"人均指标"的改进而加重。(2)"人均指标"，可能掩盖发达者是以损害落后者利益的方式而实现的福利增长（即非帕累托改进式的"发展"），也会掩盖发达者大量占用发展资源的事实。(3)"人均指标"，可能呈现一个较高水平的平均数，由此会掩盖部分低收入者的欠发展状态，掩盖落后者处于极度不利的弱势地位（即没有实现罗尔斯公正的"发展"），弱势阶层的基本需求是否得到保障，在"人均指标"中得不到体现。(4)"人均指标"，用一个平均数，把差异显著的整个社会简化为"同一特征"，采取同一的发展目标和发展策略，而忽略了不同发展程度的阶层，其所追求的"发展内容"是完全不同的。(5)"人均指标"的改进，也区分不了是个人收入增加了，还是企业利润增加了，抑或是政府财政能力增强了。这些方面的实质也是发展经济学研究者关注到的人均GDP和人均收入的增加并不能自动地解决贫困和不平等现象的关键所在。

从发展实践来看，以往更多关注的是GDP总量及其增长速度，虽然加入了人均发展指标，似乎比起单纯追求GDP总量指标和增长率指标有了进步。但是，人均指标，对完善的"发展内涵"而言并不是充分的，可能掩盖许多内在的发展矛盾，与"GDP崇拜"类似，也应对人均指标保持"警惕"。再者，追求高的"人均指标"的增长，岂不是追求更高GDP增长率，不利于发展方式的根本改变。

（二）"过度发达"异化了"发展"的理性方向

在现代工业社会，人们普遍认为，经济是人类社会中决定一切的，人类所有行为的目的和动机都可以以经济因素来表述，人类所有行为的后果都可以以经济成就和经济效益来评判，社会发展也可以由唯一的经济总量指标来评判。把"发展"简化为"经济增长"，把"经济增长"的主要因素（投资、需求、技术等）作为发展的根本，把"经济增长"作为"发展"的唯一目标，又把投资增长、需求增长、技术发展作为经济增长的目标，再把在这些因素的增长作为经济合理性的唯一评价。现代经济和工业技术的发展所引起的增长被普遍认为是必需的，并且是对全社会有益的越多越好。"发展"的其他方面的内涵就因此而被"理所当然"地忽略了。在全社会普遍持有这样的思想理念下，完全有动机以牺牲他人利益、人类整体和后代人利益、非物质利益、生态环境利益，去增进某一地区、某一群体的经济增长。精神文化的经济化、人文价值的财富化、人际关系的利益化以及自然资源的耗竭、生态环境的破坏、废物排放的不断累积等都是"经济增长至上"这一初始"发展内涵"思想的必然结果。一种极端的结果就是"过度发达"。"过度发达"这个概念是美国学者戴利

(Herman E. Daly, 1996) 提出的，指一个国家的发达水平达到这样的程度：它的人均资源消耗水平如果普及到所有国家将不可能被承受。①

要解决"发展"异化与"过度发达"问题，就必须有效地协调物质需求、人文需求与生态需求的关系。从个人发展而言，社会成员的物质需求达到一定程度后应追求"更简单的生活"，② 即意味着：以放弃更多的物质需求追求、来换取更多的人文需求和生态需求满足，这是个人发展的理性方向。然而持有或实践"更简单的生活"这种理性观念的人还只是少数，根本原因在于全社会主流的价值观依然被经济主义、消费主义的传统思想所把持着，社会的制度也维护着传统的认识。对国家发展而言，一方面，国家政策往往是不遗余力地促进国民经济增长、居民消费增长，这些政策其实是与"发展内涵"的深化方向背道而驰的。另一方面，国家作为追求"发展"深化的一个主体，在某些方面，也应进行类似于"更简单的生活"的行为。如：（1）在解决全国民众的温饱问题和基本发展之后，不过分追求体现为物质产品数量增长的"经济增长"；（2）不过分追求体现为物质财富占有和使用的"国家富强"；（3）不过分追求体现为物质产品更新换代的"技术进步"；（4）不追求以经济高速增长追赶富裕国家的"国际地位"，也不追求以拉大与他国贫富差距或损害他国利益为手段获取的"国际地位"；（5）不追求以牺牲民族文化、民族精神、社会和谐等为代价的"经济繁荣"；（6）不追求以破坏生态系统为代价的"发达"。上述关于国家发展的理念可称之为"更简单的发展"或"不过分的发达"。

（三）"发展"的比较与借鉴不可忽略不同的背景条件

法国学者佩鲁认为，把发展简化为增长的认识，是一种忽视了人类的行为和历史，具有很大片面性和狭隘性的经济主义的观点。他指出，那种以欧美发达国家发展观为评价标准的发展思想和发展模式是不可取的，"人民曾受到愚弄，消极地接受那些不仅从未以其自身经验为基础而获得

---

① 如仅占世界人口6%的美国耗费了全球30%以上的自然资源，所产生的污染占全球污染排放的20%以上，这样的发展水平就应视之为"过度发达"。

② "更简单的生活"，即不追求高收入、高消费，追求更加自然、更多休闲的生活，是目前流行于发达国家一些成员中的一种新的生活态度。

的,而且是由西方人向他们灌输的思想、公式和战略"[1]。

可见,"发展"的比较与借鉴,必须关注不同发展主体的不同发展背景。应从几方面来看待这一问题:(1)"发展"是人类价值不断得以实现的过程。而人类的价值观是不断发展变化的,所以"发展"的内涵也必然随之不断发展变化。在不同的社会历史阶段,不同的社会经济背景下,"发展"是由不同的目标、手段、过程和结果构成的。所以"发展"在相隔久远的时间坐标上是难以确定统一的度量和评价指标的、是不可比较的。(2)"发展"是对人类需求满足程度的一种表征。而人类基于其价值观念形成的"需求"是多种多样的、不断变化的、因"人"而异的(因其需求已经得到满足的程度、因其向往得到满足的方向、因其所属群体等)。所以"发展"不能只考察某一群体的某一需求的满足程度,而应考察各个群体对各种需求的满足程度;"发展"不应在不同的阶段和不同的背景下使用一种恒定的度量指标,而应该随着人类需求内涵的变化而改变;"发展"不应在不同的社会群体之间使用同一判断标准,而应针对不同群体不同需求内涵来确定不同的判断指标。(3)人类需求可以划分为不同的层次(如基本生活需求、发展需求、精神文化需求、关注人类整体的需求等),但不同层次需求之间不是叠加的关系,而是递进式的关系。只有当低层次的需求得到较充分满足时,较高层次的需求才有意义,否则对"发展"是没有意义的(比如,当一个人的基本生活需求尚未得到满足时,为他提供文化层面的东西是没有任何意义的)。所以"发展"的内容是不能超越所讨论社会群体的需求层次的。由此可见,那种以西方发达观为标准的发展评价是不可取的。因此,无论是制定发展目标,发展策略,还是对发展过程进行度量和评判,都应站在不同社会群体所适应的需求层次上来进行。如果仅以低层次的指标来评判高收入群体的"发展",那么会低估和错估其"发展"并压抑其"发展内涵"的深化;如果以高层次的指标来评估低收入群体的"发展",那么不仅不能使他们真正得到发展,而且会使发展内容走向歧途。

总之,发展内涵是不能超越所讨论群体或阶层的需求水平的。在同一社会中存在着适应于不同需求的社会群体或阶层时,不能采用统一的

---

[1] 参见 [法] 弗朗索瓦·佩鲁、张宁《新发展观》,华夏出版社 1987 年版。

（或高标准、或低标准、或是平均化）评价准则来评判整个社会的发展、来确定发展的目标、来选择发展的手段和策略。真正的发展，必须使得各个群体在各自的"标准"下都有所发展，而且一个社会群体的发展不能损害其他社会群体的发展、一个社会群体的发展标准不能强加于其他社会群体。①

（四）各种利益关系应纳入"发展"的评价

作为发展内涵的重要方面，对"发展"所涉及的各种关系必须给以足够的正视。现实中，个人或地方发展以"公有地悲剧"方式损害国家利益、国家发展损害个人或地方利益、地方之间相互的"外部性影响"、社会成员间的财富差别、地区间的财富差别、国家间的环境影响、国际间维护生态系统的协同等"关系"都没有纳入"发展"的评价之中。因为，各种利益关系反映了不同主体（个人、国家或地区、人类整体）的发展利益是否协调，也反映了"帕累托改进"在发展实践中是否得到了落实，即一个国家或地区的发展是不是损害另一国家或地区的利益。

从关乎"发展"的各种利益关系角度来看各国的"发展"现实，以中国的发展实践为例，普遍存在以下方面的问题：（1）近年来，中国的"社会成员间的财富差别"问题是不断加重的。虽说财富差别不应一概而论，但在基本生活需求和社会保障方面应优先保障弱势群体利益，这是发展过程中实现"罗尔斯公正"的基本原则。中国已试图在这些方面建立相应的制度，但在保障的程度、手段、范围等方面离真正的"保障"还有很大的差距（尤其是对农村贫困人口、城镇失业人口的基本生活保障和医疗福利保障力度还很小），在制度上也缺乏保障弱势群体权利、抑制新的弱势人口增加的手段。（2）近年来，中国的"地区间的财富差别"问题也在不断加重。在降低地区差别方面，中央政府在努力作为（如西部大开发、振兴东北、中部崛起等战略的实施），但笔者认为：更关键的是在处理区际关系时必须遵循"帕累托改进原则"——各个地区在自身的发展过程中不应给其他地区的发展造成损害，如果有损害应当给以补偿（从某种意义上来说，发达地区之所以"发达"，是因为有"不发达地区"的"不发达"支撑着，它们可以利用自身的经济优势吸引其他地区的技

---

① 这也是发达国家与发展中国家关于"发展权是不是最重要的人权"之争的关键所在。

术人才、劳动力、自然资源，而省去技术人才的育成成本、劳动力培养成本、自然资源的维护成本，所以应当通过各种合作的方式给以一定的回报。但目前尚缺乏这样的认识与制度）。(3) 近年，在自然资源和生态环境使用方面普遍存在"公有地悲剧"（主要表现在：地方政府及地方税收依赖的企业为了短期的经济增长，不惜掠夺性地开采自然资源、不计环境代价地排放污染物）和不顾及"外部性影响"的现象（表现在某些地方及其主要产业为了短期的经济利益，不惜直接向江河湖泊排放污染物，造成当地居民以及周边居民生存条件的急剧恶化），在生态环境保护与治理方面普遍存在"搭便车"现象（表现为：对环保与治理不主动、不积极，等待中央治理）。之所以如此，关键在于制度上没有有效的调节机制，尤其是在对地方领导的政绩评价时主要关心经济繁荣。(4) 在国际经济关系方面，近年来中国已经成为所谓的"世界制造工厂"，大量生产和出口高消耗、高污染产业产品，这就是以投资与贸易方式使得中国承受着他国的外部性环境影响，这既是中国发展水平较低所决定的，也是中国经济发展政策推动的。随着发达程度的提高，中国的这一发展策略应适当纠正。毋庸讳言，中国在这一发展阶段，在一定程度上也对其他国家发展产生了外部性影响（或者说发展过程缺乏帕累托改进与卡尔多改进原则的落实），对地球资源（海洋、大气层等）使用也在一定程度上采取了"公有地悲剧"的态度，如同中国经济高速增长贡献于世界经济增长一样，中国的高速增长也对地球环境质量的变化有不小的影响。在对影响全球生态环境的区域（如南美的热带雨林、海洋）的保护，中国作为一个政治大国和经济大国尚未起到与其大国地位相适应的作用。

（五）追求"发展"成效应考量发展成本及其分担

在发展现实中，发展成效是每一个发展主体所着力追求的，但发展是需要付出成本代价的，而获得发展成效的主体并不一定是承担发展成本的主体，这就导致了发展过程中的不公平问题。如，各国工业化初期，通常是以工农产品价格"剪刀差"① 的方式积累工业化资金，使农民应获得的

---

① "剪刀差"通常是指：计划体制下，农产品价格低于价值（或低于市场价格）、工业品价格高于价值（或高于市场价格）的购销政策。形成工农产品价格剪刀差的目的，是使资金从农业流入工业，以积累工业发展资金，加速工业发展。

利益向城市发生了转移，也使农村社会经济发展所需的资本不断地向城市工业转移。获得发展成效的是工业部门和城市居民，而承担发展成本的则是农业部门和农民，这对农民是不公平的，损害了他们的经济利益，更进一步损害了农村经济长远发展的后劲，导致了城乡发展差距的强化。又如，各国工业化高速发展阶段，其劳动力低工资低保障是快速发展的重要因素，获得发展成效的是资本拥有阶层和资本优势地区，而承担劳动力培育和保障成本则是劳动者阶层。再如，各国在追求可持续发展（保护生态环境）的过程中，生态受益的是整个区域甚至是全球的民众，而承担生态责任（经济发展提高收入水平的途径受到严格限制）的则是生态功能区的民众。

上述发展成效受益主体与发展成本承担主体分离的现象，在现实发展过程中是普遍存在的，但发展成本分担的问题并未得到真正的重视和有效的解决。发展成效，要建立在帕累托改进原则和卡尔多改进原则之上。也就是说，任何一个群体的发展成效应在不损害其他群体利益的前提下去实现。当某一个群体的发展可能损害其他群体利益而增加自身利益时，获利的群体应当拿出其所增加的利益来补偿受损群体的损失。这是调整发展受益主体与发展成本承担主体间利益关系的"发展伦理"。

（六）基于"发展内涵"对"发展"进行评价的一种思路

对照"发展内涵"的深化方向和具体内容，提出从以下方面来评价"发展"。

正向指标应包括：

物质需求发展方面：人均收入水平及其可支配收入差距水平；

人文需求发展方面：社会公共服务水平及其分享的均等化程度；

生态需求发展方面：生态环境质量及其差异化程度（分享生态利益、承受生态影响、分担生态成本的公平性）。

负向指标应包括：

过度的物质需求方面：为满足物质需求形成的生态负载超过其生态承载力的程度；

过度的人文需求方面：社会公共服务的低效率及其造成的无谓生态环境损耗；

过度的生态需求方面：不当的生态环境保护政策及目标造成的民生

影响。

（七）构建包含物质需求、人文需求、生态需求三要素的福利函数评价"发展"之思路

其一，"发展"是各经济主体需求满足过程中效用的改进，但必须考核其改进过程所消耗的各种投入。

$$S = \sum_i U_i(X_j) - \sum_i C_i(Y_j) = \sum_i S_i \qquad (5-1)$$

各主体之间应实现帕累托改进

$$\begin{cases} \max S_1 = U_1(X_j) - C_1(Y_j) \\ \text{s. t. } S_i \geqslant S_i^0; \ i=2, 3, \cdots, I \end{cases} \qquad (5-2)$$

社会福利 S，不只是讨论各类需求 X 对效用 U 的改进，也同时讨论其改进过程所消耗的各种投入 Y 带来的损耗 C。不是某一主体或某些主体，而是所有主体 i（包括各社会成员、各阶层或各区域、国家、人类整体）；不只是物质需求带来的效用改进，而是各种需求 j（包括物质需求、人文需求、生态需求）带来的效用改进；不只是考核效用改进过程中物质投入的成本，而是各种投入 j（包括物质投入、人文投入、生态投入）的成本。

其二，"发展"不只是指各主体物质需求带来的效用改进，而且包括人文需求、生态需求带来的效用改进；不只是考核效用改进过程中物质投入的成本，而且包括人文投入、生态投入的成本。

$$S = \sum_i U_i(x_w, x_h, x_e) - \sum_i C_i(y_w, y_h, y_e) \qquad (5-3)$$

各主体对于物质需求、人文需求、生态需求都有基本需求，这是不可替代的，而非基本需求部分，也不是完全可替代的，可认为是具有一定程度可替代性。

不可替代部分以列昂惕夫（Leontief）生产函数形式，一定程度可替代部分以柯布—道格拉斯（Cobb-Douglas）生产函数形式。

$$U(x_w, x_h, x_e) = \min\{x_w, x_h, x_e\} + x_w^{\beta_w} x_h^{\beta_h} x_e^{\beta_e} \qquad (5-4)$$

其三，"发展"是各主体福利的改进，不是某一主体或某些主体的福利改进，而是所有主体[包括各社会成员 P、各群体（或各区域和国家）M、人类整体 H]的福利改进。三者之间应实现帕累托改进，且三者内部要确保罗尔斯公正（保障弱势层面的基本需求）。

$$S = \left[\sum_P U_P(X_j) - \sum_P C_P(Y_j)\right] + \left[\sum_M U_M(X_j) - \sum_M C_M(Y_M)\right]$$
$$+ \left[\sum_H U_H(X_j) - \sum_H C_H(Y_j)\right]$$
$$= S_P + S_M + S_H \tag{5-5}$$

中 篇
可持续发展经济学的分析方法

第六章

有关生态环境的经济学问题

可持续发展经济学的阐释范式,与现代经济学相比,在价值认识、经济学研究视野、经济学基本假设以及经济学研究主题等方面,都有很大程度的扩展和突破。但并不排斥采用现代经济学的概念和方法来分析生态环境问题及可持续发展问题。本篇,首章从经济学视角归纳分析有关生态环境的主要经济学问题,其后各章即是尝试采用现代经济学的主要概念和主要方法:消费者行为分析方法、生产者行为分析方法、福利分析方法、博弈论方法、外部性分析方法、公共品供给分析方法等,对可持续发展经济学的相关问题所做的分析。[1]

笔者认为,以下三个方面是既有经济学分析方法应用于可持续发展经济学之中的重要途径。

(1) 在既有经济学分析方法之中,把生态环境影响作为变量代入,而得出有关生态环境问题的结论,如:将生产过程中的生态环境影响作为成本之一,从而得出利润、供给、要素需求关于生态环境影响的函数。或是在既有经济学分析方法之中,把既有的经济学概念引申,如:将"需求"引申至包括生态需求、将"投入"引申至包括生态投入,进而得出相应的引申结论。

---

[1] 中篇《可持续发展经济学的分析方法》各章主要借鉴了微观经济学的分析方法和分析案例,用于分析涉及资源、生态、环境等方面的问题。主要参考了以下著作:蒋殿春:《高级微观经济学》,经济管理出版社 2000 年版; A. Mas-Coell、M. D. Whinston & J. Green, *Microeconomic Theory*, Oxford University Press, 1995;[日] 丸山雅祥:情報とゲームのミクロ,創文社,1997;[日] 細川守紀:ゲームと情報の経済分析,九州大学出版会,1991;钟茂初:《微观经济学解析》,经济管理出版社 2000 年版。

（2）现代经济学的某些方法，可以反其义而逆向应用于可持续发展问题的研究之中。如：科斯定理的引申，得出的结论是，产权的分散化为资源的利用设置了障碍而导致资源的闲置或浪费，但我们在可持续发展问题中逆其义而用之：使生态功能区的产权分散化而达成永久保护生态的目的。对经济学既有方法这一形式的运用，是探索可持续发展经济学分析方法的重要途径。

（3）"可持续发展"思想对于传统理论认识的本质性的否定，就在于去除了"最大化"的理念，转而追求一种"协调"的理念（人与人之间的协调、人类与自然生态系统的协调等）。但目前的"可持续发展"的论述并未明确这一点，既是因为受传统理念的束缚，同时也因为受到研究方法的制约。由于"最大化"是可行的"博弈规则"，而"协调"似乎是难以施行的"博弈规则"。因此，不得不将"协调"规则转化为"最大化"规则[①]。有关"协调"的问题也有可能转化为"最大化"问题来求解，既有的经济学分析方法依然可用。

第一节　经济学视角的主要生态环境问题

从经济学视角来看，一切生态环境问题，都是人类经济活动对自然生态环境造成的影响（或者说是经济活动附属伴生的影响）。所造成的生态环境影响是由其利益相关者承受的（往往是由全社会及其成员以及后代人不同程度地承受）。要消除或减轻其影响，是需要投入经济成本来治理的。

可持续发展经济学，简言之，即是采用经济学方法，对生态环境维护、生态环境损害、生态环境治理等问题进行分析。亦即，对人类经济活动的生态环境影响的利益分享、责任分担、成本分担进行分析。

[①] 这种转换就如同这样一个例子：两个人各有一匹马，两人想比较一下谁的马更慢，但这样的"比赛"却无法进行，后来一个智者出了个主意，让他们各自骑上对方的马比赛，谁的马更慢就可比出来。"比慢"实质是换一个角度的"比快"。"比慢"不可操作、而"比快"可操作。"调和"与"最大化"的转换大体与此相类似。

一 生态环境维护问题

生态环境维护,就是人类赖以生存和传承的自然生态系统的生态功能的"完好性"及其"可持续性"得以维护。

"完好性"就是:适合人类生存的自然生态系统,能够高质量地提供人类生存传承所需要的空气、水资源、稳定的气候以及其他的生态功能。对外在干扰的自我维护和自我修复能力得以保持。自然生态系统的稳定性是"完好性"的基础,而生物多样性(包括生物多样性、物种多样性、基因多样性)又是自然生态系统稳定性的重要表征。生态功能的"完好性"可以从不同层级来认识,从整体来看,整体生态功能不被改变(如全球气温、海平面、南北极不因人类经济活动而产生显著的变化);从局部区域来看,局部生态系统不被改变(如有着重要生态功能的热带雨林、湿地,不因人类经济活动而出现显著的减少);从较小区域来看,人们生活的城市乡村的生态环境质量不致下降(如空气质量、水体质量、土壤质量,不因当地经济活动而导致显著的下降)。

要维护自然生态系统生态功能的"完好性",要求人类经济活动对自然生态系统的影响必须限定在一定的程度和范围内:对生态功能的影响必须在系统的自我修复能力范围内,对环境质量的影响必须在系统的自净化能力范围内,对资源的耗损必须在可再生范围内。例如,地下水的开采不致导致地层的下沉,森林资源的砍伐量不超过其再生量,排放的污染物不超过其自净化能力,人口规模不超过其生态环境承载力。

要维护自然生态系统生态功能的"完好性",这就必然要求人类经济活动的规模、范围、强度有所约束,而实现这些约束必然涉及各主体的责任分担和利益分享。生态环境维护问题,即为维护自然生态系统生态功能"可持续性"而涉及的各种责任和利益的经济学问题。主要有:

(1)为维护自然生态系统生态功能"可持续性"而对整体经济活动的规模、强度确定其约束条件的经济学问题。亦即,各主体追求经济目标函数最大化的行为,整体上加总起来不能超越生态可持续性所要求的约束条件。

(2)为维护自然生态系统生态功能"可持续性"而确定可进行经济活动和不可进行经济活动的区域范围,由此而形成的有关"生态功能区"

责任和利益的经济学问题。生态功能区所在区域及其成员、享受生态功能区生态功能的区域及其成员作为相关的利益主体，应当如何确定各自的责任和权益，如生态功能区所在区域及其成员的机会成本（为维护生态功能区而放弃的经济利益）应当如何分担。

（3）在经济活动过程中对可能伴生的生态环境影响进行预防（预设经济活动规模和范围的约束条件）。如某一区域长期高强度经济活动可能造成的污染及废弃物的累积，大型工程项目的生态环境影响，新技术新产品推广普及可能造成的生态环境影响加总，某一促进经济增长的经济政策可能关联性带来的生态环境影响，进行事前的评估，根据评估得出的生态环境影响，对比生态环境承载能力，根据生态系统能否承载来决定区域如何发展规划、大型工程是否上马、新技术新产品是否推广普及、经济政策是否实施。

（4）为使生态环境损耗不超过自然生态系统维持"完好性"所限定的可损耗额度，必须对生产活动和消费活动强度制定相应的约束。由此约束而对生产者利润最大化追求、消费者效用最大化追求而形成约束条件。

（5）生态环境维护，本质上是一种"公共品"，应当从"公共品"有效供给角度提出责任分担、制约搭便车行为的有效机制。

二 生态环境可损耗问题

只要有人类经济活动，对自然生态系统的生态环境影响就必然相应地产生。好在自然生态系统有其自我修复能力和自净化能力，从而使得人类经济活动可以在自然生态系统的自我修复能力和自净化能力范围内开展，这一范围就是"生态环境可损耗额度"。如何合理而有效率地使用这一"生态环境可损耗额度"，就是经济学视角的"生态环境可损耗问题"。主要有：

（1）生态自修复能力范围内的生态损耗和环境自净化能力范围内的污染排放问题。转化为经济学问题即是，如何优化配置损耗权和排放权。

（2）超过生态自修复能力和环境自净化能力，但可治理的生态损耗或污染排放问题。转化为经济学问题即是，如何对生态损耗或污染排放的经济收益与治理成本进行权衡，如何在不影响其他利益主体约束下实现帕累托改进。

（3）不可完全恢复和不可逆转的生态损耗或污染排放问题。转化为经济学问题即是，以一定程度的生态环境损耗换取一定的经济利益是否理性。生态环境损耗的成本体现为：超越自修复能力的生态功能破坏（可理解为：负的或倍减、倍降的人类社会福利）、排放废气废水超越自净化能力的环境质量下降（可理解为：负的产出，给承受者带来负效用）、废弃物累积（可理解为：负的资源，需要不断投入成本加以处理）。以生态环境损耗换取经济利益的方式有：物质需求与生态需求的交换，短期利益与长期利益的交换，以成本外部化的方式让他人承担生态损耗，以"公有地悲剧"方式让全社会或后代人承担生态损耗。

三 生态环境治理问题

要维护自然生态系统生态功能的"完好性"和"可持续性"，除了在现阶段严格约束人类经济活动行为之外，还应对过去阶段形成或累积形成的生态环境破坏进行治理和修复，这对于有一定可逆性的生态环境损耗是有效的，可以对被破坏的生态功能予以恢复。而实现这一修复，一方面需要成本投入，另一方面修复后的生态功能对各利益主体而言分享的程度是不同的。由此而产生了治理修复的成本怎样合理分担之类的经济学问题，这就是经济学视角的"生态环境治理问题"。主要有：

（1）当前经济活动过程中（生产活动与消费活动）伴生的生态环境影响，必须进行合理的规制，要求相关主体进行适当的消除或减低。这一规制以什么样的机制来实现，这一成本应当由谁来承担并以什么样的方式来承担。

（2）生态环境治理，本质上是一种"公共品"，应当从"公共品"有效供给角度，首先要讨论这一公共品是不是可供给的，其次要提出责任分担、制约搭便车行为的有效机制。

（3）生态环境治理，是一种类似于"经济活动"的活动，这一活动过程中应当采取什么样的方式更有效率。

第二节 经济学视角有关生态环境问题的几个主题

前文提出，可持续发展经济学，是对人类经济活动的生态环境影响的利益分享、责任分担、成本分担进行分析。对这些方面的利益—责任分析，其核心问题又包含几个方面，即生态承载力问题、生态效率问题、生态公平问题、生态环境规制的有效性问题。

一 生态承载力问题

为什么要坚持可持续发展的理念？其根本目标就是，在尊重自然、顺应自然、保护自然的基本原则下，维护人类赖以生存和传承的自然生态系统的完好性和永续性，以使得：唯一适合人类生存传承的地球生态系统，能够高质量地提供人类生产生活所需要的各种自然资源和生态功能，并通过自维护、自修复、自净化能力承载人类经济活动及所产生的影响。

从经济学学理角度来认识，传统经济社会中，人类经济活动系统与自然生态系统是分立的"主体"，由于人类经济活动的根本目标是生产者的利润最大化以及消费者的效用最大化。此时，人类经济活动必然会以对自然生态系统产生负外部性的方式来实现其目标函数的最大化，当各经济活动主体的外部性影响加总超过了自然生态系统的生态承载力时，就会导致自然生态系统的生态功能劣化。综合而言，人类经济活动系统与自然生态系统是相互依存、相互制约的利益"主体"，自然生态系统能够稳定提供生态功能，是人类经济活动系统永续实现其利益的源泉。为保障自然系统生态功能的完好性和稳定性，人类经济活动的规模和水平必须以自然生态系统的承载力为约束。

如果以 X 表示经济活动规模，x 表示经济活动的投入要素，E 表示自然生态系统的生态承载力（E_0 为初始的生态承载力），$e(x)$ 表示经济活动对自然生态系统的外部性生态影响。则人类经济活动与自然生态系统之间存在以下关系：

$$\begin{cases} X = X(E, x) \\ e = e(x) \quad\quad x < E \text{ 时 } e = 0 \\ E = E_0 - e(x) \end{cases} \quad (6-1)$$

上述关系式表明，人类经济活动如果超过自然生态系统的生态承载力，就会对自然生态系统产生负面的生态环境影响，而这一负面影响必然导致自然生态系统生态承载力的减小，进而反过来影响未来阶段人类经济活动的生产力水平。

可持续发展经济学与传统经济学的根本区别就在于，各层级主体的经济活动都应受到生态承载力的约束。宏观经济主体追求经济增长，要以生态承载力确立"生态可损耗额度"为约束，这一约束也决定了其承载经济活动的规模；消费者追求效用最大化目标，要以消费者分担的"生态可损耗额度"为约束；生产者追求利润最大化目标，也要以生产者分担的"生态可损耗额度"为约束。

（1）宏观经济增长方面。要确立宏观层面的生态承载规模，置于国民经济与社会发展的顶层约束位置。因为，只有以生态承载力作为宏观经济的硬约束，并对宏观经济目标与政策进行事前的生态环境影响评估，才有可能使经济社会发展不超越生态承载力，才能真正维护生态的可持续。在传统经济学指导的经济活动实践中，之所以经济增长往往无视生态承载力，根源在于缺乏生态环境约束或者缺乏软约束。因此，可持续发展经济学指导的经济活动，必须事前确立生态承载规模，并使之成为经济增长和社会发展的前置性硬约束。从学术角度来看，目标函数与约束条件，是决定行为主体行为的根本。只有以生态承载力作为宏观经济的硬约束，并以此来确定宏观经济指标、政策，进而确定投资、产业结构等内容，才能真正推动可持续发展。

以碳排放为例，由全球碳排放承载力确定全球碳排放控制总量分配，而后按照一定的分配准则配置给各国碳排放额度，各国再按照人口、土地、发展水平等因素分配给各地区各城市的碳排放额度，各地区各城市根据这一额度确定其经济发展规模和增长速度，进而确定其他经济指标。

（2）消费者层面。消费者追求效用最大化目标，要以消费者分担的"生态可损耗额度"为约束，并以此作为引导消费者偏好与生产者行为转变的核心变量。（"生态可损耗额度"，可简化为对消费者消费商品之中所含"碳排放量""污染排放量"的限额，可形象地称之为"碳排放或污染排放许可票证"，简称"碳票"。）从学术角度来看，消费者的消费行为是受其预算约束决定的，如果在既有的收入预算约束基础上，增加一个"碳票"预算约束，必然影响消费者在效用最大化目标下的行为选择，必然引导消费者的消费行为朝着生态友好的方向转变（促使消费者基于"碳票约束"而践行减量化、降消耗、循环利用的原则）。通过"碳票"

机制才能使每一个社会成员自觉地参与到可持续发展的实践之中,才能通过消费者的生态环境偏好引导企业生产行为自觉地朝着有利于生态环境友好型的方向转变。

(3) 生产者层面。从学术角度来看,生产者的目标永远是追求利润最大化。只有消费者受到"碳票"约束而改变消费偏好的情形下,企业才有可能为迎合消费者偏好而转变其生产行为,生态环境才有可能真正形成价格与市场优化配置,生态效率才有可能得以最大化。一方面与传统认识中"不断强化生产者环境责任"相比,通过影响消费者选择进而影响企业行为,更具有动力机制的特性。另一方面,从"生态可损耗额度"配置的公平性角度来看,对消费者的初始分配,比对生产者的初始分配更为简单合理。

(4) 产业层面。由于宏观层面的生态承载力约束、微观层面的"生态可损耗额度"约束,其对产业的影响并不是等比例的,而是因各产业及产业关联的"生态环境影响"差异而形成不同程度的影响。也就是说,宏观层面的生态承载力约束、微观层面的"生态可损耗额度"约束,将导致产业结构的调整,也将"倒逼"各产业的绿色化水平。

二 生态效率问题

可持续发展经济学与传统经济学的根本区别就在于,各层级主体的经济活动都应受到生态承载力的约束。亦即,要以生态承载力确立"生态可损耗额度"为约束,来决定各主体的经济活动行为。由此可见,传统经济学指导的经济活动中,生态损耗是无限制的。而可持续发展经济学指导下的经济活动中,"生态可损耗额度"是一种稀缺资源,由此也成为了资源优化配置的对象。

(1) 从宏观经济主体来看,由于"生态可损耗额度"是额定的,所以,如果其效率水平不变的话,则其经济活动规模和增长水平也就确定了。换言之,要想在"生态可损耗额度"是额定的条件下,扩大经济活动规模实现更大的经济增长,唯一的路径就是提高"生态可损耗额度"的使用效率。

由此可见,传统经济学指导下的经济增长方式,可以通过生产要素的扩张方式来实现。而可持续发展经济学指导下的经济增长方式,"生态可损耗额度"这一要素是无法扩张的,且由于"生态可损耗额度"是相对短缺的要素,也就意味着其他生产要素的扩张并不能带来更大的增长,所以,提高"生态可损耗额度"使用效率是其唯一可行的增长方式。

(2) 从生产者角度来看,如果"生态可损耗额度"使用效率较高,可以通过市场交易方式获得更多的"生态可损耗额度",以扩大其生产规模,进而实现其利润最大化的追求目标。反之,如果"生态可损耗额度"使用效率偏低,则会失去其市场竞争优势,失去其市场份额。也就是说,生态效率较高的产能,将逐步替代生态效率较低的传统产能。产能替代,相对于传统的产能扩张,将成为经济发展的主要路径。

(3) 从生产要素的角度来看,只有提高"生态可损耗额度"使用效率,增加生产要素实现经济增长的路径才有可能。否则,任何增加生产要素的行为都是无效的,反而影响了全要素生产率水平。

三 生态公平问题

生态环境问题,亦是各区域之间、各群体之间、各经济主体之间利益关系的一种表现形式。以"公平性"原则来协调各主体间的生态环境利益关系,是可持续发展经济学的应有之义。

(1) 从生态环境维护、生态环境损耗、生态环境治理的角度来看,生态公平问题主要包括:一是生态环境维护责任分担与生态利益分享的公平问题;二是承受经济活动带来的生态环境影响的公平问题;三是生态环境可损耗额度的公平配置问题;四是生态环境治理责任及成本分担的公平问题。

(2) 从公平性准则角度来看,生态环境公平准则,主要有:一是,在实现某一方利益时以不损害其他方的利益为前提(简称"帕累托改进原则");二是,在实现某一方利益而损害另一方利益时应给予受损方足够的补偿(简称"卡尔多改进原则");三是,在出现不均衡时应着重关注处于最不利地位者的利益(简称"罗尔斯公正原则");四是,在可能产生长远影响的情形下以不损害后代人利益为原则(简称"代际原则")。各个公平准则适用不同的生态环境问题。

(3) 从经济学方法角度来看,生态公平主要体现为外部性问题和公有地悲剧问题。外部性问题是指,经济活动主体将其生态环境影响部分或全部转嫁他人承担而不支付相应的成本；公有地悲剧问题是指，经济活动主体将其生态环境影响部分或全部转嫁给自然生态系统承担而导致生态功能的劣化，由全社会和后代人承受其不断劣化的后果。

（4）从经济利益与生态利益的关系来看，生态公平方面还必须有效处理以下问题：一是，各地区、各群体之间的经济发展差距，往往会转化为生态环境问题，例如，污染产业从发达地区向欠发达地区转移，实质上也是经济活动的生态环境影响向欠发达地区转移，最终的结果是自然生态系统承受了这一生态环境影响；二是，各地区、各群体之间的经济发展差距，往往会转化为生态环境领域的不公平问题，例如，欠发达地区民众承受了更大的生态环境影响；三是生态环境规制导致的经济影响，并不是均等的，不同的群体承受着有显著差异的规制后果。例如，某一环境标准的确定，使得相应的绿色技术垄断者获得了市场竞争优势，而其他竞争者则处于竞争劣势。再如，某一污染产业因环境规制而停产，其导致的失业人员则直接承受了其规制后果。

四　生态环境规制的有效性问题

以上讨论的各类生态环境问题，都需要通过生态环境规制来解决。生态承载力约束，要通过确定"生态环境可损耗额度"这样的规制制度来实现；生态环境维护、生态环境治理，要通过构建公共品供给机制来实现，这一机制还必须具有防范"搭便车"的功能；生态效率问题，要通过构建"生态环境可损耗额度"的初始配置和市场交易制度来实现；生态公平问题，要通过有效的博弈机制来实现合理的生态补偿。

生态环境规制，最根本的要求是"有效性"。主要包括：

（1）生态环境规制的生态—经济—民生效应的协调问题。生态环境规制的经济效应是指，生态环境规制实施后导致的产业结构调整和对创新的促进；生态环境规制的民生效应是指，生态环境规制实施后导致的就业影响，对居民健康的影响，对居民公平与幸福感等影响；生态环境规制的生态环境效应是指，生态环境规制实施后导致的生态效率提高等影响。

（2）生态环境规制的利益相关者的利益协调问题。即生态环境规制，应当是全体社会成员与利益相关者博弈的结果，而不应是一厢情愿的强制性规定。

(3) 生态环境规制方式的有效性问题。生态环境规制，实质上是经济增长与生态环境保护的协调。为实现这一协调，是采取同一主体多目标的权衡更为有效，还是采取多主体的相互制衡更为有效，要通过经济学的分析来抉择。

第三节 可持续发展阐释范式与生态环境经济学问题的关系

从物质需求、人文需求、生态需求的角度来看，(1)"生态环境维护"是一个为满足社会成员生态需求的公共品问题，必须通过经济学方法来探讨这一公共品的有效供给机制。(2)"生态环境治理"也是一个为满足社会成员生态需求的公共品问题，必须通过经济学方法来探讨这一公共品的有效供给机制，还必须通过经济学方法探讨更有效率的生态环境治理方式。(3) 物质需求者、人文需求者、生态需求者之间进行交换经济活动的过程中，存在着公平问题，特别是涉及"物质需求"与生态需求的交换过程，存在着是不是帕累托改进的问题，这也是生态公平问题之一。(4) 对于同一个主体而言，满足物质需求、人文需求的过程中要兼顾生态需求的满足，反过来，在以生态环境规制手段实现"生态需求"的过程中，也应兼顾物质需求和人文需求的满足，这是生态环境规制有效性的重要内容。(5) 对于物质需求者、人文需求者、生态需求者多个主体而言，物质需求者、人文需求者的行为过程中要兼顾生态需求者的利益，反过来，生态需求者在实施生态环境规制的过程中，也应兼顾物质需求者和人文需求者的利益，这也是生态环境规制有效性的重要内容。

从物质投入、人文投入、生态投入的角度来看，(1)"生态可损耗权"是各主体进行经济活动过程中的生态投入，"生态投入"与"物质投入""人文投入"通常是不可替代关系。要通过经济学方法探讨如何优化配置生态投入并提高其使用效率。(2) 要通过经济学方法探讨如何协调物质投入、人文投入、生态投入以使在"生态可损耗权"有限的约束下追求经济目标。(3)"生态可损耗权"的加总，就是"生态承载力"所规定的。

从私人、群体、人类整体的利益主体角度来看，(1) 针对整个自然生态系统的"生态环境维护"问题，是人类整体利益主体层级的公共品问题，要通过经济学方法探讨全球各国如何实现这一公共品的有效供给。(2)"生态承载力"问题，是区域层级经济活动的约束条件，要通过经济学方法探讨区域经济活动过程中在生态承载力有限的条件下如何实现其经济目标。(3)"生态环境治理"问题，是区域层级的公共品问题，要通过经济学方法探讨区域内各主体如何实现这一公共品的有效供给。(4)"生态可损耗权"最终将转化为私人层级（消费者、生产者）经济活动的约束条件，要通过经济学方法探讨私人行为者在经济活动中如何优化配置"生态可损耗权"并提高其使用效率。(5)私人经济活动过程中、群体经济社会活动过程中，是否存在以"成本外部化"的方式转嫁其生态环境影响，这也是生态公平问题之一。(6)在实施经济政策和社会发展政策的过程中，各利益主体——私人、群体、人类整体之间应当形成博弈均衡，才是有效的经济政策和社会发展政策。同理，在实施生态环境规制的过程中，各利益主体——私人、群体、人类整体之间应当形成博弈均衡，才是有效的生态环境规制。

第七章

引入生态需求的消费者行为分析

现代经济社会的消费者不仅需要满足衣食住行方面的物质产品的需求，而且还需要得到娱乐、休闲、文化等精神层面的需求，更进一步还需要得到宜居环境、生态系统功能完好等方面的生态需求。生态需求存在的基础是人类生存环境及其构成的非使用价值、存在价值、选择价值。如果把生态需求抽象为消费者消费组合中的一种消费品，那么就可以沿用微观经济学的消费者行为理论对包含生态需求的消费者行为进行经济学的分析。本章即是基于这一思路的分析。

第一节 包含生态需求的效用函数与效用最大化

决定消费者行为的原则是效用最大化，而消费者的效用则决定于消费者对各种消费品的偏好（包括对物质需求类、人文需求类、生态需求类的偏好），效用函数即由消费者偏好所导出。

一 包含生态需求的效用函数

消费者消费一定量的商品所得到的需求满足程度被称为效用，消费者消费多种商品所得到的满足程度用效用函数 U 来描述，记为

$$U = U(x_1, \cdots, x_n) \qquad (7-1)$$

$(x_1, \cdots, x_n)$ 为各种消费品的消费量。假设 x_n 代表生态需求品，其他代表物质需求品和精神需求品，那么上述效用函数就可以用于描述生态需求在消费者行为中的意义。

边际效用是用于衡量某一消费品对消费者效用的"贡献"程度的指

标。生态需求 x_n 的边际效用即为

$$MU_n = \frac{\partial U(x_1, \cdots, x_n)}{\partial x_n} \qquad (7-2)$$

指在其他消费品的消费量不变的条件下,增加消费 1 单位生态需求 x_n 时所带来的效用增加。

描述在保持某一效用水平 U^o 不变情形下两种消费品之间替代关系的指标是边际替代率(Marginal Rate of Substitution, MRS),那么生态需求 x_n 对物质需求 x_j 的边际替代率即为

$$MRS_{nj} = \frac{\partial x_j}{\partial x_n}\bigg|U^o = -\frac{\partial U/\partial x_n}{\partial U/\partial x_j}\bigg|U^o \qquad (7-3)$$

表明一个消费者在其消费行为中生态需求与物质需求的替代关系。

二 包含生态需求的效用最大化条件

消费者的行为目标是在一定支付能力(收入)下使自己的效用水平最大化地决定自己的消费组合。设消费者的支付能力(收入)为 m,可能的消费集为 $(x_1, x_2, \cdots, x_n)$,各种消费品的价格分别为 $(p_1, p_2, \cdots, p_n)$,p_n 即为消费者获得生态需求所需支付的价格。此时消费者面对的效用最大化问题为

$$\begin{cases} \max U = U(x_1, x_2, \cdots, x_n) \\ \text{s.t.} \ p_1 x_1 + p_2 x_2 + \cdots + p_n x_n \leq m \quad (消费预算约束) \\ x_1, x_2, \cdots, x_n \geq 0 \end{cases} \qquad (7-4)$$

(1)效用最大化问题存在内点解(指所有的消费品的消费量均大于 0 时,消费者实现效用最大化)时,可得到效用最大化的消费组合 $(x_1^*, x_2^*, \cdots, x_n^*)$ 满足

$$\frac{\partial U}{\partial x_1}/p_1 = \frac{\partial U}{\partial x_2}/p_2 = \cdots = \frac{\partial U}{\partial x_n}/p_n = \frac{\partial U}{\partial m} \qquad (7-5)$$

其中 $\frac{\partial U}{\partial x_1}, \frac{\partial U}{\partial x_2}, \cdots, \frac{\partial U}{\partial x_n}$ 为各种消费品的边际效用,$\frac{\partial U}{\partial m}$ 为收入的边际效用。效用最大化条件即要求消费者在每一种消费品上单位价格所获得的边际效用与收入的边际效用相等,对于生态需求的满足也应符合这一条件。

（2）而当效用最大化问题的内点解不存在时，可能存在角点解（某些 $x_i \geq 0$ 可能束紧，即部分消费品的消费量为 0 时，消费者实现效用最大化），此时效用最大化的消费组合 $(x_1^*, x_2^*, \cdots, x_n^*)$ 满足

$$\frac{\partial U}{\partial x_i}/p_i = \frac{\partial U}{\partial m} + \mu_i^* \qquad (7-6)$$

其中

$$\begin{cases} \mu_i^* = 0 & \text{当 } x_i^* > 0 \text{ 时} \\ \mu_i^* > 0 & \text{当 } x_i^* = 0 \text{ 时} \end{cases} \qquad (7-7)$$

所以效用最大化的角点解条件为

$$\begin{cases} \dfrac{\partial U}{\partial x_i}/p_i = \dfrac{\partial U}{\partial m} & \text{当 } x_i^* > 0 \text{ 时} \\ \dfrac{\partial U}{\partial x_i}/p_i < \dfrac{\partial U}{\partial m} & \text{当 } x_i^* = 0 \text{ 时} \end{cases} \qquad (7-8)$$

其含义是：如果消费者购买了某一消费品，那么即意味着该消费品的单位价格所能获得边际效用与收入的边际效用相等；而如果消费者没有购买某一消费品，则意味着该消费品单位价格所能带来的边际效用小于收入的边际效用。假如消费者选择满足生态需求 x_n 为 0，则意味着此时生态需求的单位价格所能带来的边际效用小于收入的边际效用。所以，只有当生态需求的单位价格所能带来的边际效用达到收入的边际效用水平时，消费者才会选择生态需求。

三 效用最大化条件下的生态需求函数及其特征

由效用最大化问题可得到的消费者对各种需求的需求函数为

$$x_i = x_i(p_1, \cdots, p_n, m) \quad i = 1, \cdots, n \qquad (7-9)$$

$x_n = x_n(p_1, \cdots, p_n, m)$ 即为消费者的生态需求函数，生态需求不仅与可支配收入水平 m 相关，而且与获得生态需求 p_n 的价格有关，还与获得其他物质需求的价格有关。据此，可以讨论生态需求的需求特征。

（一）生态需求一般为非吉芬（Giffen）物品

消费者需求函数 $x_i = x_i(p_1, \cdots, p_n, m)$，在保持收入 m 不变时，消费品 x_i 的消费需求通常是其价格的减函数，即 $\dfrac{\partial x_i}{\partial p_i} < 0$。即通常情况下，消

费品价格上升会导致消费需求的减少，消费品价格下降会导致消费品需求的增加。但是，消费需求为其价格增函数，即 $\frac{\partial x_i}{\partial p_i} > 0$ 的情形也存在，凡是具有这种特性的消费品被称为吉芬品。吉芬品即是消费需求随着价格上升而增加、随价格下降而减少的特殊类消费品。

应当说明的是，"吉芬品""非吉芬品"的判断，是消费者的消费特征决定的，并非商品本身的特征。

通常情况下，一般的消费者对于生态需求都是非吉芬品，即获得生态需求的价格提高则需求量减小。而对于特定的消费群体来说，生态需求可能是吉芬品，即这类消费者对生态需求随着价格上升而增加、随价格下降而减少。

（二）生态需求与物质需求通常是替代品关系，但也存在作为互补品的情形

消费者需求函数 $x_i = x_i(p_1, \cdots, p_n, m)$，在保持收入 m 不变时，如果一种商品 i 与另一种商品 j 的交叉价格效应为

$$\frac{\partial x_i}{\partial p_j} > 0 \quad i \neq j, \ i, j = 1, 2, \cdots, n \tag{7-10}$$

称 x_i 为 p_j 的替代品，如果

$$\frac{\partial x_i}{\partial p_j} < 0 \quad i \neq j, \ i, j = 1, 2, \cdots, n \tag{7-11}$$

则称 x_i 为 p_j 的互补品。

对于一般的消费者而言，物质需求与生态需求之间是替代品还是互补品呢？通常情况下是替代关系，当物质需求品价格上升时，消费者会减少消费物质需求品而增加消费生态需求品。反之，如果获得生态需求的价格提高也会导致消费者增加消费物质需求品而减少消费生态需求品。但对于与生态环境密切相关的物质品来说（如绿色食品），两者则是互补品关系。

（三）生态需求表现为正常品消费特性，污染的物质产品表现为劣品消费特性

消费者需求函数 $x_i = x_i(p_1, \cdots, p_n, m)$，当消费品价格 $(p_1, \cdots, p_n)$ 保持不变时，通常消费需求 x_i 为收入 m 的增函数，即 $\frac{\partial x_i}{\partial m} > 0$。表明：

消费者收入增加会导致一般消费品的需求增加，收入下降则会导致一般消费品需求的减少，这类消费品称为正常品（normal good）。生态需求的消费特性应当属于"正常品"。

而某些消费品却有相反的特性，即消费需求 x_i 为 m 的减函数，$\frac{\partial x_i}{\partial m} < 0$，即该类消费品随着收入的增加而减少需求，随收入减少而增加需求，这类消费品称为劣品（inferior good）。与生态需求有关的一种情形，污染较大的物质消费品、生态环境质量较低的住房等的消费特性当属于"劣品"。因为当消费者收入水平下降时不得不消费那些污染了的物质品、生态环境质量较低的住房，而当收入增加后就自然会增加消费那些较少污染的产品、生态环境质量较好的住房。

（四）生态需求通常表现为在必需品得到满足之后才予以满足的奢侈品特性

对于消费者需求函数 $x_i = x_i(p_1, \cdots, p_n, m)$，定义消费品 x_i 的需求收入弹性为

$$\eta_i = \frac{\partial x_i}{\partial m} / \frac{x_i}{m} \quad i = 1, \cdots, n \qquad (7-12)$$

在正常品（$\frac{\partial x_i}{\partial m} > 0$）之中，某些消费品具有 $0 < \eta_i < 1$ 的特性，即消费需求随着收入增加而增加，需求增长速度慢于收入增长速度，具有这一特性的消费品称为必需品（necessary good）。另一类消费品，则有 $\eta_i > 1$ 的特性，即消费需求随着收入增加而增加，但需求增长速度快于收入增长速度，凡具有这一特性的消费品称为奢侈品（luxury good）。必需品的含义是收入水平较低时消费较多的消费品，奢侈品的含义则是收入水平较高时消费较多的消费品。从这个意义上来说，生态需求属于"奢侈品"，因为对于一般消费者来说，收入水平较低时必然更关注基本的生活需求，而较少关注生态需求；只有当收入水平不断提高后，才会逐渐注重生态需求的追求。

应当说明的是，"必需品""奢侈品"的判断，是消费者的消费特征决定的，并非商品本身的特征。

（五）"生态环境质量"作为消费品的特性

社会上不同收入水平（不同需求层次）的群体对生态环境质量的需

求有所不同、对生态环境保护与改善的轻重缓急也有着不同的要求,生态环境保护与改善的成本在不同群体之间的分配是不同的、生态环境保护与改善所产生的生态环境效益在不同群体间的分配也是不同的。所以,在制定相应生态环境相关政策、提供生态环境公共品等方面,都应考虑到对不同群体的影响。

(1) 如果把"生态环境质量"当作一个"正常品"来看待,当消费者收入增加(预算约束线上升)时,对"生态环境质量"的需求也增加,表明:高收入群体比低收入群体需要更高的"生态环境质量"。

(2) 如果把"生态环境质量"看作是纯粹的"公共品",所有社会成员消费同一水平的"生态环境质量",社会全体对这一生态环境质量水平做出决定。布莱克(Black,1948)分析认为:如果由简单多数决定的话,生态环境质量是由各成员评价值的中位数决定的。也就是说,这一生态环境质量比高收入群体需要的低、而比低收入群体需要的高,处于两者之间。

(3) "生态环境质量"在很多情形下不是纯粹的"公共品"。蒂布特(Tiebout,1956)的分析:假设地域上不同点的生态环境质量不同且连续、每个人对自己的生活环境有选择的自由、生态环境质量较好的地点租金较高,那么高收入群体会选择生态环境质量较好的地点居住,低收入群体则会选择生态环境质量相对较差的地点居住。在居住均衡状态下,生态环境质量对其他消费品的边际替代率就等于单位"环境质量"的边际成本。

生态环境保护与改善的效益在不同群体间是如何分配的呢?或者说一个有关生态环境质量的项目对哪一个群体更有利呢?可能存在三种不同情形的项目:(1) 对高收入群体、低收入群体都有利的项目,如为改善空气质量而征收排污税;(2) 只对低收入群体有利的项目,如对空气质量制定最低标准,只能使低收入群体受益,因为高收入群体居住区已经满足了最低标准;(3) 只对高收入群体有利的项目,使某些地区免受污染的项目,受益更多的是高收入群体,因为相对而言低收入群体居住区已经被污染了,高收入群体总是有能力选择受污染较少的地方居住。以上几种情形,实际上都可能出现这样一个问题:生态环境质量的提高可能使当地租金水平上升,这样低收入群体会因租金的提高而减少其因环境改善而获得的环境收益,高收入群体则因收取更高的租金而进一步增加其收益,这样反而可能使不同群体间的收入水平差距进一步扩大,这也是环境政策中必须考虑的一个问题。

四 可用于描述包含生态需求的效用函数形式

在经济分析中,可根据生态需求在消费者效用满足过程中的作用以及生态需求与物质需求之间的关系,采用不同形式的效用函数来描述。

(一) 拟线性效用函数

现实经济中,消费者对某些消费品的收入需求弹性很小,如以下形式的效用函数

$$U(x_1, x_2, \cdots, x_n) = x_n + U(x_1, \cdots, x_{n-1}) \quad (7-13)$$

正好能够符合这一特征,即效用最大化问题的解——需求函数与收入无关,记作

$$x_i = x_i(p_1, p_2, \cdots, p_n) \quad (7-14)$$

意味着除生态需求 x_n 外,其他商品的需求量不受收入变化的影响,收入变化只会对 x_n 的需求产生影响。这一形式的效用函数称为拟线性效用函数,适合用于分析某一特定消费品 x_n 对效用等的影响这一类的问题。当消费者的物质需求均看作必需品时,恰好可以采用这一形式的效用函数来描述生态需求 x_n 对消费者效用满足的影响。

消费者收入为 m 的条件下,消费者效用最大化问题为

$$\begin{cases} \max U(x_1, x_2, \cdots, x_n) = x_n + U(x_1, \cdots, x_{n-1}) \\ \text{s.t. } p_1 x_1 + p_2 x_2 + \cdots + p_n x_n = m \end{cases} \quad (7-15)$$

构造拉格朗日函数

$$L = x_n + U(x_1, \cdots, x_{n-1}) - \lambda(p_1 x_1 + p_2 x_2 + \cdots + p_n x_n - m) \quad (7-16)$$

效用最大化条件为

$$\begin{cases} \dfrac{\partial L}{\partial x_n} = p_n - \lambda = 0 \\ \dfrac{\partial L}{\partial x_i} = \dfrac{\partial U}{\partial x_i} - \lambda p_i = 0 \end{cases} \quad i = 1, \cdots, n-1 \quad (7-17)$$

整理得

$$\begin{cases} \dfrac{\partial U}{\partial x_1} = p_1/p_n \\ \dfrac{\partial U}{\partial x_2} = p_2/p_n \\ \dfrac{\partial U}{\partial x_{n-1}} = p_{n-1}/p_n \end{cases} \tag{7-18}$$

由上述各式可求解出各消费品的需求。由于上式均与 m 无关,所以 $(x_1, \cdots, x_{n-1})$ 也与 m 无关,可记为

$$x_1 = x_1 (p_1, p_2, \cdots, p_n) \tag{7-19}$$

$$x_2 = x_2 (p_1, p_2, \cdots, p_n) \tag{7-20}$$

$$x_{n-1} = x_{n-1} (p_1, p_2, \cdots, p_n) \tag{7-21}$$

由预算约束式可求出

$$x_n = m - p_1 x_1 (p_1, p_2, \cdots, p_n) - \cdots - p_{n-1} x_{n-1} \\ (p_1, p_2, \cdots, p_n) \tag{7-22}$$

将 $(x_1, \cdots, x_n)$ 代入效用函数即可求得间接效用函数

$$\begin{aligned} & V (p_1, p_2, \cdots, p_n, m) \\ &= x_1 (p_1, p_2, \cdots, p_n, m) + U [x_2 (p_2, \cdots, p_n), \cdots, \\ & \quad x_n (p_2, \cdots, p_n)] \\ &= m - p_2 x_2 (p_2, \cdots, p_n) - \cdots - p_n x_n (p_2, \cdots, p_n) \\ & \quad + U [x_2 (p_2, \cdots, p_n), \cdots, x_n (p_2, \cdots, p_n)] \end{aligned} \tag{7-23}$$

可记为

$$V (p_1, p_2, \cdots, p_n, m) = m + V (p_1, \cdots, p_n) \tag{7-24}$$

即可直接用收入水平 m 来反映生态需求带来的效用水平。

(二) 线性效用函数

如果一个消费者物质需求 x_1、生态需求 x_2 对其效用满足的影响都是线性的,且相互之间不存在影响的话,那么可以采用以下线性效用函数来描述。

$$U (x_1, x_2) = ax_1 + bx_2 \quad (a, b > 0) \tag{7-25}$$

此时,物质需求与生态需求两种需求被认为是可完全替代的。

设 x_1、x_2 的价格分别为 p_1、p_2,消费者收入为 m,则消费者的预算约束为

$$p_1x_1 + p_2x_2 = m \tag{7-26}$$

代入效用函数得

$$U(x_1, x_2) = ax_1 + b\left(\frac{m - p_1x_1}{p_2}\right)$$

$$= \frac{bm}{p_2} + \left(a - \frac{bp_1}{p_2}\right)x_1 \tag{7-27}$$

这一最大化问题的解分为以下几种情形

(1) $a > \frac{bp_1}{p_2}$存在角点解。此时x_1越大则$U(x_1, x_2)$越大,所以效用最大化的解为

$$\begin{cases} x_2(p_1, p_2, m) = 0 \\ x_1(p_1, p_2, m) = \frac{m}{p_1} \end{cases} \tag{7-28}$$

此即为此时的马歇尔需求函数。间接效用函数为

$$V(p_1, p_2, m) = \frac{am}{p_1} \tag{7-29}$$

(2) $a = \frac{bp_1}{p_2}$存在多个内点解和角点解。此时效用与x_1、x_2无关,所以此时的需求为满足预算约束的所有消费组合,即马歇尔需求为

$$(x_1, x_2) = \{(x_1, x_2) | x_1 \geq 0, x_2 \geq 0, p_1x_1 + p_2x_2 = m\} \tag{7-30}$$

此时的间接效用函数为

$$V(p_1, p_2, m) = \frac{am}{p_1} = \frac{bm}{p_2} \tag{7-31}$$

(3) $a < \frac{bp_1}{p_2}$存在角点解。此时x_1越小则$U(x_1, x_2)$越大,所以效用最大化问题的解为

$$\begin{cases} x_1(p_1, p_2, m) = 0 \\ x_2(p_1, p_2, m) = \frac{m}{p_2} \end{cases} \tag{7-32}$$

此即为此时的马歇尔需求函数。间接效用函数为

$$V(p_1, p_2, m) = \frac{bm}{p_2} \tag{7-33}$$

综合起来，间接效用函数可写作

$$V(p_1, p_2, m) = \max\left\{\frac{am}{p_1}, \frac{bm}{p_2}\right\} \tag{7-34}$$

（三）列昂惕夫形式效用函数

如果一个消费者的物质需求 x_1、生态需求 x_2 对其效用满足的影响都是线性的，且相互之间互补的话，那么可以采用以下形式的效用函数来描述。

$$U(x_1, x_2) = \min\{ax_1, bx_2\} \quad (a, b > 0) \tag{7-35}$$

此时，物质需求与生态需求两种需求被认为是完全不可替代的。

在预算约束为

$$p_1 x_1 + p_2 x_2 = m \tag{7-36}$$

的条件下，效用函数可写作

$$U(x_1, x_2) = \min\left\{ax_1, b\left(\frac{m - p_1 x_1}{p_2}\right)\right\} \tag{7-37}$$

效用最大化的条件为

$$ax_1 = b\left(\frac{m - p_1 x_1}{p_2}\right) \tag{7-38}$$

由此可求得 x_1、x_2 的马歇尔需求函数分别为

$$\begin{cases} x_1(p_1, p_2, m) = \dfrac{bm}{ap_2 + bp_1} \\ x_2(p_1, p_2, m) = \dfrac{am}{ap_2 + bp_1} \end{cases} \tag{7-39}$$

代入效用函数得到间接效用函数为

$$V(p_1, p_2, m) = \frac{abm}{ap_2 + bp_1} \tag{7-40}$$

（四）柯布—道格拉斯形式效用函数

如果一个消费者物质需求 x_1、生态需求 x_2 相互之间既非完全替代，也非完全互补的话，那么可以采用以下形式的效用函数来描述。

$$U(x_1, x_2) = (x_1 - b_1)^{\alpha_1}(x_2 - b_2)^{\alpha_2} \quad (\alpha_1, \alpha_2, b_1, b_2 > 0) \tag{7-41}$$

此时，(α_1, α_2) 两个参数的大小表示物质需求与生态需求在对消费者效用影响的权重。

设两种消费品 x_1、x_2 的价格为 p_1、p_2，消费者的收入为 m，消费者的效用最大化问题为

$$\begin{cases} \max U(x_1, x_2) = (x_1 - b_1)^{\alpha_1}(x_2 - b_2)^{\alpha_2} \\ \text{s.t. } p_1 x_1 + p_2 x_2 = m \end{cases} \quad (7-42)$$

$$x_1 > b_1, \ x_2 > b_2$$

构建拉格朗日函数

$$L = (x_1 - b_1)^{\alpha_1}(x_2 - b_2)^{\alpha_2} - \lambda[(p_1 x_1 + p_2 x_2) - m] \quad (7-43)$$

效用最大化一阶条件为

$$\begin{cases} \dfrac{\partial L}{\partial x_1} = \alpha_1 (x_1 - b_1)^{\alpha_1 - 1}(x_2 - b_2)^{\alpha_2} - \lambda p_1 = 0 \\ \dfrac{\partial L}{\partial x_2} = \alpha_2 (x_1 - b_1)^{\alpha_1}(x_2 - b_2)^{\alpha_2 - 1} - \lambda p_2 = 0 \\ \dfrac{\partial L}{\partial \lambda} = m - (p_1 x_1 + p_2 x_2) = 0 \end{cases} \quad (7-44)$$

由此解得 x_1、x_2 的需求函数分别为

$$\begin{cases} X_1(p_1, p_2, m) = \dfrac{\alpha_1 m + b_1 \alpha_2 p_1 - b_2 \alpha_1 p_2}{(\alpha_1 + \alpha_2) p_1} \\ X_2(p_1, p_2, m) = \dfrac{\alpha_2 m + b_2 \alpha_1 p_2 - b_1 \alpha_2 p_1}{(\alpha_1 + \alpha_2) p_2} \end{cases} \quad (7-45)$$

五　"消费碳票"约束如何影响消费者行为

在推动可持续发展的过程中，不仅需要宏观政策理念与制度的改变，更需要微观需求基础的支撑。微观基础，就是要形成具有生态友好型需求偏好的消费群体。消费者消费偏好的改变，势必成为可持续发展的引导力量。宏观层面基于"生态承载力"，必然形成生态环境可损耗总量（经济活动的生态环境影响一旦超过了这一总量，就意味着突破了生态承载力，从而导致生态系统功能的劣化）。宏观上的"生态可损耗总量"（如碳排放总量，污染排放总量等），如果从消费者方面进行配置的话，就必然形成消费者的"生态可损耗配额"（起到类似于"粮票"限量供给粮食的功用，姑且称之为"消费碳票"或"碳票"）。

对消费者推行"碳票机制"①,可以作为引导消费者偏好与生产者行为转变的核心变量。从学术角度来看,"碳票"的逻辑机制是这样的:消费者行为是受其预算约束决定的,如果在既有的收入预算约束基础上,增加一个"碳票"预算约束,必然影响消费者在效用最大化目标下的行为选择。任何产品及服务所包含的碳排放量是可计量的并可予以标注,每一个消费者在一定时期内消费产品及服务所包含的碳排放总量是有限度、有配额的,每一笔消费都须支付相应的"碳票","碳票"用完后,就失去了消费支付能力。因此,消费者在实现效用最大化的过程中,不仅要受到收入预算约束,而且还要受到"碳票"预算约束。在这一制度下,消费者必须根据产品的碳含量而进行"精打细算"的消费选择,低碳化是其优化选择的必然方向。在消费者的偏好和选择朝着低碳化方向转变之后,市场机制必然诱导生产者为迎合消费需求也朝着低碳化方向转变。

本小节采用消费者效用最大化决定其消费行为的方法,讨论"消费碳票"对消费者行为的影响。

消费者的行为目标是在一定支付能力(可支配收入和可支配"消费碳票")下使自己的效用水平最大化地决定自己的消费组合。设消费者的支付能力(可支配收入和可支配"消费碳票")分别为 M 和 Q,可能的消费集为 $(x_1, x_2, \cdots, x_n)$,各种消费品的价格分别为 $(p_1, p_2, \cdots, p_n)$,各种消费品对应的单位碳含量分别为 $(q_1, q_2, \cdots, q_n)$。此时消费者面对的效用最大化问题为:

$$\begin{cases} \max U = U(x_1, x_2, \cdots, x_n) \\ s.t.\ p_1x_1 + p_2x_2 + \cdots + p_nx_n \leq M \\ s.t.\ q_1x_1 + q_2x_2 + \cdots + q_nx_n \leq Q \\ x_1, x_2, \cdots, x_n \geq 0 \end{cases} \qquad (7-46)$$

---

① 针对这一问题,笔者提出一个具体建议:逐步推行产品及服务都须在其标识物上注明该产品(服务)在生产和废弃过程中碳排放水平的制度。这样一种行动如果能够持续坚持下去,那么必然会使消费者在消费过程中对消费行为产生一定的价值约束,那样会对消费偏好、消费行为选择起到一定的引导作用,进而对企业生产过程中的资源耗费和污染产生起到一定的抑制作用,从而引导企业转向发展绿色产品。近年来,英国、丹麦、日本尝试将某些生产商品都标明其"碳排放量"。这些事例印证了笔者这一主张的实践意义和现实可行性。"各种消费品对应的单位碳含量",可引入下文所讨论的消费者效用最大化问题中,也具有学理讨论价值。

（1）效用最大化问题存在内点解（指所有的消费品的消费量均大于0时，消费者实现效用最大化）时，可得到效用最大化的消费组合（x_1^*，x_2^*，…，x_n^*）满足

$$\frac{\partial U}{\partial x_1} = \frac{\partial U}{\partial x_2} = \cdots = \frac{\partial U}{\partial x_n} = \frac{\partial U}{\partial M}p_1 + \frac{\partial U}{\partial Q}q_1 = \cdots = \frac{\partial U}{\partial M}p_n + \frac{\partial U}{\partial Q}q_n \quad (7-47)$$

其中 $\frac{\partial U}{\partial x_1}$，$\frac{\partial U}{\partial x_2}$，…，$\frac{\partial U}{\partial x_n}$ 为各种消费品的边际效用，$\frac{\partial U}{\partial M}$ 为可支配收入的边际效用，$\frac{\partial U}{\partial Q}$ 为可支配"消费碳票"的边际效用。效用最大化条件即要求消费者在每一种消费品上所获得的边际效用与可支配收入及可支配"消费碳票"的加权边际效用相等。

（2）而当效用最大化问题的内点解不存在时，可能存在角点解（某些 $x_i \geq 0$ 可能束紧，即部分消费品的消费量为0时，消费者实现效用最大化），此时效用最大化的消费组合（x_1^*，x_2^*，…，x_n^*）满足

$$\frac{\partial U}{\partial x_i} = \frac{\partial U}{\partial M}p_i + \frac{\partial U}{\partial Q}q_i + \mu_i^* \quad (7-48)$$

其中

$$\begin{cases} \mu_i^* = 0 & \text{当 } x_i^* > 0 \text{ 时} \\ \mu_i^* > 0 & \text{当 } x_i^* = 0 \text{ 时} \end{cases} \quad (7-49)$$

所以效用最大化的角点解条件为

$$\begin{cases} \dfrac{\partial U}{\partial x_i} = \dfrac{\partial U}{\partial M}p_i + \dfrac{\partial U}{\partial Q}q_i & \text{当 } x_i^* > 0 \text{ 时} \\ \dfrac{\partial U}{\partial x_i} < \dfrac{\partial U}{\partial M}p_i + \dfrac{\partial U}{\partial Q}q_i & \text{当 } x_i^* = 0 \text{ 时} \end{cases} \quad (7-50)$$

其含义是：如果消费品购买了某一消费品，那么即意味着该消费品所能获得边际效用与可支配收入及可支配"消费碳票"的加权边际效用相等；而如果消费者没有购买某一消费品，则意味着该消费品所带来的边际效用小于加权边际效用。

第二节　生态需求的价格变动对消费者行为的影响

接下来讨论在消费者的消费行为中生态需求对其自身价格变动以及物

质需求产品价格变动的反应。

一 生态需求的价格变动效应

(一) 消费支出最小化问题

消费者为实现某一既定的效用水平时,其行为目标就是使自己的支出尽可能地小。在固定效用水平 U 的情况下,消费者面对的支出最小化问题为

$$\begin{cases} \min m = p_1 x_1 + \cdots + p_n x_n \\ \text{s.t. } U(x_1, \cdots, x_n) = U \\ x_1, \cdots, x_n > 0 \end{cases} \quad (7-51)$$

支出最小化的条件为

$$\frac{\partial U(x_1^*, \cdots, x_n^*)/\partial x_i}{\partial U(x_1^*, \cdots, x_n^*)/\partial x_j} = \frac{p_i}{p_j} \quad i, j = 1, \cdots, n \quad (7-52)$$

该条件与效用最大化的条件完全一致,这也表明效用最大化问题与支出最小化问题具有对偶性,效用最大化问题是在一定的预算线上、在可行的消费集内寻找达到尽可能高效用的消费组合点 $(x_1^*, \cdots, x_n^*)$;支出最小化问题则是在给定的效用水平(即给定的无差异曲线)上寻找使支出最小化的消费组合点 $(x_1^*, \cdots, x_n^*)$。

支出最小化问题得出的最优消费组合 $(x_1^*, \cdots, x_n^*)$ 是各消费品价格 $(p_1, \cdots, p_n)$ 及既定效用水平 U 的函数,记为

$$x_i = D_i(p_1, \cdots, p_n, U) \quad i = 1, \cdots, n \quad (7-53)$$

称为补偿需求函数(Compensated demand function)或希克斯(Hicks)需求函数。

将补偿需求函数代入支出表达式,即得到最小的支出水平 m,亦为各消费品价格 $(p_1, \cdots, p_n)$ 及既定效用水平 U 的函数,记为

$$\begin{aligned} m &= p_1 D_1(p_1, \cdots, p_n, U) + \cdots + p_n D_n(p_1, \cdots, p_n, U) \\ &= e(p_1, \cdots, p_n, U) \end{aligned} \quad (7-54)$$

称为补偿收入(Compensated income)函数。

在消费者为实现某一既定效用水平而追求支出最小化的条件下,也可以求出生态需求的补偿需求函数

$$x_n = D_n(p_1, \cdots, p_n, U) \qquad (7-55)$$

意味着在实现某一既定效用时对生态需求的最佳追求量。

(二) 斯勒茨基 (Slutsky) 方程与价格变动效应

消费者在一定的预算约束条件下为实现效用最大化而选择了其最优的消费组合 $(x_1^*, \cdots, x_n^*)$，假设某一消费品的价格（不妨设 x_1 的价格 p_1）发生上升变化，那么该消费者的预算约束将相应地发生变化，此时消费者为实现效用最大化而会决定一个新的最优消费组合 $(x_1^{**}, \cdots, x_n^{**})$；如果在 p_1 变化后，若想恢复到 p_1 变化前同等的效用水平，则需要追加适当的支出，此时消费者的预算约束将平行移动，消费者根据效用最大化目标再次决定其最优的消费组合 $(x_1^{***}, \cdots, x_n^{***})$。这一变化称为价格变动效应。这一变动过程可看作替代效应 (effect of substitution，即指效用水平保持不变时，由价格变化而引起的需求量变化) 和收入效应 (effect of income，即在消费品价格不变的条件下，完全由收入变动而引起的需求量变化) 之和。如图 7-1 所示，$x_1^{**} - x_1^*$ 为价格效应，$x_1^{***} - x_1^*$ 为替代效应，$x_1^{***} - x_1^{**}$ 为收入效应。

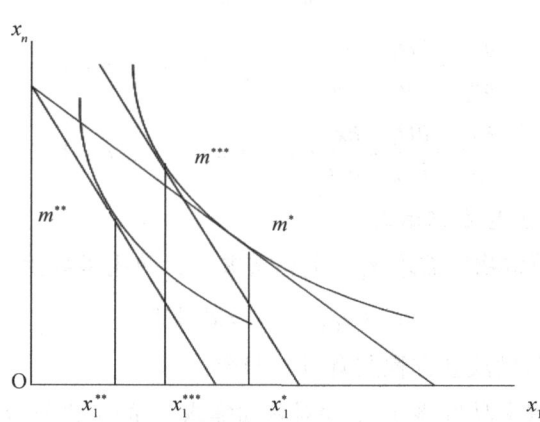

图 7-1 价格效应、替代效应、收入效应

消费者行为理论中的斯勒茨基方程就描述了价格变动效应、替代效应、收入效应之间的关系。由消费者效用最大化而导出的需求函数 $x_i(p_1, p_2, \cdots, p_n, m)(i=1, \cdots, n)$，与由消费者支出最小化而导出的补偿需求函数 $D_i(p_1, p_2, \cdots, p_n, U)(i=1, \cdots, n)$ 之间存在以下关系式：

$$\frac{\partial x_i}{\partial p_j} = \frac{\partial D_i}{\partial p_j} - \frac{\partial x_i}{\partial m} \cdot x_j \quad i,j = 1, \cdots, n \tag{7-56}$$

该关系式被称为斯勒茨基方程。该方程反映了价格变动效应可分解为替代效应和收入效应。方程中 $\frac{\partial x_i}{\partial p_j}$ 即为 x_j 的价格 p_j 的变动给消费品 x_i 的需求带来的影响（价格变动效应），$\frac{\partial D_i}{\partial p_j}$ 即为 p_j 变动时，消费者效用水平不变的替代效应；$-\frac{\partial x_i}{\partial m} \cdot x_j$ 即为保持消费品价格不变时完全由收入变动而引起的收入效应。

（三）生态需求价格变化的替代效应和收入效应

由斯勒茨基方程即可分析生态需求的获得价格对生态需求本身的价格变动效应、替代效应、收入效应，物质需求的价格对生态需求的价格变动效应、替代效应、收入效应，生态需求的获得价格对各种物质需求的价格变动效应、替代效应、收入效应，可分别表示为

$$\frac{\partial x_n}{\partial p_n} = \frac{\partial D_n}{\partial p_n} - \frac{\partial x_n}{\partial m} \cdot x_n \tag{7-57}$$

$$\frac{\partial x_n}{\partial p_j} = \frac{\partial D_n}{\partial p_j} - \frac{\partial x_n}{\partial m} \cdot x_j \quad j = 1, \cdots, n-1 \tag{7-58}$$

$$\frac{\partial x_i}{\partial p_n} = \frac{\partial D_i}{\partial p_n} - \frac{\partial x_i}{\partial m} \cdot x_n \quad i = 1, \cdots, n-1 \tag{7-59}$$

（四）斯勒茨基方程示例

某消费者消费物质需求 x_1、生态需求 x_2，效用函数为

$$U(x_1, x_2) = x_1^\alpha x_2^{1-\alpha} \tag{7-60}$$

1. 所有的斯勒茨基方程共有以下四个：

（1）物质需求品价格 p_1 变动对物质需求 x_1 的价格效应方程

$$\frac{\partial x_1(p_1, p_2, m)}{\partial p_1} = \frac{\partial D_1(p_1, p_2, U)}{\partial p_1} - \frac{\partial x_1(p_1, p_2, m)}{\partial m} \cdot x_1 \tag{7-61}$$

其中 $\frac{\partial D_1(p_1, p_2, U)}{\partial p_1}$ 为 p_1 变动对 x_1 的替代效应，$-\frac{\partial x_1(p_1, p_2, m)}{\partial m} \cdot x_1$ 为 p_1 变动对 x_1 的收入效应。

第七章　引入生态需求的消费者行为分析　/　243

(2) 物质需求品价格 p_1 变动对生态需求 x_2 的价格效应方程

$$\frac{\partial x_2(p_1, p_2, m)}{\partial p_1} = \frac{\partial D_2(p_1, p_2, U)}{\partial p_1} - \frac{\partial x_2(p_1, p_2, m)}{\partial m} \cdot x_1 \tag{7-62}$$

其中 $\dfrac{\partial D_2(p_1, p_2, U)}{\partial p_1}$ 为 p_1 变动时对 x_2 的替代效应，$-\dfrac{\partial x_2(p_1, p_2, m)}{\partial m} \cdot x_1$ 为 p_1 变动对 x_2 的收入效应。

(3) 生态需求品 p_2 变动对物质需求 x_1 的价格效应方程

$$\frac{\partial x_1(p_1, p_2, m)}{\partial p_2} = \frac{\partial D_1(p_1, p_2, U)}{\partial p_2} - \frac{\partial x_1(p_1, p_2, m)}{\partial m} \cdot x_2 \tag{7-63}$$

其中 $\dfrac{\partial D_1(p_1, p_2, U)}{\partial p_2}$ 为 p_2 变动对 x_1 的替代效应，$-\dfrac{\partial x_1(p_1, p_2, m)}{\partial m} \cdot x_2$ 为 p_2 变动对 x_1 的收入效应。

(4) 生态需求品 p_2 变动对生态需求 x_2 的价格效应方程

$$\frac{\partial x_2(p_1, p_2, m)}{\partial p_2} = \frac{\partial D_2(p_1, p_2, U)}{\partial p_2} - \frac{\partial x_2(p_1, p_2, m)}{\partial m} \cdot x_2 \tag{7-64}$$

其中 $\dfrac{\partial D_2(p_1, p_2, U)}{\partial p_2}$ 为 p_2 变动时 x_2 的替代效应，$-\dfrac{\partial x_2(p_1, p_2, m)}{\partial m} \cdot x_2$ 为 p_2 变动对 x_2 的收入效应。

2. 可以通过求解效用最大化问题和支出最小化问题来验证所有的斯勒茨基方程。

效用最大化问题为

$$\begin{cases} \max U = x_1^\alpha x_2^{1-\alpha} \\ \text{s. t. } p_1 x_1 + p_2 x_2 = m \end{cases} \tag{7-65}$$

最大化的一阶条件为

$$\frac{\partial U / \partial x_1}{\partial U / \partial x_2} = \frac{\alpha x_2}{(1-\alpha) x_1} = \frac{p_1}{p_2} \tag{7-66}$$

求得马歇尔需求函数及间接效用函数为

$$\begin{cases} x_1(p_1, p_2, m) = \dfrac{\alpha m}{p_1} \\ x_2(p_1, p_2, m) = \dfrac{(1-\alpha)m}{p_2} \\ V(p_1, p_2, m) = m\left(\dfrac{\alpha}{p_1}\right)^{\alpha}\left(\dfrac{1-\alpha}{p_2}\right)^{1-\alpha} \end{cases} \quad (7-67)$$

消费支出最小化问题为

$$\begin{cases} \min m = p_1 x_1 + p_2 x_2 \\ \text{s. t. } x_1^{\alpha} x_2^{1-\alpha} = U \end{cases} \quad (7-68)$$

一阶条件同为

$$\frac{\partial U/\partial x_1}{\partial U/\partial x_2} = \frac{\alpha x^2}{(1-\alpha)x_1} = \frac{p_1}{p_2} \quad (7-69)$$

求得希克斯需求函数为

$$\begin{cases} D_1(p_1, p_2, U) = U \cdot \left(\dfrac{\alpha}{1-\alpha}\dfrac{p_2}{p_1}\right)^{1-\alpha} \\ D_2(p_1, p_2, U) = U \cdot \left(\dfrac{1-\alpha}{\alpha}\dfrac{p_1}{p_2}\right)^{\alpha} \end{cases} \quad (7-70)$$

验证（1）

$$\frac{\partial x_1(p_1, p_2, m)}{\partial p_1} = -\frac{\alpha m}{p_1^2}$$

$$\frac{\partial D_1(p_1, p_2, U)}{\partial p_1} = -\frac{(1-\alpha)}{p_1} U \cdot \left(\frac{\alpha}{1-\alpha}\frac{p_2}{p_1}\right)^{1-\alpha}$$

$$= -\frac{(1-\alpha)}{p_1}\left(\frac{\alpha}{1-\alpha}\frac{p_2}{p_1}\right)^{1-\alpha} \cdot V(p_1, p_2, m)$$

$$= -\frac{(1-\alpha)}{p_1}\left(\frac{\alpha}{1-\alpha}\frac{p_2}{p_1}\right)^{1-\alpha} \cdot \left[m\left(\frac{\alpha}{p_1}\right)^{\alpha}\left(\frac{1-\alpha}{p_2}\right)^{1-\alpha}\right]$$

$$= -\frac{\alpha(1-\alpha)m}{p_1^2}$$

$$\frac{\partial x_1(p_1, p_2, m)}{\partial m} \cdot x_1 = \frac{\partial}{\partial p_1} \cdot \frac{\alpha m}{p_1} = \frac{\alpha^2 m}{p_1^2} \quad (7-71)$$

所以

$$\frac{\partial D_1(p_1, p_2, U)}{\partial p_1} - \frac{\partial x_1(p_1, p_2, m)}{\partial m} \cdot x_1 = -\frac{\alpha(1-\alpha)m}{p_1^2} - \frac{\alpha^2 m}{p_1^2}$$

$$= -\frac{\alpha m}{p_1^2}$$

$$= \frac{\partial x_1\ (p_1,\ p_2,\ m)}{\partial p_1} \qquad (7-72)$$

验证（2）

$$\frac{\partial x_2\ (p_1,\ p_2,\ m)}{\partial p_1} = 0$$

$$\frac{\partial D_2\ (p_1,\ p_2,\ U)}{\partial p_1} = \frac{\alpha}{p_1}\left(\frac{1-\alpha p_1}{\alpha\ p_2}\right)^\alpha \cdot U$$

$$= \frac{\alpha}{p_1}\left(\frac{1-\alpha p_1}{\alpha\ p_2}\right)^\alpha \cdot V\ (p_1,\ p_2,\ m)$$

$$= \frac{\alpha}{p_1}\left(\frac{1-\alpha p_1}{\alpha\ p_2}\right)^\alpha \cdot \left[m\left(\frac{\alpha}{p_1}\right)^\alpha \left(\frac{1-\alpha}{p_2}\right)^{1-\alpha}\right]$$

$$= \frac{\alpha\ (1-\alpha)\ m}{p_1 p_2}$$

$$\frac{\partial x_2\ (p_1,\ p_2,\ m)}{\partial m} \cdot x_1 = \frac{1-\alpha}{p_2} \cdot \frac{\alpha m}{p_1} = \frac{\alpha\ (1-\alpha)\ m}{p_1 p_2} \qquad (7-73)$$

所以

$$\frac{\partial D_2\ (p_1,\ p_2,\ U)}{\partial p_1} - \frac{\partial x_2\ (p_1,\ p_2,\ m)}{\partial m} \cdot x_1 = \frac{\partial x_2\ (p_1,\ p_2,\ m)}{\partial p_1} = 0$$

$$(7-74)$$

验证（3）

$$\frac{\partial x_1\ (p_1,\ p_2,\ m)}{\partial p_2} = 0$$

$$\frac{\partial D_1\ (p_1,\ p_2,\ U)}{\partial p_2} = \frac{1-\alpha}{p_2}\left(\frac{\alpha\ p_2}{1-\alpha p_1}\right)^{1-\alpha} \cdot U$$

$$= \frac{1-\alpha}{p_2}\left(\frac{\alpha\ p_2}{1-\alpha p_1}\right)^{1-\alpha} \cdot \left[m\left(\frac{\alpha}{p_1}\right)^\alpha \left(\frac{1-\alpha}{p_2}\right)^{1-\alpha}\right]$$

$$= \frac{\alpha\ (1-\alpha)\ m}{p_1 p_2}$$

$$\frac{\partial x_1\ (p_1,\ p_2,\ U)}{\partial m} \cdot x_2 = \frac{\alpha}{p_1} \cdot \frac{(1-\alpha)\ m}{p_2} = \frac{\alpha\ (1-\alpha)\ m}{p_1 p_2} \qquad (7-75)$$

所以

$$\frac{\partial D_1(p_1, p_2, m)}{\partial p_2} - \frac{\partial x_1(p_1, p_2, m)}{\partial m} \cdot x_2 = \frac{\partial x_1(p_1, p_2, m)}{\partial p_2} = 0$$

(7-76)

验证（4）

$$\frac{\partial x_2(p_1, p_2, m)}{\partial p_2} = -\frac{(1-\alpha)m}{p_2^2}$$

$$\frac{\partial D_2(p_1, p_2, U)}{\partial p_2} = -\frac{\alpha}{p_2}\left(\frac{1-\alpha}{\alpha}\frac{p_1}{p_2}\right)^\alpha U$$

$$= -\frac{\alpha}{p_2}\left(\frac{1-\alpha}{\alpha}\frac{p_1}{p_2}\right)^\alpha \cdot V(p_1, p_2,)$$

$$= -\frac{\alpha}{p_2}\left(\frac{1-\alpha}{\alpha}\frac{p_1}{p_2}\right)^\alpha \cdot \left[m\left(\frac{\alpha}{p_1}\right)^\alpha \left(\frac{1-\alpha}{p_2}\right)^{1-\alpha}\right]$$

$$= -\frac{\alpha(1-\alpha)m}{p_2^2}$$

$$\frac{\partial x_2(p_1, p_2, m)}{\partial m} \cdot x_2 = \frac{1-\alpha}{p_2} \cdot \frac{(1-\alpha)m}{p_2} = \frac{(1-\alpha)^2 m}{p_2^2} \qquad (7-77)$$

所以

$$\frac{\partial D_2(p_1, p_2, U)}{\partial p_2} - \frac{\partial x_2(p_1, p_2, m)}{\partial m} \cdot x_2$$

$$= -\frac{(1-\alpha)m}{p_2^2} = \frac{\partial x_1(p_1, p_2, m)}{\partial p_2} \qquad (7-78)$$

3. 用一些具体数据（如：$p_1 = 1$、$p_2 = 1$、$m = 1$），可以计算出 p_1 变动对 x_1 和 x_2 的价格变动效应、替代效应和收入效应。

当 $p_1 = 1$，$p_1 = 1$，$m = 1$

$$\frac{\partial x_1(p_1, p_2, m)}{\partial p_1} = -\frac{\alpha m}{p_1^2} = -\alpha \qquad (7-79)$$

表明 p_1 变化 1 单位导致 x_1 需求变化为 $-\alpha$。

$$\frac{\partial D_1(p_1, p_2, m)}{\partial p_1} = -\frac{\alpha(1-\alpha)m}{p_1^2} = -\alpha(1-\alpha) \qquad (7-80)$$

表明 p_1 变化 1 单位对 x_1 产生的替代效应为 $-\alpha(1-\alpha)$。

$$-\frac{\partial x_1(p_1, p_2, m)}{\partial m} \cdot x_1 = -\frac{\alpha^2 m}{p_1^2} = -\alpha^2 \qquad (7-81)$$

表明 p_1 变化 1 单位对 x_1 产生的收入效应为 $-\alpha^2$。

$$\frac{\partial x_2 (p_1, p_2, m)}{\partial p_1} = 0 \qquad (7-82)$$

表明 p_1 的变化不对 x_2 的需求产生影响。

$$\frac{\partial D_2 (p_1, p_2, m)}{\partial p_1} = \frac{\alpha (1-\alpha) m}{p_1 p_2} = \alpha (1-\alpha) \qquad (7-83)$$

表明 p_1 变动 1 单位，对 x_2 产生的替代效应为 $\alpha (1-\alpha) > 0$。

$$-\frac{\partial x_2 (p_1, p_2, m)}{\partial m} \cdot x_1 = -\frac{\alpha (1-\alpha) m}{p_1 p_2} = -\alpha (1-\alpha) \qquad (7-84)$$

表明 p_1 变动 1 单位，对 x_2 产生的收入效应为 $-\alpha (1-\alpha)$，正好与替代效应相抵消。

二 包含生态需求的效用币值、等值变化和补偿变化

（一）效用币值、等值变化、补偿变化

由于效用函数描述的效用数值是没有实际意义的，但人们往往会考虑某一效用水平相当于多少币值的价值。这一问题可表述为：在某一消费品组合 $(x_1, x_2, \cdots, x_n)$ 及给定价格 $(p_1, p_2, \cdots, p_n)$ 情况下，为达到某一效用水平至少要支付多少支出，这一最小的支出就相当于某效用水平的币值标价。

直接效用币值（money metric utility）定义为与支出函数相同。

$$m (p_1, p_2, \cdots, p_n, x_1, x_2, \cdots, x_n)$$
$$= e (p_1, p_2, \cdots, p_n, U) \qquad (7-85)$$

可直接为特定的消费组合带来的效用标价。

间接效用币值定义为

$$s (p_1, p_2, \cdots, p_n; q_1, q_2, \cdots, q_n, m)$$
$$= e (p_1, p_2, \cdots, p_n, U (q_1, q_2, \cdots, q_n, m)) \qquad (7-86)$$

即原来消费品的价格为 $(q_1, q_2, \cdots, q_n)$、消费者收入为 m，现今价格调整为 $(p_1, p_2, \cdots, p_n)$，那么需要如何调整消费者收入，才能使消费者效用水平不受影响。间接效用币值即是随着价格变化所要求收入的变化。间接效用币值可用于以价格 $(q_1, q_2, \cdots, q_n)$ 为比较基价来比较各种不同价格下的效用币值变化。如报告期价格 $(p_1^1, p_2^1, \cdots, p_n^1)$ 与基

期价格 $(p_1^0, p_2^0, \cdots, p_n^0)$ 之间的效用币值差为

$$S(q_1, \cdots, q_n; p_1^1, \cdots, p_n^1, m)$$
$$-S(q_1, \cdots, q_n; p_1^0, \cdots, p_n^0, m) \quad (7-87)$$

如果以基期价格为比较基价,称该效用价值变化为等值变化(equivalent variation, EV),即

$$EV = s(p_1^1, \cdots, p_n^1; p_1^0, \cdots, p_n^0, m) - s(p_1^0, \cdots, p_n^0; p_1^0, \cdots, p_n^0, m)$$
$$= s(p_1^1, \cdots, p_n^1; p_1^0, \cdots, p_n^0, m) - m \quad (7-88)$$

如果以报告期价格为比较基价,称该效用币值为补偿变化(equivalent variation, EV),即

$$CV = s(p_1^1, \cdots, p_n^1; p_1^{\ 1}, \cdots, p_n^1, m) - s(p_1^0, \cdots, p_n^0; p_1^1 \cdots, p_n^1, m)$$
$$= m - s(p_1^0, \cdots, p_n^0; p_1^1, \cdots, p_n^1; m) \quad (7-89)$$

(二) 与生态需求有关的等值变化和补偿变化

EV 和 CV 是两个具有确切含义的消费者福利变化(效用币值变化)的分析指标。当消费组合中包含生态需求时,如果其他物质产品价格不动,此时就可获得生态需求价格的变动对消费者福利的影响。

等值变化意味着某一可能发生的行为将导致生态需求的变化,消费者至多愿意给予多大的支付使这一行为不致发生。即"最大意愿支付"(WTP)。

补偿变化意味着某一行为导致生态需求的变化,至少需要给以多大的收入补偿才能使消费者的福利不致减少。即"最小意愿补偿"(WTA)。

这一组概念,经常用于有关经济行为导致生态环境变化的价值评估。即当生态需求品体现在产品价格之中时(例如,有生态公园的住宅区价格高于一般住宅区,这一生态需求就体现在价格之中,而不是体现为独立的生态需求品),此时,要衡量生态公园的价值就要采用"最大意愿支付"(WTP)或"最小意愿补偿"(WTA)方法来评价。

举一个例子来介绍通过消费者效用函数分析消费者效用币值的方法。假设某消费者消费物质需求品 x 和生态需求品 y 两种消费品,效用函数为

$$U = xy \quad (7-90)$$

设基期和报告期价格分别为 (p_x^0, p_y^0) 和 (p_x^1, p_y^1)。

(1) 求直接效用币值函数。直接效用币值即是对应于一定价格水平

(p_x, p_y) 和一定效用水平 U 的最小支出。最小支出问题为

$$\begin{cases} \min m = p_x x + p_y y \\ \text{s. t. } xy = U \end{cases} \quad (7-91)$$

构造拉格朗日函数

$$L = p_x x + p_y y - \lambda (xy - U) \quad (7-92)$$

支出最小化条件为

$$\begin{cases} \dfrac{\partial L}{\partial x} = p_x - \lambda y = 0 \\ \dfrac{\partial L}{\partial y} = p_y - \lambda x = 0 \\ \dfrac{\partial L}{\partial \lambda} = U - xy = 0 \end{cases} \quad (7-93)$$

由此求得消费者的补偿需求分别为

$$\begin{cases} x(p_x, p_y, U) = \left(\dfrac{p_y}{p_x} U\right)^{\frac{1}{2}} \\ y(p_x, p_y, U) = \left(\dfrac{p_x}{p_y} U\right)^{\frac{1}{2}} \end{cases} \quad (7-94)$$

代入支出表达式即得直接效用币值函数为

$$m(p_x, p_y, U) = 2(p_x, p_y, U)^{\frac{1}{2}} \quad (7-95)$$

（2）求间接效用币值函数。间接效用币值即是指消费品价格变化后，使消费者效用不受影响的收入调整，亦即将间接效用函数代入直接效用币值函数求出。

先求间接效用函数。消费者效用最大化问题为

$$\begin{cases} \max U = xy \\ \text{s. t. } p_x x + p_y y = m \end{cases} \quad (7-96)$$

构造拉格朗日函数

$$L = xy - \lambda (p_x x + p_y y - m) \quad (7-97)$$

效用最大化条件为

$$\begin{cases} \frac{\partial L}{\partial x} = y - \lambda p_x = 0 \\ \frac{\partial L}{\partial y} = x - \lambda p_y = 0 \\ \frac{\partial L}{\partial \lambda} = m - p_x x - p_y y = 0 \end{cases} \quad (7-98)$$

由此解得需求函数为

$$x(p_x, p_y, m) = \frac{m}{2p_x}$$
$$y(p_x, p_y, m) = \frac{m}{2p_y} \quad (7-99)$$

代回到效用函数即求得间接效用函数

$$U(p_x, p_y, m) = \frac{m^2}{4p_x p_y} \quad (7-100)$$

将其代入直接效用币值函数，即得间接效用币值函数

$$\begin{aligned} S(p_x^1, p_y^1; p_x^0, p_y^0, m) &= m(p_x^1, p_y^1, u(p_x^0, p_y^0, m)) \\ &= 2\left[p_x^1 p_y^1 \left(\frac{m^2}{4p_x^0 p_y^0}\right)\right]^{\frac{1}{2}} \\ &= \left(\frac{p_x^1 p_y^1}{p_x^0 p_y^0}\right)^{\frac{1}{2}} m \end{aligned} \quad (7-101)$$

（3）求消费者实质收入的变化。消费者实质收入的变化，即是价格变动后间接效用币值的变化。以基期价格为比较基价的效用币值变化为等值变化（EV），以报告期价格为比较基价的效用币值变化为补偿变化（CV）。本题中等值变化为

$$\begin{aligned} EV &= s(p_x^0, p_y^0; p_x^1, p_y^1, m) - s(p_x^0, p_y^0; p_x^0, p_y^0, m) \\ &= \left(\frac{p_x^0 p_y^0}{p_x^1 p_y^1}\right)^{\frac{1}{2}} m - m \end{aligned} \quad (7-102)$$

补偿变化为

$$CV = s(p_x^1, p_y^1; p_x^1, p_y^1, m) - s(p_x^1, p_y^1; p_x^0, p_y^0, m)$$

$$= m - \left(\frac{p_x^1 p_y^1}{p_x^0 p_y^0}\right)^{\frac{1}{2}} m \tag{7-103}$$

（三）环境经济学中的意愿调查

意愿调查法（Contingent Valuation Method，CVM）是指通过调查，推导出人们对环境资源的假想变化的评价方法，可用于对生态环境价值进行评估。

这一方法运用两个最基本的概念即支付意愿（Willingness to Pay，WTP）与接受意愿（Willingness to Accept，WTA），这两个概念是对环境资源经济价值进行货币评估的基础。

考虑一个消费者面临两种消费选择的简单例子，一种选择代表其总货币收入（M），拥有货币能购买所有市场交易产品或服务。另一种选择是享受环境商品——如空气质量的改善，用 E 表示（见图7-2）。

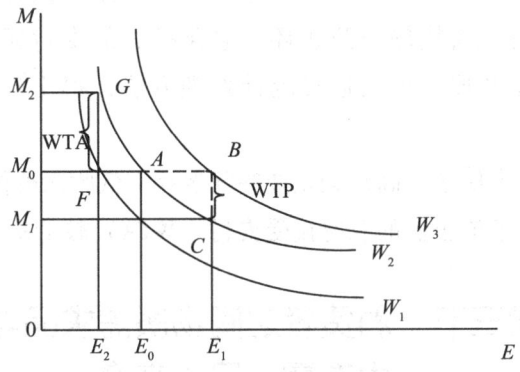

图7-2　环境质量的价值评估

假设某消费者的偏好用无差异曲线表示，在图7-2中，W_1、W_2、W_3 分别代表三种效用水平。在每一条无差异曲线上的每一点都代表不同的货币收入（M）与环境质量（E）的组合，但这些不同的组合却代表相同的效用水平。假设某人的最初福利状况处于 A 点的位置，意味着其拥有 M_0 的货币收入同时享受着 E_0 的环境质量，总效用水平为 W_2。

当环境质量从 E_0 增至 E_1 时，消费者愿意支付多少货币？从图中可得出他愿意为此支付的货币为 $M_0 - M_1$。此时，他的福利状况处于 C 点，C

点表示其拥有 M_1 的货币收入，享受着 E_1 的环境质量。这意味着消费者为 $E_1 - E_0$ 的环境质量改善支付 $M_0 - M_1$ 的货币收入后其福利水平仍然未变。因此，$M_0 - M_1$ 就是消费者消费环境物品 $E_1 - E_0$ 的支付意愿（WTP），体现了该消费者对环境物品价值的货币评估。当环境质量下降时，如果环境质量从 E_0 下降为 E_2，那么，消费者愿意接受的最低货币补偿为 $M_2 - M_0$。此时，他的福利状况处于 G 点，显然，与 A 点相比，G 点代表更高的货币收入但更坏的环境质量。二者处于同一条无差异曲线上，意味着消费者的效用水平并没有改变。如果没有 $M_2 - M_0$ 的货币收入补偿，消费者的福利状况将从 A 降至 F，即从 W_2 下降至 W_1。所以，$M_2 - M_0$ 实际上是消费者减少环境消费所愿意接受的最低补偿意愿（WTA）。

这样，支付意愿（WTP）与接受补偿意愿（WTA）的概念为环境资源价值的货币评估提供了基础。意愿调查法通常以家庭或个人为样本，通过建立假想市场，以调查问卷方式或直接访谈方式询问被调查对象对一项环境改善措施或防止环境恶化措施的支付愿望或忍受环境恶化的接受补偿意愿，然后通过统计处理方法，得出环境资源的货币价值评估。

现实中的一个例子，高污染企业往往选择在低收入群体集中居住的区域，其成因就在于该企业的意愿接受支付（WTA）较低决定的。

第三节　消费者之间物质需求品与生态需求品的交换

消费者之间，在初始拥有一定的物质需求品与生态需求品时，可通过物质需求品与生态需求品的交换，来提高各自的效用水平。现实中，也存在消费者通过支出一定的物质财富来获取生态需求满足的情形。

一　交换经济的瓦尔拉斯均衡

某一经济中有多种商品（$x_1, x_2, \cdots, x_n$），能否在某一组价格（$p_1^*, p_2^*, \cdots, p_n^*$）下，使所有商品的市场都同时达到均衡，这就是瓦尔拉斯均衡（Walras equilibrium）或称一般均衡（general equilibrium）问题。

在某一经济中有多个个体存在（$i=1, 2, \cdots, I$），而这一经济中有多种商品（$j=1, 2, \cdots, n$）。设个体 i（$i=1, \cdots, I$）的效用函数及对几种商品的初期保有量分别为

$$\begin{cases} U_i = U_i \ (x_1^i, \ x_2^i, \ \cdots, \ x_n^i) \\ e_i = \ (x_1^{io}, \ x_2^{io}, \ \cdots, \ x_n^{io}) \end{cases} \qquad (7-104)$$

如果这一经济中没有任何产品的生产活动，仅有个体间的商品交换，那么这一经济称为纯粹的交换经济（exchange economy）。

此时，个体 i 的效用最大化问题为

$$\begin{cases} \max U_i = U_i \ (x_1^i, \ x_2^i, \ \cdots, \ x_n^i) \\ \text{s. t. } p_1 x_1^i + p_2 x_2^i + \cdots + p_n x_n^i = p_1 x_1^{io} + p_2 x_2^{io} + \cdots + p_n x_n^{io} \end{cases} \qquad (7-105)$$

效用最大化条件下可求得个体 i 对商品（$x_1, x_2, \cdots, x_n$）的需求量，可记为

$$x_j^i = x_j^i \ (p_1, \ p_2, \ \cdots, \ p_n) \quad \begin{matrix} i=1, \ \cdots, \ I \\ j=1, \ \cdots, \ n \end{matrix} \qquad (7-106)$$

个体 i 对 x_j 的需求量与其初期保有量之差，称为个体 i 的超额需求，记为

$$Z_j^i = x_j^i \ (p_1, \ p_2, \ \cdots, \ p_n) \ - x_j^{io} \quad \begin{matrix} i=1, \ \cdots, \ I \\ j=1, \ \cdots, \ n \end{matrix} \qquad (7-107)$$

各个个体关于商品 j 超额需求的加总，即为该产品的社会超额需求（或称总过剩需求），记为

$$\begin{aligned} Z_j &= \sum_{i=1}^{I} [x_j^i (p_1, p_2, \cdots p_n) - x_j^{io}] \\ &= Z_j(p_1, p_2, \cdots, p_n) \end{aligned} \qquad (7-108)$$

Z_j 是关于价格（$p_1, p_2, \cdots, p_n$）的函数，在某一价格组合（$p_1^*, p_2^*, \cdots, p_n^*$）下，可实现各商品市场的社会超额需求为 0，即

$$Z_j \ (p_1^*, \ p_2^*, \ \cdots, \ p_n^*) \ =0 \quad j=1, \ \cdots, \ n \qquad (7-109)$$

表明各个商品市场在此价格组合下同时达到均衡，这种均衡状态称为一般均衡（亦称瓦尔拉斯均衡）。

二　消费者之间物质需求与生态需求相交换的一个示例

假设一个交换经济中有两类消费者 A 和 B，他们都消费两类消费

品——物质需求品 x 和生态需求品 y。对两类消费者来说,物质需求与生态需求都是互补的,A、B 的效用函数和初始保有量分别为

$$U_A(x, y) = \min(2x, y)$$
$$U_B(x, y) = \min(x, 2y)$$
$$e_A(x, y) = (60, 0)$$
$$e_B(x, y) = (0, 45)$$

(7-110)

表明 A 初始只拥有物质需求品、不拥有生态需求品,而 B 初始只拥有生态需求品、不拥有物质需求品,此时各自并不能得到效用满足,而只有通过相互交换来使各自的效用得以提高。我们所要讨论的是这一经济将通过怎样的交换实现瓦尔拉斯均衡配置。

设 A、B 交换后拥有的 x、y 分别为 x_A、x_B、y_A、y_B,x、y 的价格分别为 p_X、p_Y,此时 A、B 的效用函数及约束条件分别为

$$\begin{cases} U_A = \min(2x_A, y_A) \\ U_B = \min(x_B, 2y_B) \\ p_X x_A + p_Y y_A = p_X e_X^A + p_Y e_Y^A = 60 p_X \\ p_X x_B + p_Y y_B = p_X e_X^B + p_Y e_Y^B = 45 p_Y \\ x_A + x_B \leq e_X^A + E_X^B = 60 \\ y_A + y_B \leq e_Y^A + e_Y^B = 45 \end{cases}$$

(7-111)

如图 7-3(A)所示,A 的效用函数画出的无差异曲线表明 U_A 极大化,决定 x_A、y_A 的关系曲线为

$$y_A = 2x_A \tag{7-112}$$

如图 7-3(B)所示,B 的效用函数画出的无差异曲线表明 U_B 极大化,决定 x_B、y_B 的关系曲线为

$$2y_B = x_B \tag{7-113}$$

由上述各式联立即可求出该交换经济的均衡配置 x_A^*、x_B^*、y_A^*、y_B^* 及均衡价格 p_X^*/p_B^*,即

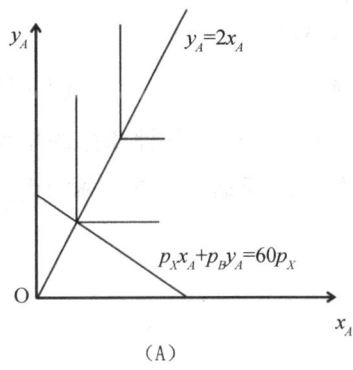
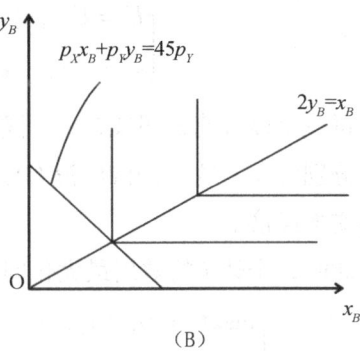

图 7-3

$$\begin{cases} p_X x_A + p_Y y_A = 60 p_X \\ p_X x_B + p_Y y_B = 45 p_Y \\ 2x_A = y_A \\ 2y_B = x_B \\ x_A + x_B \leq 60 \\ y_A + y_B \leq 45 \end{cases} \quad (7-114)$$

求得

$$\begin{cases} x_A^* = 10; \ y_A^* = 20; \ x_B^* = 50; \ y_B^* = 25; \ \dfrac{p_X^*}{p_Y^*} = \dfrac{2}{5} \end{cases} \quad (7-115)$$

这就表明：在这一价格条件下，消费者 A、B 之间通过交换使各自的效用实现最大化。这一示例在现实生活中也是存在的，某些消费群体可能通过转移物质财富来换取优美生态环境以及其他的生态需求，而某些消费群体也可能为获得更多的物质财富而放弃适当的生态需求。只要这一交换是在效用最大化的理性范围内，那么这样的交换就是合理的。

三 包含"消费碳票"的瓦尔拉斯均衡

在某一经济中有多个个体存在（$i=1, 2, \cdots, I$），而这一经济中有多种商品（$j=1, 2, \cdots, n$）。设个体 i（$i=1, \cdots, I$）的效用函数及对几种商品的初期保有量分别为

$$\begin{cases} U_i = U_i \ (x_1^i, \ x_2^i, \ \cdots, \ x_n^i) \\ e_i = (x_1^{io}, \ x_2^{io}, \ \cdots, \ x_n^{io}) \end{cases} \quad (7-116)$$

每一个体拥有的可支配"消费碳票"分别为 Q^i，各种商品的单位碳含量分别为 q_j。这一经济中没有任何产品的生产活动，仅有个体间商品交换的交换经济。

此时，个体 i 的效用最大化问题为

$$\begin{cases} \max U_i = U_i \ (x_1^i, \ x_2^i, \ \cdots, \ x_n^i) \\ \text{s. t.} \ p_1 x_1^i + p_2 x_2^i + \cdots + p_n x_n^i \leqslant p_1 x_1^{io} + p_2 x_2^{io} + \cdots + p_n x_n^{io} \\ \text{s. t.} \ q_1 x_1^i + q_2 x_2^i + \cdots + q_n x_n^i \leqslant Q^i = q_1 x_1^{i0} + q_2 x_2^{i0} + \cdots + q_n x_n^{i0} \end{cases}$$

$$(7-117)$$

效用最大化条件下可求得个体 i 对商品 $(x_1, x_2, \cdots, x_n)$ 的需求量，各个商品市场在此价格组合下去寻求达到瓦尔拉斯均衡。

四 包含"消费碳票"交换的瓦尔拉斯均衡

在某一经济中有多个个体存在 $(i=1, 2, \cdots, I)$，而这一经济中有多种商品 $(j=1, 2, \cdots, n)$。设个体 i $(i=1, \cdots, I)$ 的效用函数及对几种商品的初期保有量分别为

$$\begin{cases} U_i = U_i \ (x_1^i, \ x_2^i, \ \cdots, \ x_n^i) \\ e_i = (x_1^{io}, \ x_2^{io}, \ \cdots, \ x_n^{io}) \end{cases} \quad (7-118)$$

每一个体初始拥有的可支配"消费碳票"分别为 Q^{i0}，各种商品的单位碳含量分别为 q_j。这一经济中没有任何产品的生产活动，有个体间商品交换，还有"消费碳票"的交换，"消费碳票"的价格记为 P_q，每个个体的"消费碳票"变化量记为 ΔQ^i。

此时，个体 i 的效用最大化问题为

$$\begin{cases} \max U_i = U_i \ (x_1^i, \ x_2^i, \ \cdots, \ x_n^i) \\ \text{s. t.} \ p_1 x_1^i + p_2 x_2^i + \cdots + p_n x_n^i \leqslant p_1 x_1^{io} + p_2 x_2^{io} + \cdots + p_n x_n^{io} - p_q \Delta Q^i \\ \text{s. t.} \ q_1 x_1^i + q_2 x_2^i + \cdots + q_n x_n^i \leqslant Q^i = q_1 x_1^{i0} + q_2 x_2^{i0} + \cdots + q_n x_n^{i0} + \Delta Q^i \end{cases}$$

$$(7-119)$$

效用最大化条件下可求得个体 i 对商品 $(x_1, x_2, \cdots, x_n)$ 的需求量，各个商品市场以及"消费碳票"市场在价格组合 $(p_1, p_2, \cdots, p_n, p_q)$ 下去寻求达到瓦尔拉斯均衡。

第四节 生态环境税对消费者行为和市场均衡的影响

在消费领域，政府为达到减少生态环境消耗的目的，对消费者征收生态环境消费税是一种常见的手段。本节讨论生态环境税对消费者行为和市场均衡的影响问题。

一 生态环境税对消费者行为的影响

假设消费者的效用函数为 $U = u(x_1, x_2, \cdots, x_n)$，如果政府对消费者征收生态环境消费税，讨论以下几种情形，消费税对消费者需求及效用的影响。

（一）对特定消费品 x_1 征收定额的消费税 T_1

对特定消费品征收定额消费税 T_1 时，消费者效用最大化问题分两种情形来讨论。

（1）消费者消费 x_1 并缴纳消费税 T_1，此时，最大化问题为

$$\begin{cases} \max U = U(x_1, x_2, \cdots, x_n) \\ \text{s.t.} \ (p_1 x_1 + T_1) + p_2 x_2 + \cdots + p_n x_n = m \end{cases} \quad (7-120)$$

求解此最大化问题可解得一组最佳的消费组合，记为 $(x_1^*, x_2^*, \cdots, x_n^*)$，此时的效用为 $U^* = U(x_1^*, x_2^*, \cdots, x_n^*)$。

（2）消费者不消费 x_1 而免缴消费税，此时最大化问题为

$$\begin{cases} \max U = U(0, x_2, \cdots, x_n) \\ \text{s.t.} \ p_2 x_2 + \cdots + p_n x_n = m \end{cases} \quad (7-121)$$

求解此最大化问题亦可求得一组最佳的消费组合，记为 $(0, x_2^{**}, x_3^{**}, \cdots, x_n^{**})$，此时的效用为 $U^{**} = U(0, x_2^{**}, x_3^{**}, \cdots, x_n^{**})$。

最后，消费者比较两个消费组合的效用，如果 $U^* > U^{**}$，则选择 $(x_1^*, x_2^*, \cdots, x_n^*)$；反之，如果 $U^{**} > U^*$，则选择 $(0, x_2^*, \cdots, x_n^*)$。

（二）对特定消费品 x_1 征收从价消费税（税率为 t_1）

此时的消费者效用最大化问题为

$$\begin{cases} \max U = U(x_1, x_2, \cdots, x_n) \\ \text{s.t. } p_1(1+t_1)x_1 + p_2 x_2 + \cdots + p_n x_n = m \end{cases} \quad (7-122)$$

如果在没有征税情况下的间接效用函数记为 $V = V(p_1, p_2, \cdots, p_n, m)$ 的话，那么此时的间接效用函数即为 $V_t = V(p_1(1+t_1), p_2, \cdots, p_n, m)$。各消费品的需求分别为

$$x_1^{t_1} = -\frac{\partial V(p_1(1+t_1), p_2, \cdots, p_n, m)/\partial p_1}{\partial V(p_1(1+t_1), p_2, \cdots, p_n, m)/\partial m}$$

$$x_i^{t_1} = -\frac{\partial V(p_1(1+t_1), p_2, \cdots, p_n, m)/\partial p_i}{\partial V(p_1(1+t_1), p_2, \cdots, p_n, m)/\partial m} \quad (7-123)$$

由于 $V(p_1, p_2, \cdots, p_n, m)$ 为 p_1 的减函数，所以 $x_1^{t_1}$ 及 $x_i^{t_1}$ 必然小于不征税的情形。

（三）对所有消费品征收定额税 T

此时的消费者效用最大化问题为

$$\begin{cases} \max U = U(x_1, x_2, \cdots, x_n) \\ \text{s.t. } p_1 x_1 + p_2 x_2 + \cdots + p_n x_n = m - T \end{cases} \quad (7-124)$$

此时的间接效用函数即为

$$V_T = V(p_1, p_2, \cdots, p_n, m-T) \quad (7-125)$$

各消费品的需求分别为

$$x_i^T = -\frac{\partial V(p_1, p_2, \cdots, p_n, m-T)/\partial p_i}{\partial V(p_1, p_2, \cdots, p_n, m-T)/\partial m} \quad (i=1, 2, \cdots, n)$$

$$(7-126)$$

由于 $V(p_1, p_2, \cdots, p_n, m)$ 为 m 的递增函数，所以此时的 V_T 及 x_i^T 必然相对于没有征税情形要减少。

（四）对所有消费品征收从价税

此时消费者效用最大化问题为

$$\begin{cases} \max U = U(x_1, x_2, \cdots, x_n) \\ \text{s.t. } (p_1 x_1 + p_2 x_2 + \cdots + p_n x_n)(1+t) = m \end{cases} \quad (7-127)$$

此时的间接效用函数为

$$V_t = V\left(p_1, p_2, \cdots, p_n, \frac{m}{1+t}\right) \quad (7-128)$$

各消费品的需求分别为

$$x_i^T = -\frac{\partial V\left(p_1, p_2, \cdots, p_n, \frac{m}{1+t}\right)/\partial p_i}{\partial V\left(p_1, p_2, \cdots, p_n, \frac{m}{1+t}\right)/\partial m} \quad (i=1, 2, \cdots, n)$$

$$(7-129)$$

由于 $V(p_1, p_2, \cdots, p_n, m)$ 为 m 的递增函数，所以此时的 V_t 及 x_i^t 必然相对于没有征税情形要下降。

二 生态环境税对市场均衡的影响

通过以下示例来讨论生态环境税对市场均衡的影响。设某产品市场的需求函数为

$$x(p) = 350 - 3P \quad (7-130)$$

市场供给函数为

$$y(p) = -250 + 5p \quad (7-131)$$

此时市场均衡条件为

$$x(p^*) = y(p^*)，即：350 - 3p^* = -250 + 5p^* \quad (7-132)$$

解得市场均衡价格和均衡需求分别为

$$p^* = 75, \quad x = y = 125 \quad (7-133)$$

讨论以下两种征税情形：

(1) 如果政府对产品征收 20 单位的从量税，均衡价格和均衡需求将如何变化。

政府征税从量税 $T=20$ 时的市场需求函数为

$$x(p+T) = 350 - 3(p+T) = 290 - 3p \quad (7-134)$$

供给函数不变。

$$y(p) = -250 + 5p \quad (7-135)$$

市场均衡条件为

$$x(p^*+T) = y(p^*)，即：290 - 3p^* = -250 + 5p^* \quad (7-136)$$

解得征收从量税时的均衡价格和均衡需求分别为

$$p^* = 67.5, \ x = y = 87.5 \quad (7-137)$$

比照征税前，均衡价格下降、均衡需求减少。

（2）如果政府对产品征收 20% 的从价税，均衡价格和均衡需求将如何变化。

政府征收从价税 $t = 20\%$ 时，市场需求函数为

$$x[(1+t)\ p] = 350 - 3\ (1+t)\ p = 350 - 3.6p \quad (7-138)$$

供给函数不变

$$y(p) = -250 + 5p \quad (7-139)$$

市场均衡条件为

$$x[(1+t)\ p^*] = y(p^*), \ \text{即：} 350 - 3.6p^* = -250 + 5p^* \quad (7-140)$$

解得征收从量税时的均衡价格和均衡需求分别为

$$p^* = 69.8, \ x = y = 98.8 \quad (7-141)$$

比照征税前，均衡价格下降、均衡需求减少，但比照征收从量税，均衡价格提高、均衡需求增加。

三 生态环境税的现实目标

无论是从消费环节征收生态环境税，还是从生产环节征收生态环境税，都要通过消费与生产之间的市场信号传递机制，实现以下税收目标。

其一，生态环境税率，应充分反映边际生态环境影响成本，应对潜在的生态环境影响行为者具有威慑吓阻的作用。其二，生态环境税率，应充分反映生态环境影响活动所造成的社会福利损失，通过税收对社会福利损失予以追偿。其三，因税收存在税负转嫁问题，生态环境税的征收无疑加重了低收入群体的负担，因为生态环境税具有"累退性"特征。对于这种情况，在征收环境税时，给予低收入群体部分补贴以减少其负担。其四，生态环境税的用途方面，如果生态环境税只是财政收入的一个来源，而不限定其用途的话，那么，最终可能转化为经济投资，而增加生态环境影响，这就可能导致环境税目标的弱化。所以，生态环境税应明确用于生态环境保护方面，且与财政正常预算中的生态环境保护支出不能"此消彼长"。

第五节 包含生态需求的显示偏好理论

消费者行为理论是建立在消费者偏好及由偏好导出的效用函数的基础上，但研究者并不能直接地观测到某一消费者的偏好，也很难通过一个完整实验（理论上可让消费者两两比较一系列的消费品）来观测某个消费者的偏好结构。针对这一问题，萨缪尔森（P. Samuelson）等人提出，消费者行为理论应当直接建立在可观测到的消费者经济行为之上。

一 关于显示偏好的基本概念

（一）显示偏好

显示偏好（revealed preferred），即是直接针对消费者个体显示出来的行为以判断消费者行为特征的理论，该理论先验性地假设：（1）消费者总是将他所有的收入用于购买消费品；（2）在特定的消费品价格（$p_1, p_2, \cdots, p_n$）和一定收入水平 m 的条件下，消费者选择的消费组合（$x_1, x_2, \cdots, x_n$）是唯一的；（3）消费者选择的某消费组合（$x_1, x_2, \cdots, x_n$），有且只有一个价格及收入组合（$p_1, p_2, \cdots, p_n, m$）与之相对应。显示偏好理论最重要的一个假设是：在特定价格（$p_1, p_2, \cdots, p_n$）下观测到的消费者选择的消费组合，必然是消费者此时具有支付能力的所有消费组合中最优的。例如，当市场价格为（$p_1^1, p_2^1, \cdots, p_n^1$）时，观察到某消费者选择的消费组合为（$x_1^1, x_2^1, \cdots, x_n^1$），此时该消费者的消费支出即为

$$m = p_1^1 x_1^1 + p_2^1 x_2^1 + \cdots + p_n^1 x_n^1 \tag{7-142}$$

而如果同时有另外一个消费组合（$x_1^2, x_2^2, \cdots, x_n^2$）且满足

$$p_1^1 x_1^1 + \cdots + p_n^1 x_n^1 \geq p_1^1 x_1^2 + \cdots + p_n^1 x_n^2 \tag{7-143}$$

这样的话，消费者必然认为（$x_1^1, \cdots, x_n^1$）优于（$x_1^2, \cdots, x_n^2$），因为消费者在有支付能力购买（$x_1^2, \cdots, x_n^2$）的情况下选择了（$x_1^1, \cdots, x_n^1$）；再假设当市场价格为（$p_1^2, p_2^2, \cdots, p_n^2$）时，观测到消费者选择的消费组合是（$x_1^2, x_2^2, \cdots, x_n^2$），那么此时消费者必然是由于支付能力不足而放弃了选择（$x_1^1, x_2^1, \cdots, x_n^1$），即

$$p_1^2x_1^2 + \cdots + p_n^2x_n^2 < p_1^2x_1^1 + \cdots + p_n^2x_n^1 \qquad (7-144)$$

这就是显示偏好理论的基本思想。该思想表述为显示偏好弱公理（Weak Acknowledge of Revealed Preferred, WARP）: 对于消费品价格为 $(p_1^1, p_2^1, \cdots, p_n^1)$ 下的消费者选择的消费组合 $(x_1^1, x_2^1, \cdots, x_n^1)$ 和消费品价格为 $(p_1^2, p_2^2, \cdots, p_n^2)$ 下消费者的选择 $(x_1^2, x_2^2, \cdots, x_n^2)$，如果存在

$$p_1^1x_1^1 + p_2^1x_2^1 + \cdots + p_n^1x_n^1 \geq p_1^1x_1^2 + p_2^1x_2^2 + \cdots + p_n^1x_n^2 \qquad (7-145)$$

那么必然有

$$p_1^2x_1^2 + p_2^2x_2^2 + \cdots + p_n^2x_n^2 < p_1^2x_1^1 + p_2^2x_2^1 + \cdots + p_n^2x_n^1 \text{ 成立。} \qquad (7-146)$$

如果消费者在有支付能力选择 $(x_1^2, x_2^2, \cdots, x_n^2)$ 的条件下，实际选择了 $(x_1^1, x_2^1, \cdots, x_n^1)$ 称之为 $(x_1^1, x_2^1, \cdots, x_n^1)$ 直接显示优于 (directly revealed preferred to) $(x_1^2, x_2^2, \cdots, x_n^2)$ 记为

$$(x_1^1, x_2^1, \cdots, x_n^1) \geq dR (x_1^2, x_2^2, \cdots, x_n^2) \qquad (7-147)$$

由此，显示偏好弱公理还可表述为：如果有

$$(x_1^1, x_2^1, \cdots, x_n^1) \geq dR (x_1^2, x_2^2, \cdots, x_n^2) \qquad (7-148)$$

且

$$(x_1^1, x_2^1, \cdots, x_n^1) \neq (x_1^2, x_2^2, \cdots, x_n^2) \qquad (7-149)$$

那么就不可能再有

$$(x_1^2, x_2^2, \cdots, x_n^2) \geq dR (x_1^1, x_2^1, \cdots, x_n^1) \qquad (7-150)$$

以显示偏好的基本假设和显示偏好弱公理为基础，可以推导出消费者行为理论中得到的所有结论，只不过这些结果呈非连续的离散形式。一般认为：效用函数适合用于处理具有连续、拟连续的众多数据的问题，而显示偏好则适合处理有限数据的问题。

（二）效用最大化消费行为满足显示偏好理论

可以证明：如果某消费者在标准偏好理论下的效用函数存在，那么在预算约束下的效用最大化消费行为必然满足显示偏好弱公理。

先讨论只有两种消费品 x_1、x_2 的情形，设消费者的效用函数为

$$U = U(x_1, x_2) \qquad (7-151)$$

(x_1^*, x_2^*) 为效用最大化的消费组合，即满足

$$\begin{cases} U(x_1^*, x_2^*) \geq U(x_1, x_2) \\ p_1x_1^* + p_2x_2^* \leq m \end{cases} \qquad (7-152)$$

假设这一消费 (x_1^*, x_2^*) 并不满足显示偏好弱公理,相对于另一组消费 (x_1^0, x_2^0) 呈现以下关系

$$p_1 x_1^* + p_2 x_2^* \leqslant p_1 x_1^0 + p_2 x_2^0 \leqslant m \tag{7-153}$$

那么必然可以找到这样一组 (x_1^0, x_2^0) 满足

$$x_1^a > x_1^*、x_2^a > x_2^* \tag{7-154}$$

(只需取下式即可)。

$$x_1^a = x_1^* + \frac{1}{2}[(p_1 x_1^0 + p_2 x_2^0) - (p_1 x_1^* + p_2 x_2^*)] > x_1^*$$

$$x_2^a = x_2^* + \frac{1}{2}[(p_1 x_1^0 + p_2 x_2^0) - (p_1 x_1^* + p_2 x_2^*)] > x_2^* \tag{7-155}$$

这样的话,根据偏好及效用函数的单调性,即有

$$U(x_1^a, x_2^a) > U(x_1^*, x_2^*) \tag{7-156}$$

这就表明 (x_1^*, x_2^*) 不是实现效用最大化的消费组合,也就是说 (x_1^*, x_2^*) 不满足 (7-156) 式。这与假设前提相互矛盾,所以 (7-155) 式不成立。也就是说,(x_1^*, x_2^*) 必然满足显示偏好弱公理,以下关系必然成立:

$$m \geqslant p_1^* + p_2^* x_2^* \geqslant p_1 x_1 + p_2 x_2 \tag{7-157}$$

推广到有几种商品的情形,设效用函数为 $U = U(x_1, x_2, \cdots, x_n)$

如果 $(x_1^*, x_2^*, \cdots, x_n^*)$ 是预算约束下效用最大化的消费组合,那么必然满足显示偏好弱公理,即必然满足

$$\begin{cases} U(x_1^*, x_2^*, \cdots, x_n^*) \geqslant U(x_1, x_2, \cdots, x_n) \\ m \geqslant p_1 x_1^* + p_2 x_2^* + \cdots + p_n x_n^* \geqslant p_1 x_1 + p_2 x_2 + \cdots + p_n x_n \end{cases} \tag{7-158}$$

如若不满足上述条件而相对于 $(x_1^0, x_2^0, \cdots, x_n^0)$ 有

$$p_1 x_1^* + p_2 x_2^* + \cdots + p_n x_n^* < p_1 x_1^0 + p_2 x_2^0 + \cdots + p_n x_n^0 \leqslant m \tag{7-159}$$

这样的关系的话,那么必然可以找到这样一组 $(x_1^a, x_2^a, \cdots, x_n^a)$ 满足以下条件

$$x_i^a = x_i^* + \frac{1}{n}[(p_1 x_1^0 + \cdots + p_n x_n^0) - (p_1 x_1^* + \cdots + p_n x_n^*)] > x_2^*$$

$$(i = 1, 2, \cdots, n) \tag{7-160}$$

那么根据效用函数的单调性质,必然有

$$U(x_1^a, x_2^a, \cdots, x_n^a) > U(x_1^*, x_2^*, \cdots, x_n^*) \tag{7-161}$$

这就表明 (x_1^*, x_2^*, $\cdots$, x_n^*) 不是预算约束下的最大效用化的消费组合。这与假设前提相矛盾，(7 – 161) 式的假设不成立。所以 (x_1^*, x_2^*, $\cdots$, x_n^*) 必然满足显示偏好的弱公理。

二 包含生态需求的显示偏好示例

（一）显示偏好示例之一

对某消费者的消费行为进行观察，结果为：消费者只消费物质需求 x 和生态需求 y 两种商品，在 x、y 的价格分别为

$$p_x^1 = 2、p_y^1 = 3 \tag{7 – 162}$$

时的消费量分别为

$$x^1 = 10、y^1 = 3 \tag{7 – 163}$$

当 x、y 的价格分别为

$$p_x^2 = 3、p_y^2 = 3 \tag{7 – 164}$$

时的消费量分别为

$$x^2 = 5、y^2 = 6 \tag{7 – 165}$$

用以上观察值来说明显示偏好弱公理。

在价格水平为 (p_x^1, p_y^1) 时，消费者选择了 (10, 3)，说明在价格水平为 (2, 3) 时消费者最优的消费组合就是 (10, 3)。

而对于消费组合 (5, 6)，由于有

$$p_x^1 x^1 + p_y^1 y^1 = 2 \times 10 + 3 \times 3 = 29$$
$$p_x^1 x^2 + p_y^1 y^2 = 2 \times 5 + 3 \times 6 = 28 \tag{7 – 166}$$

即

$$p_x^1 x^1 + p_y^1 y^1 > p_x^1 x^2 + p_y^1 y^2 \tag{7 – 167}$$

表明消费者在有支付能力购买 (5, 6) 消费组合时而选择了 (10, 3)，说明在消费者的心目中 (10, 3) 消费组合优于 (5, 6) 消费组合。

另外，在价格水平变动为 (p_x^2, p_y^2) 时，消费者没有选择 (10, 3)，而是选择了 (5, 6)，这是因为消费者此时的支付能力不足以购买 (10, 3) 而放弃了选择 (10, 3)。因为有

$$p_x^2 x^2 + p_y^2 y^2 = 3 \times 5 + 3 \times 6 = 33$$
$$p_x^2 x^1 + p_y^2 y^1 = 3 \times 10 + 3 \times 3 = 39 \tag{7 – 168}$$

即
$$p_x^2 x^2 + p_y^2 y^2 < p_x^2 x^1 + p_y^2 y^1 \tag{7-169}$$

这就是显示偏好理论的基本思想。

综上所述，消费者有能力购买（5，6）时选择了（10，3），表明（10，3）直接显示优于（5，6），记为

$$(10, 3) \geqslant dR (5, 6) \tag{7-170}$$

或者可以说（10，3）消费组合消费者带来的效用水平高于（5，6）的效用水平。

（二）显示偏好示例之二

某职员的全部收入用于物质需求 x、人文需求 y、生态需求 z 三种商品，公司总部所在地三种商品的价格为（2，2，4）。公司某分部所在地三种商品的价格为（3，3，3）。采用显示偏好的理论讨论：消费者的效用函数为

$$U(x, y, z) = xyz \tag{7-171}$$

该职员由总部调往分部工作，工资不变时其效用水平是否发生变化。

消费者的效用最大化问题为

$$\begin{cases} \max U = xyz \\ p_x x = p_y y + p_z z = m \end{cases} \tag{7-172}$$

解得消费者关于 x、y、z 的需求为

$$\begin{cases} x = \dfrac{m}{3p_x} \\ y = \dfrac{m}{3p_y} \\ z = \dfrac{m}{3p_z} \end{cases} \tag{7-173}$$

所以当职员在公司总部时的需求为

$$\begin{cases} x^A = \dfrac{m}{6} \\ y^A = \dfrac{m}{6} \\ z^A = \dfrac{m}{12} \end{cases} \tag{7-174}$$

其时的价格分别为

$$\begin{cases} p_x^A = 2 \\ p_y^A = 2 \\ p_z^A = 4 \end{cases} \qquad (7-175)$$

而当职员在公司分部时的需求为

$$\begin{cases} x^B = \dfrac{m}{9} \\ y^B = \dfrac{m}{9} \\ z^B = \dfrac{m}{9} \end{cases} \qquad (7-176)$$

其时的价格分别为

$$\begin{cases} p_x^B = 3 \\ p_y^B = 3 \\ p_z^B = 3 \end{cases} \qquad (7-177)$$

比较两地消费者的效用,由于有

$$\begin{cases} p_x^A x^A + p_y^A y^A + p_z^A z^A = m \\ p_x^A x^B + p_y^A y^B + p_z^A z^B = \dfrac{8}{9}m \\ p_x^A x^A + p_y^A y^A + p_z^A z^A > p_x^A x^B + p_y^A y^B + p_z^A z^B \end{cases} \qquad (7-178)$$

所以工资不变时消费者在公司总部的效用高于在公司分部的效用。

第六节 经济剩余及其在生态价值评估上的应用

经济福利问题,通常采用经济剩余概念(包括消费者剩余和生产者剩余)来分析。在包含生态需求的福利问题的分析中,也常用到经济剩余分析方法。这一概念还可以用于生态价值的评估方面。

一 消费者剩余与生产者剩余

在某一商品 x 的市场中,消费者消费不同数量时所愿意支付的价格是不同的，因为消费量 x 为价格 p 的函数，所以消费者在 x 这一水平上愿意支付的价格 p 可视为需求函数 $x(p)$ 的反函数，记作 $p(x)$；而消费者最终在市场上购买任意量的 x 时所支付的都是同一的价格 p^0。这样愿意支付的价格 p 与实际支付的价格 p^0 之间就会存在差异，由此价格差异而使消费者获得一定量的效用增加，这一效用增加称为消费者剩余（Consumer's Surplus, CS）。消费者剩余即是：在某一商品市场中，所有消费者愿意支付的价格总额与实际支付的价格总额之差，即

$$CS = \int_0^{x^0} p(x)dx - p^0 x^0 \qquad (7-179)$$

如图 7-4（a）所示，图中的阴影部分即为在 (p^0, x^0) 点时的消费者剩余。

同理，厂商在某一商品 x 的市场上销售产品时，不同的供给量厂商愿意成交的价格是不同的[厂商的供给函数可记为 $x^s(p)$，则厂商愿意成交的价格可视为供给函数的反函数，记为 $p^s(x)$]；而厂商在市场销售任意量产品 x^0 时成交价格 p^0 总是同一的。这样，厂商实际成交价格与愿意成交价格之间存在一定的差异，由此可使厂商获得一定的利益，这一利益称为生产者剩余（Producer' Surplus, PS）。生产者剩余定义为：厂商实际获得的价格总额与厂商愿意成交价格总额的差，即

$$PS = p^0 x^0 - \int_0^{x^0} p^s(x)dx \qquad (7-180)$$

如图 7-4（b）所示，图中的阴影部分即为生产者剩余。

在某一商品 x 市场中，在 (p^0, x^0) 点的消费者剩余与生产者剩余之和，称为该商品市场的经济剩余（economy surplus, ES），即

$$ES = CS + PS = \int_0^{x^0} p(x)dx - \int_0^{x^0} p^s(x)dx \qquad (7-181)$$

当该商品市场达到局部均衡 (p^*, x^*) 时，该市场的经济剩余为

$$ES = \int_0^{x^*} p(x)dx - \int_0^{x^*} p^s(x)dx \qquad (7-182)$$

此时的经济剩余最大[如图 7-4（c）所示]。这也是完全竞争均衡可以实现社会福利最大化的原因。

如果在某一商品市场上不知道需求函数和供给函数，可通过所有消费的拟线性效用函数

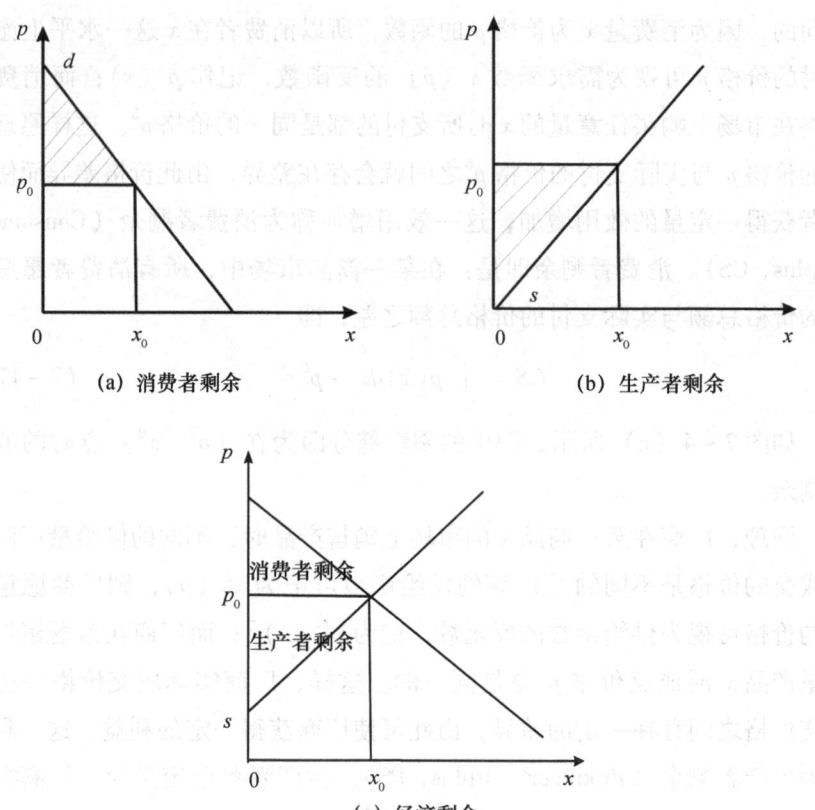

图 7-4 消费者剩余、生产者剩余与经济剩余

$$U_i = U^i x_i + q^i \quad i = 1, \cdots, I \quad (7-183)$$

和所有厂商的成本函数

$$C_j = C^j(y^j) \quad j = 1, \cdots, J \quad (7-184)$$

来刻画经济剩余。定义以下函数为马歇尔剩余：

$$S = \sum_{i=1}^{I} U^i(x^i) - \sum_{j=1}^{J} C^j(y^j) \quad (7-185)$$

马歇尔剩余与经济剩余的变动方向相同，常常用于分析社会福利问题。

二 采用消费者剩余评估生态价值的旅行成本法

旅行成本法（Travel Cost Method，TCM），是评估生态价值的最早方法。旅行成本法试图通过人们的旅游消费行为来对非市场环境产品或服务进行价值评估，并把消费环境服务的直接费用与消费者剩余之和当成该环境产品的价格。一般而言，直接费用主要包括交通费、与旅游有关的直接花费及时间费用等。消费者剩余则体现为消费者的意愿支付与实际支付之差。消费者剩余的产生是基于这样一个假设，即所有旅游者消费同样的环境产品或服务所获得的效益都是一样的。在这一假设下，很明显，由于旅游者离目的地的远近并不一样，因此，其付出的费用也不一样。距离越远，所需费用就越高；距离越近，所需费用就越低。当旅行费用高于所获得的效益时，就不会有旅游行为发生。假如按旅行费用高低对所有旅行者进行排序的话，那么，最后一个旅游者我们称之为边际旅游者，其旅行费用与所获得的边际效益是相等的。因此，他的消费者剩余为零。除此之外，所有其他旅行者由于旅行成本都小于边际旅游者所获得的效益，因此都能获得消费者剩余。如果旅游费用高低与旅游距离远近成正相关，那么距离越远，消费者剩余就越小；距离越近，消费者剩余就越多。那么，只要通过调查分析得出消费者旅行费用与旅行人数的旅游需求曲线，即可计算所有消费者剩余之和，即可据此评估出该旅游地的价值。

第八章

引入生态投入的生产者行为分析

人类经济活动，实质上就是投入产出以满足需求的活动过程，投入的不仅有"物质投入"（劳动、资本等），还有"人文投入"（如技术、组织、制度等），更有与自然生态环境有关的生态投入。

生态投入，即指构成生态系统的生态生产者、生态消费者、生态分解还原者和非生物环境在人类经济活动中所提供的生态功能。生态功能对任何经济活动所起的作用是客观存在的。换言之，没有生态系统的作用任何的经济活动都无法实现，这些客观存在对任何一个理论认识来说都是不可否认的。但由于以往大多数的理论都认为生态环境是无限供给和无价值的，所以一般的理论都把生态功能作为经济活动的一个既定条件而并不单独地把生态功能作为一个重要的投入来讨论。而到了今天，人们普遍认识到生态环境并不是无限供给的、生态系统有其独立的价值的情形下，把"生态功能"作为一种单独的重要的投入来讨论也就是顺理成章的事。引入生态投入概念还有一个重要作用，人类成员普遍的行为影响、历史上人类行为影响的延续与累积、无法分清责任的外部性影响等因素都会对经济活动及其效果产生影响，在经济分析中如何来处理这些综合性的影响更为合理呢？把这些综合影响因素归入生态投入之中，如：把"污染""生态环境影响成本"作为生产过程中一种需要支付成本的投入，这应当是经济分析中一种有效的处理方式。

生态环境影响成本是生态环境状态变异的一个经济测度，即为生产消费活动所带来的生态环境状况的恶化的货币化估计及直接带来的经济损益。某一项目所引起的生态环境状态变化是指项目前后生态环境状态的比较。从动态角度来看生态环境影响成本因子包含以下内容：（1）确定性的生态环境成本（某项目实施后可以准确测定的生态环境成本）；（2）不可逆性生态环境成本（某项目实施后原有生态环境状态不可重现所带来的生态环境损失，但不可逆生态环境成本并不意味着是无穷大的生态环境成本，可以通过人们的偏好选择来估算其真实的生态环境损益）；（3）不确定性生态环境成本（某项目实施后其生态环境状态变化具有不确定性、具有较大较长远风险，但未必一定会发生巨大生态环境恶化的情形，以及这种不确定性给社会成员生产消费决策带来负面影响，而形成的各种生态环境成本）；（4）人为因素与自然交互作用的生态环境成本（某项目可能引发自然灾害，或人为活动加剧自然灾害、加速自然灾害、加频自然灾害所带来的环境成本）；（5）长期变异环境成本（项目实施后导致的生态环境状态、生态系统出现长期的变异给社会成员带来的生态环境损益或人们为适应这种变异所支出的成本）；（6）衍生生态环境成本（某项目实施后关联及间接的各种生态环境条件发生变化而带来的生态环境成本）。

传统经济分析中，把生态投入作为无成本的投入而不纳入投入要素中。本章即在引入有成本的生态投入的情形下，采用厂商理论对生产者行为做出的分析。

第一节 包含生态投入的生产技术描述：生产函数

生产函数反映了厂商的投入产出技术水平，包含生态投入的生产函数即反映了生态投入与其他生产要素投入一定组合条件下的技术水平。

一 包含生态投入要素的生产函数

将若干投入要素转换成为一种或多种供消费者使用或可作生产投入的生产单位称为厂商，厂商的行为动机是利润最大化。一个厂商投入 n 种要素（以 $x_1, x_2, \cdots, x_n$ 表示各投入要素，$x_1, x_2, \cdots, x_{n-1}$ 表示各种物质投入，x_n 表示生态投入），以当前的技术水平生产某种产品 y，在某一特定的要素投入组合 $(x_1, x_2, \cdots, x_n)$ 下，厂商可以得到最大的产出，这个最大产出 y 与相应的要素投入组合 $(x_1, x_2, \cdots, x_n)$ 的关系记为

$$y = f(x_1, x_2, \cdots x_n) \quad (8-1)$$

该函数式称为一定生产技术的生产函数（production function），它反映了厂商在所受到的技术约束下最大可能的产出水平。在一定时期内，厂商的一部分生产要素是固定不变的，则此时的生产函数称为短期生产函数（short-run production function），记为

$$y = f(x_v, x_f) \quad (8-2)$$

x_v 为可变要素、x_f 为固定要素。而在长期，厂商的所有生产要素都是可变的，此时的生产函数称为长期生产函数（long-run production function）。

二 生态投入与物质投入的边际替代率

描述某一要素在一定技术水平下对产出贡献大小的指标是边际生产率（marginal productivity）（即指增加某生产要素投入1单位而引起的产出增加量），要素 x_i 的边际生产率定义为

$$My_i = \frac{\partial f(x_1, x_2, \cdots, x_n)}{\partial x_i} \quad (8-3)$$

由此，生态投入的边际生产率即为

$$My_n = \frac{\partial f(x_1, x_2, \cdots, x_n)}{\partial x_n} \quad (8-4)$$

反映了生态投入对产出的贡献水平。

描述在同一产出水平下两种生产要素 x_i 和 x_j 之间替代关系的指标是边际替代率（Marginal Rate of Substitution，MRS），或称技术替代率（Technological Rate of Substitution，TRS）。x_i 对 x_j 的边际替代率定义为

$$MRS_{ij} = \frac{\partial x_j}{\partial x_i}\Big|_{y=y^0} \quad (8-5)$$

边际替代率与边际生产率之间的关系为

$$MRS_{ij} = -\frac{\partial f/\partial x_i}{\partial f/\partial x_j} = -\frac{My_i}{My_j} \quad (8-6)$$

通常情况下，生态投入与其他投入（劳动投入、资本投入等）之间是存在替代关系的，可用生态投入对其他投入的边际替代率来描述。

三 考虑生态投入的规模收益

如果生产要素按一定的比例 t（$t > 1$）增加时，产出水平也按比例增

加,即

$$f(tx_1, tx_2, \cdots, tx_n) = tf(x_1, x_2, \cdots, x_n) \quad (8-7)$$

那么该生产技术称为规模收益不变技术;如果

$$f(tx_1, tx_2, \cdots, tx_n) > tf(x_1, x_2, \cdots, x_n) \quad (8-8)$$

则称该生产技术为规模收益递增技术;如果

$$f(tx_1, tx_2, \cdots, tx_n) < tf(x_1, x_2, \cdots, x_n) \quad (8-9)$$

则称该生产技术为规模收益递减技术。

在规模收益递增的情况下,随着生产规模的扩大,生态投入、物质投入的需要相对减少;而在规模收益递减的情况下,随着生产规模的扩大,生态投入、物质投入的需要则会相对增加;而在规模收益不变的情况下,随着生产规模的扩大,生态投入、物质投入的需要也同等程度地增加。所以,在生态投入不是无限供给、不是无成本获得的条件下,就必须充分考虑其生产技术的规模收益水平。

齐次生产函数在描述生产技术的规模收益特性方面具有便利性。设某一生产函数是 k 次齐次的 ($k>0$),即有

$$f(tx_1, \cdots, tx_n) = t^k f(x_1, \cdots, x_n) \quad (8-10)$$

用齐次生产函数描述的生产技术在任意点的规模收益特性是不变的,即 $k=1$ 时为全局规模收益不变,$k>1$ 时为全局规模收益递增,$k<1$ 时为全局规模收益递减。齐次生产函数技术还具有边际替代率不随规模变化而变化的特性。因为

$$MRS_{ij}(tx_1, \cdots, tx_n) = MRS_{ij}(x_1, \cdots, x_n) \quad (8-11)$$

四 包含生态投入要素的生产函数形式

单纯考察物质投入 x_1 和生态投入 x_2 构成的生产函数时,根据两种投入之间的替代程度不同可以分别采用以下形式的生产函数。

(一)线性生产函数

$$y = \beta_1 x_1 + \beta_2 x_2 \quad \beta_1, \beta_2 > 0 \quad (8-12)$$

这一形式的生产函数,反映物质投入与生态投入之间完全可替代的情形,一种投入的多或少不构成对另一种投入的制约,只要增加任一投入都能够带来产出的增长。

(二) 柯布—道格拉斯生产函数

$$y = Ax_1^{\beta_1} x_2^{\beta_2} \quad A>0, \ \beta_1, \ \beta_2 > 0 \qquad (8-13)$$

这一形式的生产函数，反映物质投入与生态投入之间不完全替代的情形。β_1、β_2 分别为物质投入增长对产出增长的贡献水平、生态投入增长对产出增长的贡献水平。当 $\beta_1 + \beta_2 > 1$ 时，该生产函数所反映的生产技术是规模收益递增的；当 $\beta_1 + \beta_2 < 1$ 时，该生产函数所反映的生产技术是规模收益递减的；当 $\beta_1 + \beta_2 = 1$ 时，该生产函数所反映的生产技术是规模收益不变。

(三) 列昂惕夫生产函数

$$y = \min\{\beta_1 x_1, \ \beta_2 x_2\} \quad \beta_1, \ \beta_2 > 0 \qquad (8-14)$$

这一形式的生产函数，反映物质投入与生态投入之间完全不可替代的情形，一种投入的多或少构成对另一种投入能否发挥作用的制约，只增加某一投入并不能带来产出的增长，两种投入必须在适当的水平上同步增长才能起到有效的作用。在讨论经济增长与生态环境的关系时，往往需要使用这一形式的生产函数，因为在现实的很多情形下，"生态环境因素"都成为了制约经济增长的要素。

管理学和日常生活中常使用的"木桶效应"（决定木桶容量的是木桶的短板），其学术表达就是列昂惕夫生产函数。

(四) CES 生产函数

$$y = A\left[\beta x_1^{\alpha} + (1-\beta) x_2^{\alpha}\right]^{\frac{1}{\alpha}} \quad A>0, \ \beta>0 \qquad (8-15)$$

这一形式的生产函数称为不变替代弹性生产函数，因参数 α 的取值不同而能够反映物质投入与生态投入构成不同形式的生产技术。当 $\alpha \to 1$ 时类似于线性生产函数，$\alpha \to 0$ 时类似于柯布—道格拉斯生产函数，$\alpha \to -\infty$ 时类似于列昂惕夫生产函数。

第二节 考虑生态投入的厂商利润最大化行为

厂商对完全竞争的产品市场和完全竞争的要素市场（即厂商在产品市场和要素市场上是价格的接受者，其投入和产出的大小不对市场的价格产生影响，亦即价格为外生变量），以利润最大化为行为目标。

一 利润最大化条件：生态投入边际价值等于获取价格

使利润最大化得以实现的生产要素组合（x_1^*, x_2^*, …, x_n^*）可能有两种情形。

（1）利润最大化的内点解条件。

内点解，指所有的生产要素投入均大于 0 的情形下，即

$$x_i^* > 0 \quad (i=1, \cdots, n) \tag{8-16}$$

时使利润达到最大化的生产要素组合。

设 P 为产出 y 的市场价格，（w_1, w_2, …, w_n）分别为投入要素（x_1, x_2, …, x_n）的市场价格。w_n 即为获得生态投入所要支付的价格，x_n 为生产中生态投入的投入量。① 此时，厂商利润最大化的问题为

$$\begin{cases} \max \pi = py - [w_1 x_1 + w_2 x_2 + \cdots + w_n x_n] \\ \text{s. t. } y = f(x_1, x_2, \cdots, x_n) \\ x_1, x_2, \cdots, x_n > 0 \end{cases} \tag{8-17}$$

设（x_1^*, x_2^*, …, x_n^*）为利润最大化的内点解，那么利润最大化的条件（亦即厂商利润最大化的要素配置原则）为

$$p \frac{\partial f}{\partial x_i} = w_i \tag{8-18}$$

其经济含义是：每一要素的边际产出价值 $p \dfrac{\partial f}{\partial x_i}$ 等于其要素价格 w_i。亦可得

$$MRS_{ij} = -\frac{\partial f(x_1^*, \cdots, x_n^*)/\partial x_i}{\partial f(x_1^*, \cdots, x_n^*)/\partial x_j} = -\frac{w_i}{w_j} \tag{8-19}$$

其经济含义为：利润最大化要求任何两个要素间的边际替代率等于两要素的价格比。在实现利润最大化的目标下，生态投入作为一种特殊的生产要素也必须实现其边际价值等于其获得价格，它与任一物质投入要素的

---

① 在讨论"污染"排放相关问题时，有人将之视为"负的产出"，有人将之视为"生态环境投入"。从厂商的利润函数来看，无论是数学角度，还是经济学含义角度，两种方式实质上没有本质的区别。

边际替代率等于两要素的价格比。

（2）利润最大化的角点解条件。

角点解，指部分生产要素投入为0，即

$$x_i^* \geqslant 0 \quad (i=1, \cdots, n) \tag{8-20}$$

时使利润达到最大化的生产要素组合。

此时，厂商利润最大化的问题为

$$\begin{cases} \max \pi = py - [w_1 x_1 + w_2 x_2 + \cdots + w_n x_n] \\ \text{s. t. } y = f(x_1, x_2, \cdots, x_n) \\ x_1, x_2, \cdots, x_n \geqslant 0 \end{cases} \tag{8-21}$$

在部分要素投入为0的情况下，利润最大化的角点解条件为

$$\begin{cases} p \dfrac{\partial f(x_1^*, \cdots, x_n^*)}{\partial x_i} = w_i & \text{当 } x_i^* > 0 \text{ 时} \\ p \dfrac{\partial f(x_1^*, \cdots, x_n^*)}{\partial x_i} = w_i - \mu_i^* < w_i & \text{当 } x_i^* = 0 \text{ 时} \end{cases} \tag{8-22}$$

该条件的经济含义为：厂商利润最大化的配置原则是，每一有正投入的要素要求其边际产出价格为 $p \dfrac{\partial f}{\partial x_i}$，等于其要素价格，而对于边际产出价值 $p \dfrac{\partial f}{\partial x_i}$，小于其要素价格的要素，不进行投入。

对于生态投入来说，只要生态投入的边际价值能够达到其获得价格的水平就会有生态投入；反之，如果生态投入的边际价值不能达到其获得价格的水平就不会有生态投入。

二 生态投入的要素需求函数和厂商供给函数

厂商对生产要素的需求量 $(x_1, x_2, \cdots, x_n)$ 是由厂商利润最大化条件决定的。由利润极大化条件即可确定厂商对各要求的需求，记作

$$x_i = x_i(p, w_1, w_2, \cdots, w_n) \quad i=1, 2, \cdots, n \tag{8-23}$$

此即称为厂商利润最大化条件下的要素需求函数。对生态投入来说，生态投入的要素需求函数为 $x_n = x_n(p, w_1, w_2, \cdots, w_n)$，是产品价格、自身价格、各种物质投入价格的函数。

要素需求函数具有以下性质。

(1) 要素需求是要素价格的减函数。即

$$\frac{\partial x_i\ (p;\ w_1,\ \cdots,\ w_n)}{\partial w_i} < 0 \quad (8-24)$$

表明：各种投入要素（包括生态投入）的需求量随其获得价格的上升而减少、随其获得价格的下降而增加。

(2) 要素需求是产品价格的增函数。即

$$\frac{\partial x_i\ (p;\ w_1,\ \cdots,\ w_n)}{\partial P} > 0 \quad (8-25)$$

表明：各种投入要素（包括生态投入）的需求量随产品价格的上升而上升、随产品价格的下降而减少。

(3) 要素需求的交叉价格效应是相同的。即

$$\frac{\partial x_i\ (p;\ w_1,\ \cdots,\ w_n)}{\partial w_j} = \frac{\partial x_j\ (p;\ w_1,\ \cdots,\ w_n)}{\partial w_i} \quad (8-26)$$

表明要素 i 价格变化引起要素 j 需求的变化，与要素 j 价格变化所引起要素 i 需求的变化相等。

将要素需求函数代入厂商生产函数，即可得到厂商产出关于产品价格及要素价格的函数，即

$$\begin{aligned}y &= f\ [x_1\ (p;\ w_1,\ \cdots,\ w_n),\ \cdots,\ x_n\ (p;\ w_1,\ \cdots,\ w_n)] \\ &= y\ (p;\ w_1,\ \cdots,\ w_n)\end{aligned} \quad (8-27)$$

此称之为厂商的供给函数，表明：厂商生产不仅取决于产品价格，也和各种投入品价格有关，当然也就与生态投入的获得价格有关。由此可见，排污、生产区域环境质量要求等属于生态投入的价格必然影响到厂商的行为。

第三节　考虑生态投入的厂商成本最小化行为

厂商成本最小化与利润最大化是对偶性问题。考虑生态投入的厂商成本最小化行为即为：为达到某一产出水平，厂商追求的目标是生态投入及其他投入的成本最小。

一 成本最小化条件：生态投入与物质投入的边际替代率等于其价格比

厂商在固定产出水平 y 的目标下，它所追求的就是厂商成本的最小化，厂商成本最小化问题为

$$\begin{cases} \min C = w_1 x_1 + \cdots + w_n x_n \\ \text{s.t.} f(x_1, \cdots, x_n) = y \\ x_1, x_2, \cdots, x_n > 0 \end{cases} \quad (8-28)$$

成本最小化条件为

$$MRS_{ij} = \frac{\partial f / \partial x_i}{\partial f / \partial x_j} = \frac{w_i}{w_j} \quad i, j = 1, \cdots, n \quad (8-29)$$

表明：厂商使成本最小化的原则是，任何两个要素间的边际替代率等于其要素价格比。就生态投入要素与物质投入要素而言，成本最小化要求两者间的边际替代率等于两者的价格比。

由成本最小化决定的在一定产出水平下的要素需求，记为

$$x_i = x_i(w_1, w_2, \cdots, w_n, y) \quad i = 1, 2, \cdots, n \quad (8-30)$$

称作条件要素需求函数。生态投入的条件要素需求函数即为

$$x_n = x_n(w_1, w_2, \cdots, w_n, y) \quad (8-31)$$

二 包含生态投入的成本函数

将成本最小化决定的条件要素需求函数代入厂商成本表达式中得到

$$\begin{aligned} C &= w_1 x_1 + \cdots + w_n x_n \\ &= w_1 x_1(w_1, \cdots, w_n; y) + \cdots + w_n x_n(w_1, \cdots, w_n; y) \\ &= C(w_1, \cdots, w_n; y) \end{aligned} \quad (8-32)$$

成本函数与生产函数之间具有对偶性质，与生产函数一样，成本函数也包含了有关生产技术的全部信息。

成本函数具有这样的特性：成本函数是关于要素价格的单增函数。即

$$\frac{\partial C(w_1, \cdots, w_n; y)}{\partial w_i} > o \quad i = 1, \cdots, n \quad (8-33)$$

成本函数是 w_i 的一次齐次函数。即

$$C(tw_1, \cdots, tw_n; y) = tC(w_1, \cdots, w_n; y) \quad (8-34)$$

表明:各种投入要素(包括生态投入)价格的上升都会导致生产成本的上升,且等比例地上升。

条件要素需求与成本函数之间存在这样的关系

$$x_i(w_1, \cdots, w_n; y) = \frac{\partial C(w_1, \cdots, w_n; y)}{\partial w_i} \quad i=1, \cdots, n$$

(8-35)

如果用于分析生态投入的需求的话,生态投入的需求取决于生产成本对生态投入获得价格的敏感度。

$$x_n(w_1, \cdots, w_n; y) = \frac{\partial C(w_1, \cdots, w_n; y)}{\partial w_n} \quad (8-36)$$

三 考虑生态投入成本的规模收益

有关成本的概念还有:边际成本和平均成本。边际成本定义为:

$$MC = \frac{\partial C(w_1, \cdots, w_n; y)}{\partial y} \quad (8-37)$$

平均成本定义为:

$$AC = \frac{C(w_1, \cdots, w_n; y)}{y} \quad (8-38)$$

定义成本产量弹性

$$e(y) = \frac{MC}{AC} = \frac{\partial C/\partial y}{C/y} \quad (8-39)$$

来衡量规模成本收益。如果

$$e(y) < 1 \quad (8-40)$$

即成本增长率低于产出增长率,具有规模成本递减,如果

$$e(y) = 1 \quad (8-41)$$

即成本与产出同比率增长,则具有规模成本不变性质,如果

$$e(y) > 1 \quad (8-42)$$

即成本增长率高于产出增长率,则具有规模成本递增特性。

在突出讨论生态投入成本时,就会特别关注随着生产规模的扩大,生态投入成本是否递减。如污染排放、污染治理等通常情况下都是规模成本递减。所以,在现实中,往往是规模较大企业的污染排放较小、污染治理成效较高,而规模较小企业的污染排放较大、污染治

理成效较低。还有一种情形,规模较小企业往往宁愿接受环境污染的处罚,也不愿进行污染治理,其原因也在于治理设备成本高而治理规模效益低。

四 包含生态投入的短期成本函数和长期成本函数

设短期内可变的要素记为 x_v,不变的要素(设备等)记为 x_f,各自的价格为 w_v 和 w_f,生产函数则为

$$y = f(x_v, x_f) \tag{8-43}$$

这样短期成本函数由以下关系决定

$$\begin{cases} \min_{x_v} C = w_v x_v + w_f x_f \\ s.t.\ y = f(x_v, x_f) \end{cases} \tag{8-44}$$

短期成本函数为 y 和 x_f 的函数,记为 $C(y, x_f)$。

而长期成本函数由以下关系决定

$$\begin{cases} \min_{s_v, x_f} C = w_v x_v + w_f x_f \\ s.t.\ y = f(w_v, x_f) \end{cases} \tag{8-45}$$

长期成本函数为 y 的函数,记为 $C(y)$。就生态投入而言,某些形式的生态投入可以看作是可变投入(如排污量),某些形式的生态投入则是不变投入(大型治污设备的投入,治理污染的工程建设等)。所以,在短期分析中应当予以区分。

五 考虑生态投入成本的范围经济

(一)范围经济

如果厂商以 n 种要素 $(x_1, \cdots, x_n)$ 同时生产 m 种产出 $(y_1, \cdots, y_m)$,其生产函数以隐函数方式表示为

$$h(y_1, \cdots, y_m; x_1, \cdots, x_n) = 0 \tag{8-46}$$

此时,厂商成本最小化问题为

$$\begin{cases} \min C = w_1 x_1 + \cdots + w_n x_n \\ s.t.\ h(y_1, \cdots, y_m; x_1, \cdots, x_n) = 0 \\ x_1, \cdots, x_n > 0 \end{cases} \tag{8-47}$$

此时要素需求函数为

$$x_i = x_i(w_1, \cdots, w_n; y_1, \cdots, y_m) \quad i=1, \cdots, n \quad (8-48)$$

厂商的成本函数为

$$C(w_1, \cdots, w_n; y_1, \cdots, y_m) = \sum_i w_i x_i (w_1, \cdots, w_n; y_1, \cdots, y_n) \quad (8-49)$$

如果一个厂商生产多个产品时的成本小于多个厂商分别生产的成本总和，那么即称为多产品生产存在范围经济（scope economy）。考虑生产两种产品 y_1 和 y_2 的情况，存在范围经济的条件是

$$C(y_1, y_2) < C(y_1, 0) + C(0, y_2) \quad (8-50)$$

反之，则称为范围不经济，但现实中较少出现，因为厂商总可以将多种产品分解为多个小生产单位生产。

在突出讨论生态投入成本时，就会特别关注随着生产范围的扩大，生态投入成本是否递减。如污染排放、污染治理等，通常情况下都是范围成本递减。循环经济的效益很大程度上来源于生产的范围经济：多种产品之间存在共有成本、一种产品的废弃物可以成为另一种产品的投入品、多种产品生产还可以提高污染治理等方面的规模收益。

（二）低碳经济的经济学含义

"低碳经济"（low-carbon economy）[①]与"绿色经济"（green economy）的内涵基本相同，泛指一种以低能耗、低污染、低排放为基础的经济模式。一般指这样一种经济发展形态和一种消费生活模式：在可持续发展理念下，通过改变生产和消费理念、制度创新、产业和技术创新（包括新能源开发）等多种手段，尽可能地减少石化等高碳能源消耗、高碳的物质消耗，减少二氧化碳等温室气体排放，以减轻经济活动对生态环境系统的损耗和破坏。区域经济发展中推行低碳经济模式，一方面是积极分

---

① "低碳经济"概念，是 2003 年英国政府在《我们未来的能源——创建低碳经济》（Our Energy Future, Creating a Low Carbon Economy）的《能源白皮书》中首次提出的。该白皮书指出，低碳经济是通过更少的自然资源消耗和更少的环境污染，获得更多的经济产出；低碳经济是创造更高的生活标准和更好的生活质量的途径和机会，也为发展、应用和输出先进技术创造了机会，同时也能创造新的商机和更多的就业机会。

担全球生态环境责任,即分担碳减排的份额;[①] 另一方面摒弃高投入、高增长、高消费、高消耗、高排放的工业经济模式,推进生态环境友好型的消费和生产模式,推进可持续发展。

低碳经济,是经济发展模式的转变。传统经济活动中,企业以利润最大化为目标来决定其企业行为,往往通过成本外部化方式转嫁生态环境损耗来增加利润水平;消费者以效用最大化为目标,往往通过不断增加资源环境的消耗来提高效用水平。低碳经济模式下,企业和消费者都必须考虑碳排放的约束,来决定其生产行为(以"碳投入及碳排放"最小化为目标函数,来确定区域产业的优化配置)和消费行为(以包含物质需求、人文需求、生态需求的效用最大化为目标,以"碳投入及碳排放"为约束,来确定区域消费者群体的消费行为)。低碳经济的实现途径:一是消费的低碳化,二是生产的低碳化,三是技术进步使得碳投入的效率得以提高。

设某企业的产出为 y,投入要素为 $(x_1, x_2, \cdots, x_n)$,$(w_1, w_2, \cdots, w_n)$ 分别为各投入要素所包含"碳"的市场价格。$y = f(x_1, x_2, \cdots, x_n)$ 为生产函数。企业在固定产出水平 y 的目标下,它追求的就是企业"碳成本"的最小化,成本最小化问题为

$$\begin{cases} \min C = w_1 x_1 + \cdots + w_n x_n \\ \text{s. t.} f(x_1, \cdots, x_n) = y \\ x_1, x_2, \cdots, x_n > 0 \end{cases} \quad (8-51)$$

由此可求得"碳成本"最小化决定的要素投入函数

$$x_i = x_i(w_1, w_2, \cdots, w_n, y) \quad i = 1, 2, \cdots, n \quad (8-52)$$

这就是发展"低碳经济"的优化生产行为。

应当明确,企业采取"低碳经济"行为的前提条件是,碳排放是有

[①] 《联合国气候变化框架公约》(UNFCCC)于1997年在日本京都,形成了关于限制二氧化碳等排放量的成文法案,即《京都议定书》。该议定书中规定工业化国家将在2008—2012年间,使他们的全部温室气体排放量比1990年减少5%。限排的温室气体包括二氧化碳(CO_2)等。为达到限排目标,各参与公约的工业化国家都被分配到了一定数量的减少排放温室气体的配额。未来阶段,虽然尚未达成继续减排的目标和各国分担份额的协议,但总的趋势是各国都应基于"共同而有区别责任"的原则,分别分担一定的减排份额。因此,各区域也自然应分担相应的减排份额。

额度限制的。否则,"低碳"不可能成为企业的理性经济行为。

(三) 循环经济的经济学含义

"循环经济"(circular economy)[①],泛指一种以节约型、集约型、生态化为目标的经济模式,源于"产业共生"思想。"产业共生"(industrial symbiosis)是指,产业系统内各要素彼此共生,不同企业间通过相互利用副产品(废弃物)而形成各种合作关系,通过这种合作,共同提高企业的获利能力,从而高效地利用资源和最大可能地减少产业废弃物。实现经济利益、生态环境影响减少的共同改进。

一般认为,从"传统工业经济模式"转化为"循环型经济模式",要实现三方面的转变:(1)从"高投资、高产出、高增长"的发展目标,转化为"节约型、集约型、生态化"发展目标;(2)从"高投入—高消耗—高污染"的线性增长模式,转化为"减量化—再利用—再循环"的3R循环模式;(3)从"资源—生产—消费—废弃物"单向式流程的产业特征,转化为"资源—生产—消费—资源再生"反馈式流程的产业循环。循环经济是对传统工业经济模式的纠偏,传统工业经济模式的特征是"大量生产、大量消费、大量废弃",是"资源—产品—废弃物"的单向过程,创造的财富越多,消耗的资源和产生的废弃物就越多,对环境资源的负面影响也就越大;循环经济则以尽可能小的资源消耗和环境成本,获得尽可能大的经济利益和生态环境影响的减少。

循环经济,可通过不同生产工艺之间的合理衔接、不同产品生产过程的合理衔接、不同企业之间的有效合作、不同产业之间的合理聚集,以实现水资源的循环利用(如,在电力、冶金、化工、纺织等高耗水行业,采用成套节水、水回收再利用、水网络集成等方式,可实现工业废水"零"排放、单位产值的用水量大幅减少)、能源的循环利用(如,通过结构节能、技术节能、管理节能,把利用热力、电力、制冷等不同能源的生产过程有效结合实行联产,能量系统优化,对生产过程中产生的废渣、

---

① "循环经济"概念,是1990年英国学者 D. Pearce 和 R. K. Turner 概括的一种经济发展模式。以减量化(Reduce)、再利用(Reuse)、资源化(Recycle)为原则(简称3R原则),以"资源—产品—废弃物—再生资源"为资源循环利用模式,并作为一种理念和模式从生产领域引申到经济活动各领域,这种把经济增长与环境保护、资源节约有机地结合到一起的经济模式,就是"循环经济"。

废水、废气、余热、余压等进行回收和合理利用,可大幅降低单位产值的能耗和单位产值的污染排放量)、资源的循环利用(如,化工、轻工、冶金、有色金属、建材等行业,可利用资源再生回收利用技术、废渣和废气利用技术,利用废旧物资,推进工业废物综合利用,可大幅降低单位产值的资源消耗量和单位产值的废弃物排放量)。生态园区是循环经济的基本模式。即通过合理设计产业园区内的生态链和产业链,最大限度地提高资源利用率,最大限度地减少污染物废弃物的排放。在传统的"生产—产品+废弃物"生产方式的基础上,生态工业园区形成"生产—产品+可再利用物—生产"的循环经济模式,使不同企业之间形成共享资源和互换副产品的产业共生组合,使上游生产过程中产生的废物成为下游生产的原料,达成资源配置的帕累托改进。

经济主体,之所以愿意发展循环经济,必须寻求相应的利益所在。发展循环经济的利益,主要来自资源综合利用与生态环境综合治理的"范围经济"效益。假设某区域经济,以 n 种要素 $(x_1, \cdots, x_n)$ 投入,同时生产 m 种产出 $(y_1, \cdots, y_m)$,要素价格分别为 $(w_1, \cdots, w_n)$,其生产函数以隐函数方式表示为

$$h(y_1, \cdots, y_m; x_1, \cdots, x_n) = 0 \qquad (8-53)$$

此时,该区域经济的优化配置目标为成本最小化

$$\begin{cases} \min C = w_1 x_1 + \cdots + w_n x_n \\ \text{s. t. } h(y_1, \cdots, y_m; x_1, \cdots, x_n) = 0 \\ x_1, \cdots, x_n > 0 \end{cases} \qquad (8-54)$$

由此可求出优化配置的要素投入函数为

$$x_i = x_i(w_1, \cdots, w_n; y_1, \cdots, y_m) \quad i = 1, \cdots, n \qquad (8-55)$$

此时区域经济的成本函数为

$$C(w_1, \cdots, w_n; y_1, \cdots, y_m) = \sum_i w_i x_i(w_1, \cdots, w_n; y_1, \cdots, y_n)$$

$$(8-56)$$

如果整个区域经济生产多产品时的成本小于多个企业分别生产的成本总和,那么即称为多产品生产存在范围经济(scope economy)。在讨论循环经济时,必须关注随着生产范围的扩大,资源消耗、污染排放、污染治

理等成本是否递减（通常情况下都是范围成本递减）。循环经济的效益很大程度上来源于生产的范围经济：多种产品之间存在共有成本，一种产品的废弃物可以成为另一产品的投入品，多种产品生产还可以提高污染治理等方面的"范围经济"收益。

从理论上也必须认识到，循环经济只能在同一生产目标下、一定程度上降低资源消耗和生态环境影响，不可能使生态环境影响完全消除甚至改善生态环境质量。特别是对于循环经济产业园区所宣称的"零排放"，也应客观地认识，园区内部的零排放，往往是通过把生态环境影响遗留在区域外而实现的。

第四节　引入生态投入的生产经济瓦尔拉斯均衡

与交换经济不同，消费者在初始拥有一定的物质需求品和生态需求品的情形下，不仅相互间可以进行交换，还可以用一定的物质需求品来生产一定的生态需求品（或者反过来，用一定的生态需求品来生产一定的物质需求品），从而提高各自的效用水平。这就是生产经济的瓦尔拉斯均衡。

一　生产经济的瓦尔拉斯均衡

在纯粹的交换经济中引入生产部门，设有 k 个生产厂商（$k=1, \cdots, K$），厂商的商品 j（$j=1, \cdots, n$）供给记为 y_j^k，厂商 k 的生产函数设为

$$G_k(y_1^k, y_2^k, \cdots, y_n^k) = 0 \quad (8-57)$$

且假设厂商的利润全部作为红利分配给各个消费个体，厂商 k 的利润分配给个体 i 的比例记为 θ_{ik}（$\sum_{i=1}^{I} \theta_{ik} = 1$）。各个消费个体的效用函数及初期商品保有量记为

$$\begin{cases} U_i = U_i(x_1^i, x_2^i, \cdots, x_n^i) \\ e_i = (x_1^{io}, x_2^{io}, \cdots, x_n^{io}) \end{cases} \quad i=1, \cdots, I \quad (8-58)$$

这便是不同于交换经济的生产经济（production economy）。在生产经

济中，厂商的利润最大化问题为

$$\begin{cases} \max \pi^k = p_1 y_1^k + p_2 y_2^k + \cdots + p_n y_n^k \\ \text{s.t. } G_k(y_1^k, y_2^k, \cdots, y_n^k) = 0 \quad k = 1, \cdots, K \end{cases} \quad (8-59)$$

由利润最大化条件可导出各厂商的供给函数，记为

$$y_j^k = y_j^k(p_1, p_2, \cdots, p_n) \quad \begin{matrix} j = 1, \cdots, n \\ k = 1, \cdots, k \end{matrix} \quad (8-60)$$

厂商 k 的利润为

$$\pi^k = p_1 y_1^k(p_1, \cdots, p_n) + \cdots + P_n y_n^k(P_1, \cdots, P_n) \quad (8-61)$$

在生产经济中，消费者的效用最大化问题为

$$\begin{cases} \max U_i = U_i(x_1^i, x_2^i, \cdots, x_n^i) \\ \text{s.t. } p_1 x_1^i + \cdots + p_n x_n^i = p_1 x_1^{io} + \cdots + p_n x_1^{io} + \sum_{k=1}^{K} \theta_{ik} \pi^k \quad i = 1, \cdots, I \end{cases}$$

$$(8-62)$$

其中 $(\theta_{ik} \pi^k)$ 为消费者 i 从厂商 k 那里获得的收入，$\sum_{k=1}^{K} \theta_{ik} \pi^k$ 即为消费者 i 的全部收入，这部分收入加上初期保有商品的市场价值即构成了该消费者的预算约束。由效用最大化条件可导出此时各个体对各种商品的需求，记为

$$x_j^i = x_j^i(p_1, p_2, \cdots, p_n) \quad \begin{matrix} i = 1, \cdots, I \\ j = 1, \cdots, n \end{matrix} \quad (8-63)$$

由此可定义生产经济中的社会超额需求为

$$\begin{aligned} Z_j &= \sum_{i=1}^{I} [x_j^i(p_1, p_2, \cdots, p_n) - X_j^{io}] \\ &\quad - \sum_{k=1}^{K} y_j^k(p_1, p_2, \cdots, p_n) \quad j = 1, \cdots, n \\ &= Z_j(p_1, p_2, \cdots, p_n) \end{aligned} \quad (8-64)$$

Z_j 是关于 $(p_1, p_2, \cdots, p_n)$ 的函数，在某一特定价格组合 $(p_1^*, p_2^*, \cdots, p_n^*)$ 下，可实现各商品市场的社会超额需求为 0，即

$$Z_j(p_1^*, p_2^*, \cdots, p_n^*) = 0 \quad i = 1, \cdots, n \quad (8-65)$$

表明各个商品市场在此价格组合下同时达到均衡，即生产经济实现了

二 以生态资源生产物质财富实现瓦尔拉斯均衡的示例

假设在一个由两个消费者 A、B 构成的经济中,他们的效用由生态需求 x 与物质财富 y 所决定。最初两个消费者都只拥有一定的生态资源,因此他们只能以一定的生态资源去生产一定的物质财富以实现各自的最大化效用,从而引入了厂商 C 来实现这一生产活动。两个消费者的效用函数及初始禀赋分别为

$$\begin{cases} U_A = x_A^2 y_A, & e_A = (210, 0) \\ U_B = x_B^2 y_B, & e_B = (570, 0) \end{cases} \tag{8-66}$$

厂商 C 用 x 生产 y,生产函数为

$$y_C = 10(3x_c)^{\frac{1}{2}} \tag{8-67}$$

厂商利润均等地分配 A 和 B。根据这些条件来求解瓦尔拉斯均衡价格比及资源配置。

求解这个问题的步骤为:第一步先分析厂商的利润及分配给 A、B 的利润;第二步确定 A、B 的预算约束式;第三步由 A、B 的效用最大化条件求出 A、B 对于两种商品的需求;第四步由两商品市场同时均衡即可求出瓦尔拉斯均衡价格比及资源配置。

(1) 厂商 C 生产过程的利润为

$$\pi_C = p_y y_C - p_x x_C = p_y [10(3x_c)^{\frac{1}{2}}] - p_X x_C \tag{8-68}$$

利润最大化条件为

$$\frac{d\pi_C}{dx_C} = 5 \times 3^{\frac{1}{2}} \times p_y x_C^{-\frac{1}{2}} - p_X = 0 \tag{8-69}$$

由此求得厂商 C 对 x_C 的需求函数为

$$x_C = 75 p_x^{-2} p_y^2 \tag{8-70}$$

代入生产函数得到厂商 C 的供给函数为

$$y_C = 150 p_x^{-1} p_y \tag{8-71}$$

x_C、y_C 代入利润表达式得到利润函数为

$$\pi_C = 75 p_x^{-1} p_y^2 \tag{8-72}$$

(2) 由厂商利润均等分配给 A、B，知 A、B 得到的利润分别为

$$\begin{cases} \pi_A = \dfrac{1}{2}\pi_C = \dfrac{75}{2}p_x^{-1}p_y^2 \\ \pi_B = \dfrac{1}{2}\pi_C = \dfrac{75}{2}p_x^{-1}p_y^2 \end{cases} \quad (8-73)$$

A、B 的预算约束式分别为

$$\begin{cases} p_X x_A + p_y y_A = p_X x_A^0 + p_y y_A^0 + \pi_A \\ \qquad\qquad = 210p_x + \dfrac{75}{2}p_x^{-1}p_y^2 \\ p_X x_B + p_y y_B = p_X x_B^0 + p_y y_B^0 + \pi_B \\ \qquad\qquad = 570p_X + \dfrac{75}{2}p_X^{-1}p_Y^2 \end{cases} \quad (8-74)$$

(3) A 的效用最大化问题为

$$\begin{cases} \max U_A = x_A^2 y_A \\ \text{s.t. } p_X x_A + p_y y_A = 210p_X + \dfrac{75}{2}p_x^{-1}p_y^2 \end{cases} \quad (8-75)$$

由效用最大化条件求得 A 关于 x、y 的需求函数及价格比

$$\begin{cases} x_A = 140 + 25p_x^{-1}p_y^2 \\ y_A = 70p_x p_y^{-1} + \dfrac{25}{2}p_x^{-1}p_y \\ \dfrac{p_x}{p_y} = \dfrac{2y_A}{x_A} \end{cases} \quad (8-76)$$

B 的效用最大化问题为

$$\begin{cases} \max U_B = x_B^2 y_B \\ \text{s.t. } p_X x_B + p_y y_B = 570p_X + \dfrac{75}{2}p_x^{-1}p_y^2 \end{cases} \quad (8-77)$$

由效用最大化条件求得 B 关于 x、y 的需求函数及价格比

$$\begin{cases} x_B = 190 + \dfrac{25}{2}p_x^{-2}p_y^2 \\ y_B = 380P_x p_y^1 + 25p_x^{-1}p_y \\ \dfrac{p_x}{p_y} = \dfrac{y_B}{2x_B} \end{cases} \quad (8-78)$$

(4) 该生产经济的超额需求函数分别为

$$Z_x = x_A + x_B + x_C - x_A^0 - x_B^0$$

$$= (140 + 25p_x^{-2}p_y^2) + (190 + \frac{25}{2}p_x^{-2}p_y^2) + (75p_x^{-2}p_y^2)$$

$$= \frac{225}{2}p_x^{-2}p_y^2 - 450$$

$$Z_y = y_A + y_B - y_C$$

$$= (70p_xp_y^{-1} + \frac{25}{2}p_x^{-1}p_y) + (380p_xp_y^{-1} + 25p_x^{-1}p_y) - 150p_x^{-1}p_y$$

$$= 450p_xp_y^{-1} - \frac{225}{2}p_x^{-1}p_y$$

$$\begin{cases} Z_x(p_x^*, p_y^*) = \frac{225}{2}(p_x^*)^{-2}(p_y^*)^2 - 450 = 0 \\ Z_y(p_x^*, p_y^*) = 450(p_x^*)(p_y^*)^{-1} - \frac{225}{2}(p_x^*)^{-1}(p_y^*) = 0 \end{cases}$$

(8-79)

解得均衡价格比为

$$\frac{p_x^*}{p_y^*} = \frac{1}{2} \tag{8-80}$$

将均衡价格比代入各个需求函数、供给函数可求得资源的最优配置

$$\begin{cases} x_A = 140 + 25p_x^{-2}p_y^2 = 240 \\ y_A = 70p_xp_y^{-1} + \frac{25}{2}p_x^{-1}p_y = 60 \\ x_B = 190 + \frac{25}{2}p_x^{-2}p_y^2 = 240 \\ Vy_B = 380p_xp_y^{-1} + 25p_x^{-1}p_y = 240 \\ x_C = 75p_x^{-2}p_y^2 = 300 \\ y_C = 150p_x^{-1}p_y = 300 \end{cases}$$

(8-81)

这一示例是对现实经济活动的真实写照，人们把所拥有的生态资源经过生产活动转换为物质财富，以实现效用的最大化，并达到瓦尔拉斯均衡。这一过程是理性的，但如果不顾及生态需求在效用函数中的作用，全盘地把生态资源都转换为物质财富的话，那么其效用并不是最大化的。所

以这一过程就不是理性的。

三 现实中的生产经济瓦尔拉斯均衡

（一）以生态损耗换取经济发展：污染产业转移问题

现实中，以生态损耗换取经济发展，在某种意义上就是物质需求品与生态需求品之间的交换，发达地区污染程度较高的产业向欠发达地区转移，是典型的例子。

在产业转移过程中，发达地区向欠发达地区转移了产业，也转移了污染，相对于初始状态，其经济利益有所减少，但其生态环境方面则有正的增益；而欠发达地区承接发达地区转移的污染产业，其承接了产业，也承接了相应的污染，相对于初始状态，其经济利益得以增加，但其生态环境方面则有损益。在这一过程中实际上会形成一个关于"污染"的"价格"，这个"价格"也决定了产业转移和承接的门槛及规模。

（二）以经济补偿换取生态环境利益：生态补偿问题

现实中，以经济利益换取生态环境利益，在某种意义上也是物质需求品与生态需求品之间的交换，生态受益区向生态功能区进行生态补偿，以换取生态功能得以维护，是典型的例子。

例如，在一条河流的上下游之间，上游地区作为生态功能的维护者，为保护生态功能而必然承担相应的维护成本和放弃发展的成本；而下游地区作为生态功能的受益者，理所应当为其生态受益而分担相应的成本，由此而形成了相互之间的经济利益和生态利益的交换，进而实现其均衡。

第五节 生态友好型产品供给中的厂商行为：质量歧视策略

西方学者把"生态友好型产品"（日常生活中称为"绿色产品""环保产品"）概括为3E [Economic（经济的），Ecological（生态的），Equitable（公正的）]，内容包括：对无公害产品的消费使用、物资的回收利用、自然资源的有效配置和有效利用、对生态环境的顾及、对其他生命物种种群利益的顾及等。国际消费组织将"绿色产品"概括为5R [Reduce（节约资源、减少污染）；Reevaluate（绿色生活、环保选购）；Reuse（重复使用、多次利用）；Recycle（分类回收、循环再生）；Rescue（保护自然，万物共存）]。亦即是规范生产与消费行为的三个原则：一是倡导消费者在消费时选择未被污染、有助于公众健康的无公害产品，二是在消费过程中注重对废弃物的处置、尽可能少造成环境污染，三是引导消费者在追求生活舒适的同时，追求"绿色、自然、和谐、健康"的消费观念。英国学者埃尔金顿（J. Elkington）和黑尔斯（J. Hailes）的《绿色消费指南》则把绿色消费定义为避免使用以下六类商品的消费行为：一是危害到消费者和他人健康的商品，二是在生产、使用、废弃过程中会造成大量资源消耗的商品，三是因过度包装、超过有效期及过短生命期而造成不必要浪费的商品，四是出自稀有动物或稀有自然资源的商品，五是含有对动物残酷剥夺而生产的商品，六是对其他发展中国家有不利影响的商品。

从微观经济学厂商理论的角度来看，"生态友好型产品"可以看作是对产品质量的特殊要求。很显然，不同层次的消费者对于"生态友好型产品"的偏好是不同的，因而生产者必然会通过区分需求市场的差别来确定自身的供给策略。本节即是从厂商"价格歧视"（price discrimination）角度对这一问题的分析。此处，"歧视"一词并无价值判断的含义，只是针对不同的消费者需求偏好采用对生态环境友好与否的差异性产品。

一 价格歧视与质量歧视的定价策略

（一）垄断价格

如果厂商独自面对一条向下倾斜的需求曲线（p 为价格，y 为产品需求量）

$$\begin{cases} p = p(y) \\ p'(y) < 0 \end{cases} \quad (8-82)$$

即可视其为垄断厂商。垄断厂商的利润极大化问题为

$$\max \pi = y p(y) - C(y) \quad (8-83)$$

$C(y)$ 为厂商成本函数（$C'(y) > 0$）。该极大化问题的一阶条件为

$$p(y) + y p'(y) = C'(y) \quad (8-84)$$

该式可改写为

$$p\left(1 + \frac{dp}{dy}\frac{y}{p}\right) = C'(y) \tag{8-85}$$

定义需求价格弹性为

$$e(y) = -\frac{dy}{dp}\bigg/\frac{y}{p} > 0 \tag{8-86}$$

垄断厂商利润极大化的条件即为

$$p(y) = C'(y) \bigg/ \left[1 - \frac{1}{e(y)}\right] \tag{8-87}$$

由此可见:垄断厂商的产品定价总是高于它的边际成本(即高于完全竞争条件下的价格水平),同时垄断厂商的产量决定也低于完全竞争条件下的产量供给。

(二)垄断厂商的质量决策

消费需求函数与产量 y、产品质量 b 相关时,可记作

$$p = p(y, b) \tag{8-88}$$

厂商的成本函数也与产量 y、质量 b 有关

$$C = C(y, b) \tag{8-89}$$

厂商的利润为

$$\pi = yp(y, b) - C(y, b) \tag{8-90}$$

利润极大化的一阶条件则为

$$\begin{cases} p + y\dfrac{\partial p}{\partial y} = \dfrac{\partial C}{\partial y} \\ y\dfrac{\partial p}{\partial b} = \dfrac{\partial C}{\partial b} \end{cases} \tag{8-91}$$

这就是厂商供给市场什么样质量产品的决策依据。当绿色产品体现在产品质量之中时,厂商即依据上述原则来决策其对一般产品及绿色产品的生产。例如,房地产商能够通过这一决策,使高收入阶层选择环境质量较高的区域购房居住;使中等收入阶层选择环境质量一般的区域购房居住;使偏低收入阶层选择环境质量较低的区域购房或租房居住。

(三)价格歧视

由于垄断厂商面对的需求函数为

$$\begin{cases} p = p(y) \\ p'(y) < 0 \end{cases} \tag{8-92}$$

因而，垄断厂商每增加生产单位产品都会降低其单位产品的价格，从而减少其总收益，所以其产量水平较低。在一定的条件下，垄断厂商面对不同的消费群体（需求函数不同、愿意支付的价格不同）而采取不同的价格，以增加产量供给，从而获取超额利润。这种定价行为称为"价格歧视"。

假设垄断厂商的边际成本为 C（常数），面对两个完全独立的子市场，各自的需求函数为

$$\begin{cases} p_1 = p_1(y) \\ p_2 = p_2(y) \end{cases} \quad (8-93)$$

此时，垄断厂商的利润极大化问题为

$$\max \pi = y_1 p_1(y_1) + y_2 p_2(y_2) - C(y_1 + y_2) \quad (8-94)$$

其一阶条件为

$$\begin{cases} \dfrac{\partial \pi}{\partial y_1} = p_1(y_1) + y_1 p_1'(y_1) - C' = 0 \\ \dfrac{\partial \pi}{\partial y_2} = p_2(y_2) + y_2 p_2'(y_2) - C' = 0 \end{cases} \quad (8-95)$$

可改写为

$$\begin{cases} p_1 = C' / \left[1 + \dfrac{dp_1}{dy_1} \cdot \dfrac{y_1}{p_1} \right] \\ p_2 = C' / \left[1 + \dfrac{dp_2}{dy_2} \cdot \dfrac{y_2}{p_2} \right] \end{cases} \quad (8-96)$$

定义两个子市场的需求价格弹性 e_1、e_2 分别为

$$\begin{cases} e_1 = -\dfrac{dy_1}{dp_1} \cdot \dfrac{p_1}{y_1} > 0 \\ e_2 = \dfrac{dy_2}{dp_2} \cdot \dfrac{p_2}{y_2} > 0 \end{cases} \quad (8-97)$$

由此可得垄断厂商价格歧视的定价原则

$$\frac{p_1}{p_2} = \frac{1 - \dfrac{1}{e_2}}{1 - \dfrac{1}{e_1}} \quad (8-98)$$

即：垄断厂商为追求利润极大化，它会在需求价格弹性较高的市场实

行较低的价格政策,而在需求价格弹性较低的市场实行较高的价格政策。

(四) 质量歧视

与"价格歧视"类似,"质量歧视"是厂商通过向不同的消费者提供不同质量的产品,以达到类似于价格歧视效应的利润最大化目标的行为。厂商在确切知道每一个消费群体的消费偏好(对质量的需求)的情况下,厂商向消费者索取消费者愿意支付的价格 p,同时向消费者提供消费者愿意接受的产品质量 b。此时厂商的定价为 $[p, b]$,如果面对两类消费者则其定价分别为 $[p_1, b_1]$ 和 $[p_2, b_2]$。余下的分析与价格歧视完全类似。

二 生态友好型产品供给过程中的质量歧视策略

(一) 一级质量歧视

在某些情况下,厂商确切地知道每一个消费群体的消费偏好和需求函数,厂商针对不同消费者,向其索取愿意支付的最高价格,同时向其销售愿意购买产品的数量,这一情形称为"一级价格歧视"。与此类似,当厂商确切地知道每一个消费群体关于产品质量的消费偏好和需求函数时,厂商向不同消费者索取其愿意支付的最高价格,同时向不同的消费者销售不同质量水平的产品,这一情形称为"一级质量歧视"。此时的价格不是单位产品质量价格形式,而是规定的总价格和对应的价格水平,可记作 $[p, b]$。

假设厂商面对两个消费群体,一个收入水平较低、对产品的生态友好质量要求较低,另一个收入水平较高、对产品的生态友好质量有较高的要求。这两个消费群体初始收入分别为 m_1、m_2,各自的效用函数都是拟线性效用函数形式的,设为

$$\begin{cases} U_1(b_1, x_1) = U_1(b_1) + x_1 \\ U_2(b_2, x_2) = U_2(b_2) + x_2 \end{cases} \quad (8-99)$$

b_1、b_2 为消费群体 1 和消费群体 2 购买该厂商提供的产品的生态友好质量,x_1、x_2 为消费群体 1 和消费群体 2 购买其他消费品的支出。如果厂商对消费群体 1 和消费群体 2 的销售方案分别为 $[p_1, b_1]$ 和 $[p_2, b_2]$,如果对消费群体来说,该销售方案是可接受的话,那么购买该产品后的效

用水平不能低于不购买该产品时的效用水平，即对消费群体 1 必须满足

$$U_1(b_1) + m_1 - p_1 \geq U_1(0) + m_1 \qquad (8-100)$$

对消费群体 2 来说，必须满足

$$U_2(b_2) + m_2 - p_2 \geq U_2(0) + m_2 \qquad (8-101)$$

一般来说 $U_1(0) = U_2(0) = 0$，所以厂商定价必须满足

$$\begin{cases} p_1 \leq U_1(b_1) \\ p_2 \leq U_2(b_2) \end{cases} \qquad (8-102)$$

由于厂商倾向于索取最高价格，所以

$$\begin{cases} p_1 = U_1(b_1) \\ p_2 = U_2(b_2) \end{cases} \qquad (8-103)$$

此时，厂商决定产量水平的利润极大化问题为

$$\begin{cases} \max \pi = p_1 + p_2 - C(b_1, b_2) \\ \text{s. t. } p_1 = U_1(b_1) \\ p_2 = U_2(b_2) \end{cases} \qquad (8-104)$$

其一阶条件为

$$\begin{cases} \dfrac{\partial \pi}{\partial b_1} = U_1'(b_1) - C'(b_1, b_2) = 0 \\ \dfrac{\partial \pi}{\partial b_2} = U_2'(y_2) - C'(b_1, b_2) = 0 \end{cases} \qquad (8-105)$$

由此分别决定了向两个消费群体提供的生态友好型产品质量的高低。

（二）二级质量歧视

在更多的情况下，厂商能够识别消费者的需求特征，为不同的消费群体设计可供选择的销售方案 $[p_1, b_1]$ 和 $[p_2, b_2]$，厂商希望消费群体 1（收入水平较低、对产品的生态友好质量要求较低）效用函数为

$$U_1(b_1, x_1) = U_1(b_1) + x_1 \qquad (8-106)$$

购买 $[p_1, b_1]$；而消费群体 2（收入水平较高、对产品的生态友好质量要求较高）效用函数为

$$\begin{cases} U_2(b_2, x_2) = U_2(b_2) + x_2 \\ U_2(b) > U_1(b)、U_2'(b) > U_1'(b) \end{cases} \qquad (8-107)$$

购买 $[p_2, b_2]$。但厂商无法识别也无法保证消费群体 2 不去购买

$[p_1, b_1]$（假设 $p_2 > p_1$）。为此，厂商必须改变一级价格歧视所决定的销售方案对应的 $[p_1, b_1]$ 和 $[p_2, b_2]$。为使每一个消费群体都愿意购买产品，那么必须使其购买产品后的效用水平不低于不购买该产品时的效用水平，即必须满足

$$\begin{cases} U_1(y_1) + m_1 - p_1 \geq U_1(0) + m_1 \\ U_2(y_2) + m_2 - p_2 \geq U_2(0) + m_2 \end{cases} \quad (8-108)$$

即

$$\begin{cases} p_1 \leq U_1(y_1) \\ p_2 \leq U_2(y_2) \end{cases} \quad (8-109)$$

同时，为了使各个消费群体都自动地选择厂商为其提供的购买方案，即消费群体1购买 $[p_1, b_1]$ 的效用水平不低于购买 $[p_2, b_2]$ 的效用水平，消费群体2购买 $[p_2, b_2]$ 的效用水平不低于购买 $[p_1, b_1]$ 的效用水平。即

$$\begin{cases} U_1(b_1) + m_1 - p_1 \geq U_1(b_2) + m_1 - p_2 \\ U_2(b_2) + m_2 - p_2 \geq U_2(b_1) + m_2 - p_1 \end{cases} \quad (8-110)$$

即

$$\begin{cases} p_1 \leq U_1(b_1) - U_1(b_2) + p_2 \\ p_2 \leq U_2(b_2) - U_2(b_1) + p_1 \end{cases} \quad (8-111)$$

所以厂商确定的 p_1 必须满足

$$\begin{cases} p_1 \leq U_1(b_1) \\ p_1 \leq U_1(b_1) - U_1(b_2) + p_2 \end{cases} \quad (8-112)$$

厂商确定的 p_2 必须满足

$$\begin{cases} p_1 \leq U_2(b_2) \\ p_2 \leq U_2(b_2) - U_2(b_1) + p_1 \end{cases} \quad (8-113)$$

由于厂商在上述约束条件下希望 p_1、p_2 越大越好，根据上述条件可得出最大可能的 p_1 和 p_2 分别为

$$\begin{cases} p_1 = U_1(b_1) \\ p_2 = U_2(b_2) - [U_2(b_1) - p_1] \end{cases} \quad (8-114)$$

此式即为二级质量歧视的定价原则。此式表明：厂商对于较低层次的

消费群体维持质量价格歧视的价格,索取其愿意支付的最高价格,而对于较高层次的消费群体则实行比一级质量歧视更低的价格[价格减少额为 $U_2(b_1) - p_1$],即索取比其愿意支付价格较低的价格,只有这样才能保证较高层次的消费群体不会去购买 $[p_1, b_1]$。此时,厂商决定产品生态友好质量 b_1 和 b_2 的利润极大化问题为

$$\begin{cases} \max \pi = p_1 + p_2 - C(b_1, b_2) \\ \text{s.t. } p_1 = U_1(b_1) \\ p_2 = U_2(b_2) - [U_2(b_1) - p_1] \end{cases} \quad (8-115)$$

一阶条件为

$$\begin{cases} \dfrac{\partial \pi}{\partial b_1} = 2U_1'(b_1) - U_2'(b_1) - C' = 0 \\ \dfrac{\partial \pi}{\partial b_2} = U_2'(b_2) - C' = 0 \end{cases} \quad (8-116)$$

由此条件可知:厂商决定对较高需求层次消费群体的质量水平维持一级质量歧视的质量(消费者愿意支付最高价格的生态友好质量水平);厂商决定对较低需求层次消费群体的质量要低于一级质量歧视的产品质量(该类消费者愿意支付最高价格的生态友好质量水平)。

由上述分析可以得出,厂商在生态友好型产品供给过程中的质量歧视策略是:厂商对消费层次较低的消费群体(对生态友好质量要求不高的消费群体)提供给他们一个产品质量低于其最优质量水平,而索价为其愿意支付的最高价格;而对于消费层次较高的消费群体(对生态友好质量要求较高的消费群体),则提供给他们一个产品质量达到他们所希望的最优质量水平,而索价低于他们所愿意支付的最高价格水平。

(三)质量歧视的二部价格

前文讨论的一级质量歧视和二级质量歧视问题中的价格都不是单位质量水平的线性价格形式,而是固定质量水平和固定价格的捆绑形式(如 $[p_1, b_1]$、$[p_2, b_2]$)。这种价格形式近似地相当于一种非线性定价形式

$$\begin{cases} p_1 = D_1 + q_1 b_1 \\ p_2 = D_2 + q_2 b_2 \end{cases} \quad (8-117)$$

D_1 为针对消费群体 1 的固定价格部分,q_1 为针对消费群体 1 的单位质

量水平的价格，D_2 为针对消费群体 2 的固定价格部分，q_2 为针对消费群体 1 的单位质量水平的价格。这种定价方式，单位产品的平均价格是随着质量水平的变化而变化的。在一般的情况下，厂商由于没有完全的需求信息，市场无法区分消费类别，则厂商实行统一的非线性定价

$$p = D + qb \qquad (8-118)$$

厂商只需根据需求的主要特征（主要倾向于哪一类别需求群体）而权衡决定固定价格 D 和单位质量水平价格 q。这种定价方式称为"二部价格"。

这一特殊的定价方式，很显著地反映在日常生活中生态友好型产品（绿色产品、无公害产品等）的销售活动上。一般来说，凡是标明生态友好的产品或环保产品，其价格总是要比同类功用产品高出一截，并不一定是生产成本较高造成的，而是由于这一形式的定价策略形成的。

应当说明的是，消费者为生态环境保护所付出的更高价格（比如购买"无氟"制冷设备、"无铅"汽油、"无磷"洗涤用品），其满足的是生态需求（即为生态系统功能完好这一公共利益而做出的自愿支付），并不是像商家宣传的那样（如，产品质量高于同类商品）。

三 质量歧视的社会福利影响

厂商质量歧视的策略是否会带来社会福利的变化呢？以简单的质量歧视为例，两类消费者的效用函数分别为

$$\begin{cases} U_1(b_1) + X_1 \\ U_2(b_2) + X_2 \\ U_1'' \leq 0 \\ U_2'' \leq 0 \end{cases} \qquad (8-119)$$

由效用极大化一阶条件决定的需求函数为

$$\begin{cases} p_1 = U_1'(b_1) \\ p_2 = U_2'(b_2) \end{cases} \qquad (8-120)$$

假设初始状态，厂商对两类消费者实行统一价格 p^0

$$p_1^0 = p_2^0 = U_1'(b_1^0) = U_2'(b_2^0) = p^0 \qquad (8-121)$$

此时两类消费者购买该厂商产品的生态友好质量水平分别为 b_1^0 和 b_2^0。

当厂商实行质量歧视对策 p_1 和 p_2 时,此时两类消费者购买该厂商产品的生态友好质量水平分别为 b_1 和 b_2,由此导致的效用变化分别为(利用 Taylor 展开式)

$$\begin{matrix} U_1(b_1) - U_1(b_1^0) \approx U_1'(b_1^0) \Delta b_1 + U_1''(b_1^0) (\Delta b_1)^2 \\ U_2(b_2) - U_2(b_2^0) \approx U_2'(b_2^0) \Delta b_2 + U_2''(b_2^0) (\Delta b_2)^2 \end{matrix} \quad (8-122)$$

其中

$$\begin{cases} \Delta b_1 = b_1 - b_1^0 \\ \Delta b_2 = b_2 - b_2^0 \end{cases} \quad (8-123)$$

由于

$$\begin{cases} U_1'' < 0 \\ U_2'' < 0 \end{cases} \quad (8-124)$$

所以

$$\begin{cases} U_1(b_1) - U_1(b_1^0) \leq U_1'(b_1^0) \Delta b_1 = p^0 \Delta b_1 \\ U_2(b_2) - U_2(b_2^0) \leq U_2'(b_2^0) \Delta b_2 = p^0 \Delta b_2 \end{cases} \quad (8-125)$$

同样利用 Taylor 展开式,可得

$$\begin{cases} U_1(b_1) - U_1(b_1^0) \approx U_1'(b_1) \Delta b_1 - U_1''(b_1) (\Delta b_1)^2 \\ U_2(b_2) - U_2(b_2^0) \approx U_2'(b_2) \Delta b_2 - U_2''(b_2) (\Delta b_2)^2 \end{cases} \quad (8-126)$$

由此可得

$$\begin{cases} U_1(b_1) - U_1(b_1^0) \geq U_1'(b_1) \Delta b_1 = p_1 \Delta b_1 \\ U_2(b_2) - U_2(b_2^0) \geq U_2'(b_2) \Delta b_2 = p_2 \Delta b_2 \end{cases} \quad (8-127)$$

接下来讨论社会净福利(以马歇尔剩余的变化 ΔS 来度量。通常以马歇尔剩余来衡量社会福利的大小,马歇尔剩余即是全社会的效用之和减去成本总和),在质量歧视条件下的马歇尔剩余的变化为

$$\Delta S = (\Delta U_1 - C' \Delta b_1) + (\Delta U_2 - C' \Delta b_2) \quad (8-128)$$

其中 C' 为厂商的边际成本(设为常数),将前文不等式代入 ΔS 即可得到

$$\begin{aligned} \Delta S &\geq (p_1 \Delta b_1 - C' \Delta b_2) + (p_2 \Delta b_2 - C \Delta b_2) \\ &= (p_1 - C') \Delta b_1 + (p_2 - C') \Delta b_2 \end{aligned} \quad (8-129)$$

由此可见,在通常情况下 ($p_1 \geq C'$, $p_2 \geq C'$) 实施质量歧视对策能够

增进社会福利，这个社会福利的增加是由于需求的质量提高而实现的。在统一的垄断价格 P^0 的情况下，某一消费群体的质量需求由于价格过高而需求质量较低，通过质量歧视的方式，可以使针对这一市场的价格降低，从而产生两种效应：既提高了需求质量，又在需求质量提高时增加了厂商的利润。只有在能够提高全社会对生态友好质量的需求条件下，才能够增进社会福利，这是判断质量歧视是否改进社会福利的必要条件。

四 生态友好型产品质量歧视策略适应消费者生态需求

生态友好型产品的生产与消费，是与消费者的生态需求密切关联的。如果全社会的消费者并无生态友好型需求，那么生态友好型产品的生产也就无从谈起。因此，生态友好型产品有较一般产品更高的成本，最终必然是由有生态需求的消费者承担，生产者只是根据这种需求的特性来确定其行为策略以实现其利润最大化的目标。

在目前阶段，消费者对于"生态友好型产品"的偏好是各不相同的。一般而言，高收入群体对生态友好型产品有较高的需求，低收入群体则对生态友好型产品的需求较低。因此生产者依据市场需求的区分而采取"歧视性策略"是其合理的选择。这种策略方式，只要能够导致全社会对生态友好型产品需求的提高，那么就有利于全社会的福利改进。如，对于不同收入群体，采用歧视性策略提供生态友好型程度不同的产品，也是有利于全社会福利水平和生态层面的福利水平的。

第六节 绿色经济背景下的厂商竞争

"绿色经济"（green economy），泛指一种以低能耗、低污染、低排放为基础的经济模式。一般指这样一种经济发展形态和一种消费生活模式：在可持续发展理念下，通过改变生产和消费理念、制度创新、产业和技术创新（包括新能源开发）等多种手段，尽可能地减少石化等高碳能源消耗、高碳的物质消耗，减少二氧化碳等温室气体排放，以减轻经济活动对生态环境系统的损耗和破坏。

一 厂商发展绿色经济的动因

现代经济活动中,厂商以利润最大化为目标来决定其厂商行为。在经济活动对生态环境的影响尚未纳入厂商成本影响因素的发展阶段,最普遍的厂商行为是,生产者通过成本外部化转嫁生态损耗作为实现利润最大化的本质手段。经济运行中的各种矛盾,最终都转化为了生态环境问题(如,实现利润过程中耗竭性使用自然资源、不计环境损耗地排放污染),转嫁由人类整体及后代人承担。随着全球生态危机加剧,经济活动影响生态环境的问题已引起经济社会各主体的高度重视。在这一新的背景下,厂商追求利润最大化的目标虽然没有根本改变,但是,厂商通过成本外部化方式转嫁生态环境影响的途径逐步受到制约,决定厂商行为的诸多约束条件也相应地发生了改变(如消费者对于商品环境友好因素的偏好发生了改变、政府对于生产消费过程中污染物排放等问题强化了规制、厂商的利益关联者也不同程度地将环境保护责任加之于厂商)。因此,厂商的行为(包括产业组织行为、消费群体定位、要素投入与生产决策、技术选择等)都必然随之而发生改变。在当前发展阶段,全球经济增长模式普遍朝着绿色经济方向转型,厂商作为各国经济社会中占主导地位的微观经济主体,其行为受到不同利益相关者的影响或约束,也必然要朝着绿色经济方向转型。本节通过以下分析,提出:全球绿色经济的发展方向,决定了厂商竞争优势争夺的核心内容;各国绿色经济的微观基础(消费者环境友好型消费偏好)和宏观基础(各国的环境规制),决定了厂商发展绿色经济的动力;各种形式的绿色经济活动所体现的厂商利益所在,是厂商发展绿色经济的努力方向。

(一)全球经济的绿色化转型趋势与厂商竞争优势的争夺

2008年以来,全球经济进入了"后危机时期",什么因素将成为新一轮经济增长的核心引擎呢?增长"新引擎",并不完全是自然形成的,而是全球各主要经济体的发展战略及相互博弈而决定的。也就是说,"后危机时期"国家层面的经济竞争,将围绕着"新引擎"的确立而展开。什么是国家经济竞争最根本的手段?现实中,先进者长期处于领先地位,或者后进赶超先进,往往都是通过"创新"形成"新游戏"和"新游戏规则"来实现的。即要保持领先地位或者要超越他人,就必须根据背景条件变化,抢先形成一个能够发挥自身优势且能够引发全球民众广泛参与的新游戏。只有掌握着新游戏运作的主动权,才有可能在新一轮全球竞争中立于不败之地。

从种种迹象来看,美国等发达国家正在为建立有利于自身优势并掌握主动权的"新游戏"而积极布局。它们努力促成的"新引擎",是以"绿色能源"为代表的"绿色经济"(或称"低碳经济"),目的是确立它们在新一轮经济竞争中的主动地位和优势地位。之所以选择以"清洁能源"为核心去形成"绿色经济"浪潮,正是基于全球民众普遍认识到能源短缺趋势、环境劣化及气候急剧变化的背景。在这一背景下,"绿色经济"具有形成"高预期收益率"的可能性,并且具有让全球经济体和全球民众积极参与的基础,同时还具有促进"规模扩张"的持续动力。与此同时,发达经济体必然利用其"绿色技术"的优势,而强行订立某些经济门槛,利用其对"绿色技术"和"绿色标准"的垄断地位来谋利于发展中经济体。

面对这一形势,厂商必须想方设法在绿色经济竞争中取得优势。

(二) 厂商发展绿色经济的微观基础和宏观基础

随着可持续发展思想日益深入到各个领域、各个行为主体,引致了政府环境管制政策的强化、消费者对于环境友好型产品的偏好需求、关联厂商对于环境保护的关联性约束、环保非政府组织的监督等,进而必然会影响到厂商的品牌形象、消费者的忠诚度、关联厂商的支持,进而影响到厂商的销售和利润。如此一来,随着政府、厂商、民众对绿色经济认识的深入,生产及流通活动中是否对环境友好,也将成为消费者选择产品、厂商选择合作者、金融机构选择融资者和融资项目的重要依据。厂商行为必然随之改变,促进厂商发展绿色经济也就势在必然。

(1) 厂商适应消费者绿色需求发展绿色经济,是实现可持续发展的微观基础。因为,只有消费者的需求偏好倾向于绿色消费,厂商才可能真正去迎合需求而转向绿色生产。对一般消费者来说,就是逐步改变一些"对环境不友好"的消费偏好和生活习惯。如,把节能、节水、减耗作为一种行为规范(并不是单纯从减少个人支出来考虑,而是作为个人修养的重要体现);选择消费,充分考虑产品的环境友好程度、厂商对于环境问题的态度等因素;尽可能改变使用一次性产品、豪华包装产品、对环境影响很大的产品。

总之,绿色经济的发展需要形成一个对环境友好产品或服务的消费者群体。消费者消费偏好的改变,势必成为厂商发展绿色经济的引导力量。

(2) 厂商适应国家绿色规制发展绿色经济,是实现可持续发展的宏观基础。国家推动建立相关的环境管理宏观制度。如,应对那些在生产和消费过程中高耗费资源、高耗能、高污染、过量产生废弃物的产业,建立"环境税"制度;对过高耗费资源、过高耗能、过高污染、过量产生废弃物的产业列为总量限制行业;建立发展环境友好型产业的鼓励制度,对使用循环资源、显著减少资源消耗及污染产生的产品和服务,对相关的研究开发、设备投资、工艺改进等活动,给以适当的资金补助、政策性融资、适当减免税收、政府收购;厂商之间实行"清洁发展机制"(指先进厂商,以资金和技术投入的方式,帮助其他厂商实施具有资源循环利用、减少污染排放、减少废弃物累积等可持续发展效果的合作,先进厂商可以通过此方式抵偿自己在资源循环利用、减少污染排放、减少废弃物累积方面的责任)和"排放贸易机制"(允许那些已经超额完成资源循环利用、减少污染排放、减少废弃物累积等配额的厂商将自己超额的部分转让给那些达不到配额要求的厂商)等。

总之,绿色经济的发展必将形成一个以环境影响为规制对象的宏观制度。环境规制,势必成为厂商发展绿色经济的引导力量。

二 厂商在绿色经济中的竞争

(一) 古诺—纳什 (Cournot-Nash) 均衡与传统厂商的竞争劣势

1. 古诺—纳什均衡的理论描述

考虑某一产品 x 的市场由 n 个厂商供给,每个厂商的产量为 x_i ($i=1, \cdots, n$),每个厂商的成本函数为 $C_i(x_i)$ ($i=1, \cdots, n$)。市场的价格函数(反需求函数)可记作

$$p = p(x) = p(x_1 + x_2 + \cdots + x_n) \qquad (8-130)$$

此时,存在一个策略组合 $(x_1^*, x_2^*, \cdots, x_n^*)$,对于每一厂商来说,当其他厂商的产量不变时,其没有改变产量的动机(即其在这一产量水平已达到了利润最大化),这一策略组合称为古诺—纳什均衡。

对于厂商 i 来说，上述问题即为：厂商 i 的利润函数为

$$\pi_i = x_i p(x_1 + x_2 + \cdots + x_n) - C_i(x_i) \qquad (8-131)$$

利润极大化条件（亦即古诺—纳什均衡满足的条件）为

$$\frac{\partial \pi_i}{\partial x_i} p(x) + x_i p'(x) - C_i'(x_i) = 0 \qquad (8-132)$$

由此可得到 x_i 关于其他厂商产量（$x_1, \cdots, x_{i-1}, \cdots, x_n$）的函数，记为

$$x_i = R_i(x - x_i) \qquad (8-133)$$

该函数称为厂商 i 的反应函数（reaction function）。反应函数的曲线形态反映了厂商 i 与其他厂商之间的替代关系。

在古诺—纳什均衡点，产品市场的垄断度指数 L_i、厂商 i 的边际成本 C_i'、厂商 i 的市场份额 $S_i = x_i / x$、均衡点的需求价格弹性 $e = -p/xp'$ 之间存在以下关系（由利润极大化的一阶条件即可直接得出）

$$L_i = \frac{p - C_i'}{p} = \frac{S_i}{e} \qquad (8-134)$$

上述关系式表明厂商竞争的以下特性：

其一，厂商 i 获得的市场份额 S_i 与该厂商的边际成本 C_i' 的大小密切相关，即厂商的生产经营效率越高，获得的市场份额越大，市场竞争能力也就越强。

其二，产品需求价格弹性越大，垄断度指数 L_i 就越低，厂商就越难垄断市场。

其三，在配置效率方面，由于一个厂商改变其产量会导致其他厂商边际利润的变化，这种厂商间的外部性的存在使得一个行业内很难达到帕累托最优配置。如果厂商之间共谋追求行业总体的利润最大化并适当调整厂商间的利益分配，那么每个厂商的利益都可能得到改善。

2. 古诺—纳什均衡条件对传统厂商竞争劣势的阐释

根据上文的理论分析，对传统厂商竞争劣势问题，可以得到以下认识。

其一，面对绿色经济的发展背景，由于传统厂商在市场机制方面、产业分工、绿色经济理念等方面存在成本上的劣势，使得传统厂商的边际成本高于新兴绿色厂商。因此，传统厂商在市场份额的竞争中处于劣势，而

且其边际成本差距越大,则占有的市场份额就越少,也意味着失去的市场份额越多。

其二,需求价格弹性高的产品,往往是创新性领域的产品。在创新阶段参与市场,则处于市场竞争的有利地位,也能够在一定程度上获得垄断地位并获得垄断市场份额和垄断利润。传统厂商,由于其在绿色产品创新能力方面相对较弱,往往是某一产品、某一产业已经形成了一定的市场格局以后才参与其中,此时已经处于市场竞争的劣势地位,难以在新兴绿色经济领域获得市场竞争优势和市场份额。

其三,在市场竞争中,厂商也能够通过共谋利润最大化来实现自身利益改进。但是,传统厂商的绿色经济理念等因素,使得其难以与优势绿色厂商形成基于共同利益最大化的合作。这也是传统厂商竞争劣势难以得到改进的一个重要原因。

(二)伯特兰德—纳什(Bertrand-Nash)均衡与传统厂商竞争劣势

1. 伯特兰德—纳什均衡的理论描述

古诺(Cournot)竞争通常是指产量竞争行为,伯特兰德竞争则通常指价格竞争行为。不失一般性,讨论某厂商1和另一厂商2的双头寡占市场。设两个厂商在异质品(有差别但可相互替代的产品)上的需求函数分别为

$$x_1 = \alpha_1 - \beta_1 p_1 + \gamma p_2 \quad (8-135)$$

$$x_2 = \alpha_2 - \beta_2 p_2 + \gamma p_1 \quad (8-136)$$

两个厂商的边际成本分别为 C_1 和 C_2。此时,两厂商的利润分别为

$$\begin{cases} \pi_1(p_1, p_2) = p_1 x_1 - C_1 x_1 \\ \qquad\qquad = (p_1 - C_1) x_1(p_1, p_2) \\ \pi_2(p_1, p_2) = p_2 x_2 - C_2 x_2 \\ \qquad\qquad = (p_2 - C_2) x_2(p_1, p_2) \end{cases} \quad (8-137)$$

利润极大化的一阶条件为

$$\begin{cases} \dfrac{\partial \pi_1}{\partial p_1} = x_1(p_1, p_2) + (p_1 - C_1)\dfrac{\partial x_1}{\partial p_1} = 0 \\ \dfrac{\partial \pi_2}{\partial p_2} = x_2(p_1, p_2) + (p_2 - C_2)\dfrac{\partial x_2}{\partial p_2} = 0 \end{cases} \quad (8-138)$$

这即是伯特兰德—纳什均衡的条件。

由此条件，可分别求出 p_1 关于 p_2 的反应函数以及 p_2 关于 p_1 的反应函数。两条反应函数曲线的交点即为伯特兰德—纳什均衡的均衡价格。价格反应函数曲线通常都是向上倾斜的，表明伯特兰德竞争反映的是厂商间的战略互补关系，而古诺竞争则通常是战略替代关系。

2. 伯特兰德—纳什均衡对传统厂商竞争劣势的阐释

根据上文理论分析，不难认识到：传统厂商，在竞争策略上，应与绿色厂商形成"战略互补关系"。也就是说，应当形成与其他厂商有差别有特性的产品，与其他厂商形成差别化的针对性消费群体。现实中，一方面，传统厂商并没有在市场中形成有明显差别的产品，也没有形成有明显差别的针对性消费群体；另一方面，传统厂商没有与优势绿色厂商形成合作分工关系，也就导致了它们无法与优势绿色厂商形成"战略互补关系"。

（三）有生产能力限制的伯特兰德竞争与传统厂商竞争劣势

1. 同质品的伯特兰德—纳什均衡的理论描述

同质品市场上，每个厂商面对的是一个不连续的需求函数。只讨论两厂商的情形时，各自的需求函数分别为

$$x_1(p_1, p_2) = \begin{cases} x(p_1) & p_1 < p_2 \text{ 时} \\ x(p_1)/2 & p_1 = p_2 \text{ 时} \\ 0 & p_1 > p_2 \text{ 时} \end{cases} \quad (8-139)$$

$$x_2(p_1, p_2) = \begin{cases} x(p_2) & p_2 < p_1 \text{ 时} \\ x(p_2)/2 & p_2 = p_1 \text{ 时} \\ 0 & p_2 > p_1 \text{ 时} \end{cases} \quad (8-140)$$

$x(p)$ 为该产品的总需求函数。

如果各厂商没有生产能力限制，此时，如果两厂商的边际成本 $C_1 = C_2 = C$，那么唯一的纳什（Nash）均衡为 $(p_1^* = C, p_2^* = C)$；如果 $C_1 < C_2$ 且厂商1的垄断 $p_1^m < C_2$，则纳什均衡为 $(p_1 = p_1^m, x_2 = 0)$；如果 $C_1 < C_2$ 且厂商1的垄断价格 $p_1^m \geq C_2$ 则纳什均衡为 $(p_1 = C_2, x_2 = 0)$。上述结论适用于多个厂商的情形。

2. 有生产能力限制的伯特兰德竞争问题的理论描述

同质产品的伯特兰德—纳什均衡讨论的是厂商没有生产能力限制的情

形。但现实中，厂商总是有生产能力限制的。

在伯特兰德—纳什均衡中增加一个生产能力限制条件，讨论该问题。讨论一个只有厂商1和厂商2的同质品市场，市场需求函数为 $x(p)$。厂商1和厂商2都有一个最大的生产能力限制 x_M，各自的边际成本均为 C。在通常情况下，单个厂商的生产能力不能满足全部市场需求［即 $x_M < x(C)$］，此时市场需求在两厂商间的配置原则为：

其一，如果 $p_1 < p_2$，则价格较低的厂商1的产量为 $x_1 = x_M$，价格较高的厂商2的产量为 $x_2 = x(p_2) - x_M$。

其二，如果 $p_1 > p_2$，则 $x_2 = x_M$、$x_1 = x(p_1) - x_M$。

其三，如果 $p_1 = p_2$，则 $x_1 = x_2 = x(p_1)/2 = x(p_2)/2$。此时，均衡的价格均不等于厂商的边际成本，各厂商将尽可能地选择较大产量，并以正好能在市场上全部出清的产量水平决定价格水平。

在现实中，厂商的竞争既可能有生产规模的竞争，同时有价格的竞争，即：厂商在第一阶段同时决定各自的最大生产规模，而在第二阶段同时决定各自的产品价格，由此而形成一个动态博弈，该博弈的子博弈完美均衡结果与伯特兰德—纳什均衡的结果相同。即表明古诺寡占模型与两阶段生产规模——价格竞争模型的效果基本一致。

3. 有生产能力限制的伯特兰德竞争均衡条件对传统厂商竞争劣势的阐释

根据上文的理论分析，对传统厂商的竞争劣势，不难得到以下认识。

传统厂商在绿色经济理念等方面存在边际成本劣势，使得其可比的产品价格高于优势绿色厂商。因此，其一，在优势绿色厂商生产能力充足甚至生产能力过剩的情形下，其他厂商无法获得任何市场份额。其二，在优势绿色厂商的生产能力有限的情形下，传统厂商只能在优势绿色厂商的生产能力得到充分实现的条件下，去获得剩余的市场份额。换言之，生产能力过剩并不意味着所有厂商同比例过剩，而是优先满足边际成本低的生产能力，而边际成本高的生产能力则首当其冲地面对过剩风险。

（四）新厂商进入问题与传统厂商竞争劣势

1. 新厂商进入问题的理论描述

在寡占理论中，厂商数固定时的均衡为短期均衡，有新厂商进入时的均衡为长期均衡。新厂商进入的条件：一是新厂商利润极大化（以此决定价格或产量）；二是新厂商的利润至少非负。

设现有 n 个厂商，各厂商的产量（x_1, x_2, …, x_n）一定，现有第 $n+1$ 个厂商新进入该市场，其成本函数为

$$C_{n+1} = C(x_{n+1}) \tag{8-141}$$

对于新进入的厂商来说，其需求函数为

$$x_{n+1} = x(p) - (x_1 + \cdots + x_{n+1}) \tag{8-142}$$

其反需求函数即为

$$p = p(x_1 + \cdots + x_{n+1}) \tag{8-143}$$

厂商进入市场的条件为：利润至少为"非负"，即

$$\pi_{n+1} = px_{n+1} - C(x_{n+1}) \geq 0 \tag{8-144}$$

所以厂商进入市场的条件为：价格高于平均成本，即

$$p(x_1 + \cdots + x_{n+1}) \geq \frac{C(x_{n+1})}{x_{n+1}} \tag{8-145}$$

利润极大化的条件则为

$$\frac{\partial \pi_{n+1}}{\partial x_{n+1}} = p' x_{n+1} + p - C' = 0 \tag{8-146}$$

2. 新厂商进入条件对传统厂商竞争劣势的阐释

由上文分析可知，传统厂商要进入之前并未进入的绿色产品市场，其必要条件是市场价格高于平均成本。而这一条件，在存在产品过剩、产能过剩的经济形势下是难以出现的。只有那些创新性的产品市场，才有较大可能出现这一条件。由此可见，创新能力较弱是传统厂商难以进入既有绿色产品市场的原因。

第九章

帕累托改进在可持续发展分析中的应用

所谓帕累托有效配置,是指在不使其他个体的效用减少的前提下实现自身效用最大化的资源配置。逐步使自身效用最大化的改进过程就称为帕累托改进。帕累托改进还有一种实现方式,就是在资源配置过程中对其他个体有所损害,但通过自身的增益对其实施补偿,从而使双方效用都有所改进。帕累托改进在可持续发展分析中具有很广的用途。

第一节 消费者之间物质需求与生态需求的交换均衡与帕累托有效配置

帕累托有效配置,就是不使其他个体的效用减少的前提下实现自身效用最大化的资源配置。交换经济的瓦尔拉斯均衡恰好是帕累托有效配置的。以下即是对此的论述。

一 两个消费者之间的交换均衡与帕累托有效配置

以一个简单的示例来讨论由 A、B 两个消费者构成的交易体系的均衡与帕累托有效配置。假设 A、B 各自的效用函数分别为

$$\begin{cases} U_A(x, y) = x_A^\alpha y_A^{1-\alpha} \\ U_B(x, y) = x_B^\alpha y_B^{1-\alpha} \end{cases} \quad (9-1)$$

x 为物质需求品和 y 为生态需求品,A、B 各自的初始禀赋分别为

$$\begin{cases} e_A = (e_x^A, e_y^A) \\ e_B = (e_x^B, e_y^B) \end{cases} \quad (9-2)$$

首先，A、B 两交易主体通过 x、y 的交易而实现各自效用的最大化。对 A 来说，效用最大化问题为

$$\begin{cases} \max U_A(x, y) = x_A^\alpha y_A^{1-\alpha} \\ \text{s.t. } p_x x_A + p_y y_A = p_x e_x^A + p_y e_y^A \end{cases} \tag{9-3}$$

其中 p_x、p_y 为 x、y 的价格。求解该问题，可求得效用极大化条件为

$$\frac{p_x x_A}{p_y y_A} = \frac{\alpha}{1-\alpha} \tag{9-4}$$

对于 B 而言，交易后的效用极大化问题为

$$\begin{cases} \max U_B(x, y) = x_B^\alpha y_B^{1-\alpha} \\ \text{s.t. } p_x x_B + p_y y_B = p_x e_x^B + p_y e_y^B \end{cases} \tag{9-5}$$

求解极大化条件为

$$\frac{p_x x_B}{p_y y_B} = \frac{\alpha}{1-\alpha} \tag{9-6}$$

由以下各式联立即可求出 $\frac{p_x^*}{p_y^*}$、x_A^*、x_A^*、y_A^*、y_B^*

$$\begin{cases} p_x x_A + p_y y_A = p_x e_x^A + p_y e_y^A \\ x_A + x_B = e_x^A + e_x^B \\ p_x x_B + p_y y_B = p_x e_x^B + p_y e_y^B \\ y_A + y_B = e_y^A + e_y^B \\ \dfrac{p_x x_A}{p_y y_A} = \dfrac{p_x x_B}{p_y y_B} = \dfrac{\alpha}{1-\alpha} \end{cases} \tag{9-7}$$

以上为瓦尔拉斯一般均衡。

接下来讨论该交易体系的帕累托优化问题，即当 B 的效用不比初始状态减少的条件下使 A 的效用最大化，或者当 A 的效用不比初始状态减少的条件下使 B 的效用最大化。前一种情况的问题可表达为

$$\begin{cases} \max U_A(x, y) = x_A^\alpha y_A^{1-\alpha} \\ \text{s.t. } U_B(x, y) = x_B^\alpha y_B^{1-\alpha} \geq U_B(e_x^B, e_y^B) \\ x_A + x_B \leq e_x^A + e_x^B \\ y_A + y_B \leq e_y^A + e_y^B \end{cases} \tag{9-8}$$

第九章　帕累托改进在可持续发展分析中的应用　/　311

求解该问题可得

$$\frac{x_A}{y_A} = \frac{x_B}{y_B} \qquad (9-9)$$

该式即为帕累托优化配置的结果，这与一般均衡的结果相同。

$$\frac{x_A^*}{y_A^*} = \frac{x_B^*}{y_B^*} = \frac{\alpha}{1-\alpha} \cdot \frac{p_y^*}{p_x^*} = \frac{e_x^A + e_x^B}{e_y^A + e_y^B} \qquad (9-10)$$

二　多个消费者之间的交换均衡与帕累托有效配置

同样以一个示例来讨论多个消费者之间的交换均衡与帕累托有效配置。假设由 $i=1, \cdots, H$ 个主体构成的交易体系，各自的效用函数 U_i 及初始禀赋分别为

$$\begin{cases} U_i(x, y) = x_i^{\alpha_i} y_i^{1-\alpha_i} \\ e_i = (e_x^i, e_y^i) \end{cases} \qquad (9-11)$$

先讨论该体系内部通过交易而实现各自效用最大化的一般均衡问题，对于每一个主体 i 来说，其效用极大化问题为

$$\begin{cases} \max U_i(x, y) = x_i^{\alpha_i} y_i^{1-\alpha_i} \\ \text{s.t. } p_x x_i + p_y y_i = p_x e_x^i + p_y e_y^i \end{cases} \qquad (9-12)$$

求该极大化问题的条件

$$\frac{p_x x_i}{p_y y_i} = \frac{\alpha_i}{1-\alpha_i} \quad (i=1, 2, \cdots, H) \qquad (9-13)$$

由以下各式即可求出 $\frac{p_x^*}{p_y^*}$、x_i^*、y_i^*

$$\begin{cases} \dfrac{p_x x_i}{p_y y_i} = \dfrac{\alpha_i}{1-\alpha_i} \\ p_x x_i + p_y y_i = p_x e_x^i + p_y e_y^i \\ \sum_{i=1}^{H} x_i = \sum_{i=1}^{H} e_x^i \\ \sum_{i=1}^{H} y_i = \sum_{i=1}^{H} e_y^i \end{cases} \qquad (9-14)$$

解得

$$\begin{cases} \dfrac{p_x^*}{p_y^*} = \dfrac{\sum e_x^i - \sum \alpha_i e_x^i}{\sum \alpha_i e_y^i} \\ x_i^* = \alpha_i e_x^i + \dfrac{p_y^*}{p_x^*}\alpha_i e_y^i \\ y_i^* = (1-\alpha_i) e_y^i + (1-\alpha_i)\dfrac{p_x^*}{p_y^*}e_x^i \end{cases} \quad (9-15)$$

以上为瓦尔拉斯一般均衡的解。

再讨论该交易体系的帕累托优化配置问题。即当其他主体的效用不比初始状态减少的条件，某一主体的效用实现最大化。如当 $i=1$ 效用实现最大化的同时，$i=2,3,\cdots,H$ 的效用水平不比初始状态减少，这一问题可表示为

$$\begin{cases} \max U_1(x,y) = x_1^{\alpha_1} y_1^{1-\alpha_1} \\ \text{s. t. } U_i(x,y) = x_i^{\alpha_i} y_i^{1-\alpha_i} \geq u_i(e_x^i, e_y^i)\, i=2,3,\cdots,H \\ \sum_{i=1}^{H} x_i \leq \sum_{i=1}^{H} e_x^i \\ \sum_{i=1}^{H} y_i \leq \sum_{i=1}^{H} e_y^i \end{cases} \quad (9-16)$$

其极大化条件为

$$\dfrac{\alpha_1}{1-\alpha_1}\dfrac{y_1}{x_1} = \dfrac{\alpha_H}{1-\alpha_H}\dfrac{y_H}{x_H} \quad (9-17)$$

同样的道理，对于任一主体 $i=2,\cdots,H-1$，均可求得其效用极大化条件为

$$\dfrac{\alpha_i}{1-\alpha_i}\dfrac{y_i}{x_i} = \dfrac{\alpha_H}{1-\alpha_H}\dfrac{y_H}{x_H} = \dfrac{\alpha_1}{1-\alpha_1}\cdot\dfrac{y_1}{x_1} \quad (9-18)$$

该式即为帕累托优化配置的结果，与一般均衡的解相同，满足

$$\dfrac{\alpha_i}{1-\alpha_i}\dfrac{y_i^*}{x_i^*} = \dfrac{p_x^*}{p_y^*} = \dfrac{\sum e_x^i - \sum \alpha_i e_x^i}{\sum \alpha_i e_y^i} \quad (9-19)$$

第二节　生态需求满足过程中的
帕累托有效配置

人们在追求物质财富、生态需求等构成的效用的最大化过程，也要遵循帕累托有效配置原则：在不导致他人效用减少的前提下实现自身效用的最大化。可以证明，生态需求满足过程中实现瓦尔拉斯均衡就可以达到帕累托有效配置。

一　帕累托有效配置与瓦尔拉斯均衡

假设市场中有 I 个消费者，均消费生态需求品 x 和其他物质产品。他们的效用函数均为拟线性形式

$$U_i = U_i(x^i) + (m^i - px^i) \quad i = 1, \cdots, I \quad (9-20)$$

其中 x^i 为消费者 i 消费生态需求品的量，m^i 为该消费者的收入水平，$(m^i - px^i)$ 即为该消费者消费其他物质产品的支出。而每一个厂商 j 获得生态需求品的成本函数设为

$$C_j = C_j(y^j) \quad j = 1, \cdots, J \quad (9-21)$$

（1）先求解该产品市场均衡的条件。

对于消费者 i 来说，其效用函数为

$$U_i = U_i(x^i) + (m^i - px^i) \quad i = 1, \cdots, I \quad (9-22)$$

效用最大化条件为

$$\frac{dU_i}{dX_i} = U_i'(x^i) - p = 0 \quad i = 1, \cdots, I \quad (9-23)$$

即

$$p = U_i'(x^i) \quad i = 1, \cdots, I \quad (9-24)$$

这即是每一个消费者的反需求函数。

对于厂商 j 来说，其成本函数为

$$C_j = C_j(y^j) \quad j = 1, \cdots, J \quad (9-25)$$

则其利润函数为

$$\pi_j = py^j - C_j(y^j) \quad j = 1, \cdots, J \quad (9-26)$$

利润最大化的条件为

$$\frac{d\pi_j}{dy^j} = p - C'_j(y^j) = 0 \quad j=1, \cdots, J \qquad (9-27)$$

即

$$p = C'_j(y^j) \qquad (9-28)$$

此即为每一个厂商的反供给函数。

产品市场均衡的条件即是所有产品在市场上全部出清（即总需求等于总供给），即

$$\sum_i x^i = \sum_j y^j \qquad (9-29)$$

设市场均衡价格为 p^*，各消费者的均衡需求为 $(x^i)^*$，各厂商的均衡产量为 $(y^j)^*$，那么市场均衡条件为

$$\begin{cases} p^* = U'_i[(x^i)^*] \\ p^* = C'_j[(y^j)^*] \\ \sum_i (x^i)^* = \sum_j (y^j)^* \end{cases} \qquad (9-30)$$

(2) 再推导该市场实现帕累托有效配置的条件。

对消费者 i，设其初始保有收入为 m^{i_0}、初始的效用水平记为 U^{i_0}、消费者其他产品的支出记为 q^i。那么全社会可用于生产该产品的资源为

$$\sum_i (m^{i_0} - q^i) \qquad (9-31)$$

即全社会生产该产品的总成本应受这一资源量的约束，即

$$\sum_j C_j(y^j) \leq \sum_i (m^{i_0} - q^i) \qquad (9-32)$$

同时，全社会的总需求不得超过全社会的总供给，即

$$\sum_i x^i \leq \sum_j y^j \qquad (9-33)$$

帕累托有效配置的定义是：某一个体在不导致其他个体效用减少的前提下实现效用最大化。我们首先讨论消费者 1 的帕累托配置，即消费者 i（$i=2, 3, \cdots, I$）的效用水平不低于初始效用水平 U^{i_0}（$i=2, 3, \cdots, I$）来实现效用最大化。最大化问题即为

第九章 帕累托改进在可持续发展分析中的应用 / 315

$$\begin{cases} \max U_1 = q^1 + U_1(x^1) \\ \text{s.t.} \ q^i + U_i(x^i) \geq U^{i_o} \quad i = 2,\cdots,I \\ \sum_j C_j(y^j) \leq \sum_i (m^{i_o} - q^i) \\ \sum_i x^i \leq \sum_j y^j \end{cases} \quad (9-34)$$

建立拉格朗日函数

$$L = [q^1 + U_1(x^1)] - \sum_{i=L}^{I} \lambda_i [q^i + U_i(x^i) - U^{i_o}]$$

$$- \mu [\sum_j C_j(y^j) - \sum_i (m^{i_o} - q^i)] - \mu [\sum_i x^i - \sum_j y^j] \quad (9-35)$$

效用最大化问题内点解的一阶条件为

$$\begin{cases} \dfrac{\partial L}{\partial q^1} = 1 - \gamma = 0 \\ \dfrac{\partial L}{\partial x^1} = U'_1(x^1) - \mu = 0 \\ \dfrac{\partial L}{\partial q^i} = -\lambda_i - \gamma = 0 \quad i = 2,\cdots,I \\ \dfrac{\partial L}{\partial x^i} = -\lambda_i U'_i(x^i) - \mu = 0 \quad i = 2,\cdots,I \\ \dfrac{\partial L}{\partial y^i} = \mu - \gamma C'_j(y^j) = 0 \quad i = 1,\cdots,J \\ \dfrac{\partial L}{\partial \mu} = \sum_i x^i - \sum_j y^j = 0 \end{cases} \quad (9-36)$$

整理后可得

$$\begin{aligned} & \gamma = 1 \\ & \lambda_i = -1 \quad i = 2,\cdots,I \\ & U'_i(x^i) = \mu \quad i = 2,\cdots,I \\ & C'_j(y^j) = \mu \quad j = 1,\cdots,J \\ & \sum_i x^i = \sum_j y^j \end{aligned} \quad (9-37)$$

同理，对于消费者 2，3，…，n 都可进行同样的效用最大化条件的分

析。综合起来，该产品市场的帕累托有效配置条件为

$$\begin{cases} U'_i(x^i) = \mu & i = 1,\cdots,I \\ C'_j(y^j) = \mu & j = 1,\cdots,J \\ \sum_i x^i = \sum_j y^j \end{cases} \quad (9-38)$$

由市场均衡条件与帕累托有效配置条件对比可知：两者完全相同。

上述分析表明：生态需求满足过程中实现瓦尔拉斯均衡就可以达到帕累托有效配置。如果从消费领域推行"消费碳票"机制，"消费碳票"也作为一种"商品"参与交换，亦可通过实现瓦尔拉斯均衡就可以达到帕累托有效配置。从这个意义来说，"消费碳票"机制，要比强制手段（如，私人汽车购买过程中的"摇号"和住房购买过程中的限制性条件）更为有效和公平。

还有一点应当说明，在生态利益与经济利益的交换过程中，由于不同群体对于生态环境利益的认知差异、生态环境信息不对称、生态环境影响知情权的缺乏等因素，即使达成了瓦尔拉斯均衡和帕累托有效配置，也未必是公平的。

二 帕累托改进与卡尔多改进

在某一初始配置状态下，如果通过适当改变资源配置，不减少任何人效用水平的情况下能使至少一个个体的效用水平得以提高，这一资源配置的改变称为帕累托改进。不能再进行帕累托改进的状态即是帕累托最优状态。

在某一初始配置状态下，如果改变资源配置，可能使部分个体受益、部分个体受损，如果由受益者向受损者给予适当的补偿而使受损者至少不减少效用水平、受益者支付补偿后仍有一定的收益，这种资源配置的改变称为卡尔多改进，亦即通过补偿行为来达到帕累托改进。现实中通常用作收入分配和资源配置问题的评价基准。

现实发展中存在一个群体的发展以损害另一个群体发展利益为前提的情形，这就有悖于帕累托改进和卡尔多改进的原则。如，"环京津贫困带"问题。"环京津贫困带"包括河北省与京津接壤的多个贫困县，该区域为

京津冀平原地区的生态屏障、城市供水水源地、风沙源重点治理区域。为保护首都及其他城市的水源和防止风沙危害，不断加大对这一地区资源开发和工农业生产的限制。可见，在"保护首都及其他城市的水源和防止风沙危害"的过程中，首都及其他城市的生态利益得到了增进，而"对这一地区资源开发和工农业生产的限制"则使得环京津贫困带的经济利益受到了损害（包括发展机会的损失），所以，这一过程不是帕累托改进。如果，生态利益受益区域能够对于经济利益受损区域给予足额的生态补偿，那么，就可实现卡尔多改进。而现实中，生态补偿不足以抵消经济利益损失。因此，也就形成了"环京津贫困带"。所以，可以说，"环京津贫困带"是生态环境保护过程中有悖于帕累托改进和卡尔多改进原则而导致的。

三 帕累托改进与卡尔多改进的示例

用一个简单的示例对卡尔多改进进行说明。假设有 x、y 两种商品，A、B 两个消费者构成的经济中，x、y 分别代表生态需求品和物质需求品，最大可能的消费量分别为 8、10；A、B 的效用函数分别为

$$\begin{cases} U_A = \min\ \{2x_A,\ y_A\} \\ U_B = \min\ \{x_B,\ 2y_B\} \end{cases} \quad (9-39)$$

假设有 3 种状态分别为

状态 1：$x_A^1 = 4$，$y_A^1 = 8$，$x_B^1 = 4$，$y_B^1 = 2$

状态 2：$x_A^2 = 5$，$y_A^2 = 3$；$x_B^2 = 3$，$y_B^2 = 7$

状态 3：$x_A^2 = 5$，$y_A^3 = 9$；$x_B^3 = 3$，$y_B^3 = 1$

讨论：(1) 求取帕累托最优配置状态。(2) 由状态 2 变动到状态 1 是否为帕累托改进？(3) 由状态 2 变动到状态 3 是否为帕累托改进，如果不是，如何实现卡尔多改进。

(1) 在这一示例中，在效用函数分别为

$$\begin{cases} U_A = \min\ \{2x_A,\ y_A\} \\ U_B = \min\ \{x_B,\ 2y_B\} \end{cases} \quad (9-40)$$

的条件下，帕累托最优配置由以下方程决定

$$\begin{cases} 2x_A = y_A \\ x_B = 2y_B \\ x_A + x_B \leq 8 \\ y_A + y_B \leq 10 \end{cases} \quad (9-41)$$

由此解得帕累托最优配置（图 9-1 中的 E 点）为

$$\begin{cases} x_A = 4 \\ x_B = 4 \\ y_A = 8 \\ y_B = 2 \end{cases} \quad (9-42)$$

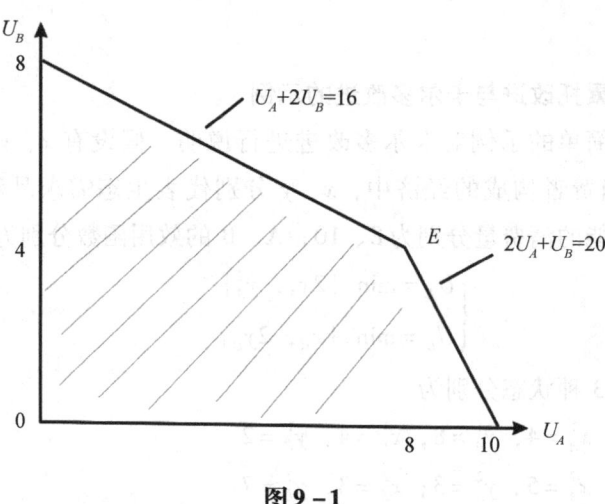

图 9-1

假设此时还可以进行某种调整可以使 A 的效用提高：B 向 A 转移 t 单位 x、s 单位 y，即此时的配置为

$$\begin{cases} x_A = 4 + t \\ y_A = 8 + s \\ x_B = 4 - t \\ y_B = 2 - s \end{cases} \quad (9-43)$$

此时 A 的效用为

$$U_A = \min\{2x_A, y_A\}$$
$$= \min\{2(4+t), 8+s\} \tag{9-44}$$

只有当满足

$$\begin{cases} 2(4+t) > 8 \Rightarrow t > 0 \\ 8+s > 8 \Rightarrow s > 0 \end{cases} \tag{9-45}$$

时，U_A 才会增加。而此时 B 的效用为

$$U_B = \min\{x_B, 2y_B\}$$
$$= \min\{4-t, 2(2-s)\}$$
$$< \min\{4, 4\} = 4 \tag{9-46}$$

表明：当 A 的效用增加时，必然会导致 B 的效用的减少，所以此时不可能再进行帕累托改进。

同理，也不可能通过一定的调整使 B 的效用增加而不使 A 的效用减少。因此，也就证明了这一点是帕累托最优状态点，不可能再做不致影响他人效用的帕累托改进。

(2) 状态 1 时 A、B 的效用分别为

$$\begin{cases} U_A^1 = \min\{2x_A^1, y_A^1\} = \min\{2\times 4, 8\} = 8 \\ U_B^1 = \min\{x_B^1, 2y_B^1\} = \min\{4, 2\times 2\} = 4 \end{cases} \tag{9-47}$$

状态 2 时 A、B 各自的效用为

$$\begin{cases} U_A^2 = \min\{2x_A^2, y_A^2\} = \min\{2\times 5, 3\} = 3 \\ U_B^2 = \min\{x_B^2, 2y_B^2\} = \min\{3, 2\times 7\} = 3 \end{cases} \tag{9-48}$$

由状态 2 变动到状态 1，A、B 两个体的效用水平均有提高，所以是帕累托改进。

(3) 状态 2 时 A、B 各自的效用为

$$\begin{cases} U_A^2 = \min\{2x_A^2, y_A^2\} = \min\{2\times 5, 3\} = 3 \\ U_B^2 = \min\{x_B^2, 2y_B^2\} = \min\{3, 2\times 7\} = 3 \end{cases} \tag{9-49}$$

状态 3 时 A、B 各自的效用为

$$\begin{cases} U_A^3 = \min\{2x_A^3, y_A^3\} = \min\{2\times 5, 9\} = 9 \\ U_B^3 = \min\{x_B^3, 2y_B^3\} = \min\{3, 2\times 1\} = 2 \end{cases} \tag{9-50}$$

由状态 2 变动到状态 3，A 的效用增加了，而 B 的效用却减少了，所以不是帕累托改进。如果在状态 3，A 向 B 做出适当的补偿，设补偿为 (t, s)，此时的 A、B 的效用分别为

$$\begin{cases} U_A^3 = \min\ \{2\ (5-t),\ 9-s\} \\ U_B^3 = \min\ \{3+t,\ 2\ (1+s)\} \end{cases} \qquad (9-51)$$

相比变动前的状态 2，只要满足

$$\begin{cases} 2\ (5-t) > 3 \\ 9 - s > 3 \\ 3 + t \geqslant 3 \\ 2\ (1+s) \geqslant 3 \end{cases} \qquad (9-52)$$

那么 A、B 的效用都不会减少，这种补偿对双方都是有利的。整理后得到

$$\begin{cases} 0 \leqslant t < 3.5 \\ 0.5 \leqslant s < 6 \end{cases} \qquad (9-53)$$

即 A 向 B 的补偿 (t, s) 满足上述条件，那么由状态 2 到状态 3 的变动就可实现卡尔多改进。

第十章

可持续发展经济学中的行为关系博弈论

在同一社会中，处于不同需求阶段的群体的成员之间，会因他们彼此间不同的行为方式和行为特征而形成不同的人际关系和不同的处世方式。如以"物质需求"为主的追求者面对以"物质需求"为主的追求者、面对以"人文需求"为主的追求者、面对以"生态需求"为主的追求者就会采取不同的行为策略。同样以"人文需求"为主的追求者面对不同需求层次的人也会采取不同的行为策略，以"生态需求"为主的追求者面对不同需求层次者也会采取不同的行为策略。在可持续发展经济学中，不可避免地要深入讨论这些人类行为关系。博弈论是其中最有效的分析方法和分析工具。

博弈论可根据静态与动态、完备信息与不完备信息等特性划分为多种形式的博弈分析方法。在可持续发展经济学之中，这些不同的博弈分析方法适合于分析不同类型的行为关系博弈问题。

第一节 静态完备信息博弈与各式博弈的人类行为关系

一个博弈中的每一个参与者，称为参与人（player），或称局中人，（在经济博弈模型中，参与人可能是厂商、消费者或其他经济活动中的关系人），博弈的参与者被假设为经济理性的，其目标是使自己的所得（消费者效用、厂商利润、社会福利等）最大化；参与人在博弈过程中每一阶段的行动方案，称为参与人的策略（strategy），参与人所有可选的策略合称为参与人的策略空间（strategy space），所有参与人的某一策略组合称为策略组合空间；在某一策略组合下博弈终了时各个参与人的所得称为支付结构（payoff structure），一个参与人的所得既与自己选择的策略有关，又与其他参与人的策略选择有关，即任何一个参与人改变自己的策略都可能影响所有参与人的所得及整个博弈的支付结构；博弈中有关参与人选择策略的特征、对应于策略的支付函数，一个参与人是否了解其他参与人的特征及支付，一个参与人是否知道别人了解自己的特征及支付等方面的问题，称为信息结构（information structure）。如果每个参与人的特征及支付都是共同了解的，那么相应的博弈就称为信息完备（complete information）的博弈；如果某些参与人的特征及支付不是所有人都了解的，那么相应的博弈就称为不完备信息（incomplete information）的博弈；如果在博弈过程中的任何时点，每个参与人都能了解并记忆此前各参与人所选择的行动策略，那么相应的博弈就称为完美信息（perfect information）的博弈；如果在博弈过程中某些时点上，并不是每个参与人都了解此前各参与人所选择的行动策略（即别人的选择已经做出，但他并不知道别人做的是什么选择），那么相应的博弈称为不完美信息（imperfect information）博弈。

一 非合作博弈

非合作博弈论（non-cooperative game theory）研究的是个体间利益相互冲突相互影响环境下各个个体的行为及其行为的交互影响。

以参与人集合 I（$i=1, 2, \cdots$）、策略组合空间 S（$s_1, s_2, \cdots$）、支付矩阵 $\pi(s)$：$[\pi_1(s_1, s_2, \cdots), \pi_2(s_1, s_2, \cdots), \cdots]$ 以及信息的完备性等内容即可表示一个博弈，主要有战略式表示和展开式（博弈树）表示两种方法。如"猜币游戏"博弈：A、B 两人各持一枚硬币，各自选择"正面""反面"作为策略。如果两人同时选择了"正面"或"反面"，则 A 赢（支付记作 $A=1$，$B=-1$），如果两人选择的是"一正一反"，那么则 B 赢（支付记作 $B=1$，$A=-1$）。用战略式表示，如表 10-1 所示。

表10-1　　　　　　　　　　猜币游戏博弈策略与支付

		B	
		正面	反面
A	正面	1，-1	-1，1
	反面	-1，1	1，-1

如果"猜币游戏"规定 A 先行决定，B 再行决定，那么该博弈可用展开式（博弈树）方式表示，如图 10-1 所示。

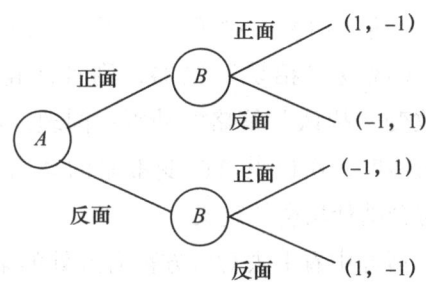

图 10-1　博弈树图示

二　静态完备信息博弈与纳什均衡

静态博弈是指博弈的参与人同时行动，即每一个参与者在做出自己的策略选择时都不知道其他人的选择。分析完备信息条件下静态博弈的均衡概念是纳什均衡（Nash equilibrium，简称 NE）：如果博弈中的参与人的策略都处于这样一种状态——在其他参与人不改变当前策略的情况下，没有单方面改变自己的策略以获取更高所得的动因，那么则称该博弈达到了一个纳什均衡。

（一）"囚徒困境"博弈问题

"囚徒困境"（prisoner's dilemma）是静态非合作博弈的典型例子。"囚徒困境"的博弈情境是：A、B 两人涉嫌同谋犯罪，分别被提审，提审政策规定：如果两人都招认犯罪事实，则各被罚款 10 万元；如果两人都不招认犯罪，则会因没有证据而不做处罚；如果一方招认、一方不招认，那么招认者可获得 5 万元奖励、不招认者则被加重处罚，罚款 15 万元。该博弈的支付矩阵如表 10-2 所示。

表10-2　　　　　　　　　"囚徒困境"博弈策略与支付

		B	
		招认	不招认
A	招认	-10, -10	5, -15
	不招认	-15, 5	0, 0

"囚徒困境"博弈中的策略组合（招认，招认），对应的支付为（-10，-10）是一个纳什均衡。对于 A 来说，如果 B 不改变"招认"的策略，那么如果 A 改变"招认"策略，则其所得将由 -10 减少为 -15，所以 A 没有改变"招认"策略的动因；同理，对于 B 来说，如果 A 不改变"招认"策略时，B 也没有改变策略的动因。所以（招认，招认）这一策略组合符合纳什均衡的定义。

而"囚徒困境"博弈中看上去对双方都有好处的策略组合（不招认，不招认），对应的支付为（0，0）却不是一个纳什均衡。对于 A 来说，如果 B 不改变"不招认"的策略，那么如果 A 改变"不招认"的策略，则 A 的所得将由 0 增加到 5，所以 A 有改变策略的动因；同理，如果 A 不改变"不招认"策略时，B 也有改变策略的动因。依照纳什均衡的定义，（不招认，不招认）即不是一个纳什均衡。

寻找一个博弈中的纳什均衡，简便的方法是"画线法"：对于每一个参与人，假定其他参与人固定选择某一策略，找出该参与人最优的选择（支付最大的策略），并在该策略的支付下画一条线以作为标记；对于每一个可能的策略组合都进行这一作业；对于每一个参与人都做这样的作业。如果某一策略组合对应的支付矩阵的每一元素都被画线，那么该策略组合就是一个纳什均衡。如"囚徒困境"博弈的纳什均衡求取方式为：（1）假定 B 的策略为"招认"，那么 A 的最优策略为"招认"（对应的支付为 -10，在其下画线）；（2）假定 B 的策略为"不招认"，那么 A 的最优策略为"招认"（对应的支付为 5，在其下画线）；（3）假定 A 的策略为"招认"，那么 B 的最优策略为"招认"（对应的支付为 -10，在其下画线）；（4）假定 A 的策略为"不招认"，那么 A 的最优策略为"招认"

(对应的支付为5,在其下画线)。上述作业如表10-3所示,由表中可看出,同时被画线的策略组合为(招认,招认),此即为该博弈的唯一纳什均衡。(注:一个博弈中的纳什均衡可能存在多个。)

表10-3　　　　寻找"囚徒困境"博弈纳什均衡的方法

		B	
		招认	不招认
A	招认	$\underline{-10}$, $\underline{-10}$	$\underline{5}$, -15
	不招认	-15, $\underline{5}$	0, 0

(二)"公有地悲剧"博弈问题

古希腊哲学家亚里士多德曾说过,"凡是属于最大多数人的公共事物通常总是最少受人照顾的事物,人们关怀着自己的所有而忽视公共的事物,对于公共的一切,至多只留心到其中对他个人多少相关的事物"[1],这一论述的确反映了人类公共生活的现实。英国经济学家哈丁(G. Hardin)在1969年提出的"公有物悲剧"(或称"公有地悲剧")讨论的也是类似问题。他设想了一个向所有人开放的牧场:每个牧羊人的直接收益取决于他所放牧羊的数量,必然每个牧羊人都尽可能多地向这个牧场放养更多的羊;而显然一个有限的牧场能够承载放养的羊只数是有限的,一旦超越了这个数便会造成牧场的退化,使得能够放养的数量减少。每个人都在追求自身利益最大化的情形下,"公有地悲剧"就会发生,因为"每个人都被锁在一个迫使他在有限的范围内无节制地增加牲畜的制度中,毁灭是所有人都奔向目的地,因为在信奉公有物自由的社会中,每个人都追求自己的最大利益。公有制中的自由给所有人带来了毁灭"。[2]

用博弈论的语言来论述"公有物悲剧"即是,在一个自由进入的共同牧场中的牧羊人所面对的决策与"囚徒困境"博弈中每个囚徒所面对的决策有着基本相同的情境结构。在"囚徒"的两难处境中的博弈者最

---

[1] 参见[古希腊]亚里士多德《政治学》,商务印书馆1965年版。
[2] Hardin G., "The Tragedy of the Commons", Science, Vol. 162, No. 5364, 1969, pp. 1243-1248. DOI:10.1016/j.surg.2011.12.037.

终选择的均衡结果是双方都不会选择看上去对双方都有好处的策略，因为每个博弈者都试图得到最佳的结果、避免最坏的结果，而最终得到的却是"次坏"的结果，也就是"不合作"策略取代了"合作"策略，个人理性策略导致了集体非理性结果。

"公共牧场"中牧羊人与"囚徒"的处境相同，可以通过以下虚拟数据来说明：如果每一个牧羊人自己和他人都把放牧量限制在最佳人均放牧量（不增加放牧量），那么他们的预期收益都不会增加或减少；如果预期他人不增加、自己增加放牧量，那么他人预测收益减少 2 单位、自己预期收益增加 2 单位；如果预期他人增加、自己不增加放牧量，那么他人预期收益增加 2 单位、自己预期收益减少 2 单位；如果大家都不限制放牧量，那么，都将减少 1 单位。这一博弈的支付矩阵如表 10-4 所示。

表 10-4　　　　　　　"公有地悲剧"博弈的策略与支付

		牧羊人乙			
		限制		不限制	
牧羊人甲	限　制	0	0	-2	2
	不限制	2	-2	-1	-1

这一博弈的均衡结果是牧羊人自己和他人都采取"不限制放牧量"的策略，使得双方的收益都减少。也是由于个人理性（追求最大利益、规避最坏结果）而选择不合作的策略，没有达到集体理性去选择对大家都有利的合作（各自都采取"限制"策略，各自的利益都不减少策略）。

"公有牧场"博弈与"囚徒困境"博弈有所不同的是："囚徒困境"只是一次性的博弈，而"公有牧场"却是多期的博弈，每一期都是在上一期大家都"不限制"而使牧场有所退化的基础上，直至牧场完全退化而导致所有牧羊人的危机。这就是"公有地悲剧"的逻辑过程。人类共同生活于其中的自然生态环境就是一个类似于"公有牧场"的公有物，由于人类个体、团体追求自身利益的最大化，也很容易超越生态环境系统的承载力进行过度的社会经济活动，从而导致自然资源的滥用和生态环境的破坏，最终导致人类生存环境的退化甚至毁灭。现实中已有很多这样的例子：如原始森林不属于任何个人，任何人都可以无限制地进行砍伐，当砍伐技术发展到一定水平后，大批原始森林就变成了荒山秃岭，而导致森林资源不能维系；公有河流水域的渔业资源属于公有资源、任何人都可以无限制地捕捞，由于无限制的过度捕捞，从而使得众多公有水域的许多鱼类濒临灭绝，而使得渔业资源不断减少；地下水也属于公有资源，任何人都可以无限制地开采使用，从而使得地下水位大大降低，不仅使地下水资源变得匮乏，而且使得土地地质状况恶化；大气也属于公有资源，任何人都可以无限制地向大气中排放废气，从而使得大气空气质量下降，而使居民生活生存质量普遍下降。

（三）"智猪博弈"问题

"智猪博弈"的情境是：大猪、小猪同槽吃食（共10单位），如果两者同时到达食槽则大猪得到7单位、小猪得到3单位；如果大猪先到达则大猪得到9单位、小猪得到1单位；如果小猪先到达，则大猪、小猪各得到5单位；两者必须有一个去开门，开门者不仅损失2单位的能量，而且必然后到达。这样一个博弈的结果会如何呢？

该博弈的支付矩阵如表10-5所示。

表10-5　　　　　　　　"智猪博弈"的策略与支付

		小猪			
		开门		等待	
大猪	开门	5	1	3	5
	等待	9	-1	0	0

在这个两难处境中的博弈者最终选择的均衡结果是：大猪"开门"、小猪"等待"（对应的支付分别为[3, 5]）。这里看上去大猪很不合算，但这是唯一合理的结果。

"智猪博弈"可以用来比拟现实中两个实力不相称的关系者之间的博弈。如发达国家与欠发达国家、发达地区与欠发达地区、富裕群体与贫困群体之间有关环境保护及生态维护等问题的博弈，在这些博弈中，博弈均衡的结果是：发达国家、发达地区、富裕群体在有关环境保护及生态维护等问题上不得不承担起更大的责任，这是最理性的选择，否则将使自身利益受到更大的损害。

三 "囚徒困境"式的人类行为关系

"囚徒困境"是一个典型的静态博弈例子,可以用于比拟现实社会中的人类行为关系。本节将对人类行为关系进行分析。

(一) 纯粹的"囚徒困境"式的人类行为关系

以"物质需求"为主的追求者之间,由于双方各自以个人利益最大化为目标,所以两者间往往会形成"囚徒困境"式的博弈,这是"物质需求者"之间最显著的行为方式。

"囚徒困境"的两难处境中,博弈者最终选择的均衡结果是双方都"招认"(对应的支付分别为各被罚款10万元),而不会选择看上去对双方都有好处的策略——都选择"不招认"(对应的支付分别为0)。这里因为每个博弈者都试图得到最佳的结果、避免最坏的结果,而最终得到的却是"次坏"的结果,也就是个人理性策略导致集体非理性结果,即理性个人在"个人利益最大化"的原则下(其实也是基于避免自身利益最小化的风险的考虑)并不能获得可能得到的最大利益。

为什么说"物质需求者"之间会形成"囚徒困境"式的行为关系呢?原因在于物质利益往往是排他性的,并且通常表现为私人利益,两者又都采取同样的博弈决策思维。这一形式的行为关系最典型的例子就是自然资源和自然环境的"公有地悲剧",其形成的根源就在于"物质需求者"在"个人物质利益最大化"目标下的行为,作为"公有物"的自然资源和自然环境也就成为了"囚徒困境"博弈的直接牺牲品。从一定意义上来说,当人类的"物质需求"尚未得到妥善解决时,自然资源的耗竭性使用、自然环境的退化是不可避免的;当还有某些群体的"物质需求"尚未得到妥善解决时,要求他们关注自然资源的再生性以及自然环境的保护,也是不可能有效的。

"囚徒困境"式的行为方式不仅存在于个体行为方面,而且也存在于"群体"(比如国家、地区)之间,"群体"会使整个群体的利益最大化,但面对人类整体利益时各个群体间却容易形成"囚徒困境"的局面。比如影响全球气候及环境的温室气体的排放、热带雨林的砍伐、海洋的污染等行为实质上都是国家与国家之间、地区与地区之间出于"群体利益最大化"的原则而导致的行为结果,这也是"公有地悲剧"的一种形式。

（二）具有部分协同意愿的"囚徒困境"式的人类行为关系

不同于纯粹的"囚徒困境"，"囚徒"之间或许在事先约定下存在部分的协同意愿，此时博弈的结果又有所不同。以一个例子来说明。假设 A、B 两人涉嫌共谋违法，分别被提审，提审官预先向他们交代政策：如果他们都招认违法事实，各罚款 10 万元；如果双方都否认违法事实则因无证据而各得国家赔偿 1 万元；如果一方招认，一方否认，则招认者获得奖励 2 万元，否认者罚款 15 万元。如果 A、B 同属于一个地下组织，该组织规定：如果其成员被抓必须否认指控，否则将给予一定金额的罚款，讨论：这一罚款为多少时，可使得 A、B 双方均采取不招认的策略。

在 A、B 均持个人理性的情况下，在不同的策略组合的支付矩阵如表 10-6 和表 10-7 所示。

表 10-6　　　　无协同意愿的"囚徒困境"博弈

		B	
		招认	不招认
A	招认	-10, -10	2, -15
	不招认	-15, 2	1, 1

如表 10-6 所示，该博弈的纳什均衡为（招认，招认），支付向量为（-10，-10）。

如果 A、B 在招认后都会受到 x 元的罚款处罚，那么此时的支付矩阵如表 10-7 所示。

表 10-7　　　　具有部分协同意愿的"囚徒困境"博弈

		B	
		招认	不招认
A	招认	$-10-x$, $-10-x$	$2-x$, -15
	不招认	-15, $2-x$	1, 1

为了使（不招认，不招认）成为纳什均衡，即 A 决定不招认时 B 没有改变策略的动因、B 决定不招时 A 也没有改变策略的动因，即

$$1 > 2 - x \tag{10-1}$$

所以，使（不招认、不招认）成为纳什均衡的条件是

$$x > 1 \tag{10-2}$$

这一例子在讨论人类行为关系时，有其现实意义。因为，个体与个体之间、群体与群体之间、区域与区域之间、国家与国家之间都不完全是纯粹的"囚徒困境"关系，而可能存在某种程度的协同意愿，或者可以通过某些事先的协定来强化相互间的协同意愿。

（三）混合策略下的"囚徒困境"式人类行为关系

在博弈中，参与人可选择的每一种策略都称为一个单纯策略（pure strategy）[即参与人 i 的策略空间 S_i 的每一个元素（S_1^*，S_2^*，…，S_n^*）都代表一个单纯策略]。如果参与人以一定的概率选择各种策略则称为一个混合策略（mixed strategy）（即参与人 i 以 P_i^1 的概率选择 S_i^1、以 P_i^2 的概率选择 S_i^2、……以 P_i^m 的概率选择 S_i^1，$P_i^1 + P_i^2 + \cdots + P_i^m = 1$）。

一个纳什均衡如果只包含单纯策略，即称为单纯策略均衡；如果一个纳什均衡包含混合策略，即称为混合策略均衡。在允许参与人选择混合策略的条件下，任何一个有限博弈（参与人数目有限、可选策略数目有限）至少存在一个纳什均衡。

不同于纯粹的"囚徒困境"，"囚徒"可采取混合策略，此时博弈的结果又有所不同。以与前文相同的一个例子来说明。假设 A、B 两人涉嫌共谋违法，分别被提审，提审官预先向他们交代政策：如果他们都招认违法事实，各罚款 10 万元；如果双方都否认违法事实则因无证据而各得国家赔偿 1 万元；如果一方招认，一方否认，则招认者获得奖励 2 万元，否认者罚款 15 万元。A 曾经听说 B 很有江湖义气，如果 B 招认的话则他会因为声誉上的损害而相当于损失 6 万元。但这只是传闻，A 认为 B 有江湖义气的概率为 μ，那么 A 该做怎样的最适反应呢？

假设 B 有江湖义气时招认的概率为 y_1、没有江湖义气时招认的概率为 y_2，A 招认的概率为 x。

如果 B 有江湖义气（概率为 μ），此时博弈的支付矩阵如表 10-8

所示。

表 10–8　混合策略下的"囚徒困境"博弈情形之一

		B 有江湖义气 (μ)	
		招认 (y_1)	不招认 ($1-y_1$)
A	招认 x	−10, −16	2, −15
	不招认 ($1-x$)	−15, −4	1, 1

由于对 B 来说,"不招认"总是比"招认"的报酬高,所以"不招认"是优势策略,所以有

$$y_1 = 0 \tag{10-3}$$

如果 B 没有江湖义气(概率为 $1-\mu$),此时博弈的支付矩阵如表 10–9 所示。

表 10–9　混合策略下的"囚徒困境"博弈情形之二

		B 没有江湖义气 ($1-\mu$)	
		招认 (y_2)	不招认 ($1-y_2$)
A	招认 x	−10, −10	2, −15
	不招认 ($1-x$)	−15, 2	1, 1

由于对 B 来说,"招认"比"不招认"总是报酬高,所以"招认"是优势策略,所以有

$$y_2 = 1 \tag{10-4}$$

而对于 A 来说,他并不知晓 B 的最佳策略。当 A"招认"($x=1$)时的报酬为

$$2\mu + (1-\mu) \times (-10) = 12\mu - 10 \tag{10-5}$$

当 A"不招认"($x=0$)时的报酬为

$$\mu + (1-\mu) \times (-15) = 16\mu - 15 \tag{10-6}$$

因为

$$0 \leq \mu \leq 1 \tag{10-7}$$

所以

$$12\mu - 10 > 16\mu - 15 \qquad (10-8)$$

因此对 A 来说,"招认"是其最适反应。所以此时的均衡为

$$(x=1,\ y_1=0,\ y_2=1) \qquad (10-9)$$

这一例子也有其现实意义,说明:当个体与个体之间、群体与群体之间、区域与区域之间、国家与国家之间相互协作(如关于生态维护的协作),仅仅停留在某种宣示的而不是实质性的行动时,实际上无法排除"囚徒困境"式的竞争结果。

四 非"囚徒困境"式的人类行为关系

"囚徒困境"博弈,反映的是非合作的人类行为关系。与之相对,非"囚徒困境"博弈,则反映存在一定形式合作的人类行为关系。

(一)"兼顾他人"式的人类行为关系

"物质需求者"的特征是利己、个人理性、排他性的物质利益最大化,而"人文需求者"的特征则是互利、集体理性、群体利益最大化。如果两者之间产生关系,就不再是简单的"囚徒困境"式的人类行为关系,会根据各自的行为特征而形成一种新的人类行为关系。

此时,相互间的关系相当于这样一个博弈情境:甲乙两人在一个共同环境下获取利益。一方面,甲在自己的意识中,只考虑自己能够获得物质利益的大小(考虑不到两人的共同利益以及由两人关系构成的社会关系利益)。他认为:如果以自身最大的努力可以获得 10 单位的利益;而如果兼顾乙的利益的话,则会对自己获得最大利益造成某些影响,而只能获得 8 单位的利益。另一方面,乙考虑的利益是甲与乙的共同利益以及由两人关系构成的社会关系利益,他认为:如果不顾及甲个人利益的情形下,他所考虑的最大共同利益必然大于双方单独获得的物质利益之和,假设为 25 单位的利益;如果顾及甲个人利益的话,共同的物质利益可能小于最大共同利益、而大于双方单独获得的物质利益之和,假设为 22 单位的利益;但由于顾及甲个人利益时,即形成了良性的社会关系,而可能获得一定社会关系利益,假设为 5 单位,这样一来乙能够获得的总的利益就达到了 27 单位。该博弈的支付矩阵如表 10-10 所示。

表 10-10　　　　　　　　"兼顾他人"博弈的策略与支付

		乙			
		自利		兼顾	
甲	自利	10	25	10	27
	兼顾	8	25	8	30

在这个博弈情境中，博弈者最终选择的均衡结果是：甲选择"自利"的策略、乙选择"兼顾"的策略，此时对应的支付分别为［10，27］。分析这一结果，不难发现：此时既保证了甲获得最大利益的权利，同时又能够让乙在不损害甲的条件下追求其最大化的利益。这一过程与帕累托改进的过程相同，即相当于在把甲的利益不减少作为约束条件的情况下，乙追求其利益的最大化。

"物质需求者"与"人文需求者"之间就是这样一种人类行为关系。应该说明的是，上述博弈情境是相当简化的（现实中"人文需求者"所追求"群体利益"的"群体"是由一系列"物质需求者"构成的，不是简单的两个人之间的关系），但足以说明两者之间的关系。

"人文需求者"与"生态需求者"之间也是类似这样一种人类行为关系。博弈情境是这样的："人文需求者"作为"群体利益"的代表者，站在其所在群体的角度，他所考虑的是这一群体所能够获得的利益的最大化，而不会考虑到人类整体的利益以及与其他群体建立良性关系所能形成的利益。他认为：只关注自身群体的利益就可以得到最大的利益，而如果去兼顾其他群体的利益或人类整体的利益，就会使本群体能够获得的利益有所减少。对于"生态需求者"来说，他是"人类整体利益"的代表者，他所考虑的是各个群体所能够获得的利益的总和以及与各个群体间建立良性关系所能形成的利益。他认为：如果不去顾及个别群体的利益而只追求总和利益最大化的话，可以获得大于各个群体单独努力的利益之和；而如果顾及个别群体的利益之后再追求总和利益最大化的话，则获得的总和利益小于总和利益的最大值而大于各个群体单独努力的利益之和，但同时还可以获得各个群体间建立良性关系所能形成的利益，综合的利益仍然大于总和利益的最大值。这样一个博弈的均衡结果是："人文需求者"采取"不顾及其他群体利益"的策略，"生态需求者"采取"顾及个别群体利益"的策略。同样，这一结果与帕累托改进的结果完全相同，即相当于在把"人文需求者"的利益不减少作为约束条件的情况下，"生态需求者"追求人类整体利益的最大化。

(二)"智猪博弈"与"利己—利他转化"式人类行为关系

采用"智猪博弈"，可以类比"物质需求者"与"生态需求者"之间的行为关系。其博弈情境是这样的："物质需求者"追求自身物质利益的最大化，不可能去考虑自然生态等人类整体的利益。其认为：不顾及自然生态等问题时可以获得最大化的物质利益，而如果顾及自然生态等问题必然会减少其可能获得的最大利益。而"生态需求者"则认为：任由"物质需求者"去获得其最大化的物质利益，就必然最大程度地损害人类整体的生态利益，只有从自身转移一定的"物质利益"给"物质需求者"，才能使人类整体的生态利益受到较少的损害，也就能够使自身所追求的人类整体利益得到较大的保护。此时博弈的均衡结果是："物质需求者"接受"生态需求者"的补偿后获得最大的"物质利益"而减少自身的行为活动，"生态需求者"则向"物质需求者"支付补偿而换取其较少地损害代表人类整体利益的自然生态。这和"智猪博弈"的情境与结果是极其类似的。

在现实生活中，对待环境治理、环境保护等问题，较富裕的群体（通常其"物质需求"得到了满足，更倾向于"人文需求"和"生态需求"）与较贫困的群体（主要追求"物质需求"）之间就会形成类似"智猪博弈"式的行为关系，这是最有利于双方利益的最合理的结果。因此，对于环境问题，无论责任如何划分，发达的国家、发达的地区、富裕的群体必须承担起主要的治理和保护作用，否则会对自身的利益造成更大的损害，而强行要求落后者担负责任是不可能起到有效作用的。

(三) 合作博弈式的人类行为关系

在讨论"人文需求者"与"人文需求者"之间的关系时，就必须认识到"人文需求者"的特点，即两者都是招认互利、不损人、群体利益等原则，所以他们既有共同的利益，又有各自的利益。因此，他们之间必然是先合作获得最大的共同利益，而后再对已经获得的共同利益进行瓜分。

此时的博弈情境是这样的：如果双方都采取不合作的态度，那么各自可以获得独自的最大利益，但不能获得两者建立良性关系而形成的共同利益（假设各自获得 10 单位利益）；如果一方采取合作态度而另一方采取不合作态度的话，无论得到了协作的人或是没有得到协作的人都可获得各自的最大利益，且可获得因一方的协作而形成的一定的共同利益（假设各自获得 12 单位）；如果双方都采取合作的态度，那么各自可以获得独自的最大利益，同时都获得两者建立良性关系而形成的最大的共同利益（假设各自获得 15 单位）。该博弈的支付矩阵如表 10-11 所示。

表 10-11　　　　　　　　　合作博弈的策略与支付

		乙			
		不合作		合作	
甲	不合作	10	10	12	12
	合作	12	12	15	15

该博弈的均衡结果是：双方都采取"合作"策略以获取自身利益的最大化和共同利益的最大化。

在现实生活中，比如，面对某一影响众人生活质量的公共品问题，凡是认为这一问题确实影响到其生活质量的人（可视为"人文需求者"）都愿意大家合作来共同解决该问题。而凡是认为该问题并不严重影响其生活质量的人（可视为"物质需求者"）则都不愿意合作来解决该问题。这就是"物质需求者"之间的行为关系、"人文需求者"之间的行为关系、"物质需求者"与"人文需求者"之间行为关系的差别。

第二节　动态完备信息博弈与子博弈完美均衡

动态完备信息博弈是指博弈参与人的行动有先有后，后行动者能够了解到先行动者的策略并做出针对性的策略选择。

一　动态完备信息博弈与子博弈完美均衡

动态完备信息博弈通常以博弈树（展开式）的方式来表示一个博弈（图 10-2 即为一个动态完备信息博弈的例子），该博弈参与人 A 先行动、参与人 B 后行动。

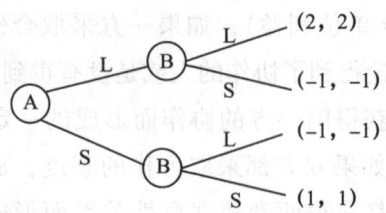

图 10-2 动态完备信息博弈树

同样，也可以战略式来表示，如表 10-12 所示，该博弈与图 10-2 表示的博弈是完全等价的。表中策略 (L, L) 表示：A 选择"L"后 B 选择"L"且 A 选择"S"后 B 选择"L"；(L, S) 表示：A 选择"L"后 B 选择"L"且 A 选择"S"后 B 选择"S"；(S, L) 表示：A 选择"L"后 B 选择"S"且 A 选择"S"后 B 选择"L"；(S, S) 表示：A 选择"L"后 B 选择"S"且 A 选择"S"后 B 选择"S"。

表 10-12　　　　　　动态完备信息博弈的策略与支付

		B			
		(L, L)	(L, S)	(S, L)	(S, S)
A	L	2, 2	2, 2	-1, -1	-1, -1
	S	-1, -1	1, 1	-1, -1	1, 1

在博弈树中的某一节点处，由此处而向后延伸的部分博弈，称为原博弈的子博弈（sub game）。如图 10-3 所示的博弈可从两个节点处构成两个子博弈。

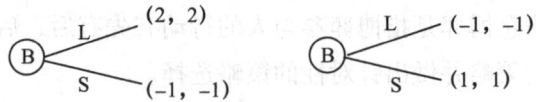

图 10-3　子博弈

分析动态完备信息博弈的均衡概念是子博弈完美均衡（sub game perfect Nash equilibrium, SPNE），定义为：如果一个策略组合是纳什均衡，而且在该博弈的所有子博弈上也构成纳什均衡,则称其为该博弈的子博弈完美均衡。

例如图10-3和表10-12所示的博弈中,策略组合[L, (L, S)]是一个子博弈完美均衡。可做以下验证:(1)[L, (L, S)]是整个博弈的一个纳什均衡。因为当B的策略"(L, S)"(A选择"L"后B选择"L"且A选择"S"后B选择"S")不变的话,如果A的策略由"L"改变为"S"那么他的支付由2减少为1,可见A没有改变策略的动因。对B来说,如果A的策略"L"不变的话,B最大可能获得的支付是2,所以不可能通过改变策略获得更多的支付,所以B也没有改变策略的动因。因而[L, (L, S)]是一个纳什均衡。(2)[L, (L, S)]对图10-3所示的两个子博弈都是纳什均衡。对左边的子博弈来说,B最大可能获得的支付是2,所以不可能通过改变策略来获得更大的支付,B没有改变策略的动因,所以[L, (L, S)]对该子博弈是纳什均衡。对于左边的子博弈来说,[L, (L, S)]意味着如果A选择"S"后B选择"S",B如果改变这一策略,将使支付由1减少为-1,所以B没有改变这一策略的动因,则[L, (L, S)]对该子博弈也是纳什均衡。由此可见,[L, (L, S)]符合子博弈完美均衡的定义。

寻求子博弈完美均衡的基本方法是逆推法(backward induction):从博弈的最后一个阶段开始往前推理,按照参与人在每一步骤上均追求支付最大化的原则来确定相关参与人的最优选择,再在先行者考虑到后行者最优应对的前提下做出自己的选择。

例如,对于图10-2所示的博弈,先分析后行者B的策略选择,在A选"L"的路径上,B选择"L""S"的支付分别为2和-1,显然B将选择"L"(以获得较大的支付);而在A选"S"的路径上,B选择"L""S"的支付分别为-1和1,显然B将选择"S"(以获得较大的支付)。这样,A在已知B在两条路径上的选择的情况下,A在选择"L""S"的支付分别为2和1,显然A将选择"L"(以获得较大的支付)。这样就找到了该博弈的子博弈完美均衡[L, (L, S)]。这一过程可用图10-4形式来表示。

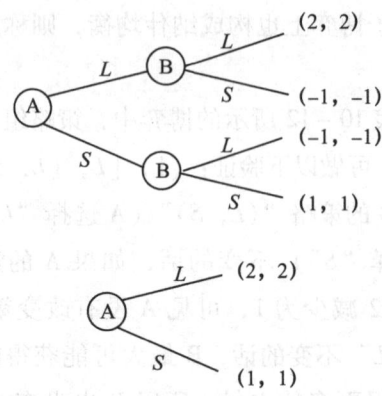

图 10-4 子博弈完美均衡

二 污染治理问题的子博弈完美均衡

某河流两岸有两个区域 A 和 B，由于河流已被污染，希望进行治理。各自的治理成本为 4000 万元，如果两区共同治理可各获得收益 6000 万元；如果只有一方进行治理，那么治理方只能获得 2000 万元收益。

（1）讨论该博弈的静态均衡。A、B 两区域的可选战略分别都是"治理"和"不治理"，支付矩阵如表 10-13 所示。

表 10-13　　　　污染治理子博弈完美均衡的策略与支付

		B	
		治理	不治理
A	治理	2000, 2000	-2000, 0
	不治理	0, -2000	0, 0

如表 10-13 所示，如果 B 决定"治理"，那么 A 将选择"治理"，如果 B 决定"不治理"，那么 A 将选择"不治理"；如果 A 决定"治理"，那么 B 将选择"治理"，如果 A 决定"不治理"，那么 B 将选择"不治理"。所以满足纳什均衡条件的静态均衡有两个，分别为：（治理，治理），各自的报酬为（2000, 2000）；（不治理，不治理），各自的报酬为（0, 0）。

(2) 讨论混合策略问题。假设 A 治理的概率为 P_A，则 A 不治理的概率为 $(1-P_A)$；假设 B 治理的概率为 P_B，则 B 不治理的概率为 $(1-P_B)$。

此时的支付矩阵如表 10-14 所示。

表 10-14　　　　　　　　　污染问题混合策略和支付

		B	
		P_B	$1-P_B$
A	P_A	2000, 2000	-2000, 0
	$1-P_A$	0, -2000	0, 0

此时对于 A 来说，其报酬 R_A 为

$$R_A = P_A [2000 \times P_B - 2000 \times (1-P_B)]$$
$$+ (1-P_A)[0 \times P_B + 0 \times (1-P_B)]$$
$$= P_A (4000 P_B - 2000) \qquad (10-10)$$

R_A 的极大化条件为

$$\frac{\partial R_A}{\partial P_A} = 4000 P_B - 2000 = 0 \qquad (10-11)$$

即

$$P_B = \frac{1}{2} \qquad (10-12)$$

同样，对于 B 来说，其报酬 R_B 为

$$R_B = P_B [2000 \times P_A - 2000 \times (1-P_A)]$$
$$+ (1-P_B)[0 \times P_A + 0 \times (1-P_A)]$$
$$= P_B (4000 P_A - 2000) \qquad (10-13)$$

R_B 的极大化条件为

$$\frac{\partial R_B}{\partial P_B} = 4000 P_A - 2000 = 0 \qquad (10-14)$$

即

$$P_A = \frac{1}{2} \qquad (10-15)$$

所以这一博弈的混合战略均衡为 $\left(P_A = \dfrac{1}{2},\ P_B = \dfrac{1}{2}\right)$。

从上述分析结果可知,只要 A 按照混合战略均衡 $\left(P_A = \dfrac{1}{2},\ 1 - P_A = \dfrac{1}{2}\right)$ 行事,那么 B 无论选择什么战略都不会影响对方的支付,因为

$$R_B = P_B(4000P_A - 2000) = 0 \qquad (10-16)$$

此时 R_B 与 P_B 无关。同样的道理,只要 B 按照混合战略均衡 $\left(P_B = \dfrac{1}{2},\ 1 - P_B = \dfrac{1}{2}\right)$ 行事,那么 A 无论选择什么战略都不会影响对方的支付,因为

$$R_A = P_A(4000P_B - 2000) = 0 \qquad (10-17)$$

此 R_A 与 P_A 无关。

接下来讨论 A 的治理概率 P_A 关于 B 的治理概率 P_B 的最适反应以及 P_B 关于 P_A 的最适反应问题。对于 A 来说,如果给定 $(P_B, 1 - P_B)$,那么 A 治理时的报酬为

$$2000P_B - 2000(1 - P_B) = 4000P_B - 2000 \qquad (10-18)$$

A 不治理时的报酬为

$$0 \times P_B + 0 \times (1 - P_B) = 0 \qquad (10-19)$$

所以 A 的最适反应 $P_A(P_B)$ 为

$$\begin{cases} 若 P_B > \dfrac{1}{2},\ 则 4000P_B - 2000 > 0,\ A\ 的最适反应为 P_A = 1 \\[4pt] 若 P_B = \dfrac{1}{2},\ 则 4000P_B - 2000 = 0,\ A\ 的最适反应为 0 \leqslant P_A \leqslant 1 \\[4pt] 若 P_B < \dfrac{1}{2},\ 则 4000P_B - 2000 < 0,\ A\ 的最适反应为 P_A = 0 \end{cases}$$

$$(10-20)$$

同理,当 $(P_A, 1 - P_A)$ 给定时,B 治理的报酬为

$$-2000P_A + 2000(1 - P_A) = 2000 - 4000P_A \qquad (10-21)$$

B 不治理时的报酬为

$$0 \times P_A + 0 \times (1 - P_A) = 0 \qquad (10-22)$$

所以 B 的最适反应 $P_B(P_A)$ 为

$$\begin{cases} 若\ P_A > \dfrac{1}{2},\ 则\ 4000P_A - 2000 > 0,\ B\ 的最适反应为\ P_B = 1 \\ 若\ P_A = \dfrac{1}{2},\ 则\ 4000P_A - 2000 = 0,\ B\ 的最适反应为\ 0 \leqslant P_B \leqslant 1 \\ 若\ P_A < \dfrac{1}{2},\ 则\ 4000P_A - 2000 < 0,\ B\ 的最适反应为\ P_B = 0 \end{cases}$$

$$(10-23)$$

（3）如果 A 先行动、B 看到 A 的选择后再决定是否治理，则该博弈可表示为（见图 10-5）

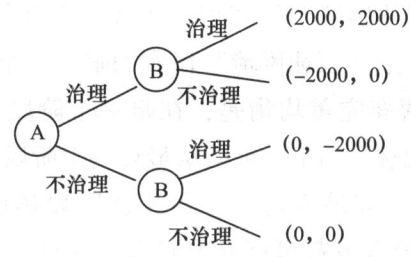

图 10-5　污染治理子博弈均衡的博弈树

用后推法求子博弈均衡，即从博弈的最后一个阶段开始往前推理，每一次确定一个博弈局中人的最优步法。当 A 选择"治理"策略时，B "治理"的报酬为 2000，"不治理"的报酬为 0，所以 B 选择"治理"；而当 A 选择"不治理"时，B "治理"的报酬为 -2000，B "不治理"的报酬为 0，所以 B 选择"不治理"。这样，博弈可简化为（见图 10-6）

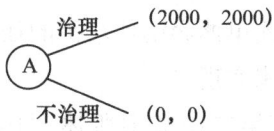

图 10-6　污染治理子博弈均衡的简化博弈树

此时，A "治理"的报酬为 2000、A "不治理"的报酬为 0，所以 A 选择"治理"。故而，该博弈的子博弈完美均衡为（治理，治理），报酬为（2000，2000）。

三 重复博弈与扳机战略

在一个多阶段的博弈中,参与人在各阶段的策略及支付结构保持不变(即把一个简单的博弈重复进行多次),因此得到的博弈称为重复博弈(repeated game)。简单博弈重复有限次数的博弈,称为有限重复博弈。简单博弈重复无穷多次的博弈称为无穷重复博弈。

对于信息完备的有限重复博弈来说,如果生成该重复博弈的简单博弈只有唯一的一个纳什均衡,那么该重复博弈的唯一子博弈完美均衡是:参与人在每一阶段都重复使用生成简单博弈中的纳什均衡策略。

例如,对于"囚徒困境"博弈可以生成一个重复 n 次的重复博弈,由于(招认,招认)是"囚徒困境"博弈的唯一一个纳什均衡,所以该重复博弈的唯一子博弈完美均衡是:在每一个阶段两个参与人都选择"招认"。之所以出现这一结果,可以从最后一个阶段(第 n 阶段)依次往前推理,第 n 阶段,如果 A 选择"不招认"以诱使 B 在稍后阶段也选择"不招认"以使双方都可能获取较大的支付。但由于是最后一阶段,所以 B 不必考虑以后阶段的支付,所以 B 会选择支付较高的"招认"。同理 A 也不可能去选择"不招认",只会选择支付较高的"招认";接下来考虑第 $n-1$ 阶段,由于已知下一阶段,双方都将选"招认",所以此时参与人面对的处境与简单博弈相同,所以双方还是选择(招认,招认);依此往前推,得到的结果是,在每一个阶段,双方都选择"招认"。

而对于无穷重复博弈来说,在适当的跨时贴现率下,无穷重复博弈存在比生成简单博弈纳什均衡有帕累托改进的子博弈完美均衡。(换言之,在合适的贴现率下,对于简单博弈纳什均衡的任何可行的帕累托改进都可以通过无穷次重复该博弈来实现。)

例如,以本章第一节第二小节中所述"囚徒困境"为基础无穷次重复生成一个无穷重复博弈,假设两人均有相同的跨时贴现率因子 δ($0 \leq \delta \leq 1$),双方都使用"扳机战略"(trigger strategy):(1)一开始使用有利于双方的"友善"策略;(2)如果对方此前一直使用有利于双方的"友善"策略,那么自己也在当期使用有利于双方的"友善"战略;(3)如果某期对方使用了利己的"不友善"策略,那么自己从此以后一直使用利己的"不友善"策略。

在此"扳机战略"下，A 如果每期都使用"不招认"策略，那么在双方的策略下，他每期获得的支付为 0，A 可望获得的总支付为

$$\sum_{t=0}^{+\infty} 0 \cdot \delta^t = 0 \tag{10-24}$$

A 如果在某一期使用了"招认"策略，那他在当期获得的支付为 5，此后双方都必然选择"招认"，此后各期的支付为 -10。所以 A 可望获得的总支付为

$$5 + \sum_{t=1}^{+\infty} -10 \cdot \delta^t = 5 - 10\frac{\delta}{1-\delta} \tag{10-25}$$

所以，当

$$5 - 10\frac{\delta}{1-\delta} \leq 0 \tag{10-26}$$

即

$$\delta \geq \frac{1}{3} \tag{10-27}$$

时，而存在相对每期都使用（招认，招认）有帕累托改进的子博弈完美均衡即"扳机战略"为一子博弈完美均衡。

四 污染治理问题的重复博弈：差别奖励诱导环保努力的博弈

政府为促进 A、B 两个地方努力致力于环境保护工作，制定奖励政策，奖励额度与各自的努力程度相关。A、B 的环保效益分别为

$$X_A = E_A + \Delta_A$$
$$X_B = E_B + \Delta_B \tag{10-28}$$

其中 E_A、E_B 分别为 A 和 B 的努力程度，Δ_A、Δ_B 分别为 A、B 所处环境的扰动因素，且 Δ_A、Δ_B 为白噪声（$E(\Delta_A) = \sigma$、$Var(\Delta_A) = \sigma^2$、$E(\Delta_B) = 0$、$Var(\Delta_B) = \sigma^2$）。A、B 的效用分别为：

$$U_A = W_A - C(E_A)$$
$$U_B = W_B = C(E_B) \tag{10-29}$$

其中 W_A、W_B 分别为 A、B 所得，$C(E_A)$、$C(E_B)$ 分别为 A、B 的努力成本（$C' > 0$、$C'' > 0$）。政府为使 A、B 两个地方尽可能地做出努力，因

而规定两地方环保效益较高者获得奖励 W_H，环保效益较低者获得奖励 W_L。

试分析政府是如何通过奖励差别来影响地方的环保努力程度的。这一问题是一个完全信息的动态博弈，分两个阶段进行。第一阶段，政府以预期收益最大化为目标来决定最合适的奖励差别 $W_H - W_L$；第二阶段则是两个地方在既定奖励差别的条件下，以效用最大化为目标确定各自的努力程度 E_A、E_B。分析过程中，可从第二阶段确定地方最适努力程度关于奖励差别的函数开始。

设 A 的环保效益高于 B 的概率为 P，即

$$\begin{aligned} P &= P(x_A > x_B) \\ &= P(E_A + \Delta_A > E_B + \Delta_B) \\ &= P(E_A - E_B > \Delta_B - \Delta_A) \end{aligned} \quad (10-30)$$

由于 Δ_A、Δ_B 均为白噪声，所以

$$E(\Delta_B - \Delta_A) = 0 \quad (10-31)$$

令 $\Delta_B - \Delta_A$ 的密度函数为 $g(\Delta_B - \Delta_A)$、其分布函数为 $G(\Delta_B - \Delta_A)$。此时 A 的效用为

$$\begin{aligned} U_A &= W_A - C(E_A) \\ &= PW_H + (1-P)W_L - C(E_A) \\ &= (W_H - W_L)G(E_B - E_A) - C(E_A) \end{aligned} \quad (10-32)$$

U_A 的极大化条件为

$$\frac{\partial U_A}{\partial E_A} = (W_H - W_L)g(E_B - E_A) - C'(E_A) = 0 \quad (10-33)$$

同理，可求得 B 的效用极大化条件为

$$(W_H - W_L)g(E_B - E_A) - C'(E_B) = 0 \quad (10-34)$$

由两式联立可知 A、B 最适的努力程度满足

$$\begin{cases} E_A^* = E_B^* \\ (W_H - W_L)g(0) = C'(E_A^*) \end{cases} \quad (10-35)$$

由该式可知，当奖励差别 $(W_H - W_L)$ 越大时，$C'(E_A^*)$ 也越大，又由 $C'' > 0$，所以最适努力程度 E_A^* 也相应地提高，即奖励差别程度成为了诱导地方努力程度提高的因素；另一方面，如果外部条件比较稳定 [$g(0)$ 较大]，那么也会使最适努力程度提高。可表示为

第十章 可持续发展经济学中的行为关系博弈论 / 345

$$\begin{cases} (W_H - W_L) \uparrow \Rightarrow C'(E_A^*) \uparrow \stackrel{C''>0}{\Rightarrow} E_A^* \uparrow \\ (W_H - W_L) \downarrow \Rightarrow C'(E_A^*) \downarrow \stackrel{C''>0}{\Rightarrow} E_A^* \downarrow \\ g(0) \uparrow \Rightarrow C'(E_A^*) \uparrow \stackrel{C''>0}{\Rightarrow} E_A^* \uparrow \\ g(0) \downarrow \Rightarrow C'(E_A^*) \downarrow \stackrel{C''>0}{\Rightarrow} E_A^* \downarrow \end{cases} \quad (10-36)$$

再从政府的角度来讨论其最适奖励差别的决定。政府的利益函数为

$$\begin{aligned} R &= E(X_A + X_B - (W_H + W_L)) \\ &= E(E_A + \Delta_A) + E(E_B + \Delta_B) - (W_H + W_L) \\ &= E_A^* + E_B^* a - (W_H + W_L) \\ &= 2E_A^* - (W_H + W_L) \end{aligned} \quad (10-37)$$

同时，它为地方提供的效用期望必须大于或等于外部社会所提供的"机会效用" $\bar{U}$，即

$$\begin{cases} E(U_A) \geq \bar{U} \\ E(U_B) \geq \bar{U} \end{cases} \quad (10-38)$$

由于 A、B 是对称的，所以

$$E(U_A) = E(U_B) = \frac{1}{2}(W_H + W_L) - C(E_A^*) \quad (10-39)$$

所以政府利益最大化问题为

$$\begin{cases} \max R = 2E_A^* - (W_H + W_L) \\ \text{s.t. } \frac{1}{2}(W_H + W_L) - C(E_A^*) \geq \bar{U} \end{cases} \quad (10-40)$$

此时，政府利益最大化的条件为

$$\begin{cases} R = 2(E_A^* - C(E_A^*) - \bar{U}) \\ \frac{\partial R}{\partial E_A^*} = 1 - C'(E_A^*) = 0 \end{cases} \quad (10-41)$$

最适的奖励差别 $(W_H^* - W_L^*)$ 由以下两式确定

$$\begin{cases} C'(E_A^*) = 1 \\ (W_H - W_L) g(0) = C'(E_A^*) \end{cases} \quad (10-42)$$

即

$$W_H^* - W_L^* = \frac{1}{g(0)} \qquad (10-43)$$

而最高奖励 W_H^*、W_L^* 则由以下两式确定

$$\begin{cases} (W_H^* - W_L^*) = \dfrac{1}{g(0)} \\ \dfrac{1}{2}(W_H + W_L) - C(E_A^*) \geq \bar{U} \end{cases} \qquad (10-44)$$

即

$$\begin{cases} W_H^* = \dfrac{1}{2g(0)} + (\bar{U} + C(E_A^*)) \\ W_L^* = \dfrac{1}{2g(0)} - (\bar{U} + C(E_A^*)) \end{cases} \qquad (10-45)$$

由此可见,决定奖励高低的因素有三个:外部条件的稳定程度(即工作成功的运气成分)的大小、外部的机会效用、地方努力的程度及其成本。

五 利己—利他的无穷重复博弈

在讨论可持续发展的问题时,当自己获得经济利益的同时,往往会给相关利益者带来生态环境方面的损失。这一类型的问题可以通过下面这个例子来类比。

一个慈善家让两个穷人各自在"给我1万元"和"给对方3万元"两个要求中任选一个并满足他们。该博弈如果只进行一次,那么该博弈的均衡为双方都选择"利己"策略。如果该博弈无穷次重复进行,且双方都采取"扳机战略"(trigger strategies):一开始使用"利他"策略,如果对方一直使用"利他",自己在当期便使用利他;如果对方在某期使用"利己",那么自己下期便一直使用"利己"。假设跨时贴现率为 θ,求局中人每期使用"利他"策略的条件。

第一期博弈的支付矩阵如表10-15所示。

表 10-15　　　　　　　　利己—利他博弈的第一期支付

		乙	
		利己	利他
甲	利己	1, 1	4, 0
	利他	0, 4	3, 3

"扳机战略"可做如下描述（从甲的角度来看）：

（1）在 $t=0$ 期，甲选"利他"、乙选"利他"；

（2）在第 t 期，如果乙在 $t-1$ 期采用"利他"，则甲在第 t 期选择"利他"；

（3）在第 t 期，如果乙在 $t-1$ 期采用"利己"，则甲在第 t 期以及此后的各期都采用"利己"；

（4）在第 t 期，如果甲采用了"利己"，则乙在下期及以后各期都会选择"利己"。

在这样一个策略背景下局中人如果一直选"利他"，那么他从 $t=0$ 期开始，一直到永远，每期的报酬均为"3"，所以其总的报酬折现值为

$$\sum_{t=0}^{+\infty} 3 \cdot \theta^t = \frac{3}{1-\theta} \tag{10-46}$$

如果局中人在 $t \geq 0$ 的某期先选"利己"，那么其当期的报酬为"4"，而以后各期的报酬均为"1"。事实上，局中人无论在 $t>0$ 的任何一期采用"利己"，都相当于在 $t=0$ 期采用"利己"，因为此后依旧有无穷期。所以其报酬相当于第 0 期为"4"，第 1 期至永远每期为"1"，所以其总的报酬折现值为

$$4 + \sum_{t=1}^{+\infty} 1 \cdot \theta^t = 4 + \frac{\theta}{1-\theta} \tag{10-47}$$

要使局中人每期都选择"利他"，就必须使其没有改变策略的动因，即其报酬不小于其他策略的报酬，即

$$\frac{3}{1-\theta} \geq 4 + \frac{\theta}{1-\theta} \tag{10-48}$$

由此解得

$$\theta \geq \frac{1}{3} \tag{10-49}$$

这即是两个局中人每期都选"利他"为一个纳什均衡路径的条件。

第三节 静态不完备信息博弈

静态不完备信息博弈（static game of incomplete information），是指那种参与人同时行动，但某些参与人的特征及支付不是所有参与人都了解的博弈。如某一几人同时行动的不完备信息博弈，参与人I可能有若干种类型（对应不同类型有不同的支付），参与人知道自己所属的类型，但至少有某些参与人不知道别的参与人的类型，他们只是对别的参与人所属的类型的可能性有一个概率上的估计（称为I对别的参与人类型的信念）。

一 关于静态不完备信息博弈的若干概念

（一）静态不完备信息博弈的海萨尼（Harsanyi）转换

对于静态不完备信息博弈可转化为参与人先后行动的不完美信息博弈。引入一个设想中的参与人——"自然N"，在博弈中，自然N先行动，他选择了各个参与人的类型，每个参与人可以观察到自然N对自己类型的选择，但不知道自然N对别人的类型选择。这样，参与人不了解别人的类型就等价于他不能观察到自然N的先行行动，从而使不完备信息博弈转化为了不完美信息博弈。这一转换称为海萨尼转换。

例如：一个由A、B两人同时行动的博弈，A有两种类型A_H和A_L，B的类型固定，A有两种可选的策略A_1和A_2，B有两种可选的策略B_1和B_2。这样一个不完备信息博弈可转化为如图10-7所示的不完美信息博弈。

（二）贝叶斯纳什（Bayesian Nash）均衡

分析静态不完备信息博弈的均衡概念是贝叶斯纳什均衡（Bayesian Nash Equilibrium, BNE），每一个博弈参与人形成对他人类型的预期信念，在此信念下选择行动以获取自身预期支付的最大化。贝叶斯纳什均衡下，每个参与人都在其他参与人（无论他属于什么类型）不改变其当前策略的情况下达到了他的最大预期支付。

（三）博弈的机制设计

一个没有信息的博弈参与人在面对博弈对手可能属于不同类型而又无法判断其所属类型时，通过设计一定形式的博弈规则和契约，使知道自己

第十章 可持续发展经济学中的行为关系博弈论 / 349

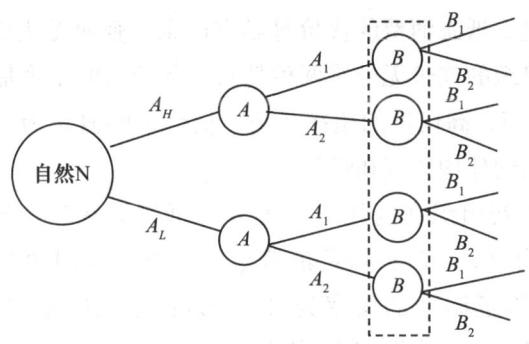

图10-7 静态不完备信息博弈的海萨尼转换

（注：该图中虚线方框表示 B 并不清楚自己处在哪一条路径上，这是用博弈树表示动态博弈不完备信息的表示方法。）

类型的博弈参与人根据自己的偏好来选择最适合于自己的契约。这一博弈规则和契约的设计目标，是使这一博弈存在一个贝叶斯均衡。在这一均衡下，博弈参与人将直接或间接地诚实申报自己的类型。

任一博弈机制下的贝叶斯均衡，都存在一个与之相对应的直接机制，在该直接机制下博弈参与人都诚实地申报自己的类型，且其报酬与原来的贝叶斯均衡相同。

以下几小节，将对可持续发展中有关静态不完备信息博弈及博弈机制设计的若干问题展开讨论。

二 绿色消费组织与生产企业的不完全信息静态博弈

某产品市场，绿色消费组织要求企业提高环保质量，并以"如不提高环保质量将抵制消费其产品"相威胁。绿色消费组织有两种策略："真的抵制消费"和"不抵制消费"，企业有两种策略："提高环保质量并将成本转嫁给消费者"和"不提高环保质量"。其支付矩阵为如表10-16所示。

表10-16　　　　　　绿色消费组织与企业的静态博弈

		企业	
		不提高	提高
绿色消费组织	抵制	0，-1	2，0
	不抵制	2，1	3，0

绿色消费组织抵制消费的代价是私有信息,企业无从知道,但他们知道:绿色消费组织的代价无外乎两种情形,代价高时不增加效用、代价低时增加效用为1.5,高代价的概率为 P、低代价的概率为 $(1-P)$。讨论该博弈的贝叶斯纳什均衡(BNE)。

假设绿色消费组织在高代价时决策"抵制消费"的概率为 H,"不抵制"的概率为 $(1-H)$;绿色消费组织在低代价时决策"抵制消费"的概率为 L,"不抵制"的概率为 $(1-L)$;企业决策"不提高环保质量"的概率为 Y,"提高"的概率为 $(1-Y)$,在企业已知绿色消费组织高低代价的概率的情况下,可将该不完全信息博弈转化为"不完美信息博弈"。

高代价和低代价情形的支付矩阵分别如表10-17所示。

表10-17　绿色消费组织与企业的不完全信息静态博弈

(A)

		高代价时 (P) 企业	
		Y	$1-Y$
绿色消费组织	H	0, -1	2, 0
	$1-H$	2, 1	3, 0

(B)

		低代价时 ($1-P$) 企业	
		Y	$1-Y$
绿色消费组织	L	1.5, -1	3.5, 0
	$1-L$	2, 1	3, 0

用博弈树的方式可将该博弈表示如图10-8。

为求该博弈的贝叶斯纳什均衡(BNE),预先求最适反应函数。

$$y = y(H, L)$$
$$H = H(y)$$
$$L = L(y) \tag{10-50}$$

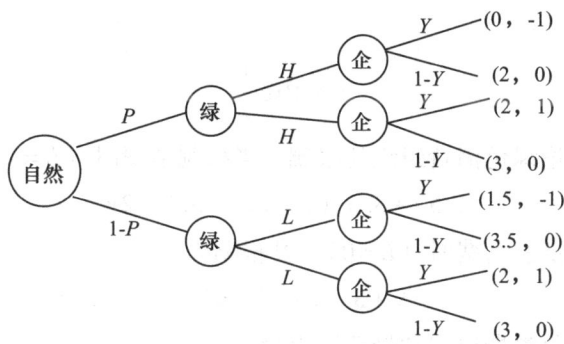

图 10-8 绿色消费组织与生产企业的不完全信息静态博弈

由于当"抵制消费"为高代价时,支付矩阵与静态博弈的相同,纳什均衡为(不抵制,不提高),报酬为(2,1)。此时,绿色消费组织有关抵制消费的威胁是不可信的。所以,此时对绿色消费组织来说,高代价情形下不会因企业不提高环保质量而抵制消费,所以 $H=0$ 是其优势策略。

接下来,从企业的角度来考虑,如果决定不提高环保质量($Y=1$),则其报酬为

$$P[H\times(-1)+(1-H)\times 1]+(1-P)$$
$$[L\times(-1)+(1-L)\times 1]$$
$$=P(1-2H)+(1-P)(1-2L)$$
$$=1+(1-P)(-2L) \quad (\because H=0) \quad (10-51)$$

而,企业提高环保质量($Y=0$),则其报酬为 0。所以,Y 关于 X_L 的最适反应为

$$\begin{cases} \text{当 } L<\dfrac{1}{2(1-P)} \text{ 时},\ 1+(1-P)(-2L)>0,\ \text{则 } Y=1 \text{ 是最适反应} \\ \text{当 } L=\dfrac{1}{2(1-P)} \text{ 时},\ 1+(1-P)(-2L)=0,\ \text{则 } 0\leqslant Y\leqslant 1 \text{ 是最适反应} \\ \text{当 } L>\dfrac{1}{2(1-P)} \text{ 时},\ 1+(1-P)(-2L)<0,\ \text{则 } Y=0 \text{ 是最适反应} \end{cases}$$

$$(10-52)$$

同时,要求 $0\leqslant L\leqslant 1$,即

$$0\leqslant \dfrac{1}{2(1-P)}\leqslant 1 \quad (10-53)$$

亦即

$$0 \leqslant P \leqslant \frac{1}{2} \quad (10-54)$$

接下来讨论绿色消费组织的报酬,当抵制消费时($L=1$),其报酬为

$$1.5y + 3.5(1-y) = 3.5 - 2y \quad (10-55)$$

当决策不抵制消费时($L=0$),其报酬为

$$2y + 3(1-y) = 3 - y \quad (10-56)$$

所以,绿色消费组织的最适反应为

$$\begin{cases} \text{当} Y < \frac{1}{2} \text{时,} 3.5 - 2Y > 3 - y, L = 1 \text{ 为最适反应} \\ \text{当} Y = \frac{1}{2} \text{时,} 3.5 - 2Y = 3 - Y, a < l \leqslant 1 \text{ 为最适反应} \\ \text{当} Y > \frac{1}{2} \text{时,} 3.5 - 2Y < 3 - y, L = 0 \text{ 是最适反应} \end{cases} \quad (10-57)$$

所以,如果 $0 \leqslant P \leqslant \frac{1}{2}$,则存在3个贝叶斯纳什均衡(见图10-9)。

$H=0, L=1, Y=0$ （纯粹策略均衡,可吓阻进入）

$H=0, L=0, Y=1$ （类似完全信息纳什均衡）

$H=0, L=\dfrac{1}{2(1-P)}, Y=\dfrac{1}{2}$ （混合策略均衡）

$$(10-58)$$

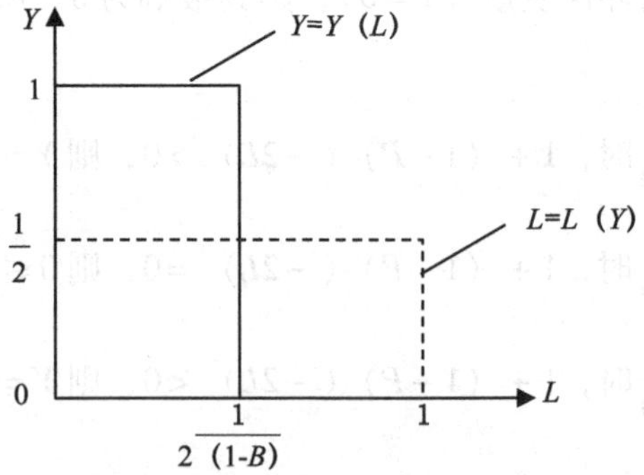

图10-9 绿色消费组织与企业不完全信息静态博弈的均衡

三 非政府生态环境组织与生产企业的竞买机制设计

某地有一片森林被地方政府拍卖，出价最高者可购得，有一家企业意图竞买下来进行林木生产，另有一非政府生态环境组织（ENGO）也意图竞买下来而保留该森林的生态功能。假设你是参与竞买的 ENGO 组织的代表，经过生态专家评估后认为，该森林的生态价值为 1000 万元，那么你的出价应当是多少？如果有多家企业参与竞买，你的出价又应当是多少？如果规定出价最高者购得但以次高价成交，那么你的出价又应当是多少？

（1）讨论与一个生产企业竞买的博弈情形。假设两个竞买者分别为 I、II，它们各自评估认定竞买物的价值分别为 V_I、V_{II}，它们各自拟出的价格分别为 B_I、B_{II}，那么对于竞买者 I 来说，它的收益函数 U_I 为

$$U_I = U_I(V_I, V_{II}, B_I, B_{II})$$
$$= \begin{cases} V_I - B_I & \text{当 } B_I > B_{II} \text{ 时} \\ 0 & \text{当 } B_I < B_{II} \text{ 时} \end{cases} \quad (10-59)$$

两竞买者的出价 B_I、B_{II} 必然依存于它们各自认定的竞买物价值 V_I、V_{II}，假定是一种线性关系，那么可设定两竞买者出价的反应函数分别为

$$\begin{cases} B_I(V_I) = a_I + K_I V_I \\ B_{II}(V_{II}) = a_{II} + K_{II} V_{II} \end{cases} \quad (10-60)$$

其中 a_I、k_I、a_{II}、k_{II} 为常数参数。

竞买者 I 竞买成功的概率 P_I 为

$$P_I = P_I(B_I > B_{II})$$
$$= P_I(B_I > a_{II} + K_{II} V_{II})$$
$$= P_I\left(V_{II} < \frac{B_I - a_{II}}{K_{II}}\right) \quad (10-61)$$

假设 V_I、V_{II} 均简化为在 [0，1] 之间变化的变量，且每一点的概率相同（均匀分布），那么即有

$$P_I = \frac{B_I - a_{II}}{K_{II}} \quad (10-62)$$

所以竞买者 I 的收益函数为

$$U_\mathrm{I} = P_\mathrm{I}(V_\mathrm{I} - B_\mathrm{I})$$

$$= \frac{B_\mathrm{I} - a_\mathrm{II}}{K_\mathrm{II}}(V_\mathrm{I} - B_\mathrm{I})$$

$$= \frac{1}{K_\mathrm{II}}(V_\mathrm{I} B_\mathrm{I} - V_\mathrm{I} a_\mathrm{II} - B_\mathrm{I}^2 + B_\mathrm{I} a_\mathrm{II}) \qquad (10-63)$$

U_I 的极大化条件为

$$\frac{\partial U_\mathrm{I}}{\partial B_\mathrm{I}} = \frac{1}{K_\mathrm{II}}(V_\mathrm{I} - 2B_\mathrm{I} + a_\mathrm{II}) = 0 \qquad (10-64)$$

由此求得

$$B_\mathrm{I} = \frac{1}{2}(a_\mathrm{II} + V_\mathrm{I}) \qquad (10-65)$$

同理，对于企业 II 可求得

$$B_\mathrm{II} = \frac{1}{2}(a_\mathrm{I} + V_\mathrm{II}) \qquad (10-66)$$

由各式联立

$$\begin{cases} B_\mathrm{I} = a_\mathrm{I} + K_\mathrm{I} V_\mathrm{I} \\ B_\mathrm{II} = a_\mathrm{II} + K_\mathrm{II} V_\mathrm{II} \\ B_\mathrm{I} = \dfrac{1}{2}(a_\mathrm{II} + V_\mathrm{I}) \\ B_\mathrm{II} = \dfrac{1}{2}(a_\mathrm{I} + V_\mathrm{II}) \end{cases} \qquad (10-67)$$

可求得

$$\begin{cases} K_\mathrm{I} = \dfrac{1}{2} \\ K_\mathrm{II} = \dfrac{1}{2} \end{cases}$$

$$\begin{cases} a_\mathrm{I} = 0 \\ a_\mathrm{II} = 0 \end{cases} \qquad (10-68)$$

即竞买者 I、II 的最适竞买出价策略为

$$\begin{cases} B_\mathrm{I} = \dfrac{1}{2} V_\mathrm{I} \\ B_\mathrm{II} = \dfrac{1}{2} V_\mathrm{II} \end{cases} \qquad (10-69)$$

(2) 假设有 n 个竞买者参与竞买，设每个竞买者评估认定的价值为 V_i ($i=1, 2, \cdots, n$)，V_i 已简化为在 [0, 1] 之间均匀分布的变量，每家竞买者的出价为 B_i，则出价 B_i 与评估价值 V_i 之间存在线性关系

$$B_i = B_i(V_i) = K_i V_i \tag{10-70}$$

其中 K_i 为常数参数，那么对于第一家竞买者（$i=1$）来说，其竞买成功的条件为

$$B_1 \geq K_i V_i \quad (i=2, \cdots, n) \tag{10-71}$$

其竞买成功的概率 P_1 为

$$P_1 = P_1\left(V_2 < \frac{B_1}{K_1}, V_3 < \frac{B_1}{K_1}, \cdots, V_n < \frac{B_1}{K_1}\right)$$

$$= \left(\frac{B_1}{K_1}\right)^{n-1} \tag{10-72}$$

所以竞买者 I 的收益为

$$U_1 = (V_1 - B_1) P_1$$

$$= (V_1 - B_1)\left(\frac{B_1}{K_1}\right)^{n-1} \tag{10-73}$$

U_1 的极大化条件为

$$\frac{\partial U_1}{\partial B_1} = V_1(n-1)\left(\frac{B_1}{K_1}\right)^{n-2} - n\left(\frac{B_1}{K_1}\right)^{n-1} = 0 \tag{10-74}$$

求得

$$B_1 = \left(\frac{n-1}{n}\right)V_1 \tag{10-75}$$

所以当参与竞买者数目足够多时，竞买者出价应接近其评估价值。

(3) 如果规定出价最高者竞得，但以次高价成交。假设每个参与竞买者所评估认定的价值分别为 V_i ($i=1, 2, \cdots, n$)，各自的出价分别为 B_i ($i=1, 2, \cdots, n$)，那么对于竞买者 I（$i=1$）来说，其收益函数为

$$U_1 = U_1(V_1, \cdots, V_n, B_1, \cdots, B_n)$$

$$= \begin{cases} V_1 - R_1 & \text{当 } B_1 > \max B_i = R_1 \text{ 时} \quad i \neq 1 \\ 0 & \text{当 } B_1 \leq R_1 \text{ 时} \end{cases} \tag{10-76}$$

如果 $V_I > R_I$，那么

$$U_1 = \begin{cases} 0 & \text{当 } B_1 \leqslant R_1 < V_1 \text{ 时} \\ V_1 - R_1 & \text{当 } B_1 = V_1 > R_1 \text{ 时} \end{cases} \quad (10-77)$$

如果 $V_I < R_I$，那么

$$U_1 = \begin{cases} 0 & \text{当 } B_1 = V_1 < R_1 \text{ 时} \\ V_1 - R_1 < 0 & \text{当 } B_1 > R_1 > V_1 \text{ 时} \end{cases} \quad (10-78)$$

所以此时最适的出价策略为

$$B_I = V_I \quad (10-79)$$

四 生态需求者与物质需求者博弈的贝叶斯均衡

某地方民众形成了两类特征鲜明的群体：生态需求者群体和物质需求者群体。所以在安排该地方的发展项目时，须经由两类群体协商或博弈来决定。如建设某一项目是偏重于物质需求满足还是偏重于生态环境的保护，围绕这一问题双方不得不进行博弈。两方在不同建设理念下所得到的效用如表 10-18 所示。

表 10-18　　　　　　　　生态需求者与物质需求者的博弈

		生态需求群体	
		偏重物质 需求目标	偏重生态 需求目标
物质需求群体	偏重物质 需求目标	4, 2	1, 1
	偏重生态 需求目标	0, 0	2, 4

（1）讨论该博弈的混合策略均衡。

假设物质需求者群体以概率 P 选择偏重物质需求目标，以 $1-P$ 的概率选择偏重生态需求目标，生态需求者群体以概率 q 选择偏重物质需求目标，以 $1-q$ 的概率选择偏重生态需求目标。

物质需求者群体的效用为

$$\begin{aligned}\pi_1 &= P\ [q \cdot 4 + (1-q) \cdot 1] + (1-P) \cdot [q \cdot 0 + (1-q) \cdot 2] \\ &= 2 + 5Pq - P - 2q \end{aligned} \quad (10-80)$$

效用为极大化的一阶条件为

$$\frac{\partial \pi_1}{\partial P} = 5q - 1 = 0 \tag{10-81}$$

即

$$q = \frac{1}{5} \tag{10-82}$$

生态需求者群体的效用为

$$\pi_2 = q [P \cdot 2 + (1-P) \cdot 0] + (1-q) \cdot [P \cdot 1 + (1-P) \cdot 4]$$
$$= 4 + 5Pq - 4q - 3P \tag{10-83}$$

效用极大化的一阶条件为

$$\frac{\partial \pi_2}{\partial q} = 5P - 4 = 0 \tag{10-84}$$

即

$$P = \frac{4}{5} \tag{10-85}$$

该博弈的混合策略为，物质需求者群体以 $\frac{4}{5}$ 的概率选择偏重物质需求目标，生态需求者群体以 $\frac{4}{5}$ 的概率选择偏重生态需求目标。

（2）假设两群体对对方的效用程度并不十分了解，只了解对方效用的一定范围（如表 10-19 所示），（$o \leq \theta_1 \leq e$、$0 \leq \theta_2 \leq e$），求该博弈的贝叶斯均衡。

表 10-19　　生态需求者与物质需求者博弈的混合策略

		生态需求群体	
		偏重物质需求目标	偏重生态需求目标
物质需求群体	偏重物质需求目标	$4 + \theta_1$, 2	1, 1
	偏重生态需求目标	0, 0	2, $4 + \theta_2$

假设 a_1 为物质需求者群体选择"偏重物质需求目标"和"偏重生态

需求目标"的分界点（cut off point），即物质需求者群体选择"偏重物质需求目标"时 $4+\theta_1 \geqslant a_1$；而当 $4+\theta_2 \leqslant a_1$ 时他会选择"偏重生态需求目标"，如图 10-10 所示他们选择"偏重物质需求目标"的概率为 $\frac{4+e-\theta_1}{e}$，选择"偏重生态需求目标"的概率为 $\frac{a_1-4}{e}$。

同理，假设 a_2 为生态需求者群体选择"偏重生态需求目标"和"偏重物质需求目标"的分界点，当 $4+\theta_2 \geqslant a_2$ 时，"偏重生态需求目标"；当 $4+\theta_2 \leqslant a_2$ 时，"偏重物质需求目标"。如图 10-10 所示生态需求者群体"偏重生态需求目标"的概率为 $\frac{4+e-a_2}{e}$，"偏重物质需求目标"的概率为 $\frac{a_2-4}{e}$。

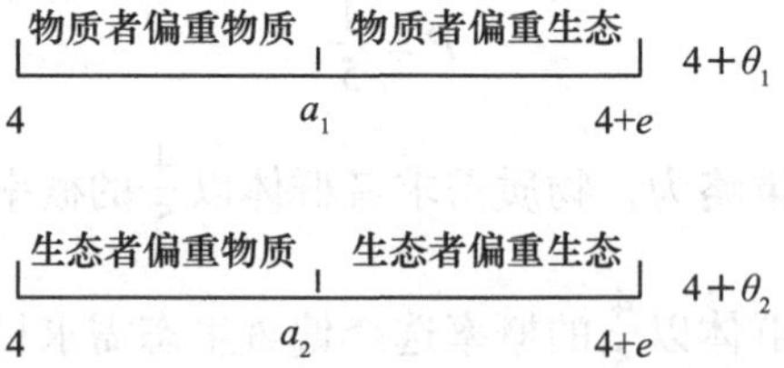

图 10-10　生态需求者与物质需求者博弈的贝叶斯均衡

先讨论物质需求者群体选择"偏重物质需求目标"（记为 B）和选择"偏重生态需求目标"（记为 S）的报酬，他们选择偏重物质需求目标时能获得 $(4+\theta_1)$ 的报酬，取决于生态需求者群体是否一同选择（即取决于生态需求者群体选择"偏重物质需求目标"的概率）。所以，物质需求者群体的报酬分别为

$$\pi_1(B) = \frac{a_2-4}{e}(4+\theta_1) + \frac{4+e-a_2}{e} \cdot 1$$

$$= \frac{1}{4}[(a_2-4)(4+\theta_1) + (4+e-a_2)] \quad (10-86)$$

$$\pi_1(S) = \frac{a_2-4}{e} \cdot 0 + \frac{4+e-a_2}{e} \cdot 2$$

$$= \frac{2}{e}(4+e-a_2) \quad (10-87)$$

第十章 可持续发展经济学中的行为关系博弈论 / 359

在分界点（cut off point）：即 $4 + \theta_1 = a_1$ 时，物质需求者群体选择"偏重物质需求目标"和"偏重生态需求目标"的效用无差别，所以满足

$$\pi_1(B) = \frac{1}{e}[(a_2 - 4) \cdot a_1 + (4 + e - a_2)]$$

$$= \pi_1(s) = \frac{2}{e}(4 + e - a_2) \qquad (10-88)$$

整理得

$$(a_2 - 4) a_1 = 4 + e - a_2 \qquad (10-89)$$

同理，生态需求者群体选择"偏重物质需求目标"（B）和"偏重生态需求目标"（S）的报酬分别为：

$$\pi_2(B) = \frac{a_1 - 4}{e} \cdot 0 + \frac{4 + e - a_1}{e} \cdot 2$$

$$= \frac{2}{e}(4 + e - a_1) \qquad (10-90)$$

$$\pi_2(S) = \frac{a_1 - 4}{e} \cdot (4 + \theta_2) + \frac{4 + e - a_1}{e} \cdot 1$$

$$= \frac{1}{e}[(a_1 - 4)(4 + \theta_2) + (4 + e - a_1)] \qquad (10-91)$$

在 $4 + \theta_2 = a_2$ 这一分界点上，生态需求者群体选择"偏重物质需求目标"和"偏重生态需求目标"的效用无差别，即

$$\pi_2(B) = \frac{2}{e}(4 + e - a_1)$$

$$= \pi_2(s) = \frac{1}{e}\left[(a_1 - 4) a_2 + \frac{4 + e - a_1}{e}\right] \qquad (10-92)$$

整理得

$$(a_1 - 4) a_2 = 4 + e - a_1 \qquad (10-93)$$

（10-89）（10-93）两式联立可得

$$a_1 = a_2 = \frac{3 + \sqrt{25 + 4e}}{2} \qquad (10-94)$$

这就是一个不完全信息博弈的贝叶斯均衡。两个博弈参与人都使用单纯策略，但由于信息不完备，与"以一定概率选择 B、一定概率选择 S 的混合策略"的博弈效果相同。

第十一章

可持续发展经济学中的
公共品和外部性问题

在讨论资源利用、环境治理、生态维护等可持续发展问题时，常常遇到市场手段所无法发挥作用的情形，尤其是公共品供给和外部性问题。因为，环境治理、生态维护大多属于公共品，环境影响、生态影响也往往会外在地施加于其他群体。本章着重讨论可持续发展中的这两类问题。

第一节 可持续发展经济学中的公共品供给

所谓公共品（public goods），是指具有大众消费性和不可排他性的消费品，即众多消费者可以在同一时点消费并且任何人都可以自由消费的产品。具有充分的大众消费性与不可排他性的产品称为纯粹公共品；具有不完全的大众消费性与不可排他性的产品为集团公共品；具有大众消费性但随着消费者增长而逐渐呈现竞争性的产品称为拟公共品；根据公共产品对消费者有无数量限制来区分，以全体社会成员为消费主体、对消费主体的数量没有限制的称为非拥挤类公共品；对消费主体的数量有一定的限制和容量，在一定的容量内，该产品的消费具有非竞争性，超过了这个容量，该产品就会出现拥挤现象，消费开始产生竞争性，消费者获得的效用就会减少，称为拥挤类公共品。

某些公共品的供给是在"供给"与"不供给"之间选择，这类公共品称为离散型公共品（如，某一地区是否作为生态功能区加以生态保护之类的问题）；某些公共品的供给则是讨论供给量的多少，这类公共品称为连续型公共品（如，某一地区划出多大面积的区域作为生态功能区加以生态保护之类的问题）。

出于环境治理、生态维护目的的项目大多属于公共品供给，无法采用一般私人品的分析方法进行讨论，因此公共品供给成为可持续发展经济学中极其重要的一种分析手段。

一 公共品的最优供给问题

（一）公共品最优供给的萨缪尔森条件

在某一经济中，有公共品 z 和私人品 x 两种产品存在，有 n 个个体的效用函数分别为

$$U_i = U_i(z_i, x_i) \quad (i = 1, \cdots, n) \quad (11-1)$$

其中 z_i 为分配给个体 i 的公共品消费量，x_i 为分配给个体 i 的私人品消费量。该经济公共品与私人品的生产可能性边界为

$$F(z, x) = 0 \quad (11-2)$$

其中

$$x = \sum_{i=1}^{n} x_i \quad (11-3)$$

该经济的社会福利函数为

$$W = W(U_1, \cdots, U_n) \quad (11-4)$$

每一个个体 i 有关公共品对私人品 x_i 的边际替代率为

$$MRS_i = \frac{\partial U_i}{\partial z} \Big/ \frac{\partial U_i}{\partial x_i} \quad (11-5)$$

公共品 z 对私人品 x 的边际技术替代率为

$$MRT = \frac{\partial F}{\partial z} \Big/ \frac{\partial F}{\partial x} \quad (11-6)$$

在上述条件下，公共品的供给量 z 与私人品的分配 $(x_1, \cdots, x_n)$ 的帕累托优化配置条件为

$$\sum_{i=1}^{n} MRS_i = MRT \quad (11-7)$$

这一关系称为萨缪尔森条件。

社会福利最大化的公共品最优供给条件为

$$\left(\frac{\partial W}{\partial U_1}\right)\left(\frac{\partial U_1}{\partial x_1}\right) = \cdots = \left(\frac{\partial W}{\partial U_n}\right)\left(\frac{\partial U_n}{\partial x_n}\right) \quad (11-8)$$

（二）公共品最优供给的林达尔（Lindahl）均衡

在由 n 个个体（$i=1,\cdots,n$）及公共品 z、私人品 x（分配给各个个体的量分别为 $x_1,\cdots,x_n$）组成的经济中，个体 i 的私人品初期保有量为 e_i、各自的效用函数为

$$U_i = U_i(z_i, x_i) \quad (11-9)$$

假设公共品 z 由私人品 x 生产，其成本函数的反函数为

$$x = C(z) \quad (11-10)$$

政府让个体通过私人品保有量的一定比例来承担公共品的生产，设个体 i 的负担比例为 t_i（$\sum_{i=1}^{n} t_i = 1$）。因此个体 t_i 的私人品保有量为

$$x_i = e_i - t_i C(z) \quad (11-11)$$

个体 i 的效用为

$$U_i = U_i[z_i e_i - t_i C(z)] \quad (11-12)$$

个体 i 的效用极大化的一阶条件为

$$\frac{dU_i}{dz} = \frac{\partial U_i}{\partial z} - \frac{\partial U_i}{\partial x} t_i C'(z) = 0 \quad (11-13)$$

由此可得到各个个体 i 对公共品的需求量 z_i（依存于个体 i 的负担率 t_i）

$$z_i = z_i(t_i) \quad (11-14)$$

政府以所有个体的公共品需求量相等为前提来调整各个个体的负担率 t_i，即在

$$z_1(t_1) = z_2(t_2) = \cdots = z_n(t_n) \quad (11-15)$$

的条件下决定（$t_1,\cdots,t_n$）。此时所实现的状态称为林达尔均衡，该均衡是资源分配的帕累托最优状态。

这样一种由个体分担方式实现公共品的最佳供给的做法，可以解决公共品供给过程中的"免费搭便车"问题。但是由于个体 i 的效用函数 u_i 是私人信息，政府无从掌握，所以难以准确地确定合理的负担率 t_i。政府只有通过不断"试错"调整负担率的方法（首先政府根据估计判断向各个体公布一个 t_i，个体申报各自的公共品需求量 z_i，如果各个体的需求量

不相等，政府调整负担率——增加高需求者负担率、减少低需求者负担率。不断重复上述过程，直至个体的需求量相等），这一机制实现的均衡称为林达尔均衡。

（三）林达尔均衡的无效性

可以证明：林达尔均衡不是纳什均衡，所以这一方法实际上难以实行。通过以下示例来说明。

假设某经济中，边际成本为 C 的公共品 z 由个体 1 和个体 2 出资供给，个体 1 和个体 2 愿意支付的公共品需求量分别为 z_1 和 z_2，个体 1 和个体 2 的效用函数分别为：

$$\begin{cases} U_1(z, x_1) = U_1(z) + x_1 \\ U_2(z, x_2) = U_2(z) + x_2 \end{cases} \quad (11-16)$$

x_1、x_2 分别为两个个体消费其他产品的支出。由于私人出资供给是无效率的，政府要求两个个体每单位公共品负担税收 t_1 和 t_2（$t_1 + t_2 = C$），各个个体分别申报其对应的公共品需求量 z_1 和 z_2。假设某一税率组合（t_1^*, t_2^*）恰好使两个个体的需求量相等，即 $z_1^* = z_2^*$。可以证明：在税率（t_1^*, t_2^*）下，两个个体都如实地申报符合社会最优供给量 z^*（$z_1^* = z^*$, $z_2^* = z^*$）的策略不是内什均衡。

对于全社会来说，社会最优的供给量 z^* 是满足社会福利（马歇尔剩余）最大化目标的。此例中，社会福利为

$$S = U_1(z) + U_2(z) - Cz \quad (11-17)$$

极大化的一阶条件为

$$\frac{ds}{dz} = U_1'(z) + U_2'(z) - C = 0 \quad (11-18)$$

即社会最优供给量 z^* 满足

$$U_1'(z^*) + U_2'(z^*) = C = t_1^* + t_2^* \quad (11-19)$$

而对于个体 1 来说，其在（t_1^*, t_2^*）负担条件下最优的供给量 z_1^* 是满足效用极大化条件的，此时，其效用为

$$U_1(z, x_1) = U_1(z) + x_1^0 - t_1 z \quad (11-20)$$

x_1^0 为其初始财富，效用极大化的一阶条件为

$$\frac{\partial U_1}{\partial z} = U_1'(z) - t_1 = 0 \quad (11-21)$$

即 z_1^* 满足

$$U_1'(z_1^*) = t_1^* \tag{11-22}$$

同理，对于个体 2 来说，其在 (t_1^*, t_2^*) 负担条件下最优的供给量 z_2^* 满足

$$U_2'(z_2^*) = t_2^* \tag{11-23}$$

现在要讨论的问题是：在 (t_1^*, t_2^*) 条件下，个体 1 和个体 2 之间 $(z_1^* = z^*, z_2^* = z^*)$ 的策略组合是不是纳什均衡。

对于个体 1 来说，如果个体 2 不改变 $z_2^* = z^*$（即如实申报其公共品需求量）的策略时，是不是有改变 $z_1^* = z^*$ 的动机呢？由于

$$U_2'(z^*) = t_2^* \tag{11-24}$$

所以，个体 1 的负担为

$$t_1^* = C - t_2^* = C - U_2'(z^*) \tag{11-25}$$

此时，个体 1 如果也申报 z^*，那么其效用为

$$\begin{aligned} U_1(z_1^*, x_1) &= U_1(z^*) + x_1^0 - t_1 z^* \\ &= U_1(z^*) + x_1^0 - [C - U_2'(z^*)] z^* \end{aligned} \tag{11-26}$$

效用对 z^* 的偏导数为

$$\frac{\partial U_1(z^*, x_1)}{\partial z^*} = U_1'(z^*) - [C - U_2'(z^*)] + U_2''(z^*) z^* \tag{11-27}$$

由于

$$U_2''(z^*) < 0 \tag{11-28}$$

所以

$$\begin{aligned} \frac{\partial U_1(z^*, x_1)}{\partial z^*} &= U_1'(z^*) - t_1^* + U_2''(z^*) z^* \\ &< U_1'(z^*) - t_1^* = 0 \end{aligned} \tag{11-29}$$

上式表明 z^* 不是个体 1 最佳的申报量，其最佳的申报量低于 z^*。个体 1 有改变策略的动因。同样的道理，当个体 1 不改变 $z_1^* = z^*$ 策略时，个体 2 也有改变 $z_2^* = z^*$ 的动因。所以，$(z_1^* = z^*, z_2^* = z^*)$ 不是纳什

均衡。

二 公共品供给机制的设计问题

在现实社会中，必须使环境治理、生态维护等公共品实现有效供给，既能够使必要的公共品得以供给，还要让公共品的受益者公平地承担供给成本，还不能有"搭便车"的可能。这就有赖于设计一个有效的公共品供给机制。

(一) 公共品供给市场失效的示例

通过以下几个例子，可以说明市场机制、投票机制、谁受益谁出资机制均无法保证公共品的有效供给。

例一：两个私有别墅的邻近小区，共同使用一块绿地，该绿地的建设成本 C 为 30 万元，绿地对两小区的保留价格 r_1、r_2 均为 20 万元。在双方非合作的条件下，无法实现这一绿地的供给。

因为，该绿地的有效供给条件为：

$$r_1 + r_2 > C \qquad (11-30)$$

表面上满足有效供给条件（$r_1 + r_2 = 40 > C = 30$），但在双方不合作的条件下，无法实现该有效供给。因为双方的博弈如表 11-1 所示。

表 11-1　　　　　　　　公共品供给的博弈示例

		小区 2 出资 30	小区 2 不出资
小区 1	出资 30	-10, -10	-10, 20
	不出资	20, -10	0, 0

很显然，该博弈的纳什均衡为（不出资，不出资），双方的支付为 (0, 0)。因此，市场机制无法保证公共品有效供给。

例二：一个三个单位使用的环境治理公共设施，建设成本为 90 万元，三个单位对该设施的保留价格分别为 $r_1 = 50$、$r_2 = 25$、$r_3 = 25$。投票机制无法实现这一公共品的有效供给。

尽管该公共设施的有效供给条件为

$$r_1 + r_2 + r_3 > C \qquad (11-31)$$

表面上满足有效供给条件

$$r_1 + r_2 + r_3 = 50 + 25 + 25 = 100 > C = 90 \qquad (11-32)$$

但在投票机制下，三方需分摊的成本为 $\frac{C}{3}=30$。对此分摊成本，个体 1 由于 $r_1 > \frac{C}{3}$ 将投赞成票；但对于个体 2 和个体 3 均有 $r_2 < \frac{C}{3}$、$r_3 < \frac{C}{3}$，所以它们均将投反对票。这样，投票制将否决满足有效供给条件的公共品的建设。这是由于投票制无法反映各个个体对公共品的偏好差别而导致的结果。

例三：一个建设成本为 99 万元的环境基础设施，为三企业共同受益，各企业的保留价格分别为 $r_1=90$，$r_2=30$，$r_3=30$。三家自愿出资 g_1、g_2、g_3 的情形下，各企业自愿出资的均衡为 [0, 0, 0]，亦即无法实现公共品供给。

因为，博弈三方对于支付矩阵 [0, 0, 0]，从企业 1 的角度来看，如果另外两个企业的策略 $g_2=0$、$g_3=0$ 不变时，那么如果 $0 < g_1 < 99$，则该公共设施不会被建设，所以企业 1 的报酬为 $-g_1$（如果不建设时退还认资额 g_1，则其报酬为 0）；而如果 $g_1 \geq 99$，则该公共设施将会被建设，而企业 1 的报酬为 $90 - g_1 \leq -9$。所以，无论何种情况，企业 1 都没有改变 $g_1=0$ 策略的动因。同样的道理，企业 2、企业 3 在别人不改变不出资的策略时也没有单独改变自己不出资策略的动因。所以 [0, 0, 0] 是纳什均衡。这就说明自愿出资的机制无法总是保证公共品的有效供给。

（二）格罗夫斯—克拉克（Groves-Clarke）离散型公共品需求显示机制

某一经济中，有一离散型公共品（供给成本为 C），该经济共有 n 个消费者个体，个体 i 愿意为该公共品支付的最大投入（称为保留价格）为 r_i，因此能实现帕累托有效改进的公共品有效供给条件为

$$\sum_{i=1}^{n} r_i > C \qquad (11-33)$$

但是，在市场机制下，消费者个体投票机制、消费者个体根据受益情况自主出资机制等都无法保证公共品的有效供给。关键在于无法掌握各个

个体对公共品的效用偏好及对公共品真实的保留价格。

格罗夫斯—克拉克需求显示机制可以使个体自愿地显示其真实的保留价格，从而可以正确地确定公共品的有效供给。该机制的构成包括：

(1) 为决定一个供给成本为 C 的公共品是否建设。首先随意地向个体 i 指派负担率 t_i；并在此基础上责令各个个体报告其公共品建成后的净收益，个体报告的净收益记为 b_i，个体真实的净收益记为 V_i（$V_i = r_i - t_i C$）。

(2) 如果各个体申报的净收益之和 B

$$B = \sum_i b_i \tag{11-34}$$

大于或等于 0，则决定该公共品建设；如果 $B < 0$，则决定该公共品不建设。

(3) 如果决定该公共品建设，个体 i 须缴纳其负担的投入 $t_i C$，同时接受补贴 B_{-i}

$$B_{-i} = \sum_{j=i}^{n} b_j - b_i = \sum_{j \neq i} b_j \tag{11-35}$$

（如果 $B_{-i} < 0$ 即相当于该个体应额外地缴纳 $|B_{-i}|$）。

在 G-C 机制下，个体 i 所得的净收益为

$$\pi_i = \begin{cases} V_i + B_{-i} & \text{公共品建设时}（b_i + B_{-i} \geq 0）\\ 0 & \text{公共品不建设时}（b_i + B_{-i} < 0）\end{cases} \tag{11-36}$$

可以证明：每一个个体 i 都选择战略"真实申报"（$b_i = V_i = r_i - t_i C$）的战略组合是纳什均衡。

因为，对个体 i 来说，如果 $V_i + B_{-i} \geq 0$，则 $b_i = V_i$ 可确保公共品建设并使该个体获得非负的净收益；如果 $b_i < V_i$，则不能确保公共品建设和确保个体获得非负的净收益；如果 $b_i > V_i$，则只会使个体的净收益减少而不会改变公共品建设与否；如果 $V_i + B_{-i} < 0$，则 $b_i = V_i$ 不会使该个体改变公共品不建设的决定进而不会改变其净收益为 0 的结果，$b_i < V_i$ 也同样不会改变公共品不建设及个体净收益为 0 的结果，$b_i > V_i$ 可能改变公共品不建设的决定但净收益为负。所以，无论何种情形，个体 i 都没有改变"$b_i = V_i$"策略的动因。可见 G-C 机制能够保证各个个体真实地申报自己从公共品中获得的净收益，从而保证帕累托有效的公共品得以建设，也可保证

非帕累托有效的公共品不建设。

G-C 机制可以保证公共品供给的帕累托有效,但总体承担的补贴总额过高。为解决这一问题,可以在不影响各个个体战略选择的前提下,在 G-C 机制中加入一项额外的负担(称为克拉古税),以使每个个体得到补贴不大于0从而使总体承担的补贴小于0。对个体 i 的额外负担设计为

$$T_i \begin{cases} -B_{-i} & B_{-i} \geq 0 \text{ 时} \\ 0 & B_{-i} < 0 \text{ 时} \end{cases} \quad (11-37)$$

此时,个体 i 的净收益为

$$\pi_i = \begin{cases} V_i & B \geq 0 \text{、} B_{-i} \geq 0 \\ V_i + B_{-i} & B \geq 0 \text{、} B_{-i} < 0 \\ -B_{-i} & B < 0 \text{、} B_{-i} \geq 0 \\ 0 & B < 0 \text{、} B_{-i} < 0 \end{cases} \quad (11-38)$$

这样,同样可以实现公共品的帕累托有效供给,且不会使总体承受补贴负担。

(三)格罗夫斯—克拉克公共品供给机制的示例

有一项建设成本为108万元的环境治理公共项目,相关联的三个区域受益。假设三个区域对该项目的保留价格分别为 $r_1=90$、$r_2=30$、$r_3=30$。

(1)设计一个格罗夫斯—克拉克机制的集资建设方案,以保证每个区域都如实地申报他的保留价格。

格罗夫斯—克拉克机制的集资建设方案设计为:(A)事先指派三个区域各承担建设成本的 $\frac{1}{3}$,并让各个区域申报其建成后的净收益 b_1、b_2、b_3;(B)如果 $b_1+b_2+b_3 > 0$,那么就开工建设该项目;如果 $b_1+b_2+b_3 < 0$,那么就取消该项目;(C)如果开工建设该项目,那么三个区域须先上交指派的 $\frac{1}{3}$ 的建设成本费用,同时可领取一定的补贴(区域1领取的补贴为 b_2+b_3、区域2领取的补贴为 b_1+b_3、区域3领取的补贴为 b_1+b_2)。

在这一集资方案下,各区域的净收益分别为

$$\pi_1 = \begin{cases} 90 - \frac{108}{3} + b_2 + b_3 & b_1+b_2+b_3 \geq 0 \text{ 时} \\ 0 & b_1+b_2+b_3 < 0 \text{ 时} \end{cases} \quad (11-39)$$

$$\pi_2 = \begin{cases} 30 - \dfrac{108}{3} + b_1 + b_3 & b_1 + b_2 + b_3 \geq 0 \text{ 时} \\ 0 & b_1 + b_2 + b_3 < 0 \text{ 时} \end{cases} \quad (11-40)$$

$$\pi_3 = \begin{cases} 30 - \dfrac{108}{3} + b_1 + b_2 & b_1 + b_2 + b_3 \geq 0 \text{ 时} \\ 0 & b_1 + b_2 + b_3 < 0 \text{ 时} \end{cases} \quad (11-41)$$

那么上述机制是否可以保证

$$\begin{cases} b_1 = 90 - \dfrac{108}{3} = 54 & (11-42) \\ b_2 = 30 - \dfrac{108}{3} = -6 & (11-43) \\ b_3 = 30 - \dfrac{108}{3} = -6 & (11-44) \end{cases}$$

的申报得以实现呢?

从区域 1 的角度来看:如果 $54 + b_2 \geq 0$,那么当它申报 $b_1 = 54$ 时,可以确保 $b_1 + b_2 + b_3 \geq 0$ 而使该项目开工建设,进而可以使其获得非负的净收益 $(54 + b_2 + b_3 \geq 0)$;如果它申报 $b_1 < 54$,那么就有可能使 $b_1 + b_2 + b_3 < 0$ 而使项目不能上马,这样它的净收益即为 0;如果它申报 $b_1 > 54$,那么可以保证 $b_1 + b_2 + b_3 > 0$ 而使项目开工,但其净收益 $54 + b_2 + b_3$ 有可能较申报 $b_1 = 54$ 时小。

而当 $54 + b_2 + b_3 < 0$,如果它申报 $b_1 = 54$,则 $b_1 + b_2 + b_3 < 0$,项目不会上马,净收益为 0;如果它申报 $b_1 < 54$,同样 $b_1 + b_2 + b_3 < 0$,项目不会上马,净收益为 0;如果它申报 $b_1 > 54$,则可能使 $b_1 + b_2 + b_3 > 0$ 而使项目上马,但其净收益 $54 + b_2 + b_3 < 0$。可见,无论何种情形,区域 1 选择 $b_1 = 54$ 是最合理的选择。

同样的道理,区域 2 选择 $b_2 = -6$、区域 3 选择 $b_3 = -6$ 也是各自最合理的选择。从而证明了该机制可以保证各个区域如实地申报各自的保留价格。

在各自被指派承担 $\dfrac{1}{3}$ 成本时的指派负担、补贴、实际出资、净收益如表 11-2 所示。

表 11-2　　　　　格罗夫斯—克拉克公共品供给机制示例

	指派负担	补贴	实际出资	净收益
区域 1	36	-12	48	42
区域 2	36	48	-12	42
区域 3	36	48	-12	42

（2）可以验证：事先指派的负担各为 $\frac{1}{3}$ 与事先指派负担分别为 $\frac{1}{2}$、$\frac{1}{4}$、$\frac{1}{4}$ 的结果相同。

在被指派负担分别为 $\frac{1}{2}$、$\frac{1}{4}$、$\frac{1}{4}$ 时的指派额、补贴、实际出资、净收益如表 11-3 所示。两相比较，可见两个指派方案导致各区域的实际出资和净收益完全相同。也就是说，该 G-C 机制导致的结果与事先的指派负担无关。

表 11-3　　　　格罗夫斯—克拉克公共品供给机制示例（结果）

	指派负担	补贴	实际出资	净收益
区域 1	54	6	48	42
区域 2	27	39	-12	42
区域 3	27	39	-12	42

（3）设计一个 G-C 机制加克拉克税的集资建设方案。

G-C 机制加克拉克税的集资方案为：在前文的 G-C 机制的基础上，向各区域增加征收一项克拉克税。各区域的克拉克税征收额分别为

$$T_1 \begin{cases} -(b_2+b_3) & b_2+b_3 \geq 0 \text{ 时} \\ 0 & b_2+b_3 < 0 \text{ 时} \end{cases} \quad (11-45)$$

$$T_2 \begin{cases} -(b_1+b_3) & b_1+b_3 \geq 0 \text{ 时} \\ 0 & b_1+b_3 < 0 \text{ 时} \end{cases} \quad (11-46)$$

$$T_3 \begin{cases} -(b_1+b_2) & b_1+b_2 \geq 0 \text{ 时} \\ 0 & b_1+b_2 < 0 \text{ 时} \end{cases} \quad (11-47)$$

在指派负担各为 $\frac{1}{3}$ 时，各区域的净收益为

$$\begin{cases} b_1 = 54 \\ b_2 = -6 \\ b_3 = -6 \end{cases} \qquad (11-48)$$

由此可得

$$\begin{cases} b_2 + b_3 = -12 < 0 & \Rightarrow T_1 = 0 \\ b_1 + b_3 = 48 > 0 & \Rightarrow T_2 = -48 \\ b_1 + b_2 = 48 > 0 & \Rightarrow T_3 = -48 \end{cases} \qquad (11-49)$$

此时各区域的实际净收益为

$$\begin{aligned} \pi_1 &= 90 - \frac{108}{3} + (b_2 + b_3) + T_1 \\ &= 54 + (-6-6) + 0 \\ &= 42 < 54 \end{aligned} \qquad (11-50)$$

$$\begin{aligned} \pi_2 &= 30 - \frac{108}{3} + (b_1 + b_3) + T_2 \\ &= -6 \end{aligned} \qquad (11-51)$$

$$\begin{aligned} \pi_3 &= 30 - \frac{108}{3} + (b_1 + b_2) + T_3 \\ &= -6 \end{aligned} \qquad (11-52)$$

上述计算表明：只有区域1实际支付了克拉克税（-12）。其缴纳克拉克税的合理性在于：该公共项目对区域1来说非常重要（可以获得较多的净收益），而对区域2和区域3来说该公共项目对它们无利（净收益为负），可是由于区域1的申报而使该项目得以上马。也就是说，区域1的申报导致项目上马而会给区域2和区域3造成损失，区域1为此缴纳克拉克税正好是对区域2、区域3损失的补偿，也是区域1获得利益必须额外承担的投入。

三　连续型公共品的有效供给问题

（一）连续型公共品供给的市场失效

用一个例子来说明连续型公共品供给的市场失效。假设某经济由 n 个

消费者个体构成，消费者 i 消费公共品 z 和其他产品 x，各个消费者的效用函数为拟线性形式

$$U_i(z, x_i) = U_i(z) + x_i \tag{11-53}$$

x_i 为个体 i 消费其他产品的支出，$U_i(z)$ 满足 $U'_i > 0$、$U''_i < 0$。公共品生产的边际成本为 C。可以证明：如果由私人出资供给公共品，那么公共品的供给量低于公共品的帕累托有效供给量。

社会最优的资源配置是使社会福利（马歇尔剩余）最大化，即

$$\max_z \left[\sum_i U_i(z, t_i) - C \cdot z \right] \tag{11-54}$$

其一阶条件为

$$\sum_i U'_i(z) - C = 0 \tag{11-55}$$

即公共品的最优供给量（帕累托有效供给量）z^* 满足

$$\sum_i U'_i(z^*) = C \tag{11-56}$$

而对于个体 i 来说，面对价格为 $P = C$ 的公共品，他将以效用极大化为目标来决定其愿意承担支付的最佳需求量 z_i（各个个体愿意承担支付的需求量之和即为总的供给 $z = \sum_i z_i$）。个体 i 的效用为（设个体 i 的初始收入为 w_i）

$$\begin{aligned} U_i(z, x_i) &= U_i(z) + x_i \\ &= U_i(z_i + \sum_{j \neq i} z_j) + w_i - Cz_i \end{aligned} \tag{11-57}$$

效用极大化的一阶条件为

$$U'_i(z_i + \sum_{j \neq i} z_j) - C = 0 \tag{11-58}$$

所以个体 i 最佳的需求 z_1^* 满足

$$U'_i(z_i^* + \sum_{j \neq i} z_j) = C \tag{11-59}$$

定义

$$z^{**} = \sum_i z_i^* \tag{11-60}$$

则有

$$U'_i(z^{**}) = C \tag{11-61}$$

所以

$$\sum_i U'_i(z^{**}) = nC \tag{11-62}$$

比较两式，并结合已知条件 $U''_i < 0$，由此可得

$$z^{**} < z^* \tag{11-63}$$

即私人出资供给的公共品供给量 z^{**} 小于社会最优的公共品供给量 z^*。

（二）连续型公共品的格罗夫斯—克拉克供给机制

公共品的消费非排他性（如果某公共品的供给量为 z，则每个个体对该公共品的消费量均为 $z_i = z$）。如果由私人出资供给公共品，则市场机制不能使公共品的供给量达到社会最优供给，亦即不能实现帕累托有效配置。这是由于公共品的消费非排他性导致市场机制无法避免个体有"免费搭车"的动机。

为使每个个体 i 真实地申报各自关于公共品 z 的效用函数，可以设计针对连续型公共品供给的格罗夫斯—克拉克机制。该机制的构成为：

（1）首先，政府根据自己的信息随意地指定每个个体 i 应为公共品供给 z 负担的费用比例 t_i，各个体负担的总和正好等于公共品供给的成本，即

$$\sum_i t_i C(z) = C(z) \tag{11-64}$$

（2）让每个个体 i 申报各自关于该公共品的边际效用函数，个体申报的边际效用记为 $b_i(z)$，真实的边际效用记为 $u'_i(z)$。

（3）在各个个体申报的边际效用函数的基础上，政府根据公共品供给的有效条件

$$\sum_i b_i(z) = C'(z) \tag{11-65}$$

确定公共品的供给量 z^*。

（4）对于任何一个个体 i 都可求出一个与 t_i 相适应的"最优供给量" z_i^*，z_i^* 满足

$$\sum_{j \neq i} b_j(z_i^*) + t_i C'(z_i^*) = C'(z_i^*) \tag{11-66}$$

如果个体 i 认为 t_i 是合适的，则有 $z_i^* = z^*$。此时，个体以负担比例 t_i 向政府缴纳负担 $t_i C(z^*)$，同时得到政府依据 z^* 和 z_i^* 确定的补贴 $S_i(z^*)$

$$S_i(z^*) = \sum_{j \neq i} \int_{z_i^*}^{z^*} b_j(z) \, dz - \sum_{j \neq i} t_j [C(z^*) - C(z_i^*)] \qquad (11-67)$$

前一项可看作是整个社会因为个体 i 的申报而得到的收益,后一项可看作是整个社会因为个体 i 的申报而多缴的费用。

在上述 G-C 机制下,个体 i 选择申报边际效用函数 $b_i(z)$ 的目标是

$$\max_{z^*} [U_i(z)^* - t_i C(z^*) + S_i(Z^*)] \qquad (11-68)$$

其一阶条件为:

$$0 = U'_i(z^*) - t_i C'(z^*) + \sum_{j \neq i} b_j(z^*) - \sum_{j \neq i} t_j \cdot C'(z^*)$$

$$= U'_i(z^*) + \sum_{j \neq i} b_j(z^*) - \sum_{j=1}^{n} t_j \cdot C'(z^*)$$

$$= U'_i(z^*) + \sum_{j=1}^{n} b_j(z^*) - b_i(z^*) - \sum_{j=1}^{n} t_j \cdot C'(z^*) \qquad (11-69)$$

结合 (11-68) (11-69) 两式可得

$$b_i(z^*) = U'_i(z^*) \qquad (11-70)$$

上式表明,上述 G-C 机制可以保证各个个体如实地申报其边际效用,这是使每个人效用最大化的策略。

(三) 连续型公共品有效供给的示例

某一环境治理类的公共品 z,由 A、B 两个区域受益,其供给边际成本为 C,公共品的管理者首先要求 A、B 各自承担 $\frac{1}{2}$ 的供给成本,并让 A、B 各自申报自己对公共品 z 的边际效用,申报的边际效用函数分别为

$$b_A = \beta_A z$$
$$b_B = \beta_B z \qquad (11-71)$$

(1) 设计针对此连续型公共品供给的格罗夫斯—克拉克机制。分述如下:

第一步,公共品管理者任意地指定两个个体 A 和 B 为公共品 z 的供给负担的比例 t_A 和 t_B

$$t_A = t_B = \frac{1}{2}, \quad t_A + t_B = 1 \qquad (11-72)$$

第二步,两个个体 A 和 B 各自申报了关于该公共品的边际效用函数 b_A 和 b_B

第十一章 可持续发展经济学中的公共品和外部性问题 / 375

$$\begin{cases} b_A = \beta_A z \\ b_B = \beta_B z \end{cases} \quad (11-73)$$

第三步，在各个个体申报的边际效用函数的基础上，管理者根据公共品供给的有效条件

$$b_A(z) + b_B(z) = C'(z) \quad (11-74)$$

以确定公共品的有效供给量 z^*，即 z^* 满足

$$\beta_A z^* + \beta_B z^* = C \quad (11-75)$$

由此解得

$$z^* = \frac{C}{\beta_A + \beta_B} \quad (11-76)$$

第四步，针对 A 求出一个与 t_A 相适应的"最优供给量" z_A^*，z_A^* 满足

$$b_B(z_A^*) + t_A C'(z_A^*) = C'(z_A^*) \quad (11-77)$$

即

$$\beta_B z_A^* + \frac{1}{2}C = C \quad (11-78)$$

解得

$$z_A^* = \frac{C}{2\beta_B} \quad (11-79)$$

同理，针对 B 求出一个与 t_B 相适应的"最优供给量" z_B^*，z_B^* 满足

$$b_A(z_B^*) + t_B C'(z_B^*) = C'(z_B^*) \quad (11-80)$$

即

$$\beta_A z_B^* + \frac{1}{2}C = C \quad (11-81)$$

解得

$$z_B^* = \frac{C}{2\beta_A} \quad (11-82)$$

第五步，根据 z^*、z_A^*、z_B^* 分别确定对 A、B 的补贴 S_A、S_B

$$S_A = \int_{z_B^*}^{z^*} b_B(z) dz - t_B [C(z^*) - C(z_B^*)] \quad (11-83)$$

即

$$S_A(z^*) = \frac{1}{2}\beta_B z^2 \Big|_{z=z_B^*}^{z^*} - t_B \cdot C(z^* - z_B^*)$$

$$= \frac{1}{2}\beta_B \left[\left(\frac{C}{\beta_A + \beta_B} \right)^2 - \left(\frac{C}{2\beta_A} \right)^2 \right] - t_B \cdot C \left[\frac{C}{\beta_A + \beta_B} - \frac{C}{2\beta_A} \right]$$

$$= \frac{C^2}{2\beta_A} \frac{(\beta_A - \beta_B)}{(\beta_A + \beta_B)} \left[\frac{\beta_B (3\beta_A + \beta_B)}{4\beta_A} - t_B \right] \qquad (11-84)$$

$$S_B = \int_{z_A^*}^{z^*} b_A(z) dz - t_A [C(z^*) - C(z_A^*)] \qquad (11-85)$$

即

$$S_B(z^*) = \frac{1}{2}\beta_A z^2 \Big|_{z=z_A^*}^{z^*} - t_A \cdot C(z^* - z_A^*)$$

$$= \frac{1}{2}\beta_A \left[\left(\frac{C}{\beta_A + \beta_B} \right)^2 - \left(\frac{C}{2\beta_B} \right)^2 \right] - t_A \cdot C \left[\frac{C}{\beta_A + \beta_B} - \frac{C}{2\beta_B} \right]$$

$$= \frac{C^2}{2\beta_B} \frac{(\beta_B - \beta_A)}{(\beta_A + \beta_B)} \left[\frac{\beta_A (3\beta_B + \beta_A)}{4\beta_B} - t_A \right] \qquad (11-86)$$

(2) 可以验证在该机制下，A、B 最优的申报策略是如实将各自的边际效用函数以 $U'_A(z)$、$U'_B(z)$ 作为申报策略。

$$\begin{aligned} b_A &= U'_A(z) \\ b_B &= U'_B(z) \end{aligned} \qquad (11-87)$$

在上述 G-C 机制下，个体 A 选择申报效用函数 $b_A(z)$ 的目标为

$$\max_{z^*} [U_A(z^*) - t_A C(z^*) + S_A(z^*)] \qquad (11-88)$$

其一阶条件为

$$U'_A(z^*) - t_A C'(z^*) + b_B(z^*) - t_B C'(z^*) = 0 \qquad (11-89)$$

将

$$b_B(z^*) = C'(z^*) - b_A(z^*) \qquad (11-90)$$

代入，即得

$$\begin{aligned} 0 &= U'_A(z^*) + C'(z^*) - b_A(z^*) - (t_A + t_B) C'(z^*) \\ &= U'_A(z^*) - b_A(z^*) \end{aligned} \qquad (11-91)$$

由此得到 A 的最优申报策略为

$$b_A(z^*) = U'_A(z^*) \qquad (11-92)$$

同理，B 申报 $b_B(z)$ 的目标为

$$\max_{z^*} [U_B(z^*) - t_B C(z^*) + S_B(z^*)] \qquad (11-93)$$

一阶条件为

$$U'_B(z^*) - t_B C'(z^*) + b_A(z^*) - t_A C'(z^*) = 0 \quad (11-94)$$

同理可得

$$b_B(z^*) = U'_B(z^*) \quad (11-95)$$

此即为 B 的最优申报策略。

四　公共品供给机制的次优状态

在公共品供给市场失效的情况下，如果政府了解所有相关个体的信息（偏好、效用函数等），并且政策手段不受限制，那么政府总是可以通过设计一定的机制使状态恢复到帕累托有效的状态。但是，当政府缺乏相关个体的信息时，或当可选择的手段受到一定限制时，即使最好的设计机制也无法使经济恢复到社会最优的帕累托有效状态，而只能达到一个相对较优的状态。研究这一问题的理论称为次优理论（second best theory）。次优理论的一个重要结论是：在许多相互关联的系统中，如果有一个系统内部的资源配置不是帕累托有效的，那么相关系统即使能达到帕累托有效资源配置，那么也不会是整个社会的帕累托有效资源配置。

用一个示例加以说明：假设某地有一条公共道路，由于是免费通行的，经常造成交通拥堵。该道路虽然是公共品，但由于通行车辆过多，并不能完全非排他性地使用，实际上每个通行者的通行都会给其他人通行带来影响。由于交通不畅带来的等待时间、油耗增加实际构成了通行成本，这一成本是与该道路的日通行量 y_1 相关联的，通行成本函数设为

$$C_1(y_1) = y_1^2 \quad (11-96)$$

与通行成本相对应，实际上也隐性存在一个通行的需求价格函数，设为

$$P_1 = 3 - y_1 \quad (11-97)$$

为了缓解甲乙两地间的交通拥挤状况，拟在两地间再修一条道路，该道路是收费的，成本函数为

$$C_2(y_2) = y_2 \quad (11-98)$$

y_2 为日通行量，正常情况下的价格需求函数为

$$P_2 = 2 - \frac{y_2}{2} \quad (11-99)$$

(1) 原有道路市场均衡的通行量 y_1^0 满足

$$P_1(y_1^0) y_1^0 = C_1(y_1^0) \tag{11-100}$$

即

$$(3 - y_1^0) y_1^0 = (y_1^0)^2 \tag{11-101}$$

解得

$$y_1^0 = \frac{3}{2} \tag{11-102}$$

原有道路的最优通行量 y_1^* 满足

$$P_1(y_1^*) = C_1'(y_1^*) \tag{11-103}$$

即

$$3 - y_1^* = 2y_1^* \tag{11-104}$$

解得

$$y_1^* = 1 \tag{11-105}$$

由此可见市场均衡的通行量超过了最佳通行量,从而造成了社会福利的损失。

(2) 新道路的最优行量 y_2^* 满足

$$P_2(y_2^*) = C_2'(y_2^*) \tag{11-106}$$

即

$$2 = \frac{y_2^x}{2} = 1 \tag{11-107}$$

解得

$$y_2^* = 2 \tag{11-108}$$

最优价格

$$P_2^* = C_2'(y_2^*) = 1 \tag{11-109}$$

(3) 尽管免费道路不收费、新道路收费,但部分通行者由于不堪忍受免费道路的拥堵程度会转而选择收费道路通行,从而减轻了原有道路的交通压力。此时两条道路的通行量是两道路价格的函数,函数形式为

$$y_1 = 3 - P_1 + P_2 \tag{11-110}$$

$$y_2 = 2(2 + P_1 + P_2) \tag{11-111}$$

综合考虑两条道路,此时社会福利为

$$S = P_1 y_1 + P_2 y_2 - C_1(y_1) - C_2(y_2) \tag{11-112}$$

第十一章 可持续发展经济学中的公共品和外部性问题 / 379

且有

$$\begin{cases} y_1 = 3 - P_1 + P_2 \\ y_2 = 2(2 + P_1 - P_2) \\ C_1(y_1) = y_1^2 = (3 - P_1 + P_2)^2 \\ C_2(y_2) = y_2 = 2(2 + P_1 - P_2) \end{cases} \quad (11-113)$$

得

$$S = P_1(3 - P_1 + P_2) + 2P_2(2 + P_1 - P_2) \\ - (3 - P_1 + P_2)^2 - 2(2 + P_1 - P_2) \quad (11-114)$$

社会福利极大化的一阶条件为

$$\begin{cases} \dfrac{\partial S}{\partial P_1} = (3 - 2P_1 + P_2) + 2P_2 + 2(3 - P_1 + P_2) - 2 = 0 \\ \dfrac{\partial S}{\partial P_2} = P_1 + (4 + 2P_1 - 4P_2) - 2(3 - P_1 + P_2) + 2 = 0 \end{cases}$$

$$(11-115)$$

整理得到

$$\begin{cases} -4P_1 + 5P_2 + 7 = 0 \\ P_1 - 6P_2 = 0 \end{cases} \quad (11-116)$$

解得

$$\begin{cases} P_1^{**} = \dfrac{42}{19} \\ P_2^{**} = \dfrac{7}{19} \end{cases} \quad (11-117)$$

此时最优的通行量为

$$\begin{cases} y_1^{**} = 3 - P_1^{**} + P_2^{**} = \dfrac{22}{19} \\ y_2^{**} = 2(2 + P_1^{**} - P_2^{**}) = \dfrac{146}{19} \end{cases} \quad (11-118)$$

（4）原有道路的市场均衡通行量 y_1^0 及最优通行量 y_1^* 如图11-1（a）所示。阴影部分为此时的社会福利损失。

图11-1（b）为新道路单独的最优通行量 y_2^* 的图示。

图11-1（c）为新道路由通行量 y_2^* 提高到 y_2^{**} 时的图示，阴影部分

为提高通行量后的福利损失。

图 11-1 (d) 为新道路提高通行量后，原有道路需求线及通行量的变化，阴影部分为通行量变化后的福利增加。

从图 11-1 (c) 和图 11-1 (d) 可知，这个例子所采用的次优方法即是通过扭曲新道路的最优通行量及最优价格（由此带来一定的福利损失），换取原有道路的配置效率的改善（由此带来一定的福利增加）。

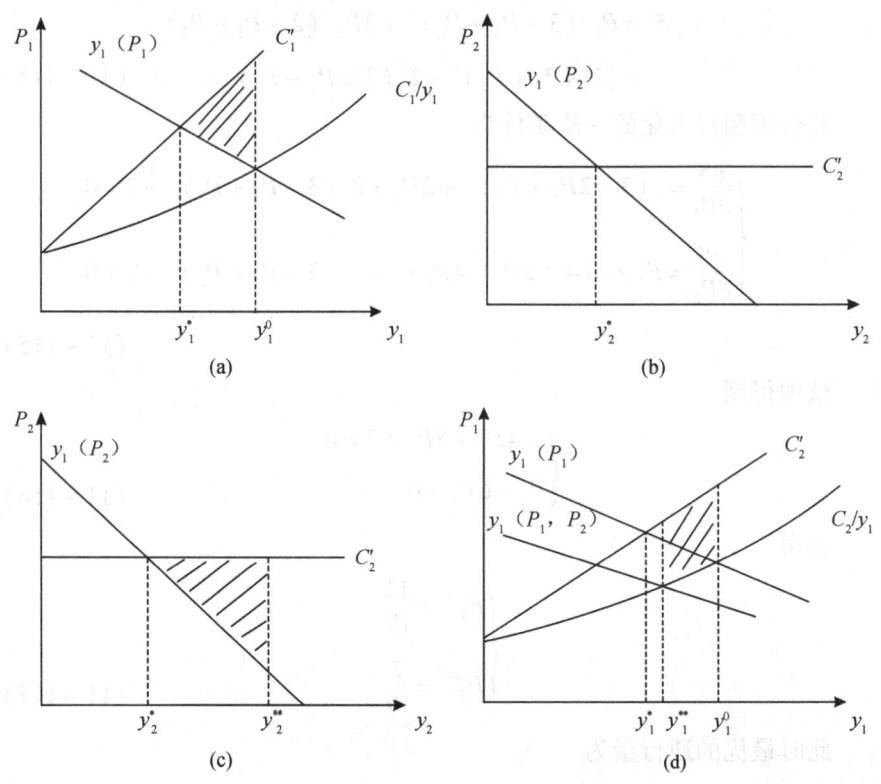

图 11-1　公共品供给机制的次优状态

第二节　可持续发展经济学中的外部性问题

在生产和消费等经济活动中，如果一个个体的经济行为对其他个体的经济利益产生影响，称为存在经济的外部性（externality），通常所指的外部性是指给其他个体带来利益损害的外部效应。在可持续发展经济学中，一个经济主体在其经济活动过程中，往往会给其他主体带来环境质量改变、生态影响。这些问题即为生态环境外部性影响，必须采用"外部性"的分析方法来讨论。

在可持续发展经济学中，讨论代际公平问题，也可以从人类代际之间行为外部性的视角来认识和分析，目标是减少或补偿当代人对后代人在资源、生态、环境方面的不利影响。这种问题可称为"代际外部性"。

生产者或消费者在其经济活动中利用生态环境或自然资源时，往往会给其他经济活动者、整个地区乃至全球社会带来负面的环境影响，这就是由生态环境及自然资源利用造成的外部性影响。外部性的存在往往会造成资源配置难以实现帕累托有效配置而导致市场失灵。生态环境的外部性影响通常有以下特征：（1）外部性影响独立于市场机制之外，生产者消费者对他人、对全社会造成的生态环境损害，在市场条件下不必为之支付损益赔偿，也不是利益关系者之间交易的内容；（2）生态环境外部性是生产者消费者为实现其经济利益时伴随产生的附属产物，并不一定是有预谋性地故意形成的；（3）生态环境外部性会通过某种关联关系强制性地作用于受影响者，受影响者难以无成本地回避；（4）生态环境外部性由于受私人信息不完备等因素的影响而难于完全排除，但可通过某些经济的、法规的手段通过调整关系者的利益而使生态环境外部性影响减少，或使生态环境外部性影响由关系者合理承担。

既有研究认为：生态环境外部性影响可以通过政府干预（通常适用于外部性影响涉及全社会利益，且外部性可能造成不可逆的影响情况）、政府税收（对生产者、消费者造成的环境外部性影响征收相应的税收以迫使其减少外部性影响）、私人谈判（产权拥有者与相关利益者之间进行协商，以双方联合利益最大化为目标决定环境影响的大小，双方合理地承担环境影响的损失）、生态环境影响许可交易（政府部门在一定生态环境影响范围内，通过发放许可证的方式允许部分企业产生生态环境影响，许可证可市场交易，以市场方式来实现生态环境影响控制成本最小化）等方式来解决。

一 外部性问题与科斯交易

外部性问题，必然导致市场失效，因而要寻求途径来解决。

(一) 外部性导致市场失效

生态环境外部性影响导致帕累托最优配置无法实现，可以通过以下的例子来分析。

假设厂商1对厂商2产生外部性影响：厂商1的产量为 X 时，给厂商2带来损失 $e(x)$，$e(x)$ 满足典型成本函数的性质，即

$$\begin{cases} e'(x) > 0 \\ e''(x) > 0 \end{cases} \quad (11-119)$$

厂商1面对的产品市场是完全竞争的，产品价格为 P，生产成本函数为 $C(x)$，且满足

$$\begin{cases} C'(x) > 0 \\ C''(x) > 0 \end{cases} \quad (11-120)$$

此时，厂商1的利润为

$$\pi_1(x) = Px - C(x) \quad (11-121)$$

利润极大化的条件为

$$\frac{d\pi_1}{dx} = P - C'(x) = 0 \quad (11-122)$$

设厂商1利润极大化时的最优产量为 x_m，那么 x_m 必满足

$$\pi_1'(x_m) = P - C'(x_m) = 0 \quad (11-123)$$

而此时，全社会与 x 有关的福利为

$$S = P_x - C(x) - e(x) \quad (11-124)$$

社会福利极大化的条件为

$$\frac{dS}{dx} = P - C'(x) - e'(x) = 0 \quad (11-125)$$

设社会福利最大化时的最优产量为 x_s，那么 x_s 必满足

$$\pi_1'(x_s) = P - C'(x_s) = e'(x_s) \quad (11-126)$$

由 (11-123) 和 (11-126) 式相比较可得

$$P - C'(x_m) = 0 < e'(x_s) = P - C'(x_s) \quad (11-127)$$

即有

$$C'(x_s) < C'(x_m) \quad (11-128)$$

由于

$$C'(x) > 0 \quad (11-129)$$

所以

$$x_s < x_m \qquad (11-130)$$

该式表明：存在外部性时，导致实际产量越过社会福利最大化的最优产量水平（亦即资源最有效率配置的产量水平），外部性的存在导致了市场失效（见图 11-2）。

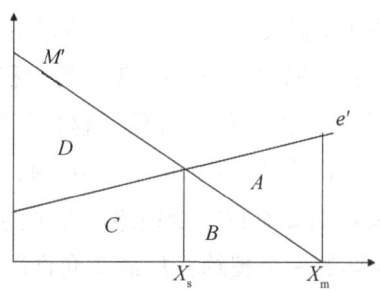

图 11-2 外部性问题

（二）科斯交易与外部性的解决

生态环境外部性问题，如果产生外部影响与承受外部影响的是私人，那么可以通过科斯交易方式来消除。科斯定理应用于生态环境管理领域，作为生态环境管理的市场途径，具有其实践意义，即在满足没有交易成本的条件下，可以不需要政府的干预而通过产权的拥有者与利益各方的讨价还价过程来实现没有社会成本的生态环境优化管理。科斯定理指出[①]，产权途径具有以下特征：（1）具有明确的产权条件下，无论谁拥有这一产权，最终的结果都是一致的；（2）造成损害者（或引起外在成本者）和受损失者可自行进行协商和讨价还价，无须政府从中干预；（3）在没有任何交易成本的条件下，所涉及的各方的联合利益将实现最大化。

在实际生态环境外部性问题中，无论产权属于谁，通过科斯交易实现的均衡都是相同的，也就是说与产权拥有者是谁无关。此时，双方的联合收益达到了最大化，外部成本通过产权使用协商而内部化了，此时任何一方均不可能在不使对方利益受损的情况下增加自己的

---

① Ronald H. Coase, "The Problem of Social Cost", *Journal of Law and Economics*, Vol. 3, 2013, pp. 1-44.

收益因而满足帕累托优化配置，即产权途径可以使生态环境管理达到帕累托有效配置。

对于前文厂商1的生产对厂商2产生外部性影响的例子，如果产权界定表明厂商1有权产生这样的外部性，那么厂商1的最高优产量是x_m，全社会的最优产量（同时也是厂商1和厂商2联合的最优产量）为x_s。此时厂商1和厂商2可以达成这样一个契约：厂商1将产量由x_m调整为x_s，厂商1由此带来的利润损失（如图11-2所示的面积B）由厂商2补偿；同时厂商2还将其损失减少（图11-2中的面积A）按一定的比例θ（$0<\theta<1$）分配给厂商1作为额外的补偿。这样厂商1得到了额外的利润增加θA，厂商2也得到了损失的减少$(1-\theta)A$，实现了帕累托改进。

而当产权界定表明厂商2有权完全拒绝厂商1的外部性影响时，厂商1和厂商2可以达成这样的一个契约：厂商2允许厂商1的产量由0增加至x_s，厂商2由此产生的利益损失（图11-2中的面积C）由厂商1补偿；同时，厂商1还将其利润的另一部分（图11-2中的面积D）按一定的比例θ（$0<\theta<1$）分配给厂商2以作为额外的补偿。这样，厂商2得到了额外的补偿θD，厂商1也得到了利润$(1-\theta)D$，从而实现了帕累托改进。

这种为解决个体间外部性问题而形成的契约称为科斯交易。科斯交易可行的前提是交易成本为0（或者交易成本很小以使科斯交易对个体双方有利可图）。当高交易成本阻止科斯交易时，个体可通过兼并组成联合产权以实现帕累托改进并避免市场交易成本。两个企业间如果不存在交易成本（企业间有关外部性影响而进行的交涉所产生的费用），那么企业间的讨价还价必然可以导致资源配置的帕累托有效（必然使两企业的利润总和最大化而对总利润进行适当的分配），与产权界定的形式无关。产权界定，仅影响企业间的利润分配。

通过产权途径解决生态环境问题有一定的制约因素：明确的产权、真实信息、没有交易成本等。尽管产权途径用于生态环境管理有上述制约因素，但仍有广泛的应用前景，因为它可以有效强化市场机制的运行并补充政府干预，促进生态环境管理的优化。

二 外部性问题与庇古税

(一) 以税收方式解决外部性的思路——庇古税

企业或个人在经济活动中对他人或对社会产生的生态环境影响，是一个外部不经济问题。庇古针对外部性问题提出，追求利润最大化的企业关心的是边际私人净产出，由于外部性的存在，使得边际私人净产出的价值和边际社会净产出的价值之间存在差异，从而使资源配置难以实现帕累托优化配置。外部性导致了非效率，因为从私人决策者角度来看，优化的决策对社会来说却不是最优的。庇古针对外部性问题这一状况，提出以征收税收的方式，使私人边际成本提高而减少其单位产出和利润，从而降低其最优的产出水平。最终使私人企业最优的产出水平与社会福利最大的产出水平相等，由此实现帕累托优化配置。这一针对外部性问题提出的税收称为庇古税（Pigou Tax）。

庇古税使外部成本内在化的思想，在环境保护方面的实际应用的一个典型例子就是"污染者支付原则"（Polluter Pays Principle，简称 PPP 原则）的提出和使用。1972 年经济合作与发展组织（OECD）提出以"污染者支付原则"作为制定环境政策的基本经济准则，该原则要求：污染者必须承担能够把环境改变到权威机构所认可的"可接受状态"所需求的污染削减措施成本。近年来，人们还把该原则扩展到：由于环境质量是一种稀缺资源，污染者不仅要支付上述达到环境质量"可接受状态"的污染削减成本，同时还应该支付由于其污染所造成的损害成本，并且还进一步把资源利用也纳入 PPP 原则，而提出"污染者和使用者支付原则"（Polluter and User Pays Principle，PUPP）。[1]

当产生外部性影响的厂商之间存在高的交易成本，也不可能通过兼并等方式回避市场交易成本时，只有通过政府的税收来使厂商 1 的产量调整到社会最优产量水平。这种解决外部性的方式即为庇古税。

设计厂商 1 的从量税率为

$$t = e'(x_s) \qquad (11-131)$$

---

[1] Deserpa A. C., "Pigou and Coase in Perspective", *Cambridge Journal of Economics*, Vol. 54, No. 2, 1994, pp. 267–286.

此时，厂商1的利润为
$$\pi_1 = (P-t)x - C(x) \qquad (11-132)$$
利润极大化的一阶条件为
$$\begin{aligned}\frac{d\pi_1}{dx} &= P - t - C'(x) \\ &= P - C'(x) - e'(x_s) \\ &= 0\end{aligned} \qquad (11-133)$$
即
$$P - C'(x) = e'(x_s) \qquad (11-134)$$
即厂商1利润最大化的产量 x_m 满足
$$\pi_1(x_m) = P - C'(x_m) = e'(x_s) \qquad (11-135)$$
前后两式相比较，即可得
$$x_m = x_s \qquad (11-136)$$

上式表明：在征收税率 $t = e'(x_s)$ 的庇古税时，可使厂商1的产量恢复到社会最优水平。

问题是 $e'(x_s)$ 是厂商1和厂商2的私人信息，政府无从知晓，政府也就无从正确地确定合理的税率。解决这一问题的方法是设计一个税收—补贴方案，通过一个两阶段博弈，而使厂商1和厂商2都如实地申报合理的税率。

这个两阶段博弈为：第Ⅰ阶段，政府让厂商1和厂商2根据各自的意愿申报庇古税水平，厂商1申报的记为 t_1、厂商2申报的记为 t_2；第Ⅱ阶段，政府按 t_2 向厂商1征收庇古税、按 t_1 向厂商2发放补贴、同时按双方申报的差额 $(t_1 - t_2)$ 向双方征收罚金［为讨论方便可将罚金确定为 $A(t_1 - t_2)^2$］。这样就可保证厂商1和厂商2真实地申报自己给对方造成的边际损失以及自己承受的边际损失。

因为，在第Ⅱ阶段，厂商在既定 t_1、t_2 条件下确定产量水平的目标是
$$\max [Px - C(x) - A(t_1 - t_2)^2 - t_2 x] \qquad (11-137)$$
其一阶条件为
$$P - C'(x) - t_2 = 0 \qquad (11-138)$$
而在第Ⅰ阶段，两厂商确定 t_1、t_2 的目标是

$$\max [Px(t_2) - C(x(t_2)) - t_2 x_2(t_2) - A(t_1-t_2)2]$$
$$\max [t_1 x(t_2) - e(x(t_2)) - A(t_1-t_2)2]$$

$$(11-139)$$

其一阶条件分别为

$$t_1 - t_2 = 0$$
$$t_1 x^1(x_2) - e'(x) x^1(t_2) + 2A(t_1-t_2) = 0 \quad (11-140)$$

综合上面各式可得，两厂商最佳的申报税率 t_1^*、t_2^* 和厂商 1 的最佳产量 x^* 满足

$$\begin{cases} t_1^* = t_2^* = e'(x^*) = t^* \\ \pi_1^1(x^*) = p - c'(x^*) = t^* \end{cases} \quad (11-141)$$

可见，庇古税收—补偿可保证两个厂商将如实申报与其造成外部性及承受外部性相适应的税率。但不能保证厂商 1 的产量 x^* 正好为社会最优水平的产量 x_s。可以证明，当科斯交易是可行的情况下，庇古税导致的资源配置结果不一定是帕累托有效的，如图 11-3 所示。

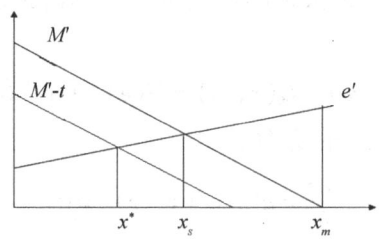

图 11-3 庇古税未必导致帕累托有效配置的图示

庇古税的另一个问题是：当产权界定允许厂商 1 自由地产生外部性时，对厂商 1 征收庇古税是不公平的，此时不能采用科斯交易来解决外部性问题。

(二) 外部性、庇古税、科斯交易的一个示例

某厂商生产的产品面对的是完全竞争市场（产品价格为 P），该厂商生产过程中的排污影响附近一个住宅区的居民，排污量 e 是可控制的，但排污量越高生产成本相对较低，厂商的成本函数为 $C(x,e)$，满足

$$\frac{\partial C}{\partial x} > 0, \quad \frac{\partial C}{\partial e} < 0 \qquad (11-142)$$

住宅区居民的效用函数为

$$U(e, w) = U(e) + w \qquad (11-143)$$

w 为居民的正常效用水平，$U(e)$ 为排污量带来的负效用。

$$\frac{dU}{de} < 0 \qquad (11-144)$$

（1）讨论厂商利润最大化的产出水平和排污量水平的关系。厂商的利润为

$$\pi(x, e) = Px - C(x, e) \qquad (11-145)$$

利润极大化的一阶条件为

$$\begin{cases} \dfrac{\partial \pi}{\partial x} = P - C'_x(x, e)(e'_x) = 0 \\ \dfrac{\partial \pi}{\partial e'} = -C'_e(x, e) = 0 \end{cases} \qquad (11-146)$$

即厂商利润极大化目标下最优产出 x^* 与最优排污量 e^* 的关系为

$$P - C'_x(x^*, e^*)(1 + e'_x) = -C'_e(x^*, e^*) = 0 \qquad (11-147)$$

（2）讨论社会福利最大化的产出水平和排污量水平。社会福利（马歇尔剩余）为

$$S = U(e, w) - C(x, e) = U(e) + w - C(x, e) \qquad (11-148)$$

社会福利极大化的一阶条件为

$$\frac{\partial S}{\partial e} = u' - C'_e(x, e) = 0 \qquad (11-149)$$

即社会福利极大化的最佳产量 x^M 与最佳排污量 e^M 之间的关系为

$$U'(e^M) - C'_e(x^M, e^M) = 0 \qquad (11-150)$$

（3）讨论政府对厂商的产出水平征税，能否实现帕累托有效配置。当对厂商的产量征税时，设从量税率为 t_x，此时厂商的利润为

$$\pi = Px - C(x, e) - t_x x \qquad (11-151)$$

厂商利润极大化的条件为

$$\begin{cases} \dfrac{\partial \pi}{\partial x} = P - C'_x(x, e)(1 + e'_x) - t_x = 0 \\ \dfrac{\partial \pi}{\partial e} = -C'_e(x, e) = 0 \end{cases} \qquad (11-152)$$

厂商利润极大化的最优产量 x^{**} 与最优排污量 e^* 满足的条件之一

$$-C'_e(x^*, e^*) = 0 \tag{11-153}$$

显然与社会福利极大化的条件

$$U'(e^M) - C'_e(x^M) = 0 \tag{11-154}$$

不符，因为

$$-C'_e(x^M, e^M) = -U'(e^M) > 0 \tag{11-155}$$

所以，此时不能实现帕累托有效配置，对产量的征税是无效率的。

(4) 讨论政府对厂商的排污量征税，能否实现帕累托有效配置，如果厂商与居民可进行科斯交易，结论如何。

当对厂商的排污量征税时，设从量税率为 t_e，此时厂商的利润为

$$\pi = Px - C(x, e) - t_e e \tag{11-156}$$

厂商利润极大化的一阶条件为

$$\begin{cases} \dfrac{\partial \pi}{\partial x} = P - C'_x(x, e)(1 + e'_x) - t_e e'_x = 0 \\ \dfrac{\partial \pi}{\partial e} = -C'_e(x, e) - t_e = 0 \end{cases} \tag{11-157}$$

为使厂商利润极大化条件与社会福利极大化一致，将两组极大化条件联合，即

$$\begin{cases} P - C'_x(x, e)(1 + e'_x) - t_e e'_x = 0 \\ -C'_e(x, e) - t_e = 0 \\ U'(e^M) - C'_e(x^M, e^M) = 0 \end{cases} \tag{11-158}$$

由此可得，当 t_e 满足

$$t_e = -U'(e^M) = -C'_e(x^M, e^M) \tag{11-159}$$

时，可实现帕累托有效配置。

如果与居民可进行科斯交易，则会使对排污量征税失效。如图 11-4 所示，科斯交易导致的"最终排污量" C 不等于社会福利极大化的最佳排污量 e^M。

情形一：当厂商有权排污时，居民可与厂商达成这样的契约：厂商因减少排污而造成的利润损失 ($A+B$) 全部由居民偿还；此外，居民因厂商排污减少而得到的福利损失的额外减少部分 C 按一定的比例分配给厂

商，这样厂商可以得到较 e^*、e^M 水平更高的收益，居民也得到了较 e^*、e^M 水平更少的福利损失。

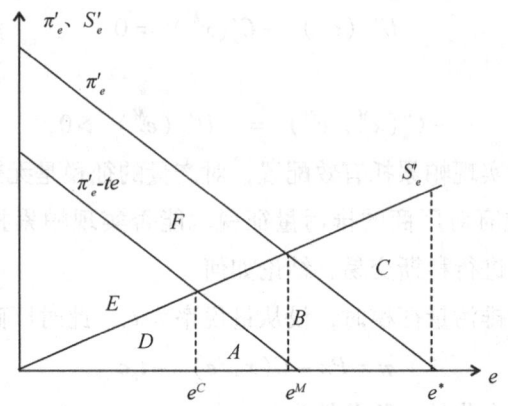

图 11-4　科斯交易导致庇古税失效的图示

情形二：如果居民有权要求厂商零排放，那么厂商与居民可以达成这样的契约：居民因厂商排污 e^C 而导致的福利损失 D 全部由厂商偿还，而厂商因排污 e^C 而得到的额外利润 E 按一定的比例分配给居民，这样居民可以得到比零排放更高的福利，厂商也得到了一定的利润。

三　正外部性问题

在有关"可持续发展"的问题中，经常出现正外部性的情形。比如生态保护区的森林资源，不仅为生态保护区及其住民提供木材等物质产品的经济价值，同时也为整个区域提供生态服务（防风、防沙、固土，水源涵养、水质净化、水库集水区保护、防治沙漠化、防治泥石流、保持水土、农业生态保障、防止自然灾害、保护生物多样性等），还为该区域的社会成员提供精神文化方面的服务（调节气候、净化空气、降低污染、减低噪声、环境绿化美化、风景旅游、休憩、度假娱乐、疗养、避暑等）。在这里，生态保护区及其住民在育林护林的过程中，给社会带来了巨大的福利，而社会及社会成员在享受森林资源的生态功能和精神文化功能的时候却不必为此做出相应的支付。也就是说，生态保护区及其住民在其育林护林的经济活动中产生了巨大的正的"外部性效果"，这就必然导致市场机制不能有效地保障生态功能区的森林保护。这就需要对生态保护区实行生态效益的补偿制度，以使承担一定生态功能的保护区及其住民得到相应的报偿、让享受生态功能的社会公众支付相应的费用，以有效地调节生态功能区及其住民与生态受益者之间的关系。否则，如果生态保护区及其住民得不到必要的补偿，那么对生态保护区及其住民来说是不公平的，同时也会使生态保护区及其住民减少其经营的森林资源而使社会享受到的生态及精神福利减少。所以，为了使森林经营最佳规模与社会福利最佳规模相适应，在生态保护区及其住民与社会之间必须进行有关外部性的协商和补偿。[①]

解决经济活动中的外部性问题，如果交易成本较小的话，科斯交易是一种有效的解决手段。以下即采用这一理论方法对生态功能区补偿问题进行分析。但与以往关于"负外部性"的分析不同，此处是一个"正外部性"问题。

假设生态保护区及其住民经营的森林资源总量为 Z，其中用于提供生态及精神功能的森林规模为 X，其余部分（$Z-X$）则用于直接提供物质产品而直接获得经济利益，生态保护区及其住民的直接收益为

$$M(X) = (Z-X)P - C(Z-X) \qquad (11-160)$$

式中 P 为森林资源的价格、$C(Z-X)$ 为经营者的成本函数。此时经营者收益最大化的均衡资源分配为 X_M、$Z-X_M$，满足极大化问题的一阶条件

$$M'(X_M) = -P + C'(Z-X_M) = 0 \qquad (11-161)$$

$M'(X_M)$、$C'(Z-X_M)$ 分别为边际利润、边际成本。

而从全社会的角度来看，全社会的利益为

$$(Z-X)P - C(Z-X) + E(X) \qquad (11-162)$$

式中 $E(X)$ 为提供生态功能的森林资源给全社会带来的生态福利。此时全社会利益最大化的资源配置为 X_S、$Z-X_S$，满足极大化问题的一阶条件

$$-P + C'(Z-X_S) + E'(X_S) = 0 \qquad (11-163)$$

---

① 黄世典：《公益林效益的补偿》，《生态经济》2001 年第 9 期。

式中 $E'(X_S)$ 为边际社会福利函数。

如图 11-5 所示,生态保护区及其住民的最佳生态森林保有量 X_M 与全社会角度的最佳生态森林保有量 X_S 不相同,且有

$$X_M < X_S \tag{11-164}$$

如图 11-5 所示,生态保护区及其住民保有生态功能森林资源量超过 X_M 时,其利益水平将减少,而生态功能的享受者的福利水平却继续增加。生态福利的增加与生态保护区及其住民的利益减少之和为正值且不断增加,直至生态功能森林保有量达到 X_S 之前,两者的福利增加与利润减少之和都在增加。由此可见,从"共同利益最大化"的角度来考虑,应当使生态保护区及其住民保有生态功能森林量达到 X_S 水平。而为了弥补生态保护区及其住民的利润减少的损失,作为生态功能受益者的社会与生态保护区及其住民之间必须进行一个有关外部性的"科斯交易"。当生态功能森林保有量达到 X_S 时,生态保护区及其住民的利润损失为 $\Delta X_M MS$ 的面积,而此时全社会的福利增加为 $\Delta X_M MSX_S$ 的面积,足以弥补生态保护区及其住民的利润损失,剩余部分 $\Delta X_M MX_S$ 则为双方共同的福利增加。因而,生态保护区及其住民将生态功能森林保有量从 X_M 提高到 X_S 对共同利益是有利的。对于剩余福利增加只需在双方之间进行协商和分配,就会使双方的福利都有所增加。这就是科斯交易在有关正的外部性问题上的应用。假设剩余福利部分分配给生态保护区及其住民的比例为 a,那么生态保护区及其住民应从社会公众那里得到的补偿为

$$\Delta X_M MS + a(\Delta X_M SX_S) \tag{11-165}$$

这就是生态保护区及其住民保有生态功能森林所应从社会公众那里获得补偿的依据。社会公众在支付补偿后得到的福利增加为

$$(1-a)(\Delta X_M SX_S) \tag{11-166}$$

从上述分析来看,采用"外部性"和"科斯交易"等理论概念来分析生态功能森林资源补偿问题是有效、可行的。上述模型中还有两个重要问题必须加以说明:(1)最适度生态功能森林保有量。从图 11-5 中可以看出,只有当生态保护区及其住民的边际利益等于社会公众的边际效用[即 $M'(X) = E'(X)$] 时,此时的保有量是最为适度的。如果小于这一保有量,那么双方都没有得到最大可能得到的收益。如果大于这一保有量,那么会因此而使生态保护区及其住民的利润损失得不到足够的弥补

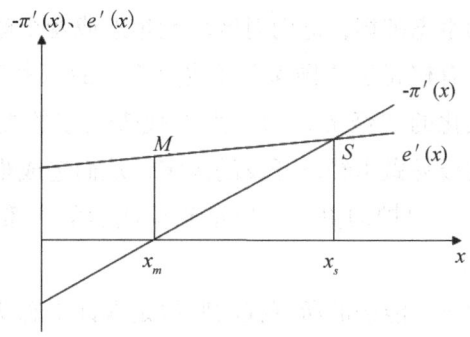

图 11-5　有关正外部性及科斯的交易图示

（即社会公众得到的福利增加不足以弥补生态保护区及其住民的损失）。(2) 交易成本问题。科斯交易可行的前提条件是交易成本很小，这样才能使科斯交易对相关主体都有利可图。所以，生态保护区及其住民必须面对社会公众的集合体（比如政府）进行科斯交易的协商，而不能面对一个一个的社会公众来交易，否则会因交易成本巨大而无法进行。政府再通过税收方式向生态功能森林的受益者收集，这样也可以在一定程度上制约社会成员中的"搭便车"行为（即不支付费用而享受生态功能利益的行为）。

四　科斯定理的逆向应用：所有权分散化强化交易成本以实现重要生态功能区的永久保护

对于那些关系到区域性生态或者全球性生态的重要生态功能区，"保持自然现状、永久不予开发"是实现保护的根本要求。然而在现行的产权制度体系下，是无法实现这一目标的。要想真正实现重要生态功能区的永久保护，就必须进行产权制度层面的新设计。①

（一）"国家"作为利益主体难以保障生态功能区得到永久保护

当生态功能区的所有权属于某一团体或者少数几个法人时，那么，所有者为了局部利益或短期利益，极易做出进行经济开发的决定，由此必然

---

① 本节内容参见钟茂初《生态功能区保护的科斯机理与策略》，《中国地质大学学报》（社会科学版）2014 年第 2 期。

造成生态功能区的生态破坏，进而对区域性生态或者全球性生态形成不可逆的影响。即使所有权属于"国家"（按照诺思的国家理论①，国家也是追求国家利益最大化的"经济人"），那么代表国家的决策者出于各种利益追求的目的，也极易做出经济开发的决定，从而造成难以恢复的生态后果（即使一时做出了保护的决定，也难确保此后的决策者们不会改变不进行开发的初衷）。

由此可见，生态功能区的所有权的归属是保证生态功能区不被开发的关键，但是无论所有权属于谁（个人、团体、国家）都不能永久保证生态功能区不被开发。"利益权衡"在"开发"与"保护"之间是难有"客观"的评判尺度。因为，只要在某一瞬间、某一价值观下的决策者认为"开发利益大于生态利益"时，就会导致不可挽回的"开发"决定；而只有在任何条件下、对于任何的价值观都存在"保护利益大于生态利益"时，才能使"保护"得以维持。所以，在所谓的"利益权衡"下，生态功能区的所有者随时都有可能被"更大的开发利益"所诱惑而做出开发的决定，一旦"开发"，此前的一切保护活动、此后的一切恢复活动都失去了意义。

由此看来，当生态功能区的所有权属于单一的决策者（无论是国家、还是个人、或者团体）时，"开发"的决定是随时都有可能做出的，或者说迟早都会做出的［这或可看作是墨菲定律（Murphy's Law）在生态环境领域的体现：事情如果有变坏的可能，不管这种可能性有多小，它迟早总会发生］，生态功能区是很难得以永久保护的。而当生态功能区属于少数的所有者（无论是国家、还是个人、或者团体）时，由于较少的"交易成本"可以使科斯交易有效地进行，越是有效率的产权安排，越利于开发。那样的话，"开发"的决定也是随时都有可能做出、或迟早都会做出，那样，生态功能区也同样难以得到永久保护。

（二）非开发性所有权分散化以永久保护生态功能区的主张

如何能够使重要生态功能区有关"开发"的科斯交易无法实现呢？如果生态功能区属于众多分散的所有者（个人或团体），想要进行"开

---

① 参见［美］道格拉斯·诺思、罗伯特·托马斯《西方世界的兴起：新经济史》，华夏出版社1989年版。

发",就必然要与全部所有者进行谈判,交易成本会随着所有者的分散程度而不断地提高。如果所有权足够分散、且部分所有权属于坚定的生态保护主义者的话,那么这种有关"开发"的科斯交易几乎无法完成,那样的话,"开发"的决定才有可能被遏止、"保护"才有可能得以持久维持。

由此可见,要想使重要的生态功能区得到的永久保护,初始的制度安排必然是"所有权的分散化"。"所有权的分散化"与海勒(Michael Heller,1998)提出的"反公地悲剧"(The Tragedy of the Anti-commons)概念有某些相近的含义,他所讨论的是:一项有众多拥有者的资源或财产,给资源的使用设置了障碍,从而导致资源的闲置和浪费。[①] 海勒关注的是"所有权的分散化"的负面影响,而笔者提出的主张是合理利益"所有权的分散化"的效果,或者说促使科斯交易难以实现(大大提高交易成本)。从这个意义上来说,这一实践主张就是"科斯定理"的逆向应用,也可以看作是诺斯"有效率产权理论"的逆向应用。

但是,分散的产权虽然可以保证生态功能区不进行全面的开发活动,但却无法制约个别活动对整个生态造成累计性的影响。所以,"所有权分散化"的过程中,分散的不能是完全的所有权,而必须是"非开发性所有权"。也就是说,初始的制度安排——"非开发性所有权分散化"的过程中,使得生态功能区的开发权永久地与所有权相分离,分散化的所有权导致的高交易成本使得开发权与所有权的重合极其困难,也就可以有效地制约对于生态功能区做出"开发"决定。

这种"非开发性所有权分散化",对于生态环境的保护,还有以下方面的作用:(1)这种"非开发性所有权"由于与开发权相分离,所以,所有权的获得者不可能得到实际的开发利益,因而,最初获得所有权的必然是具有生态保护理念的个人或团体。(2)这种"非开发性所有权"是可以交易的,当所有者的理念发生改变时,所有权可以转让,其结果依然会由具有生态保护理念的个人或团体获得,而不会使之落入不具有生态保护理念的个人或团体手中。(3)"非开发性所有权"虽然不伴随有开发利益,但能够反映个人或团体所有者的社会地位、精神满足、对人类社会和

[①] Michael A. Heller, "The Tragedy of the Anticommons: Property in the Transition from Marx to Markets", *Harvard Law Review*, Vol. 111, No. 3, 1998, pp. 621-688.

人类整体利益的贡献等，因而是有其效用和价值的。在"非开发性所有权"的交易过程中，必然将高收入阶层原本对物质利益的过度追求（如，高档住宅、高档汽车或其他高档消费品），转化为其对非物质消耗的精神追求和生态追求，从而减少过度物质消费对资源及环境的损耗。（4）生态功能区通常是所有权不明晰的"公共品"，极易形成"公有地悲剧"式的生态破坏。当"非开发性所有权"分散化后，"公共品"在一定程度上已经转化为了"私人品"，一旦出现生态破坏的倾向时，拥有"非开发性所有权"的个人或团体就会以所有者的身份予以制止，而不再像此前一样无人过问。（5）初始"非开发性所有权"的交易所获得费用，可以专门用于生态功能区的保护、治理、恢复等活动之中。

下 篇
可持续发展理论与实践的新认识

第十二章

不可持续问题的理论新认识

可持续发展思想的提出,其根本原因在于工业文明的历史阶段中,其发展方式带来了经济社会的高速发展,同时也带来了严重的生态环境问题,亦即"不可持续问题"。"可持续发展"正是针对这些"不可持续问题"而提出的。本章从多个阐释视角,论述工业文明阶段生态环境问题的成因,并由此探索生态文明超越工业文明的路径,亦即可持续发展的路径。

第一节 第一生产要素:生产力演进视角的生态环境问题成因

"不可持续问题",或者生态环境危机问题,是自有人类活动以来就已经出现并持久存在的。那么,从历史发展的角度来看,这一问题是如何演进并以什么样的机制不断演进的?在不同的历史阶段,这一问题又有什么样的形式变化?这是本节讨论的问题。[①]

一 生态环境问题伴随着第一生产要素演进而变化

"生态系统"的完好及其良性运作,便是人类世代生存发展的持续性。人类要想持续拥有一个"合意的"生存环境,就必须在"生态环境承载容量"的范围内从事经济活动,要顾及生物多样性、生态系统的自

---

① 本节主要内容参见钟茂初《第一生产要素:形成生态环境危机的关键因素》,《自然辩证法研究》2005年第21卷第8期。

净化能力、自然资源的再生能力等关乎自然生态系统完好运行的条件。然而，人类在其历史过程中，其经济活动却日益接近甚至超越自然生态系统所规定的"界限"，这就必然导致"生态系统"完好性的破坏、而使人类的生存环境出现危机。特别是工业化以来，由于人类活动对自然资源/自然环境作用的强度、速度不断地加剧，从而使得"生态环境问题"不断地深化和扩展（从个别性的、局部性的、一时性的问题发展到无所不在、全域性、累积性、每时每刻的问题），人类自身的生存危机也日益严重。这就是"可持续发展"所希望解决的根本问题。

从上述简单的分析不难得出：生态环境危机是由人类过度的生产活动造成的。人类的生产活动无疑是由生产方式决定的，而决定生产方式的核心因素又是"第一生产要素"。由此可以得出一个推论："第一生产要素"是认识生态环境危机是如何形成的关键因素。这就是本节所要讨论的基本问题。

"第一生产要素"的认识，是对人类社会演进及生产方式发展规律的一个简洁的理论描述（钟茂初，1997），其基本观点为：人类社会经历的各个社会发展阶段，在其发展过程中，都有一个共同特点：每一个社会历史阶段都有一个在各自社会阶段中起着特殊重要作用的生产要素。这一生产要素既是该社会阶段社会生产能力形成的主体和经济增长的主要来源，同时又是该社会阶段特征和经济特征形成的基础（每一个阶段的社会制度、经济制度、社会成员价值取向、社会经济秩序都是围绕这一生产要素来形成的）。这些在各个社会阶段起特殊重要作用的生产要素被称为"第一生产要素"（The prime factor of production），各社会阶段的第一生产要素分别为：采猎文明阶段的第一生产要素为"集体劳动力"、粗耕农业文明阶段的第一生产要素为"劳动力"、精耕农业文明阶段的第一生产要素为"土地"、工业文明阶段的第一生产要素为"资本"。依照第一生产要素的不同可以把人类社会划分为若干历史阶段，而依照第一生产要素的不同使用方式可以将一个历史阶段划分为若干个分阶段：第一生产要素扩张发展阶段、第一生产要素利用效果提高（集约化）阶段、要素重新组合阶段。"第一生产要素"理论认识描述了人类社会的一个基本规律：发展经济的基本手段是，尽可能地获得更多的第一生产要素、最大限度地发挥所拥有第一生产要素的利用效果、及时调整第一生产要素的利用方式。

如（12-1）式所示，Y为生产力，由第一生产要素X_1和传统生产要素X_2构成的生产函数所决定。

$$Y = Y(X_1, X_2) \tag{12-1}$$

生产力的增长即为

$$\Delta Y = \frac{\partial Y}{\partial X_1}\Delta X_1 + \frac{\partial Y}{\partial X_2}\Delta X_2 \tag{12-2}$$

亦即

$$\Delta Y = \frac{\partial Y}{\partial X_1}\Delta X_1 + \frac{\partial Y}{\partial X_1} \cdot \frac{\partial X_1}{\partial X_2}\Delta X_2 \tag{12-3}$$

表明，某一时期的生产力发展，有三种主要方式，其一是依靠第一生产要素X_1的扩张性增长；其二是依靠第一生产要素X_1的利用效率提高；其三是第一生产要素X_1对传统生产要素X_2的替代。

"第一生产要素"理论认识对人类社会发展演进规律进行了一个与实际发展较为妥切的描述，按照这一逻辑也能够从另一个侧面对人类生产活动所导致的生态环境问题找到其形成机制。各个历史阶段都对应着各种不同的生态环境问题，其形成机制是这样的：在某一阶段，对应着某一种"第一生产要素"，此时全社会成员最主要的价值取向就是对这一要素的追逐，这一行为必然走向极致而导致对生态系统的过分作用及不适当作用，因为任何生产要素的形成都必然依存于一定的自然因素（劳动力依存于生态系统对人口的承载力、土地依存于地球规模和土地生产力、资本依存于自然资源和环境自净化能力、新技术依存于生态系统对生态风险及不确定性的承载力……），所以对某一生产要素的过当追求和过当利用就必然导致对相关联的生态环境的影响，由此而导致相应的生态环境问题的产生。

上述分析得出的结论是与人类历史上的生态环境问题相符的。(1) 在"劳动力"作为最主要生产要素的时期，人口的增加是经济发展的主要手段，必然促进人口的急剧增长，而人口增长到一定程度后必然超越原有居住地的土地承载力，不得不使人们向新的区域迁徙，人口的不断扩张和迁移势必使得人类活动区域不断地扩大，也就使得地球生态系统中受到人类活动干预的范围越来越大。(2) 而当进入集约利用"劳动力"要素阶段后，人类的生产活动就不仅仅是对自然条件的利用，而是开始进行对自然条件的改造,如毁林开荒、毁草开垦、农作物的种植、畜牧等都会使生态系统发生一定程度的改变。在这一阶段,人类生产活动对生态系统造成一定程度的人为有意识的干预。显著的一个标志就是森林覆盖率由原始状态开始减少。(3)当社会进入以"土地"为"第一生产要素"的阶段,人类各群体必然想尽一切办法去获得"土地"要素。随着生产力水平的提高,人类逐步掌握了系统的农业耕作技术,开始大范围地开垦森林及土地资源,同时也频繁地进行围绕土地资源争夺的战争。在这一历史阶段,典型的标志就是森林覆盖率的迅速下降和耕种土地面积的大规模扩大。(4)在进入集约利用"土地"要素的阶段后,随着生产力水平的提高,人口增长加速并达到一个前所未有的规模,过当的农业生产技术导致土地生产力的下降。粮食需求的压力导致单一高产作物的大面积种植而破坏了生态系统的物种多样性。而人类对原始森林、热带雨林和其他植被的破坏导致自然灾害(特别是洪涝、干旱灾害)加剧加频。这一阶段人类围绕土地资源的利用行为不仅使局部的生态环境受到严重破坏,而且使得整个地球生态系统变得极为脆弱。(5)在第一生产要素由"土地"转变为"资本"的阶段,最开始进行的是原始资本积累,人们最基本的价值取向是对"资本"的追求,此阶段人类大规模掠夺性利用自然资源、大规模工业生产、大量消费工业品、大量排放废弃物而污染环境。这一时期所产生的生态环境问题最显著的特征是:短时期内耗竭性利用某一自然资源而导致局部生态系统的彻底改变,这一改变影响到全球的生态系统。(6)当进入集约利用"资本"要素的发展阶段(对应于现代工业化时代,重化能源工业以及新技术工业发展时代),此阶段技术的飞速发展,工业化生产规模不断地膨胀,也就使得资源枯竭、环境污染、生态失衡等问题日益严重并呈全球化趋势。这一时期所产生的生态环境问题最显著的特征是:大规模生产及消费形成的资源耗竭、生态系统破坏、环境污染物及废弃物累积,在全球范围内产生全面的、不可逆的、累积性的、生态影响深远的环境污染,同时在全球范围产生了短期内无法解决,并且必然影响到后代利益的自然资源短缺,此时生存系统的脆弱性日益严重。

二 第一生产要素演进对可持续发展的现实启示

现实中的人类社会,大多数的国家和地区无疑都进入了以"资本"

为"第一生产要素"的发展阶段，发达国家进入了"资本集约化"发展时期、发展中国家则尚处于"资本积累"发展时期。所以它们都必须针对所处的不同阶段而有意识地防范最可能出现的生态环境问题，对"资本"这个"第一生产要素"的利用应当在"生态系统"所能容忍的范围内有所制约。处于"资本集约化"时期的发达国家应当有意识限制的行为是：大规模生产和消费可能改变自然性质的产品（如可能导致臭氧层破坏的制冷设备的大量使用、可能导致土地生产力破坏的农药化肥的大量使用等）；某一生产方式可能导致在全球范围内产生全面的、不可逆的、累积性的、影响深远的环境污染（如石油、煤炭等能源的大量使用，化工产品的大量生产与使用等）；可能导致生存系统脆弱性的生产行为或消费行为（如大量废弃物的产生与沉积等）。原则是：污染物和废弃物的产生率不能超过自然环境的净化能力。

尚处于"资本积累"时期的区域应当有意识限制的行为是：短时期内大面积地毁灭性地利用某一自然资源（如森林资源的毁灭性开发、对野生动植物资源的掠夺性利用、不顾后果地对自然矿产资源的开采等）。原则是：对可再生资源利用率不能超过资源再生速度；对不可再生资源利用率不能超过寻求替代资源的速度。

对于某些极不发展的区域来说，可能还处在以"劳动力"为"第一生产要素"或以"土地"为"第一生产要素"的发展阶段，它们同样需要防范相应可能出现的生态环境问题。主要是：毁林开荒、毁草开垦、农作物的单一种植、过度放牧、过度开垦等。原则是：自然资源的利用率不能超过资源再生速度。

对于一些最为发达的区域，以及未来总体的发展趋势而言，将由"资本"作为"第一生产要素"转向以"高新技术"为"第一生产要素"的发展阶段，它们则应面对一些新的生态环境问题，最主要的是：新技术的应用必须有效地评估可能给生态系统带来的风险。原则是：新技术的采用不能超越生态系统对不确定性的承载力。

第二节 庞局机理：资本经济运行机制视角的生态环境问题成因

工业经济（资本经济）以来，经济高速增长是全球各国、各经济社会发展主体所共同追求的目标，却有意无意地忽略了经济增长是建立在自然资源生态环境大量消耗基础之上的前提，导致自然资源生态环境问题日益突出，不可避免地造成了生态环境危机因素的累积，将人类社会推向了资源环境承载容量和生态承载力被全面突破的险境。那么，生态环境危机的形成机制究竟应该如何来理解，为何会愈演愈烈？本节引入"庞局机理"的概念，从"庞局机理"的视角重新解读并探讨生态环境危机的根本成因，并从"庞局机理"的角度探讨生态环境危机的应对策略。本节对此展开分析，以期从超越资本经济运行矛盾的角度提出对可持续发展有借鉴价值的若干思路。[①]

一 "庞局机理"对现代经济体系的拟合及其分析要素

"庞局机理"这一认识方法，起源于"庞氏骗局"（简称"庞局"），庞局广泛地出现在现代经济生活的各个领域，由此引发出各种形式的经济活动，称为"庞局经济活动"。所谓"庞局"（Ponzi Scheme），就是设计一个预期能获得高收益的投资活动，吸引大量投资者参与其中，用后期投资者的资金支付前期投资者的高收益，循环往复，直至后续资金难以为继或投资者信心不再之时。与"庞局"类似机理的现象，广泛地存在于现实经济活动之中。有多位学者从不同角度提出了现代经济体系与"庞局"运行方式与结构特征相类同的观点（钟茂初，2012）。

庞局活动，可采用下述"庞局平衡方程"进行理论性阐释。设 Y_t 为某时点 t 的活动参与规模，r 为参与者的预期收益率，rY_t 为参与者的预期收益，C 为整个经济活动的其他成本。只有满足该平衡方程，才能使"庞局"活动继续。该方程的内涵为：向前一期参与者返还投资本金并兑付

[①] 本节的主要内容，钟茂初《"庞局机理"对生态环境危机的理论阐释及政策路径》，参见《河北学刊》2016 年第 2 期。

承诺的预期收益及其他成本，资金是由后一期参与者来支付的。

$$(1+r)Y_t + C = Y_{t+1} \quad (12-4)$$

该差分方程的解为

$$Y_t = A(1+r)^t - \frac{C}{r} \quad (12-5)$$

因为 $1+r>1$，故而 Y_t 必然是发散的。其经济含义是：若要维持"庞局"持续下去，则参与规模必须不断扩张，如果在某一时点无法继续扩大规模，则庞局平衡方程无法维持，最终必然走向"破局"。

"庞局"活动的成局和繁荣，其主要过程和要素包括：其一，在该活动成局开设阶段，"标的物"与"预期高收益率"至关重要。这个用于设局的"标的物"须有创新性，且具有潜在的大众认同性，还须具备与预期高收益率的相关性，尤其关键的是须具有参与规模的持续扩张性。其二，该活动能否顺利进行，要件在于能否激励更多的大众踊跃参与其中。而提高大众对该活动的"相信"信念（可称之为"庞局信念"），是激励大众踊跃参与的关键。其三，为使该活动有序展开，激励大量参与者的有效手段则是"高收益率兑付"示范，通过这一示范诱导更多的潜在参与者加入该行列。其四，为使该活动有序展开，"参与规模"持续扩张理应是其必要条件，一般方式是"高收益—规模扩张"正反馈（即以高收益率激励更多参与者，进而由众多参与者推动实现更高的收益率，循环往复）。其五，该活动能否有效展开、参与规模可否持续有效扩张，关键在于能否供给"扩张动能"。金融性质的信用创造是其常见手段。其六，为应对参与规模难以延续的颓势，或为应对"庞局"呈现的崩溃迹象，设局者可经由"改变标的物""改变游戏规则""改善预期收益率"等方式相机进行"变局"，达成"庞局"得以延续的根本目的。其七，任何"庞局"的最终结局必然是难以为继而"破局"。"破局"出现的几种状况：（1）预期收益率，由"可信"变为"不可信"；（2）预期收益，由"正常兑付"变为"无法正常兑付"；（3）参与规模，由"持续"变为"不可持续"的情形（新进入的参与者越来越少，而原有的参与者陆续退出参与且形成示范效应）；（4）资金流，由"可拆借"转为"不可拆借"，资金充裕状态逐步转向捉襟见肘，资金链出现断裂势头。

上述因素，即是"庞局机理"的基本分析概念。

二 采用"庞局机理"对资本经济强化生态环境影响的解析

人类现行经济活动方式与地球生态系统的相悖程度日趋加剧,因此不可避免地导致生态环境危机的爆发。生态环境危机具体表现为资源短缺、环境污染与生态破坏,这几方面都从不同层次、通过不同途径并互相促进着形成一股推进生态环境恶化的合力,从而进一步强化生态系统不断劣化恶化的特征。在这种状况下,只有对造成生态环境危机的成因做出深刻的剖析和反思,方能探寻到解决或弱化生态环境危机的出路。

鉴于"庞局机理"与现代经济运行机制的拟合性,本节拟采用"庞局机理"中的阐释概念及模型,把"庞局机理"的应用领域扩展到生态环境领域,将"经济活动—自然资源生态环境影响—生态环境危机"这一循环过程看作为一个"庞局"。用"庞局"过程拟合生态环境问题累积形成的过程,从"庞局机理"的新视角阐释危机的成因,以期从"庞局变局"的角度为生态环境问题的解决提供有益的借鉴和启示。

(一)"自然资源生态环境无限供给"的认识是经济增长"庞局"的基础

所谓经济增长,就是经济活动在原有规模上的持续扩张,与"庞局"的规模持续扩张是完全类同的结构和机制。按照"庞局"活动的关键性因素,可以总结出引致经济增长的主要方式有:(1)促使原有"庞局"活动的规模持续地扩张。相当于主流经济学中的"资本、土地、劳动、人力资本等要素投入增加带来的经济增长"。(2)促使"庞局"活动范围扩张(关联产业、衍生品等的扩张)。相当于主流经济学中的"规模经济、范围经济、聚集效应"等带来的经济增长。(3)收益率或预期收益率的提高。相当于主流经济学中的"经济效率提高、要素集约化利用"带来的经济增长。(4)进行新的"庞局设局"(新的标的物及其可信的预期收益率),形成经济规模的新增长点。相当于主流经济学中的"技术进步和创新、产业结构调整和升级"等带来的经济增长。(5)增加"庞局"活动的扩张动能。相当于主流经济学中的"财政政策、货币政策、外贸政策"等政策效应带来的经济增长。每一轮经济景气的形成,都需要一个主导力量(新增长点),如历次经济繁荣时代的动力革命、电子技术、IT技术、金融创新等,这些主导力量事实上就是形成"高预期收益率"的核心，也是形成"高收益率—规模扩张"正反馈循环的核心。围绕这些主导力量而形成的经济活动，实质上具有"庞局机理"的特征。

如果说"经济增长"是一个具有高预期收益率、能够源源不断吸引大众参与的"庞局"的话，那么，其预期高收益率的"信念"就来源于"自然资源生态环境的无限供给"这一传统理论和实践认识。即人们普遍相信：自然资源可无限采用、自然生态可无限利用、污染及废弃物可"无成本"地向自然环境排放、对于生态环境的外部性影响无须支付成本、技术可及时解决自然资源生态环境的瓶颈问题。其理据可归纳为：（1）由于"自然资源生态环境无限供给"这一信念，支持了经济增长"庞局"的高预期收益率，从而支持了经济增长规模可不断扩张的预期。（2）正是由于经济增长过程中"自然资源生态环境无成本供给"（或者说，可实现"成本外部化"）使得各经济活动主体获得巨大的利润，而这一利润足以支付前期投资者的高预期收益率承诺，使得经济增长这个"庞局"更加真实可信。（3）利润实现的真实性，必然导致经济增长规模的持续扩张，从而形成"高收益—规模扩张"正反馈（即基于自然资源生态环境消耗成本外部化而带来的高经济增长，必然带来实实在在的高利润收益，以高经济利润率吸引更多的经济主体参与，又由众多经济主体来实现更高的利润率，循环往复）。（4）为使经济活动规模持续扩张，现代经济中的企业组织、金融信用、全球化等手段，为规模扩张提供了巨大的"庞局动能"。事实上，经济规模扩张的过程，同时也是自然资源生态环境被损耗被破坏的过程，经济规模越大，则其自然资源生态环境损耗的程度则越大；"金融信用"等手段带来经济加速增长的同时，也造成了生态环境的加速损耗。（5）当自然资源生态环境损耗到一定程度，"自然资源生态环境无限供给"这一信念就不可避免地会出现难以弥补的漏洞，就会变得不那么"天经地义"，基于"自然资源生态环境无限供给"这一前提的利润也不可能持续增长，就会使得投资者收益下降甚至出现获益困难。经济规模扩张和经济利润出现困难，也就使得经济增长这一"庞局"出现难以为继的崩溃迹象。（6）经济增长过程中，自然资源生态环境出现瓶颈之后怎么应对？通常的手段是技术创新及其产业结构演进。实质上，就是开发利用一种新的自然资源以取代即将短缺的自然资源，以一种新的生态环境影响形式替代原有生态环境影响，这就是经济增长的"庞局变局"。变局之后，经济规模又可进入新一轮的扩张，这就是所谓的寻求"新增长点"，实质上同时也是新的生态环境损耗方式。(7) 通过"庞局变局"方式来挽救危机，但生态环境危机因素，并没有真正地消弭，而只是将危机爆发的可能性延后，与此同时各种生态环境危机因素却在不断地累积。"庞局破局"最终不可避免地将要爆发。

（二）"自然资源生态环境的代际透支"是现代经济高速增长的基础

现代经济活动中，"透支"（overdraft）是一种极其普遍的经济现象，存在着各种各样的透支形式，如信贷消费（消费需求者对未来收入的透支）、企业债务（生产者对未来收益的透支）、财政赤字（国家对未来财政收入的透支）等，可称为"透支经济"。透支经济，通俗地说就是"寅吃卯粮"，与"庞局"也有着类同的结构和机理。其本质就是："庞局"的延续依存于"信用"而不断获得债务，同时不断将债务本息的偿还往后推延，直至债务无法偿付而崩溃。所以，常态化的透支过程，就是"庞局"的运行过程。

主流经济学认为，"透支"有利于经济增长。主要理由有：其一，资本流动是提高经济效率的核心手段，经济增长应着眼于资本流量的增加，资本流量实质上成为了"运载"资本收益的载体。"透支"，增加了资本流量，进而加速了财富增长。其二，"透支"有利于经济增长，源于乘数效应（multiplier effect，即资本投入增加会带来国民收入的成倍增长）。其三，透支只是不同时期之间、不同人群之间、不同生命周期之间收支差异的调剂，对整体而言收支是平衡的，债务不会造成危害后果。笔者认为，主流经济学对"透支"经济的认识，存在着两大逻辑缺陷：第一个缺陷是，如果增加资本流量以增加获益的思路成为所有经济主体的共同理念（消费者超出自己可支配收入而采用信贷消费的方式扩大消费，企业超出自己所有资本而采用信贷的方式扩大生产规模，政府超出自己财政收入水平而采用财政赤字方式扩大财政支出，金融机构超出自己所吸纳的资金水平采用信用创造方式大幅地对外放贷，货币当局超出经济体系内生货币供给量而大幅增加外生货币），"借用"的资本从何而来？现实的解决方式是，采取一种"不问借贷最终出处"的态度，因为金融体系及其信用制度能够源源不断地提供各个经济主体所需的资金。现实世界所有债务总和,远远超出所有可用资金总和,追根究底地寻求所有信用资金的出处,不难得出一个结论:所有超贷的资金都是"虚构的"或者是"透支未来的"。第二个缺陷是,透支并不是不同时期收入与支出的调剂。如果仅仅是当期的支出提前使用了下期的收入,而在下期则减少相应支出以实现收支平衡。这样的行为,对实际经济运行影响不大,因为:如果把当期和下期作为一个会计期间来看,并没有发生透支活动。所以,有实际意义的透支,必定是持续地透支而常态性地形成大于收入的支出。透支的债务必然一期一期地不断累积增加,必然是无法偿还的,其"庞局"性质显而易见。所以,任何经济主体,一旦其经济活动中实施了常态化的透支,今后就很难有真正偿还的可能性,债务势必持续累积,直至最终的崩溃。

同样的逻辑,对于自然资源生态环境而言,经济活动如果在资源环境容量和生态承载力范围之内(即可再生资源的利用速度不超过资源再生速度,不可再生资源的利用速度不超过可替代资源的开发速度,污染排放和废弃物生成不超过生态系统的自净化能力)运行与增加,那么,这样的经济活动就是正常的;反之,经济活动如果超越了生态承载力(即再生资源持续减少,不可再生资源没有后续的替代物而耗竭,污染和废弃物持续累积),那么,这样的经济运行与增长,必然同时形成对自然资源生态环境使用的透支。即超越地球生态系统的承载能力而耗竭性地使用自然资源生态环境。所以,现代经济的高速增长,实质上也是对后代人的生态透支。由于透支必定是持续地、常态性地超过生态承载力,其负面的生态环境影响必定是长期累积增加,不存在"偿还"的可能性,如同透支经济的最终崩溃,长期超载必然导致生态系统的生态功能难以为继而且难以修复。可持续发展领域、生态环境保护领域以及生态文明领域所讨论的"代际公平"问题,其实质就是讨论的"自然资源生态环境的代际透支"问题,"可持续发展"的基本要求是"财富均衡",即当代人从上世代继承的财富(包括"自然资本"),应当完好地传承给下一世代。因为,当代人对后代人一旦形成了自然资源生态环境的透支,是不可能偿还的,那样的话,自然资源生态环境的透支就必然会持续不断地累积,直至最终的生态环境危机。

(三)伴随产业转移的污染转移,犹如"拆东墙补西墙"形式的"庞局"活动

"庞局"活动,既有时间上的"借新债还旧债"(或称"寅吃卯粮")的形式,也有空间上"拆东墙补西墙"的形式,其本质是一致的。描述它的数理模型,与时序型"庞局"完全相同,只要将时间序列变量 t(体现为第1期,第2期,第3期,……)转变为空间序列变量 s(体现为第1群体,第2群体,第3群体,……)即可。设 Y_s 为参与者为 s 时的参与资金规模,r 为参与预期收益率,rY_s 为参与预期收益,C 为整个活动中的其他成本。只有满足以下平衡式,才能使"庞局"继续。平衡式的含义是:向一部分参与者返还本金并支付承诺的收益以及支付其他成本,是由更多参与者资金来支付。"庞局"之所以得以进行,是"你参与的同时,会有更多参与者参与"。也就是说,"你的收益是由更多的参与者给予保障的"。

$$(1+r)Y_s + C = Y_{s+1} \qquad (12-6)$$

采用"庞局"拆补模式来类比分析生态环境危机问题。

现实经济发展中,客观上普遍存在一种"先行经济增长,而后再考虑环境保护和治理"的实践主张和政策行为,其理论依据事实上是来自"环境库兹涅茨曲线"的理论认识,即先行发展的实践经验表明:在一个经济体的发展初期不可避免地出现一定程度的环境恶化,而后随着经济增长将有助促使环境的改善。即便"环境库兹涅茨曲线"得以实证,也不表明"先污染后治理"是一种理性选择,因为:(1)未来的生态环境治理并不能抵消现实生态环境破坏的负面影响,如,人造森林是无法补偿原始森林的生态功能的;(2)未来的生态环境治理成本远高于当今所获得的短期经济利益,许多江河湖泊的污染及其治理都印证了这一点;(3)在较早期阶段所允许的某种环境恶化,累积的结果可能会在未来阶段导致不可逆影响,其后果不可估量,许多生态环境影响的修复需要漫长的过程甚至无法修复,如,土壤和地下水的污染治理;(4)某些形式的生态环境治理,实质上是通过污染转移、高消耗高污染产业转移、从其他地区进口或购入高耗产品等方式,将生态环境的影响转移到落后地区;(5)某些生态环境治理,实质是一种将现实中可见的生态环境影响,通过技术手段转化为未知的生态环境风险;(6)某些生态环境治理活动,

往往成为了促进新一轮经济增长的一种说辞,甚至把所谓的环保产业作为主导产业(钟茂初,2005)。

那么,为什么"先经济增长、后环境治理"依然会在现实中普遍存在呢?不可忽视的一个根本原因是通过区域间产业转移将生态环境破坏也同时转移。亦即,由于各个地区之间的经济发展程度不同,发达地区可以将生态环境影响大的高污染高消耗产业,逐步转移到比之落后的地区,同时,也就使得资源消耗和环境污染同步转移了。而后,落后地区发展程度提高后,又会将这些产业转移到比之更落后的地区,如此不断地进行空间上的转移。上述普遍存在的现实现象,采用"庞局机理"来认识,无疑就是"拆东墙补西墙"形式的"庞局"现象。随着经济增长的生态环境破坏,很多情形是以这种"拆东墙补西墙"方式形成的,由发达地区传递到中等发达地区,进而传递到欠发达地区,最终的承受者是整个地球生态系统。

(四)以技术创新、产业结构变革形成新增长点,犹如"庞局变局"

现实中,应对可能崩溃的手段或途径,通常是技术创新及其产业结构演进。实质上,就是开发利用一种新的自然资源以取代即将短缺的自然资源,以一种新的环境影响取代即将突破承载力的原有环境影响,以技术进步名义形成一种新的尚未被人们认识的外部性影响(如,各种未知的生态环境不确定性影响或生态风险,企业利润实现过程中,依赖技术的优势将风险成本遗留给整个社会甚至是未来社会)取代已经被逐步认识的传统外部性影响,这就是"经济增长"这个"庞局"的"变局"。在技术创新和产业结构演进的名义下,高预期收益率又被重新确定,经济主体参与经济增长活动的热情被重新燃起,经济增长规模又进入新一轮的持续扩张。但是,技术创新和产业结构变革方式并不能彻底解决生态环境问题,而只是将危机爆发的可能性延后。

笔者认为,技术进步无法摆脱"庞局破局"的宿命。经济活动的预期收益率(也就是长期的经济增长率),是现代经济活动主体的一种信念,支撑这一信念的"可信"基础是技术的不断发展,似乎没有止境,由此支持着经济增长没有极限的信念。现代工业经济的发展,使得人们普遍认同科学技术推动经济发展的认识,并强化应用于经济发展实践之中。工业经济时代科学技术的巨大进步,似乎印证了科学技术是现代工业社会发展动力的判断。人类通过科学技术的力量可以深化利用甚至改造自然世界，为人类带来了巨大的福利和进步，因而使得科学技术在人们心目中树立了无比的权威，从而产生了"科学至上主义"，使人们乐观地认为，人类可以完全摆脱自然的束缚、人类所面对资源短缺和增长极限等问题都可迎刃而解。然而，科学技术的发展是"双刃剑"，在给人类带来巨大进步的同时，也带来了诸多问题甚至危害，产生了一系列威胁人类生存的全球性问题，还有一系列潜在的不确定的风险。从一定意义上来说，科学技术对于人类社会的影响都体现在对某一价值提升的加速或放大，对于正面作用（正价值）的影响结果就是正面作用的加速或放大，而对于负面作用（负价值）的影响则是使负面作用加速或放大。例如，科学技术通过改造自然而导致人类福利改善的同时，往往也带来人类生存环境的破坏（并且这种损失往往是累积性的、反应滞后的、不可逆的、危害巨大的。以氟利昂的使用为例，该产品给人类经济的增长、人类物质生活的改善产生过巨大的影响，但其破坏臭氧层的巨大环境影响也几乎是无法弥补的）。再如，某些科学技术只是为了人类的某一类需求而存在的，其正面的影响和惠及的范围是有限的，相反其负面的影响反倒是全面性（而这种全面性的影响又恰恰事前不被人们所认识）。正因为科学技术被赋予了促进经济增长和社会发展的最终动力的使命，同时被赋予了普遍认可的神圣威权，从而使得科学技术由认识自然、有限度地利用自然的目的性走向了无限度地改造自然的不归之路（钟茂初，2010）。以"庞局"分析范式来认识，"庞局"的参与者不仅是当代人，而且包括后代人。由于当代人为了自身利益得以实现，而不断地推动"经济增长率—经济活动规模扩张"的循环，自觉不自觉地使后代人也被动地参与其中，而"庞局"崩溃的"铁律"必然使后代人成为最终的"接棒者"（崩溃损失的承受者）。

笔者认为，"绿色"的技术和产业，并不能根本解决经济增长带来的生态环境问题。通过对现实经济动向的观察，可以预测，"绿色经济""新能源"，极有可能成为新一轮经济增长的引擎因素。正是在能源短缺、气候急剧变化的背景下，"绿色经济"具有形成"高预期收益率"，并使全球民众相信、使全球经济体和全球民众积极参与的基础，也就使之具有形成"高收益—规模扩张"的正反馈循环而不断扩张的动力。所谓"绿色经济"（或称"低碳经济"），注重推进资源、能源节约，资源综合利用，以便把经济活动对自然环境的影响降低到尽可能小的程度。现实中，全球"绿色经济"的竞争局面开始显现。但笔者所担忧的是，"生态环境保护"的本意是减少人类经济活动、以降低人类活动对地球生态系统的影响，如果把它作为经济复苏或飞速发展的引擎，那么"绿色经济"的本意必然被异化。如果它成了经济复苏的"契机"或者被当作"契机"，那么一定是一个新的经济增长"庞局"（只是用来谋取"高预期收益率""信心"的工具），而不可能达成真正善待生态环境的目的。通俗地说，真心对待生态环境的话，那么一定是在生态承载力可承受范围内的低速增长态势，只有那样才能减轻经济活动对生态、对环境、对资源的压力。否则，依然追求高增长乃至"GDP至上"，那么，技术（包括所谓的"绿色技术"）无论如何发展也解决不了经济增长带给生态环境的负面影响。

（五）自然资源生态环境瓶颈导致传统经济增长模式崩溃的必然性

从"庞局机理"的角度，当前由经济长期高速增长引致的生态环境危机实则是一个典型的"庞局"现象，具有显著的"庞局"特性。生态环境危机就是日积月累常态化透支使用自然资源生态环境所形成的"庞局"走到了颓废甚至崩溃的阶段。那么，经济增长这个"庞局"为什么会在经历了"高收益—规模扩张"正反馈形成的繁荣阶段够之后逐渐走向颓废，甚至崩溃的边缘呢？我们可以从以下几个方面去理解。

其一，从长期来看，"预期高收益率"这一"信念"并不天然可信，这种良好预期越来越偏离现实。一方面，无约束地使用自然资源生态环境必然会带来预期高收益率，这种高收益率及现实中获得的经济增长利益，尽管是真实存在的。但是，这种建立在大量消耗资源环境基础上，其发展是不可持续的，一旦透支的资源环境供给链断裂，这种收益也将随之失去。另一方面，经济发展过程中，人们总是认为自然资源生态环境是取之不尽用之不竭的，这一认识只是在经济规模在生态承载力所许可的范围内。实际上，经济活动规模早已超出了生态承载力，高预期收益率、高参与规模都失去了基础。所以，传统经济增长模式走向崩溃是必然的。

其二，经济增长所造成的生态债务是无法偿还的。自然资源生态环境的代际透支是现代经济高速增长的逻辑基础，现代经济的高速增长，实质上也是对后代人的生态透支。持续地、常态性地超生态承载力，其负面的生态环境影响长期累积增加，必然使得当代人对于后代人形成巨大的生态债务，这一生态债务是不可能"偿还"的，最终的结果必然导致经济增长模式的崩溃和生态系统的难以修复。

其三，"拆东墙补西墙"式的生态环境影响转移必然进入难以为继的窘境。从地球生态系统的角度来看，很显然，全球经济活动的生态环境影响，并不会随着产业转移而减少，年复一年的生态环境影响仍然是在不断累积的。无论如何进行转移，都是整个地球生态系统在承受着这一持续累积的影响。年复一年的超载累积，必然迅速到达无法承载的限度。全球性的生态环境危机势必形成。

其四，经济增长带来的物质层面的高收益，被社会层面和生态层面的负面影响所抵消，难以"兑付"。在工业化带来高速经济增长的初期，人们的"收益"认识更多地局限于经济利益，所以，认定经济增长是"高收益率"的活动，参与规模得以不断扩张。而随着经济社会发展程度的提高，人们对于"收益"的认识，既包括经济层面的物质利益，也包括社会层面和精神层面的社会利益，还包括生态环境层面的生态利益，综合考量经济增长活动的"利益"，实质上大打折扣。因为，经济增长带来的生态环境影响是实实在在的"负利益"，在全体成员的共同体认下，各级政府部门也不得不强化监管经济活动对生态环境的影响，势必影响到经济主体的参与意愿。所以，经济增长的高预期收益，也就由"可信"转为"不可信"，"收益"也就由不考虑环境影响的"可兑付"状态变成包含生态环境影响的"难以兑付"状态。

其五，技术创新、产业结构变革的"庞局变局"，极有可能走向"为解决一个问题，而创造一个更大问题"的歧途。技术创新所带来的最大问题是，为解决某一已知的资源瓶颈和生态环境承载力瓶颈，却带来了各种未知的生态环境不确定性影响或生态风险。

三 "庞局机理"视角的生态环境问题成因对可持续发展的启示

现代经济增长模式，导致生态环境危机，有其必然性，最根本的解决路径是彻底改变传统的经济发展理念和经济增长方式。在根本方式的改变之前，只能寻求生态环境问题的缓解途径。"庞局机理"所涉及的各种因素可较好地阐释生态环境危机的成因，故而，生态环境问题的缓解途径也可从"庞局机理"视角来探寻,对现阶段可持续发展有启示意义。

(一)从理论基础与政策逻辑方面彻底修正"自然资源生态环境无限供给"的认识,形成各层面经济主体的自然资源和生态环境的"可损耗配额"

"自然资源生态环境无限供给"的理论认识和实践,是生态环境危机的基础成因。要切实地缓解生态环境危机,就不得不强化自然资源生态环境是稀缺资源的认识。既然是稀缺资源,就必须在自然资源利用速度、污染排放和废弃物生成不超过地球生态系统承载力的前提下确定各经济活动主体的自然资源和生态环境的"可损耗配额";既然是稀缺资源,就必须建立起其价格机制。即形成"自然资源的价格""生态影响的价格""污染排放的价格";既然是稀缺资源,就必须追求自然资源生态环境的"生态效率"。

从现实角度来看,工业经济导致生态资源环境损耗问题的重要成因就是,生态资源环境没有价格,进而强化了自然资源生态环境无成本的损耗和破坏。所以,要真正破解生态危机问题,生态资源环境就必须形成其相应的价格。价格实质上反映了两种资源的比价关系,生态价格实质就是自然资源生态环境与物质财富之间的比价。只有形成了价格机制,才能有效地引导相关利益主体采取重视自然资源生态环境的行为方式;只有形成了价格机制,才能有效地引导相关主体追求生态效率和生态资源环境使用权的优化配置。"生态资源环境可损耗配额"是其必不可少的前提。如果没有"生态资源环境可损耗配额",那么自然资源生态环境的损耗就是无限制的,也就不可能形成其价格,即无法形成与其他物质产品之间的比价关系。如果没有"生态资源环境可损耗配额","生态效率"也就无从谈起。

(二)应使经济增长的"信念"和"预期收益率"来源于"生态效率的提高"

在前一认识的基础上,由于经济活动所需的自然资源生态环境要素是有限的,所以,不断增加投入而实现经济增长的可能性不复存在。而各层面的经济主体如果希望扩大经济规模,都不得不从提高自然资源生态环境各要素的使用效率着手。国家和地区层面,如果希望扩大经济规模,就必须在有限的"生态资源环境可损耗配额"的基础上,想方设法提高该配额的使用效率,也就是在同样的配额基础上实现更高的经济增长(即促使单位 GDP 所使用的配额降低），或者通过效率上的优势吸引更多的配额流入所辖区域，以实现更高的经济增长。同样，企业层面的经济主体，希望扩大经济规模，就必须想方设法提高单位配额的使用效率。即在同样的配额基础上生产更多的产品，或者通过效率上的优势（单位产品的碳含量低、污染量低）吸引更多的消费者，以低碳低排放的优势获取更高的市场占有率，进而实现更高的企业利润。

以中国的发展规划目标为例，如果在中长期规划制定过程中把"生态资源环境可损耗配额"作为强制性的前置约束，在此硬约束条件下再去确立全国及各地区经济增长率以及产业结构、城市化率等各种发展指标，由于配额决定了 GDP 的限制量，那么各经济主体要想增加 GDP 就必须通过技术、结构的改进去实现。

（三）以低碳低耗"替代性"作为维持经济活动"规模"的主要路径

在普遍认识到经济发展规模已经接近甚至超过了生态环境承载力的背景下，任何经济体的经济政策必须以承认经济规模和经济增长的有限性（至少是"含碳经济规模"的有限性）为前提。因此，各经济体必须改变"寻求新增长点"的传统认识。以往，总是希望在保有既有增长领域的基础上，再形成若干新的"增长点"。在新的发展背景下，这一认识应当有所改变。"新增长点"更大可能是以提高质量、提高效益、促进生态环保的方式对传统领域的"替代"。在这一背景下，经济增长更重要的表现形式是"碳排放限额"的有效配置，而不是要素不断投入的规模扩张！"创新驱动"的目的，主要是通过创新实现更优化的资源配置，亦即对低配置产业产品的替代，而不可期望通过创新实现更大的规模扩张。

以中国的发展政策为例，在"2030 年达到碳峰值"和承认"环境承载能力接近上限"的背景下，如何看待其"发展新能源汽车"的产业政策？新能源汽车，相对于石化能源汽车，其低碳性是显而易见的。但是，在制定产业政策时，一定要明确其目的性：新能源汽车是对现有汽车存量和现有汽车产能的替代，而绝不是在现有存量和现有产能的基础上而新增一块市场。所以，促进新能源汽车的政策，就必须明确其"替代效应"。所以，制定新能源汽车的发展规划和发展步骤，要依据的是其替代能力。新能源汽车的技术水平能够完全替代某一层次的传统汽车功能，那么，其产能就可朝着这一规模发展，相应地，传统汽车的产能则应同步地削减。否则，新能源汽车，就可能在"生态环保"的口号下，增加新的产能过剩，对生态环境造成更大的压力和影响。

（四）有效利用生态环境损耗权交易形成的"动能"

在传统的经济增长中，金融活动和金融工具有助于形成规模扩张的"动能"。同理，在"提高生态效率"的经济活动中，适度金融手段的引入和应用，也将有助于提供相应的活动规模扩张的"动能"。

理论和实践部门，碳排放权的交易、污染排放权的交易、资源使用权的交易，都有助于最大可能地提高自然资源生态环境的生态效率，进而经由生态效率的提高以实现更大的利益，也有利于更多的经济活动主体更广泛地参与到生态效率提高的活动之中。

产权交易理论利用市场机制提出了解决生态环境损耗权效率问题的思路，即在满足一定生态环境目标约束下，对生态环境产权进行划分，使损耗总量存在上限约束，同时允许损耗权利在经济主体之间交易。如果存在类似一般金融机构的"排污权银行"，企业可将分配到的配额进行借贷或储蓄，企业可在时间上进行分配损耗量的自由选择。这种基于"损耗权许可"的交易、储蓄和借贷的政策可通过市场均衡达成生态效率的最大化。除了损耗权许可的交易，还有各种基于提高生态效率的创新型金融设想。如，对于金融机构来说，能效贷款、挂钩于碳排放权的金融产品及中间服务成为其业务和利润的新来源；节能减排和开发利用新能源项目都需要较大的资金支持，在环境规制下，这部分项目的预期营利能力看涨，高预期收益率的金融信贷得以形成；金融投资机构可通过开发基于碳排放权等环境资产的金融产品、与排放权相关的金融衍生产品，如，排放权期货、期权、掉期等，能够提供给交易主体规避风险的工具，并通过杠杆效应扩大交易规模和交易范围。

但是，生态环境损耗权的交易以及相关的金融工具应用，都必须在一定限度内进行，如果放任其进行"虚拟化"活动，也就有违其"提高生态效率"的初衷。

（五）在生产和消费领域寻求有助于低碳经济活动中的"收益率—规模扩张的正反馈循环"

在传统经济增长活动中，"高预期收益率"与"参与规模扩张"之间的正反馈循环是经济规模不断扩张的重要推动力。那么，在促进低碳经济规模扩张方面，是否也可形成类似的正反馈循环呢？

根据经济学的一般原理，消费者的需求偏好是经济活动得以扩张的微观基础。应用于低碳经济领域，其微观基础就在于造就形成有低碳需求偏好的生态环保型消费群体。消费者消费偏好的改变，才是促进绿色经济、低碳经济、循环经济转型发展的引导力量。宏观层面有"生态承载力"的强制性约束。映射到消费需求者层面，就必然形成消费需求者的"碳排放消费配额"（可类比"粮票"限量供给粮食的功用，可称为"碳票"）。如此一来，方可促使消费需求者转变为低碳消费偏好。即任一消费者在一定期间消费产品服务所含碳量有配额限制，任何消费支出都须支付相应的"碳票"。"碳票"限额用完之后，即丧失了支付力。在此机制下，消费者不得不根据产品碳排放含量而"精打细算"，低碳化消费是其必然选择。

对消费需求者实施"消费碳票机制"，可看作是诱导消费偏好与企业行为改变的核心因素。企业目标必然是追求市场占有率进而追求利润最大化。因此，当消费需求者受"碳票"约束而偏好低碳消费时，企业才会为迎合消费者偏好而改善生产行为。当消费者基于"碳票"约束需基于产品碳含量"精打细算"时，市场需求势必转向减量、低耗、低排等特性的产品或服务。如此变化，将诱导厂商生产行为也朝着低碳、低耗、低排转变，进而相应转变其要素配置方式、产业结构、技术工艺，转变经营模式。否则将丧失市场占有率，丧失获利优势。所以，消费需求者的"碳票配额"应是诱导厂商落实低碳理念的必要机制，形成有效的利益激励作用。这样就可形成"消费碳票额度—低碳消费偏好—生产者的低碳生产迎合行为（低碳技术工艺设计等）—低碳产品—低碳消费……"的正反馈循环。

（六）利用生态价格实现自然资源生态环境利用格局的"变局"

在传统的经济增长过程中，由于自然资源生态环境无价格，所以形成了自然资源生态环境无偿使用的格局，这也是造成生态危机的根本原因。为了改变这一格局，就必须进行"变局"。庞局变局的一种方式就是改变预期收益率，如果预期收益率变小可能会逼退部分参与者，可将这种状态视为较为温和的崩溃形式，从而使经济活动在较低层级上持续进行，避免在较高层级上完全崩溃造成巨大的危害。这一原理应用到自然资源生态环境问题上，可通过形成自然资源生态环境的价格来改变"预期收益率"，如果能够客观评价自然资源生态环境的价值，使其价格能客观反映其内在价值，那么，相关经济体利用自然资源生态环境，从无偿转变为按价格使用，其预期高收益率必将降低，由此将使部分低效率使用自然资源生态环境的经济体从使用领域退出，使用规模将有所下降，使用自然资源生态环境的经济活动将在经历一个"变局"后展开。具体逻辑为：价格机制—有偿使用自然资源生态环境—预期收益率减少—部分参与者获利减少—部分参与者退出，不退出者则需要通过技术变革而改进生态环境资源的使用效率。

第三节 成本外部化：对资本经济转嫁生态损耗的阐释

工业经济（资本经济）的高速增长，企业对于利润（剩余价值）的追求，是其根本动力。而这一根本性的追求，必然带来生态环境的影响，导致生态环境影响的累积和生态环境系统完好性的破坏。因此，企业追求利润（剩余价值）与生态环境问题的形成之间，存在某种必然的联系。究其成因，归根结底是人类经济活动过程中所形成的人与人之间的利益关系，借鉴政治经济学分析思路，有利于厘清生态环境利益的本质关系，有助于探讨解决问题的手段。把生态环境问题纳入到政治经济学的研究领域，借鉴马克思主义政治经济学思维方法，有助于深刻认识工业经济（资本经济）模式造成生态环境问题的机制。本节对此展开讨论。[①]

一 转嫁为生态损耗的成本外部化：企业实现利润的本质手段

在工业经济（资本经济）体系中，企业是人类经济活动的主要组织形式。企业及其所有者的巨额财富，在主流经济学中往往被认为是外生地创造出来的，被认为是通过资本以及"企业家才能"的报酬而实现的。

---

① 本小节的主要内容参见钟茂初《"不可持续发展"的政治经济学分析》，《学术月刊》2010 年第 9 期。

而马克思政治经济学则深刻地揭示了资本所有者攫取剩余价值的本质。本节借鉴这一认识方法,进一步探究企业获取利润或资本所有者攫取剩余价值的根本手段。

(一)企业及其所有者在生产过程中实现利润的基本手段是"成本转嫁",即通过成本外部化将之转嫁为生态环境的损耗

企业的利润,来源于产品价格扣除产品生产成本,产品价格是由市场统一决定的,所以企业利润只能来自较低的成本。要想使成本得到根本性的降低,只能是一种尚未被他人认识、无须支付成本的"新技术""新方法"带来的。诸如:在劳动者未知的情形下相对延长了劳动时间,使用了尚未被普遍认识的资源,产生了尚未被他人认识到的"外部性影响"。换言之,企业成本的根本降低,必定是将在经济活动中起到重要作用的某种成本,通过某些隐秘的方式,转嫁给了"外部"。企业利润实现过程中,最根本的转嫁成本的方式是:一是将生态环境影响的成本转由欠发达国家承担,而欠发达国家只能最终转由全球生态系统承担;二是依赖技术的优势将风险成本遗留给整个社会甚至是未来社会。所谓的技术进步,就是这种转嫁的过程和转嫁的效果。在企业利润的实现过程中,必定存在相应的利益受损者,或者是明知利益受损而不得不接受的弱势者,或者是未知利益受损而承担着未来的风险者,或者是当今社会的人类整体,或者是未来社会的后代人。

因此,对现实中的各种不可持续发展现象(自然资源耗竭性使用、超出生态承载力的经济活动、无限制的废弃物排放等)的本质成因进行归纳,借鉴"剩余价值"思想,完全可以把生产过程中实现利润的基本手段归结为"成本转嫁"。即:从更广义的角度来理解,利润(剩余价值)的最终实现,是通过成本外部化的方式,把未知的成本(生态环境影响、生态环境风险和不确定性)转嫁给他人、转嫁给整个社会、转嫁给生态环境、转嫁给后代人承担。转嫁为生态环境损耗的"成本外部化",是资本所有者攫取剩余价值的根本手段,是企业利润的最终来源,也是企业所有者(资本家)的财富得以累积的根本原因。

(二)资本经济主体通过损耗生态系统而实现利润最大化的基本手段是追求"剩余投入"替代"必要投入"

借鉴"必要劳动时间""剩余劳动时间"的思路,可以将经济活动中

的投入，区分为"必要投入"和"剩余投入"。"必要投入"是指，需要在会计核算中计入成本的一般资本的投入（资本设备折旧、劳动工资、资本利息等）；"剩余投入"是指，无须在会计核算中计入成本的自然资本的投入（使用自然资源和生态环境的使用而无需补偿或补偿不足）。追求"必要投入"最小化的目的，必然不遗余力地追求以"剩余投入"替代"必要投入"，这是资本经济主体通过损耗自然资源和生态环境而实现利润最大化必然选择的手段。

资本经济主体对利润的无限追逐转化为对生态环境损耗的机制与途径，是经济主体通过资本积累，即剩余价值的资本化，获取更多的剩余价值。其可能的手段或方式包括：（1）在经济活动过程中，提高"剩余投入"与"必要投入"的比重，即尽可能多地将成本外部化，转嫁由他人、人类整体、自然生态系统来承担；（2）把更多的无产权的"自然资本"（无偿取得的自然资源等）转化为自己拥有所有权的"人造资本"（资本设备等）；（3）提高"必要投入"运载"剩余投入"的效率，主要方式就是"技术进步"，技术进步是一个双方面的加速器，在促进经济效率提高的同时，也促进自然资源环境损耗效率的提高；（4）自然资源和生态环境原本也是需要补偿的（如同机器设备需要折旧一样），现实中，在自然无价值的认识下，经济行为者尽可能地减少补偿甚至根本不做补偿。

显然，资本经济的企业组织是导致自然资源环境损耗的强化的基本组织形式。企业对利润的无限追逐转化为对生态环境损耗的行为包括：（1）生产要素扩张的外部性，导致自然资源无偿使用、自然资本不可逆地转化为人造资本；（2）生产过程的外部性，导致生态环境无偿损耗、产生的污染由地球生态承受并累积；（3）技术发展的外部性，导致给生态系统带来风险和不确定性；（4）创造需求的外部性，创造需求的同时，导致额外增加资源消耗、环境损耗、废弃物累积；（5）规模经济的外部性，导致单一资源强化利用、单一废弃物强化累积。企业间的竞争，也往往是以生态环境为直接对象而展开的，其竞争手段包括：（1）企业间的产量竞争与价格竞争行为，导致极大化的投入产出、极大化资源消耗—污染产出—废弃物累积；（2）企业间的成本竞争行为，导致成本外部化，尤其是向生态系统的外部化；（3）企业间的技术竞争行为，导致生态系统非使用价值的损耗、给生态系统带来风险和不确定性；（4）企业间的产业联系，导致形成资源链—产业链—污染链，强化对资源和环境的影响；（5）企业追求聚集效益，强化某一资源的消耗、强化某一地区的环境污染；（6）企业追求成本最小化和对利润的无限追求，引入贸易全球自由化，生产方式自由扩散、资源及产品自由转移，导致环境污染的全球性扩散，促进各种经济活动增加和扩张（包括运输量剧增），导致资源消耗、环境污染、废弃物累积的剧增。因"劣币驱逐良币"效应，导致生产集中转移至最低环境标准区。只以现时利益评估决策，损害生态系统的长远价值和非使用价值，遗留不确定性风险。

二 资本积累矛盾与经济危机转化为生态环境影响的累积

工业经济（资本经济）的目的，就是对于剩余价值的无止境追求，最终必然导致社会需求不足与资本过剩及生产能力过剩的矛盾，进而由此矛盾导致经济危机。但是，现实资本经济运行中，资本积累导致的各种矛盾，往往最终体现为经济规模的不断扩大与生态系统的承载力之间的"生态—经济矛盾"，对利润无限追求、生产无限扩张矛盾的终极结果是生态系统不断劣化的"生态危机"。也就是说，资本积累的无极限和经济增长的无极限最终必然走向"生态危机"。

（一）经济增长矛盾必然转化为对自然资源和生态环境的损耗的加总累积

资本经济的目的就是不断地将剩余价值资本化，进而持续地攫取更多的剩余价值，其直接目标是持续的经济增长。经济增长，即是经济活动中增加值的增长，实质上就是来源于微观企业利润的加总。如前文所述，企业利润的根本来源是成本外部化，不难得出结论：经济增长的最终来源就是企业成本外部化的加总，也就是企业生态环境影响的加总。所以，经济增长伴随着相应的无成本或低成本的自然资源消耗、无成本的生态环境耗损、未知风险的技术发展。随着经济增长使得生态环境问题不断累积，不仅是空间上全局性的加总，而且是时序上各个时期持续的累积。可见经济增长的最终承接者是生态环境、是人类整体、是后代人，他们不得不承受由于经济持续增长导致的生态系统不可逆的劣化后果。

（二）消费需求无限扩张成为"化解"资本经济矛盾的根本手段

资本经济社会的基本矛盾就是资本攫取剩余价值目的而导致生产能力

无限扩张与需求不足之间的矛盾。由于资本攫取剩余价值的目的不可改变，因此只能从扩张消费需求方面着力，只能通过需求的"创新"来扩张消费需求，进而达到化解矛盾的目的。现代经济社会的发展过程，从某种意义上来说，是消费主义意识不断扩张而导致大量无目的消费需求增长的过程。刺激消费者欲望是现代经济增长过程中不可缺少的重要一环。经济发展的阻力不是来自生产可能性方面的限制，而是来自消费需求的不足，所以刺激消费需求和人为地增加消费需求成为改善经济景气状况的根本性手段。现代经济体系就是，消费者效用最大化和消费需求不断增长而保障生产者利润最大化，消费需求及其实现是经济发展乃至社会发展的动力基础[①]。现代经济社会是以促进消费需求为核心来构建其"制度"的。消费者的世界观和价值观、消费者对未来的期望、消费者的行为动机和行为方式等，都是在不断增加消费需求这样的氛围下形成的。消费者需求—生产者提供产品—消费者购买使用—消费者生活习惯的改变和对该产品的依赖，通过这样一个循环过程，不断更新的产品一旦被消费者接受，人们的日常生活环境就相应地发生了变化，新的产品也随之成了生活中的"必需品"而不得不得到满足。

生态马克思主义学者认为，发达资本主义为了解决需求不足与生产过剩矛盾导致的经济危机，往往鼓励人们过度消费。这种过度消费实质是加剧环境破坏和资源消耗，实际上就是用生态危机替代经济危机。现实中也的确存在这样的趋势。正如政治经济学所揭示的，资本运动 G—W—G′，价值增值成了经济活动的根本目的，而满足需求（体现使用价值）反倒成为增值的手段。许多新产品的出现并不是人们生活所必需的，许多产品的更新换代也不是必要的。这一目的性的改变，也使得自然资源环境的损耗成为增值的手段，而满足需求反倒成为一种"媒介"。新产品的源源不断、快速地更新换代和迅速普及，导致自然资源和生态环境的损耗不断强化，或者是新形式的损耗。经济矛盾也就转化为了生态问题。各项资本经济制度也必然促进这一矛盾形式的转化，如：资本社会化，导致损耗自然资源环境的范式化、规模性、累积性、无限制性；

[①] 周海林：《用可持续发展原则解析消费者社会和现代市场体系》，《中国人口·资源与环境》2002 年第 12 卷第 2 期。

银行制度，导致一切的资本都被调动和运用，而一切可能"损耗生态系统"的能力也都得到调动，其作用将发挥到极致；信用制度，使未来资本可以提前使用，而导致一切可能"损耗生态系统"的未来行为在时间上超前发生。

（三）以"技术创新"方式将资本积累矛盾转化为生态环境的不确定性风险

资本积累过程中，会出现平均利润率下降趋势，这也是资本经济运行矛盾的一种表现形式。而针对这一矛盾的主要手段是"技术创新"。技术创新，在促进经济活动形式创新的同时，也促进自然资源和生态环境损耗形式的创新，可能以新的资源环境消耗形式和更具风险或不确定性的方式来实现经济增长。换言之，为弥补平均利润率下降趋势，只有追求超额利润，必然追求通过技术创新方式以更多的"剩余投入"而达到实现利润的目的。

科学技术的巨大进步是现代经济社会发展的动力。然而，人类通过科学技术的力量改造生态系统的过程中，产生了一系列威胁人类生存的生态环境问题，还有一系列潜在的不确定的风险。技术创新，在导致人类需求满足和经济增长的同时，往往也带来人类生存环境的破坏（并且这种损失往往是累积性的、反应滞后的、不可逆的、危害巨大的且无法弥补的）。正因为科学技术被赋予了促进经济增长和社会发展的最终动力的使命，同时被赋予了神圣威权，从而使得科学技术由认识自然、有限度地利用自然的目的性走向了无限度地改造自然、破坏自然的不归之路。走向这一后果的根源，还在于人类经济活动的危机向生态危机的转化。

（四）经济危机起因于过度的经济增长，而"拯救"经济危机的方式依然是经济增长，其结果必然转化为生态环境问题的累积和深化

现代资本经济形成周期性的经济危机，是一个基本规律，其根源是过度的经济增长也得到了较为普遍的认同。然而，针对经济危机提出的"拯救"对策毫无例外地都是"经济增长"。每一次经济危机之后的经济不景气，提出的应对政策，无非是主张政府采用财政政策、货币政策来提高总需求以实现"生产能力的充分利用"和"充分就业"，亦即通过各种强有力的手段，人为地使总需求扩大（如赤字财政政策、降低利率政策、扩大信用政策等）来迎合生产无限扩张的趋势。其结果必然是进一步地

损耗自然资源和生态环境，以此获取新一轮的"经济繁荣"。循环往复的经济危机也就自然而然地转化为了生态环境问题的不断累积和不断深化。

三 成本外部化视角的生态环境问题成因对可持续发展的启示

从前文分析的两个基本结论：企业及其所有者在生产过程中实现利润的基本手段是"成本转嫁"，即通过成本外部化将之转嫁为生态环境的损耗；资本积累矛盾与经济危机转化为生态环境影响的累积。由此对可持续发展带来以下启示。

（一）从制度上防范各种形式的成本外部化转嫁为生态环境的损耗

一是防范各区域、各经济主体在经济活动过程中，将生态环境影响转由欠发达地区、贫困人群、全域性公共生态系统（森林、海洋、地下水、大气、河流、湖泊等）来承担；二是把更多的无产权的"自然资本"转化为自己拥有所有权的"人造资本"（如，填海造地、填湖造地等方式）；三是对"技术创新"的生态环境影响应有所制约，"技术创新"往往在促进经济效率提高的同时，也促进自然资源环境损耗效率的提高；四是制度上要形成自然资源和生态环境的补偿。

（二）从理念和制度上防范各种促进经济增长的措施强化生态环境损耗

一是防范创造需求的同时，导致额外增加资源消耗、环境损耗、废弃物累积；二是防范追求规模经济过程中，导致单一资源强化利用、单一废弃物强化累积；三是防范技术发展和技术竞争中给自然生态系统带来技术风险和不确定性；四是防范产业聚集，导致形成资源链—产业链—污染链，强化对资源和环境的影响，强化某一地区的环境污染；五是防范区域间贸易便利和全球贸易自由化，导致环境污染的区域性和全球性扩散，并导致资源消耗、环境污染、废弃物累积的剧增，包括交通和交通运输量的剧增导致的污染增加。同时防范污染转移至环境标准较低的地区。

（三）从理念和制度上防范各种应对经济危机的措施强化生态环境损耗

一是防范以消费需求无限扩张作为"化解"资本经济矛盾的根本手段；二是防范以宽松的货币政策、积极的财政政策推动进一步的投资去"拯救"经济危机；三是防范以新技术新产业的"新增长点"去破解经济危机，而不顾可能带来新形式的生态环境问题。

第四节 环境库兹涅茨曲线之辨析：经济增长与生态环境影响的两难关系

一般认为，一方面，随着经济发展水平的提高，经济增长对于生态环境的影响存在"环境库兹涅茨曲线"所表征的特征，进而成为"先污染后治理"发展思路的"潜在"理论依据。对这一问题，应当如何认识？另一方面，发展实践中人们总是希望达成"经济—环境的双赢"目标，这一发展思路是现实可行的吗？这一认识，对可持续发展有何影响？本节对此展开讨论。

一 环境库兹涅茨曲线的逻辑缺陷

工业经济（资本经济）发展过程中，经济增长与生态环境破坏水平之间，实证研究认为，存在一种称之为"环境库兹涅茨曲线"（Environmental Kuznets Curve，EKC）的动态关系。即在一个国家或一个区域的经济发展长期过程中，生态环境破坏程度随着人均 GDP 为指标的经济发展水平提高逐步加剧，达到某一严重程度后，随着经济发展水平提高而逐步得以改善，生态环境破坏状态随经济发展水平呈"倒 U 形"发展趋势。

"环境库兹涅茨曲线"的存在，表明生态环境破坏存在一个转折点（由不断加剧的生态环境破坏转向生态环境的逐步改善），经验数据表明二氧化碳排放等生态环境影响指标的转折点通常在人均 GDP 5000 美元左右的水平。

以二氧化碳排放作为环境影响程度的指标为例，环境 Kuznets 曲线的一般形式为

$$CO_2 = b_0 + b_1 (GDPP) + b_2 (GDPP)^2 \qquad (12-7)$$

式中 CO_2 为二氧化碳排放量、$GDPP$ 为人均 GDP，b_0、b_1、b_2 为回归参数。

环境库兹涅茨曲线的存在，表明：一个国家或一个区域的经济发展初期不可避免地出现生态环境破坏逐步加剧的态势，随着发展水平提高，经济增长将有助于生态环境的改善。其逻辑机制是：在经济发展水平较低的

时期，经济规模较小而生态环境影响较小，产业结构偏于生态环境影响较小的农业和轻工业；随着经济发展水平的逐步提高，经济规模不断扩大而污染排放规模等生态环境影响也不断扩大，产业结构逐步转向生态环境影响较大的重工业和化学工业，经济增长方式是高投入、高资源能源消耗、高污染排放、高产出的粗放型方式；随着经济发展水平的进一步提高，产业结构逐步转向低消耗低排放的服务业等产业，生产技术水平的提高降低了单位产值的资源消耗和污染排放，生态环境质量方面的需求也成为生态环境改善的重要动力，且经济长期增长也逐步积累了治理生态环境的财富能力。

笔者认为，把"环境库兹涅茨曲线"作为一个发展"规律"的话，存在逻辑缺陷。有以下认识（钟茂初，2005）：其一，"环境库兹涅茨曲线"的"事实"之所以成立，有一个不容忽视的重要前提：那就是发达国家的环境改善是建立在欠发达区域的环境恶化过程中实现的。也就是说，如果没有这样一个前提，发达区域的"环境库兹涅茨曲线"难以出现。从某种意义上来说，发达区域的生态环境改善，是凭借其经济和技术的优势，在生态环境领域"损人利己"的结果。如果这种"实证"扩大到全域范围来研究的话，难以出现"生态环境质量从恶化到改善"的过程。其二，"森林覆盖率"等指标表征的"环境库兹涅茨曲线"，存在概念上的混淆，原始森林被完全毁灭后，通过"生态林建设"而成的人工林，与自然形成的生态系统不能相提并论。所以，用"森林覆盖率"等指标表现的生态环境改善，很难说是真实的"改善"。其三，在不同的发展阶段，生态环境影响的表现形式是变化着的。所以当一种新的经济模式出现后，就会伴随着一种"新的"生态环境影响因素的出现。所谓的"环境库兹涅茨曲线"只是在短期内针对单一生态环境影响而存在，在长期内针对生态环境的综合影响则无法表征。其四，从人类的整个发展历程来看，一个基本事实是：地球生态系统的生态环境质量不断劣化。那么，为什么会在生态系统被人为改变最为剧烈的工业经济（资本经济）的当代，反而会出现生态环境质量改善的"现象"呢？从逻辑上来说，也值得怀疑。

二 "先发展后治理"不可取与"经济—环境双赢"难企及

"环境库兹涅茨曲线",在某种程度上是一个区域经济发展过程的必然"规律"。但是,在全域或区域的发展过程中必须清醒认识到这样一些问题:其一,这种"先增长、先污染,后治理、后改善"的"事实"之所以成立,有一个不容忽视的重要前提:那就是发达区域的环境改善是在落后区域的环境破坏过程中实现的。即发达区域的环境改善,是凭借其经济和技术的优势,将高消耗高污染产业进行转移的结果。区域局部的生态环境或可得到改善,而全局的生态环境并未得到改善。其二,生态环境的影响和破坏,很多方面是不可逆的。原始森林、湿地等重要生态功能区,被破坏后在中短时期内是难以恢复的。其三,以生态环境破坏为代价换取经济增长,通常是得不偿失的,其后期治理的成本要远远大于其先期所获得的经济利益。如,对江河湖泊的污染治理,所投入的治理资金远远大于污染过程中所获得的经济利益,且往往治理并不明显见效。由此可见,以"环境库兹涅茨曲线"为依据的"先增长、先污染,后治理、后改善"的发展思路,应予摈弃。因为,从中长期来看和从全域角度来看,得不偿失。

另外,在现实中,在讨论经济发展与生态环境保护时,人们总是希望实现所谓的"双赢"。对此,笔者认为难以企及。"经济—环境的双赢"在局部的区域可能得以实现,而在全域范围内难以实现。这是因为,现实中局部区域的"经济与环境的双赢"多数来自两种途径,一是"损人利己",即通过损害他人的经济利益或环境利益来实现;二是"自欺欺人",即以某一种生态风险的方式,把生态环境破坏的危险遗留给未来、他人或后代。既存的"经济与环境双赢"如此,如果把"经济—环境双赢"当作目标追求的话,也将如此。所以,经济发展过程中,经济发展水平的提高与生态环境破坏是一种"两难",是一种权衡关系,而难以实现"双赢"。在"两难"的权衡抉择过程中,要充分考虑到经济增长对全域生态环境的影响、对周边区域的生态环境影响、对全域或区域生态环境造成的不可逆影响以及后代人所需承受或付出的代价、未来治理所需付出的巨大成本与当前污染所获收益的比较,更要考虑到污染超出阈值可能导致的不可逆后果(即永远无法修复的后果)。

第十三章

可持续发展的全球视角：人类命运共同体与人类整体观经济学

"人类只有一个地球，各国共处一个世界，要倡导'人类命运共同体'意识"提出之后，"人类命运共同体"成为一个重要的理论论述（国纪平，2015）。核心内容是：构建人类命运共同体，实现共赢共享，建设一个持久和平、普遍安全、共同繁荣、开放包容、绿色低碳的世界。其中，应对日益严峻的全球性生态环境问题，是其核心内容之一。习近平总书记在联合国日内瓦总部做题为《共同构建人类命运共同体》的演讲中提出："坚持绿色低碳，建设一个清洁美丽的世界。人与自然共生共存，伤害自然最终将伤及人类。空气、水、土壤、蓝天等自然资源用之不觉、失之难续。工业化创造了前所未有的物质财富，也产生了难以弥补的生态创伤。……我们应该遵循天人合一、道法自然的理念，寻求永续发展之路。我们要倡导绿色、低碳、循环、可持续的生产生活方式，平衡推进2030年可持续发展议程，不断开拓生产发展、生活富裕、生态良好的文明发展道路。"[①]

第一节 "人类命运共同体"视角的可持续发展

"人类命运共同体"这一重要概念，引入到关注全球生态环境问题的

---

① 《习近平主席在出席世界经济论坛2017年年会和访问联合国日内瓦总部时的演讲》，人民出版社2017年版，第29页。

可持续发展领域,具有核心概念的理论价值和实践意义,也是认识工业文明为生态文明所超越的恰切视角。[①]

一 "人类命运共同体"作为全球可持续发展理论核心概念的理据

人类,因生活在同一个地球,因生活在同一个无法区隔的自然生态环境系统中,因维护人类世世代代生存传承繁衍的共同目标,而形成了共同的利益和需求。这个共同利益和共同需求的本质,就是永续性地维护人类赖以生存传承的生态系统及其生态功能的完好性。因为,如果生态系统的完好性无法永续,那么人类世代的生存环境就将日益劣化。因此,这一共同利益,构成了人类各主体行为的前提条件和基础性约束。这一共同利益的追求主体和维护主体就是"人类整体",亦即"人类命运共同体"。随着全球生态环境问题的日益严峻,全球社会越来越关注"人类整体"的命运,从可持续发展理论和实践的进展来看,生态环境问题必须从"人类整体"的共同利益角度来认识,经济活动的生态环境影响必须从全球范围来看待,有关"可持续发展"的行动必须在全球范围内来协同推行。因此,"可持续发展"理念,只有在"人类命运共同体"视野下才能真正认识到其本质意义,即任何"发展"必须以保障全球生态系统的可持续性为约束。

笔者提出,以"人类命运共同体"为核心概念来认识工业化以来的全球性生态环境问题,是"可持续发展"的应有之义,也是"人类命运共同体"的应有之义。可持续发展的利益主体,实质上就是"人类命运共同体"。人类经济活动,其实质就是围绕"人类命运共同体"的生态利益(以下简称"共同体利益")与非共同体利益(个人利益、企业利益、群体利益、国家利益等)的关系与矛盾所形成的。全球各主体之间,如果能够有效解决如何保障"共同体利益"的问题,那么,其他非共同体利益也就迎刃而解了。人类之所以要推动"可持续发展",其核心的目标追求是维护人类世世代代的"共同体利益"。这一"共同体利益"可以从以下几方面来认识。

[①] 本节主要内容参见钟茂初《"人类命运共同体"视野下的生态文明》,《河北学刊》2017年第3期。

(一) 追求人类作为一个整体的共同利益

人类活动的利益体现在个体利益、群体利益、共同体利益三个层面之中。人类活动中，其利益主体不仅有作为消费者的个人、作为生产者的企业、作为群体利益代表者的国家或其他群体组织，还有人类整体的"共同体利益"。因为：(1) 人类作为自然界中的一个物种，有着其种群生存传承的价值和利益，决定了人类成员个体天然地具有维护共同体利益的特性；(2) 人类成员个体的生存发展利益部分地也体现为共同体利益，共同体利益得不到保障的话，那么个体成员的利益（特别是长远利益）也难以得到保障；(3) 人类整体有着共同面对的危机（这些危机是长期以来人类范式行为、竞争行为、累积行为共同作用的结果）。所以，人类整体必须基于共同体利益进行协同行动。

(二) 维护全球生态系统的完好性

生态系统是人类赖以生存的基本条件，只有生态系统的完好，才能使人类各层面的利益得到基本的保障。生物多样性、重要生态功能区得以保护、人类经济活动不超过生态承载力等，是生态系统完好的基本表征。反之，如果自然生态环境系统的生态功能遭受破坏而不断损耗的话，人类整体的生存传承条件就会不断劣化。换言之，自然生态环境系统的完好是人类生存发展利益的基础，人类整体及其个体成员必须自觉维护自然生态环境系统的良性运行。然而，在过去的发展阶段（尤其是工业化、城市化、全球化发展过程中），人类社会在较短的时间尺度内超越生态系统的承载力而获得较多的短期经济利益，导致生态系统被破坏，而生态系统被破坏的后果又反作用于人类。可见，人类在实现当代人利益的过程中必须把维护生态系统功能完好作为人类行为的基本约束。这种基于维护生态系统功能完好的行为动机，是共同体利益的一种体现。

(三) 追求人类各世代间的代际公平

人类作为自然界的一个物种种群，人类个体作为这一种群的成员，都具有维护人类能够在生态环境完好条件下世世代代永续传承的基本属性，这是大自然的一个基本法则。所以，人类必须考虑后代人的利益，在当代人与后代人之间利益相冲突时，应当兼顾并等同视之，不应只顾当代人利益而损害后代人利益。世代间的公平问题产生于前代人获取利益的行为对后代人获取利益权利的影响。因此，代际公平也是共同体利益的一个重要方面。

综合而言,"人类命运共同体"作为代表人类整体利益的主体,无论是理论上还是实践中,都具有三重内涵:作为人类不可分割的共同利益的追求主体、作为无可替代的生态系统的维护主体、作为追求"代际公平"而维护后代人权利的代言主体。

二 从"人类命运共同体"视野来认识全球可持续发展的本质内涵

从联合国环境发展委员会的报告《我们共同的未来》提出"可持续发展",到当今最为关注的应对气候变化议题,既有的相关讨论多数都是针对人类整体层面的问题。也只有从人类整体层面来认识,才能发现问题的根源所在、才能找寻到解决问题的切实途径。也只有从人类整体利益角度,才能涵盖生态环境问题所呈现的无所不在、全域性、累积性、每时每刻的特征。从局部或从个别利益者角度,难以全面而深刻地理解可持续发展的真正内涵,难以达成"可持续发展"所追求的根本目标。

(一)"可持续发展"议题针对的都是"人类命运共同体"层面的问题

可持续发展的定义中明确提出"既满足当代人的需求,又不对后代人满足其自身需求的能力构成危害"(世界环境与发展委员会 WCED,1987),可见可持续发展的讨论对象不是局部的,而是全球的、全人类的。在可持续发展的理论与实践进程中有重要影响的文件《人类环境宣言》(1972)、《我们共同的未来》(1987)、《21世纪议程》(1992)、《京都议定书》(1997)、《巴黎协定》(2016)等,所讨论的都是针对人类整体层面的问题,历次全球气候大会讨论的更是有关"人类整体"未来命运的全球性问题。可见,"可持续发展"只有在"人类命运共同体"视野下来认识,才符合其本质内涵。换言之,"可持续发展"只能是"人类命运共同体"的可持续发展,而无法分解为各区域、各群体的可持续发展。这是由于生态环境影响的不可分割性与自然资源环境使用权的整体性所决定的。对于这一整体性可以从几方面理解:(1)生态环境问题是人类整体共同行为造成的,任何个体成员、群体、区域行为的影响都是非排他的,都是累积加总起来对自然生态环境系统造成影响。(2)生态环境问题是全球共通的、无法区分影响疆域。不可持续问题中的生态环境问题是全球一体的，一个区域的生态破坏必然导致全球生态系统的脆弱与劣化。(3) 对于各种生态环境问题，只有全球采取共同性行动、协同性行动，才有可能加以抑制。个别主体的抑制行为或治理行为，难以起到有效的作用。

（二）"人类命运共同体"的损益是认识不可持续问题成因和后果的关键

"人类命运共同体"追求三方面的利益：追求人类共同利益、维护自然生态环境系统、维护后代人利益。但人类为满足当代人需求而进行的范式行为，经常性地、全面而广泛地、累积性地损害这三方面利益。

其一，"人造财富"替代"自然财富"的发展模式，使得人类经济活动规模已经扩展到生态系统承载力的边界。全球生产范式与消费范式行为对生态影响不断地强化与累积。从人类经济活动的各种目的（消费、生产、竞争、结构变化与技术进步、投资与增长、贸易等）来看，人类活动对生态系统的影响不断加剧且长期累积。无论是人口增长及消费水平的提高，还是单一种植导致生物多样性破坏、生态脆弱，或是工业化（生产、技术、消费形成范式）、城市化、大型工程，或是高技术发展导致生态不确定性和生态风险的增加，都可归结为同一个经济学问题："自然财富"不可逆地转化为"人造财富"。这一方式在加速经济增长的同时，也加速和加剧资源耗损、生态环境劣化、废弃物累积。

其二，人类社会成员或群体活动对生态环境往往会形成"公有地悲剧"。人类共同生活于其上的自然生态环境就是一个"公有物"，任何主体可自由使用，由于各自追求利益最大化，很容易超越生态环境系统的承载力进行过度经济活动，从而导致自然资源的滥用和生态环境的破坏、最终导致人类生存环境的退化甚至毁灭。现实中有诸多例子：原始森林不属于任何个体，但任何人都可无限制地砍伐，当砍伐超过一定限度后，原始森林将无法维系；公有河流水域的渔业资源属于公有，任何人都可无限制捕捞，过度捕捞必然使得诸多鱼类濒临灭绝，而使得渔业资源不断减少和生态破坏；地下水也属于公有资源，任何人都可无限制开采，使得地下水资源匮乏，且使得土地地质状况恶化；大气也属于公有资源，任何人都可无限制地向大气中排放废气，使得空气质量下降；海洋也属于公有资源，任何人都可无限制使用海洋资源、无限制向海洋排放废弃物。如同其他

"公有地悲剧"一样,其最终的结局是:无节制的行为,导致该公有地生态功能的退化,最终受损者就是导致悲剧发生的众多行为者。毫无疑问,原始森林、河流、地下水、大气、海洋等"公有地悲剧"的结果,必然是生态系统生态功能的退化,这个后果是人类整体以及每一个体所不得不承受的。

其三,人类社会成员或群体活动对企业利润、经济增长、技术进步的追求过程中,往往会对人类整体及自然生态环境形成外部性影响。企业利润的实现,很大程度上是通过某种尚未被他人认识、无须支付成本的"外部性"实现的。而"外部性"不断转嫁的结果,必然导致最终由生态系统或后代人来承担。如,跨国企业的利润实现过程中,其转嫁成本的方式:生态环境影响的成本转由欠发达地区承担、转由全球承担;依赖技术的优势将风险成本遗留给了整个地球甚至是未来社会。成本外部化,是企业利润的根本来源,在企业利润的实现过程中,必定存在与之对应的利益受损者,或者是当代的人类整体,或者是未来世代的人类整体。不难得出这样的推论:经济增长的终极来源就是企业成本外部化的加总。所以,经济增长往往伴随着相应的低价格的自然资源消耗、无成本的生态环境耗损、未知风险的技术发展。可见,经济增长外部性成本的最终承接者是生态系统、是人类整体、是后代人。

（三）"人类命运共同体"是可持续发展的认知主体与践行主体

从认知角度和行为实践来看,大多数与可持续发展相关的概念,都只有在"人类命运共同体"视野下才具有真正的意义。如:生态环境承载总量、自然资源的可持续性、生态环境承载力、环境库兹涅茨曲线、绿色国内生产总值 GGDP、代际财富均衡等。在生产要素全球流动、产品自由贸易以及生态环境无疆界的状况下,个别区域的"可持续发展指标值"是没有意义的。因为个别区域的"可持续发展指标值",完全可以通过"成本外部化"方式而"优化",也完全可能因其他主体的"成本外部化"影响而劣化。如,对于碳排放、污染物排放的总量控制,都只有在全球范围内实施才可能有实际的成效,否则,一个区域的控制与减排势必导致其他区域增排的现象。也就是说,无论是对可持续发展进行评价,还是对可持续发展采取行动,都只有在全球范围内才有实际的意义。

其一,全球性的绿色核算才有意义。传统的国民经济核算,只对经济活动的增加值进行统计，而不考虑经济活动损耗自然资源环境带来的负面影响。在"可持续发展"观念下，提出了用"绿色 GDP"修正传统经济指标。即在现行 GDP 指标的基础上，扣减自然资源消耗的价值损失和自然环境改变的价值损失。但是，如果仅仅是考核某一区域、某一主体的"绿色 GDP"的话，只会助长经济主体把对资源环境的负影响转移到其他地区、他人或后代人身上。所以，从人类整体角度、从全球角度来看，绿色 GDP 核算对抑制资源消耗、抑制生态环境破坏并不会起到积极作用。或许只有在全球范围内来推行"绿色的全球生产总值"（Green Gross Global Product, GGGP）核算才有意义。GGGP 必须既扣除经济活动对资源、环境的负影响，还要扣除各群体对其他地区、对他人、对后代人的外部性影响，也要扣除技术发展等所导致的不确定性风险影响。"绿色全球生产总值"与"绿色 GDP"本质的区别在于，必须排除一切形式的"成本外部化"。

其二，全球范围的库兹涅茨环境曲线未必存在，全球一体地进行生态—经济利益的权衡才有意义。在讨论生态环境与经济发展的关系时，有实证研究认为存在环境库兹涅茨曲线的动态关系。即：在经济发展过程中，生态环境恶化程度随着经济发展水平的提高逐步加深，达到一定严重程度后，随着经济发展水平的提高而逐步得以改善，环境状态随经济发展水平呈"倒 U 形"态势。经验数据表明污染物排放的转折点通常在人均 GDP 达到 4000 美元左右的水平。环境库兹涅茨曲线"表明"：发达国家在经历污染增加的发展过程之后，逐渐转向污染物减少的过程。但是，有一个不容忽视的前提：发达国家的环境改善，是在发展中国家的生态环境恶化过程中实现。即如果没有这样一个前提，发达国家"环境库兹涅茨曲线"根本不可能出现。从某种意义上来说，发达国家的环境改善，是凭借其经济和技术的优势，在生态环境领域"损人利己"的结果。如果这种"实证"扩大到全球范围来研究的话，恐怕难以出现"环境从恶化到改善"的过程。[①] 笔者认为："环境库兹涅茨曲线"，反映的只是局部的、短期的某种可能状态，从全球范围、从人类发展历史等角度来看，生态环境质量是不断劣化且不可逆的。目前人类社会关注和重视生态环境问

[①] 钟茂初：《环境库兹涅茨曲线的虚幻性及其对可持续发展的现实影响》，《中国人口·资源与环境》2005 年第 5 期。

题,也只能使这种劣化过程尽可能地趋向缓和,当人类社会充分注意保护生存环境后,生态环境质量可能趋向稳定于某一水平。

其三,"人类命运共同体"视角的代际公平才有意义。"代际公平",可以认为是"可持续发展"另一种形式的表达。代际间的不公平表现为:属于后代人的自然资源和自然环境被提前消耗、属于后代人的资源环境质量迅速下降、后代人从前代人那里获得资源环境使用并从中获益的可能性降低。一般采用代际间的"财富均衡"来衡量"代际公平",可持续性的必要条件是:由人造财富和自然财富组成的社会总财富随时间的变化率大于或等于零。这个标准不可谓不合理,但是存在以下漏洞:一是人造财富与自然财富之间是不是完全可替代?如果以某个区域、某个群体来评价,必然会选择"人造财富与自然财富是完全可替代"的认识,这样就必然会成为当代人更多地损耗自然财富的借口。二是代际之间的财富评价必然存在一个不同时间点的价值的折现问题,折现率以什么样的标准来确定?如果以某个区域、某个群体来评价,必然会选择有利于当代人行为的折现率。三是某个区域、某个群体实现了社会总财富的代际财富均衡,依然无法排除通过"成本外部化"方式来达成。要解决上述难题,就不得不站在"人类命运共同体"利益角度,否则就会刻意偏向当代人,而偏离可持续发展的真正目标。只有在"人类命运共同体"的视野下,代际公平才能得以实现。

三 从"人类命运共同体"视野认识生态文明对工业文明的超越

"生态文明",一般认为是农业文明、工业文明之后的新的文明形态[①]。"生态文明",作为从"人类命运共同体"视野超越工业文明的认识,与工业文明的理论与实践相比,最显著的分际是:工业文明的利益主体只涉及微观的经济利益主体(消费者和生产者)、宏观领域的国家发展主体,而生态文明涉及的利益主体不仅包括经济利益主体,还包括人类整体,亦即"人类命运共同体"。工业文明,作为全球性的经济活动行为范式和增长范式,其累积的影响和加总的影响无疑是针对全球和全人类的,

---

① 卢风、陈静:《生态文明是将要取代工业文明的崭新文明形态》,《中国社会科学报》2009年8月18日。

但其理论认识却对于"人类命运共同体"利益,一方面无视其存在,另一方面也无能为力。

(一) 超越工业文明,从只追求个体及群体的经济利益转向关注人类整体的"共同体利益"

工业文明,作为全球经济运行和增长的一般范式,其理论认识的基本逻辑:基于"理性经济人"、自然无价值、增长无极限等显性或隐性假设,把"扩大消费需求""不断追加投入生产要素"作为经济增长的手段,无视生态系统利益、后代人利益和人类整体的共同利益。人类经济活动对于自然资源的耗竭和生态系统的破坏是工业文明逻辑的必然结果,生态系统利益、后代人利益乃至人类作为一个整体的共同体利益被损害也是其逻辑的必然结果。对此,可以从以下几个方面来认识。

其一,工业文明的理论认识认为,自然资源和生态环境可以无限制地自由取用、无成本使用、耗费后不需补偿。认为,人类消费需求在数量上是无穷的、在种类上是多样的,人类消费需求引起人类的经济活动,消费需求与经济活动循环促进,所以人类的消费需求和经济活动都是无限增长的。工业文明的目的就是通过自由取用、不必付费、耗费后不需补偿的自然资源环境来满足人类不断扩张的消费需求。所以,工业文明的理论认识必然导致经济的无限增长和自然资源环境的无止境损耗。工业文明的认识及其实践,实质上不考虑人类整体利益,最终利益受损者和承受者就是人类整体的"共同体利益"。

其二,工业文明对于"利润最大化"和"效率"追求的目的性,激励经济主体对自然资源和生态环境的耗竭。利润最大化和效用最大化的目标下,为了尽可能地减少需付费要素的支出,必然促使经济主体尽可能多地利用可自由取用而"无须付费"的自然资源和生态环境。归根结底,使生态系统成为经济主体"成本外部化"的最终承接者,各种外部化成本最终必然转嫁给全球及人类整体、转嫁给后代(通常的路径是,发达地区将成本转嫁给欠发达地区承受,欠发达地区则转嫁给生态系统,最终承受者必然是地球生态系统、人类整体及后代人)。

其三,工业文明的理论认识主张生产无限扩张,即主张对自然资源和生态环境无节制地使用。例如,工业文明的宏观经济理论认为,经济不景气是由于经济活动中消费和投资的有效需求不足,主张政府采用积极财政政策、宽松货币政策来提高总需求以实现生产能力的充分利用。实质上就是通过强有力的各种手段，人为扩大总需求（如赤字财政、低利率、高信用杠杆等）来推动生产无限扩张。其逻辑缺陷在于，不认为宏观经济规模应当受制于生态承载力的约束。这是一种典型的为短期的经济利益而牺牲人类共同体利益的发展思路。

其四，工业文明的理论认识不承认经济活动可能的负面影响，不对经济活动的负面影响做出统计和评价。在传统经济学理论中，尤其是宏观经济学中，没有"负的"产出的概念，任何的经济活动都被看作有利于人类需求满足、有利于社会财富增加，都会产生"正的"影响。这种"经济至上""增长至上""消费需求至上"的理论认识，必然导致对自然资源的耗竭性使用、导致生态系统超载运行，必然导致损害后代人发展能力和损害共同体利益的结果。

其五，工业文明对于技术进步的过当追求，在给人类成员带来巨大福利改进的同时，也给人类整体带来一系列潜在的不确定性风险。如，新技术的推广应用，在对人类需求和社会发展产生"加速"作用的同时，对生态环境及资源消耗方面也产生"加速"作用，亦即对共同体利益有负面的"加速"作用。技术的迅速发展，一是使人们盲目乐观地认为，人类可以完全摆脱自然的束缚，能够解决人类所遭遇的一切难题。而没有认识到，人类物质福利的改善往往以生态损失为代价的（以农药化肥的广泛使用为例，这些产品给人类发展带来巨大福利的同时，但其破坏生态系统的损失是累积性的、影响滞后的、不可逆的、难以弥补的）。二是促进"资源"的取得，使得生态环境的破坏越来越容易、越来越普遍。三是生产技术的范式促使某些"资源"的开采使用呈无限的规模化，也就使得生态环境的破坏呈极端劣化趋势。四是技术的迅速发展和消费的范式，使得"物质需求"不断更新换代，使得经济活动规模远超自然生态承载力。

（二）超越工业文明，应从"人类命运共同体"视野协同构建生态环境问题的全球性规制

在全球面对生态环境危机的背景下，不讨论人类"共同体利益"，片面追求国家利益、个体利益没有意义。这就如同：在全球金融危机面前，任何形式的成本—收益的精打细算，相对于系统风险而言没有可比拟的价值。所以，站在人类命运共同体的角度，应协同构建全球性的生态环境规

制,如:(1)全球生态环境影响的总量管理。全球的生态承载力,决定了全球不可超越的生态环境影响额度。即对于自然资源消耗、污染物排放、碳排放、废弃物累积等应实行全球总量控制,而经济主体间在额度范围内的排放权可交易。(2)经济规模的总量管理。以全球承载力来决定全球经济总量规模,以生态功能特征来决定地球各区域的经济规模。(3)协同性制度机制。如:以生态系统得以维护为依据,确定全球永不开发的生态红线区、确定各区域"最小安全面积",通过有效的协同机制来协调各主体的利益以确保共同体利益得以维护。(4)代内公平的协调。站在人类作为一个命运共同体的视角,协调国家或区域间的关系,以实现相互之间在全球资源利用、全球生态环境利益、全球生态维护责任的承担等方面的公平。(5)代际关系的协调。通过有效机制避免当代人经济活动对各世代共有资源、共有环境的"公有地悲剧"及代际不公平配置。(6)共同体利益与国家利益、个体利益的协调。国家间或区域间在自然资源、生态环境方面易出现"囚徒困境竞争""公有地悲剧""搭便车"等现象,所以在人类命运共同体角度应通过有效的机制来协调。

第二节 全球可持续发展视角的"人类整体观经济学"探索

"私人""群体""人类整体"是人类行为主体和利益主体的三个层面。"人类整体"利益即为"人类命运共同体"的整体性利益。针对由于人类经济行为范式导致的生态环境不可持续问题而形成的"可持续发展"理念,只有在"人类整体"视野下才有意义。"人类整体"有三重内涵:作为人类不可分割的共同利益的追求主体、作为无可替代的地球生态系统的维护主体、作为追求"代际公平"并维护后代人利益的代言主体。因此,对应于研究私人经济行为的微观经济学、研究国家经济行为的宏观经济学,应探索并建立研究人类整体经济活动和共同利益的"人类整体观经济学"。传统主流经济学,其价值基础无视人类整体利益,其实践损害人类整体利益,其方法对人类整体利益问题无能为力。"人类整体观经济学"对传统主流经济学的理论超越应体现在:维护生态可持续性的宏观硬约束、自然价值观念下的利益关系权衡、针对生态环境的外部性完全内部化等方面。①

一 "人类整体观经济学"的提出

既然"人类整体"是人类行为的一个重要主体,"人类整体利益"是人类行为追求的一个重要方面,那么讨论"人类整体"的行为和利益问题就应当成为经济学研究的一个重要领域,而这个领域恰恰是与"可持续发展"的本质含义相通的。换言之,这个领域,既是"人类整体观经济学",同时也是"全球可持续发展经济学"。

由于人类的利益分别体现在个体利益、群体利益和人类整体利益三个层面(钟茂初,2004),人类活动的行为主体亦可区分为"个体""群体""人类整体"三个层次,因而,站在不同层次主体的角度会形成不同的经济学领域。可简单地划分为:微观经济学(以个人及企业为行为主体和利益主体)、宏观经济学(以国家为行为主体和利益主体)、人类整体观经济学(以"人类整体"为行为主体和利益主体)。人类整体观经济学以全球可持续发展为逻辑起点,以人类整体为考量主体,以人类整体利益为考量对象,考察与人类整体生态—经济利益相关的各种关系,包括人类个体利益与人类整体利益的关系、人类群体利益与人类整体利益的关系,也包括人类个体之间竞争性行为与共同性行为对人类整体利益的影响、人类群体之间竞争性行为与共同性行为对人类整体利益的影响等。

(一)微观经济学的范畴

个体(无论是作为消费者的个人还是作为生产者的企业),其经济活动都是将自己可支配的"资源"(广义的资源,包括个体拥有的财富、知识、能力、时间,个人拥有的自然资源消耗权、自然环境排污权,乃至个人对群体利益和人类整体利益的投票权等)用于满足自身的需求。在个体经济活动中可能涉及的关系有:与其他个体的关系、与所处社会的关系、与人类整体的关系。微观经济学应考察和研究以下几方面的问题:(1)微观多元需求的协调。个体在有限的可支配"资源"条件下,如何实现物质需求与其他需求的协调以及个体利益及其他利益的协调。

---

① 本节主要内容参见钟茂初《人类整体观经济学:理论探索与研究框架》,《南国学术》2014年第3期。

(2) 微观行为关系的协调。在个体行为活动中，如何实现个体与个体之间的关系协调。包括交易关系（资源及产品的交换）、竞争关系（生产者与生产者之间的竞争、消费者与消费者之间的竞争）、均衡关系（生产者与消费者之间的均衡）、相邻关系（外部性影响及协同性关系）。(3) 个体利益与群体利益的协调。在国家的制度和观念下，在个体行为活动中如何实现自身所期望达到的群体利益（公共品的提供、公有物悲剧和搭便车行为的自我约束等），如何主张群体利益的实现过程中自身利益的维护。(4) 个体利益与人类整体利益的协调。在人类整体的制度和观念下，在个体行为活动中如何实现自身所希冀达到的人类整体利益（对于人类整体而言的公共品的提供、对于人类整体而言的公有地悲剧和搭便车行为的自我约束等），如何主张人类整体利益的实现过程中自身利益的维护。

（二）宏观经济学的范畴

把国家作为经济活动主体来看待时，既要考察其作为一个主体的行为活动，也要考察其社会成员微观行为的加总影响。它在行为活动中包括与社会成员的关系、与其他国家或区域的关系、与人类整体的关系。所以，宏观经济学层面应当讨论以下方面的问题：(1) 总需求、总供给的均衡。宏观经济政策对宏观经济均衡的作用与影响。(2) 社会公平。站在全体社会成员作为一个整体的角度，协调全社会成员间的关系，以实现社会成员间的公平。(3) 宏观行为关系的协调。在国家或区域的行为活动中，如何实现与其他国家或区域之间的关系协调。包括竞争关系、贸易关系、相邻关系（外部性影响及协同性关系）。(4) 群体利益与个体利益的协调。在国家追求群体利益的行为活动中，如何保障社会成员个体的利益得以维护。(5) 物质需求与其他需求的供给均衡。由"资源""环境"的使用来加总"资源耗费总量""环境改变总量"，与其承载量相比较来决定其总需求、总供给的限制水平，决定经济领域的规模及增长速度，决定生态维护、生态恢复活动的政策力度，在国家层面权衡整个社会的物质需求与生态需求。(6) 群体利益与人类整体利益的协调。在人类整体的制度和观念下，在国家或区域的行为活动中如何实现自身群体所希冀达到的人类整体利益（对于人类整体而言的公共品的提供、对于人类整体而言的公有地悲剧和搭便车行为的自我约束等），以及如何主张人类整体利益的实现过程中自身群体利益的维护。

（三）"人类整体观经济学"的范畴

把人类整体作为经济活动主体来看待时，既要考察其作为一个主体的行为活动，也要考察全体人类的微观行为的加总影响，还要考察所有国家或区域的宏观行为的加总影响。应站在代表地球生态利益、人类永续发展的利益、后代人利益的立场来规范全体人类和国家的行为。其研究内容可在分析其与传统主流经济学的理论分际的基础上来提出。

二 "人类整体观经济学"与传统主流经济学的理论分际

人类整体观经济学与传统主流经济学（微观经济学、宏观经济学）的理论视野相比，最显著的分际是：传统经济学的利益主体只涉及微观的个体利益主体（消费者和生产者）、宏观领域的国家主体，而人类整体观经济学核心的利益主体是"人类整体"。无论价值论角度还是行为实践角度，都反映人类整体观经济学与传统经济学之间的本质区别。可以说，传统主流经济学的理论认识对于人类整体利益，一方面无视其存在，另一方面对于人类整体利益主张也无能为力。所以，主张人类整体利益，就必须完全超越传统经济学的理论视野。

（一）传统经济学理论无视人类整体利益

传统主流经济学理论中的基本逻辑："理性经济人"假设、自然无价值、增长无极限，把"扩大需求"作为经济增长的手段、把"经济增长"作为"发展"等，都无视地球生态系统利益、后代人利益和人类整体的共同利益。从传统主流经济学的基本逻辑进行分析，不难得出：人类社会经济活动对于自然资源的耗竭和自然生态环境的破坏是其逻辑的必然结果，人类整体利益中的地球生态系统利益、后代人利益乃至人类作为一个整体的共同利益被损害也是其逻辑的必然结果。对此，可以从以下几个方面来认识。

其一，传统经济学认为自然资源和生态环境可以自由取用、耗费后不需补偿。

其二，传统理论"利润最大化"和"效率"追求的目的性，激励经济主体对自然资源和生态环境的耗竭。

其三，有关总需求与宏观经济效率的理论，主张生产无限扩张，即主张对自然资源和生态环境无节制地使用。

其四，传统理论不对经济活动的负面影响做出统计和评价。

（二）传统经济学理论的实践导致对人类整体利益的损害

传统主流经济学理论视野的局限，导致其行为主体实现利益最大化目标所采取的手段是：将人类整体利益作为行为外部化的对象，其结果必然导致对人类整体利益的损害。

其一，经济主义和消费主义实践导致的现实后果。经济主义（或称"经济至上主义"）认为，经济是人类社会中决定一切的，人类所有行为的目的和动机都可以以经济因素来表述，人类所有行为的后果都可以以经济成就和经济效益来评判，社会发展也可以由唯一的经济总量指标来评判。现代工业经济社会的发展过程，在某种意义上来说，是消费主义意识不断扩张而导致大量无目的消费需求增长的过程。现代工业经济社会是以经济增长为主导的发展范式，其基本观点是：发展程度较高的先进国家的价值观和经济发展手段应当是欠发达国家的发展目标，其发展手段（促进需求不断增长、促使投资旺盛、市场经济体系、个人满足及个人成就、企业家精神等）是欠发达国家实现发展目标的唯一可行和必须经历的途径。表面上技术创新是现代工业经济增长的重要推动力，但发展经验表明：消费者的需求才是驱使"创新"技术和"创新"产品不断涌现的动力。刺激消费者欲望是现代经济增长过程不可缺少的重要一环，刺激消费需求和人为地增加消费需求成为改善经济景气状况的根本性手段。消费者的价值观、消费者对未来的期望、消费者的行为动机和行为方式等，都是在不断增加消费需求的氛围下形成的。消费者需求—生产者提供产品—消费者购买使用—消费者生活习惯的改变和对该产品的依赖，通过这样一个循环过程，不断更新的产品，一旦被消费者接受，人们的日常生活环境就相应地发生了变化，新的产品也随之成为生活中的"必需品"。亦即，消费者社会通过市场经济体系的作用，使得传统意义上的"基本需求"也不断地扩大范围并不断地发生变化。从经济增长角度来说，消费者社会及其促进消费需求不断增长变化的理念，对经济发展是至关重要的。但从可持续发展角度来看，消费需求理念使经济规模大幅度扩张的同时，也使得大量自然资源和生态环境用于无目的的消费之中，无视地球生态系统利益、后代人利益和人类整体的共同利益。

其二，自然无价值论导致的实践后果。传统上，人们从各个层面都建立了自然没有价值的观念,这种观念直接导致了自然资源的耗竭和生态环境的破坏。这种理论观念及其在实践活动中的应用,导致了资源的无偿占用、掠夺性耗竭性开发,以至造成资源的浪费、资源的损毁、生态环境的破坏和恶化,成为全球"不可持续发展问题"的关键性成因。(1) 导致全球生态环境问题的恶化。自然资源的使用往往伴随着环境问题的产生(如生态环境的破坏、废物的排放、未使用及使用不完全资源导致的污染等),既然自然资源的使用是无价的,那么其伴生的问题也是无价的,这必然加剧由于资源使用不当而导致环境问题的加剧。(2) 导致自然资源、生态环境得不到应有的补偿,其价值也就必然下降。由于理论上认为自然无价值,那么对于有关自然的补偿就无从谈起。(3) 导致人类整体财富的失真。如果自然无价值,那么就不会计入国民财富之中,那么经济活动中的各主体(国家、群体、企业、个人)在追求财富增加的过程中,都不会去关注自然的保护和补偿,反而不惜损害自然去实现其他方面财富的增加。(4) 导致全球公共品的公有地悲剧。自然资源和生态环境都是全球性公共品,其所产生的价值理应成为全球公共财富。但如果自然无价值、使用者无须支付成本,那么公有地悲剧就必然形成。

其三,技术进步导致的实践后果。科学技术的巨大进步是现代工业社会发展的动力,人类通过科技力量深刻地利用和改变了自然世界,为人类带来了巨大的福利改进。但同时也使人们盲目乐观地认为,人类可以完全摆脱自然的束缚、能够解决人类所面对的一切难题。科技的发展,在给人类带来巨大福利改进的同时,也带来了诸多重大的问题甚至危害,产生了一系列威胁人类生存的全球性问题,还有一系列潜在的不确定的风险。从一定意义上来说,对人类需求和社会发展有正面的"加速"作用,而对生态环境及资源消耗方面则有负面的"加速"作用,亦即对人类整体利益有负面的"加速"作用。(1) 技术进步以最有利于人类追求物质利益的方式来利用和改造自然。然而人类物质福利的改善往往就是生态价值的损失(并且这种损失往往是累积性的、影响滞后的、不可逆的、危害巨大的。以农药化肥的使用为例,这些产品给人类经济的增长、人类物质生活的改善产生过巨大的影响,但其破坏生态系统的巨大影响也几乎是无法弥补的)。(2) 技术成果应用往往是单向性。技术成果往往都是出于解决单一的、分离的问题目的,它的生产模式都是"原料—产品—废料"这

第十三章　可持续发展的全球视角:人类命运共同体与人类整体观经济学　/　445

种线性的、非循环形式的。因而资源的破坏和环境的污染是单向性不断累积强化的。(3) 技术的迅速发展促进"资源"的取得，也就使得生态环境的破坏越来越容易。(4) 生产技术的范式促使某些"资源"的开采使用呈无限的规模化，也就使得生态环境的破坏呈极端劣化趋势。(5) 技术的迅速发展和消费的范式，使得"物质需求"不断更新换代、不断把一般性的"物质需求品"催化成"生存必需品"，使得人类活动远远超过生态承载力。

(三) 传统经济学理论对人类整体利益问题无能为力

传统经济学理论中的基本假设和基本认识，都无视人类整体利益。同时，传统经济学理论对于人类活动损害地球生态系统利益、后代人利益和人类整体的共同利益也无能为力。

其一，外部性影响与公有地悲剧没有明确的利益受损主体。一方面，人类经济活动行为对人类整体利益的损害，通常都是以外部性方式或公有地悲剧方式实现的。如同产权不明晰情况下的利益关系，人类整体利益的受损也没有直接的承受者，没有利益补偿的主张者，也就难以追究和制约各主体的损害行为。另一方面，凡是维护生态环境或治理生态环境的行为，具有正外部性。但由于没有明确的直接受益者，也就无从主张生态补偿。既然难以获得生态补偿，也就难以激励各主体主动地进行维护或治理生态环境的行为。

其二，对资源环境损耗的微量累积问题无能为力。现实中存在大量的"微量累积"事例。如，资源消耗的总量累积和时续性累积、污染物的累积、废弃物的累积，微量资源环境消耗对微观个体的效用及利益并无明显的影响，但无数个体的微量加总则对于人类整体的利益有着不可忽视的巨大影响。生产范式、消费范式强化了资源消耗、环境耗损、废弃物等的累积，从而加剧生态危机出现的概率和强度。如，"公有地悲剧"问题，单个的环境影响者行为不会对大气、海洋、地下水产生影响，而众多的环境影响者共同的行为就必然会导致生态环境的退化甚至彻底毁损。现代经济学的边际分析方法，对这一问题的分析几乎是无能为力的。(1) 微观的价格效应不起作用。对于高收入者而言，一般价格的产品，其价格变化不会对其消费数量产生任何影响。例如，对高收入者来说，家庭用水的价格如何提高，都不会对其用水量（高用水量的盥洗方式、家庭游泳池用水、私家花园草坪用水等）产生任何约束。（2）宏观—微观的不一致性问题。每一个消费者多消耗1升汽油对于其支出、其效用都不会产生多大的影响，但加总到全球石油市场却会对价格、产量、储备产生很大的影响。如果，每人每月多消耗1度电、1吨水、1升汽油，对于个人生活都不会有多大的影响，但全球加总起来这是一个何其庞大的数字，足以影响众多产业的投资、供给、价格、储备，由此增加的污染物排放量足以影响全球的环境质量。微量的资源消耗、污染物废弃物排放都必然累积为影响人类整体利益的大问题。应当形成怎样的机制以替代失灵的价格机制？这是经济学急需在理论上破解、在实践中变革的一个重要课题。

其三，对人类行为不确定性影响问题无能为力。对自然资源和生态环境的利用并由此产生对未来的影响是不可预见的，且利用过程不具备完全信息，所以不确定性对全球可持续发展必然是一个很重要的影响因素。在现实中，不确定性对自然资源和生态环境利用的影响还会体现在以下方面：（1）限于当代人类使用者的知识水平，无法全面准确地了解自然资源和生态环境的真实价值以及可能的影响方面、无法评判其长期效果、无法知晓自然资源和生态环境当前可利用的阈值水平。（2）对自然资源环境的利用是由利益集团（个体或群体利益主体）决策并付诸实践的，在信息不完备的情形下，不同的利益集团往往只截取对其有利的信息公之于众，这一决策过程必然使自然资源环境的利用偏离人类整体的共同利益和长远利益。（3）即使对资源存量、生产能力和技术发展能够做出较准确的预测，当前决策、配置和使用资源的人类也无法知道子孙后代的选择偏好，这种后代人偏好的不确定性也必然导致不可预知的结果。（4）对生态环境影响的评估等方面的不确定性都会使自然环境的利用偏离最优利用水平。环境影响评估直接影响着资源环境的利用，现实中环境影响往往被低估，使资源环境利用的控制失之于宽松，使人类整体利益（包括后代人利益）明显受损。

三 "人类整体观经济学"应致力于的理论超越

"人类整体观经济学"，其内涵是：对"全球性可持续发展问题"的经济学分析。综合上一节对人类整体观经济学与传统主流经济学的理论分际的论述，可以得出："人类整体观经济学"必须对既有的微观经济学、宏观经济学理论实现超越，尤其是要解决前文所述的传统经济学理论对人类整体利益无视方面的问题以及对人类整体利益问题无能为力方面的问题。

（一）"人类整体观经济学"范畴的内涵

相对于微观经济学和宏观经济学范畴，人类整体观经济学层面应讨论以下问题：（1）个体活动影响的总量管理。对照个体行为加总影响与地球生态资源环境承载力，由此决定人类范式行为不可超越的程度（如，对于资源消耗、污染物排放、人口增长等可实行全球总量控制，而国家间、个体间在规定范围内的权利可交易）。（2）经济规模的总量管理和区域管理。以地球承载力来决定全球经济总量规模，以生态功能特征来决定地球各区域的经济规模。（3）协同性制度机制。人类整体观经济学，最首要的任务就是建立有效的制度机制来促使各国通过协同行为来实现人类整体利益的最大化，如：以地球生态系统得以维护为依据，确定全球应予保护的生态功能区域（意味着永不开发）、确定"最小安全面积"，通过人类整体的制度机制来协调各国的利益以使这一保护得以实现。（4）代内公平的协调。站在人类作为一个整体的层次上，协调国家或区域间的关系，以实现群体间在全球资源利用、全球生态环境利益、全球生态维护责任的承担等方面的公平。（5）代际关系的协调。站在代表人类永续发展的利益和后代人利益的立场上，通过有效的制度机制来避免人类整体活动对各世代共有资源、共有环境的"公有地悲剧"及代际配置不公平。（6）人类整体利益与群体利益、个体利益的协调。国家间或区域间在自然资源环境方面通常容易出现"囚徒困境竞争""公有地悲剧""搭便车"等现象，所以在人类整体层面上应通过有效的制度机制来避免或协调。以上内容，尚未纳入主流经济学的研究视野。而在全球面对生态环境危机的背景下，不讨论更高层面上的"人类整体利益"，片面讨论追求国家利益、个体利益的方法和手段没有意义。这就如同在国际金融经济危机面前，任何形式的成本收益的精打细算都没有实际意义。

（二）"人类整体观经济学"致力的理论超越

其一，要把维护生态系统可持续性作为各主体利益追求的基本约束。人类整体层面不存在某一目标利益的最大化追求，仅把生态系统的承载力作为协调各个主体利益最大化追求过程中不可逾越的基本约束条件。为了维护人类生存基础的生态系统的"可持续性",必须给出人类活动不可突破的界限,这就是"人类整体观经济学"所必须首先讨论的基本前提。在经济学中最主要的体现就是"经济总量规模的上限"。主流经济学的基本假设和思维方式都是目标函数(效用水平、利润水平、国民生产总值等)的最大化,它所讨论的只是经济体系内部如何配置资源来实现目标的最大化,而不讨论生态系统这一外部条件所规定的限制规模。用船只的装载来比拟这一问题,即现在的经济学只考虑如何更合理地"配置"装载物品才能使船只运载得更多,而不考虑船只及其航运条件可承受的最大承载量。显然,传统经济学理论把经济的"承载量"看作是既定的、无限大的,在实际经济运行中遇到了各种问题(无论是通货膨胀还是失业问题或是经济危机问题)所提出的解决方案都是增加投资、扩大经济规模。而"人类整体观经济学"所认同的假设前提是:生态系统所决定的"经济承载量"是有限的,并且现实的经济活动离那条"限制线"越来越近(在某些方面甚至已经超越了限制线),所以经济学首先应当解决的是全球的"经济总量规模"(即生态系统所能够承载的经济活动总量),而后在"经济总量规模"之下去讨论"资源配置"的问题才有其实际意义。

其二,要把"自然价值"作为人类经济活动与生态利益的重要权衡理据。既然,生态承载能力是有限的、全球经济规模总量是有限的,那么,自然资源和生态环境的使用就必然是有价的。"自然价值"可以从地球生态系统的"稀缺性""产权性""财富性"等的角度去分析、去认识。(1)稀缺性。只有稀缺的东西才有价值。地球生态系统之所以有价值,是因为生态功能在人类经济活动中是必不可少、不可替代的投入,而生态功能并不是无限供给的,而是有其一定的承载限度的,并且生态功能会因人类活动超载而损耗。所以,生态功能是稀缺的、是需要得到补偿的。(2)产权性。"自然"的"产权"所有者有其特殊性,"自然"的所有者是当代人、同时也是后代人,整体的"自然"属于整个人类。自然价值要体现这一产权特征。(3)财富性。"自然"在人类生产生活中所提供各种生态功能,使人类成员得到相应的效用满足,"自然"所具有的这种能力,对人类来说无疑是一种实在的财富。反之,如果"自然"的生态功能能力逐步地衰减,那么人类从中所能得到的效用满足也将相应地减低,显然就是人类自身财富的减少。"人类整体观经济学",必须引入

"负价值"（或称"生态损益"）的概念。对那些只给特定个体或群体带来利益而给全球利益带来损害的活动，应看作是价值耗损的过程，要考察该活动消耗资源而形成的"负价值"、该活动对环境造成影响而形成的"负价值"、该活动在消费及废弃物处理过程中所造成的外部性而形成的"负价值"等。在分配理论中，须引入这样的原则，凡是创造"负价值"者，都必须承担相应的补偿责任，凡是"负价值"的承受者都有权要求得到补偿。人类行为都会对生态系统造成损益，"生态损益最小化"应成为人类行为基本准则。效率化追求，只是减少生态损益的行为，而不可能带来财富创造。个体间、群体间的交易行为，也应把"生态损益"的减小作为交易准则。人类个体及群体应公平行使生态损益手段、公平承受生态损益影响、公平承担生态损益责任。

其三，要从人类整体利益角度考察各种经济活动的系统效应。系统理论认为，系统的功能要大于组成它的各部分功能的简单加总，因此，人类个体及群体经济活动过程中所创造的"负价值"（"生态损益"）的系统效应必然远大于其简单加总。比如某一社会经济活动对整个生态系统的负面作用是极为有限的，但全球同一范式活动加总对整个生态系统的负面作用则可能是灾难性的，整体效应所造成的"负价值"则是巨大的，也许远远超过这一类活动带来的经济利益的总和。当今社会所产生的生态危机（土地荒漠化、环境污染、臭氧层破坏、物种灭绝等）都应从各种生产活动和消费活动的系统效应角度来认识，否则无从探寻自然生态环境破坏这样一些巨大的"负价值"的创造源。所以，"人类整体观经济学"必须考虑一切个体行为、群体行为的生态环境影响的累积，从累积影响的后果反过来制定约束微观行为的原则。对消费需求增长、对技术发展方向、对生产范式及消费范式等形成约束。

其四，对于以生态系统为对象的外部性完全内部化。生态环境危机的形成，最根本的成因就在于各个利益主体在其经济活动过程中形形色色的外部性手段，如企业利润获取的手段是成本的外部化，国家经济增长和竞位的实现手段也是将其负面影响外部化，各种外部化的最终承受者都必然转化为地球生态系统。"人类整体观经济学"以"人类整体"作为利益主体，就是要排除一切针对地球生态系统的外部性手段和外部性影响。一方面，"人类整体"应作为外部性的利益受损者，主张不受损害的权利、主张利益补偿要求、主张追究和制约各主体的损害行为。另一方面,"人类整体"作为正外部性的受益者,应对维护生态环境或治理生态环境的行为支付补偿,激励各主体维护或治理生态环境的行为。

其五,从"全球性公共品"角度确立各利益主体的生态责任。全球性的生态环境问题,实质上多数可以归结为"全球性公共品"(GPG)的供给问题。全球性公共品的类型包括:地球生态系统的生态功能维护类型(生态功能区的保护、不被开发、贫困治理等)、生态环境恢复与治理类型(环境治理工程等)、不确定性影响的保障类型(生态类保险)。全球性负公共品(人类整体行为导致利益受损的不可排己性,无法追究责任者,需全体共同出资治理的)也应纳入讨论的范围。全球性公共品与区域公共品的区别有三个属性:"代际性""国际性""缺乏中央强权",这是导致全球性公共品供给困境的根源。理论上有"市场化自发行为"和"市场化+强权"两种解决思路。全球性公共品在实践中的存在三个制度性缺口:"司法缺口"(没有一个超国家的"世界政府"的存在)、"参与缺口"(国际合作与协调缺少足够多的参与者)、"激励缺口"(缺乏有效的激励机制以保证国际合作的顺利进行),弥补这三个缺口是促进全球性公共品有效供给的制度保障。解决全球环境公共品问题的主要手段是"国际环境协议"(IEA)。国际环境协议往往建立在非合作博弈基础上。既有的国际环境协议的问题是:或者合作范围非常有限(或仅能解决俱乐部公共品问题),或者合作框架脆弱。问题的根源在于全球性公共品的属性(加之牵涉经济利益得失和国家主权的部分让渡,阻碍了行为人的理性决策)。解决全球环境公共品问题的根本途径,必须从全球性公共品的本质属性着眼。理论方面要着眼于市场化条件下的全球性公共品提供与分配、强权存在条件下的全球性公共品提供与分配等方面的探索;实践方面,建立激励相容约束机制,通过惩罚或奖赏来改变行为主体的收益函数,来实现自发行动仍是最优选择;贸易关联是处理全球性公共品"国际性"属性问题的有效手段。构建"国际环境合作组织",是解决全球环境公共品问题的一种探索。不确定性、具有国家特质的收益分享、有限的本质利益相关者、大国的领导示范作用等因素,是影响合作组织的主要障碍。环境非政府组织(ENGO)应该在解决全球性公共品供给的国际环境合作中发挥更大的作用(钟茂初、史亚东、孔元,2011)。

第十四章

可持续发展政策理论基础的新认识

中国推进生态文明建设，就是探索可持续发展实现路径的伟大实践，其理论准则是"人与自然和谐共生"。"人与自然和谐共生"与可持续发展思想有着什么样的理论联系？其经济学内涵和政策的理论基础是什么？本章对此展开讨论。

第一节 "人与自然和谐共生"的学理分析

中共十九大将"人与自然和谐共生"纳入新时代坚持和发展中国特色社会主义的基本方略。党的十九大报告提出：坚持人与自然和谐共生，树立和践行绿水青山就是金山银山的理念，像对待生命一样对待生态环境，为人民创造良好生产生活环境、为全球生态安全做出贡献。报告中提出：我们要建设的现代化是人与自然和谐共生的现代化，既要创造更多物质财富和精神财富以满足人民日益增长的美好生活需要，也要提供更多优质生态产品以满足人民日益增长的优美生态环境需要。必须坚持节约优先、保护优先、自然恢复为主的方针，形成节约资源和保护环境的空间格局、产业结构、生产方式、生活方式，还自然以宁静、和谐、美丽。报告中还提出：坚持推动构建人类命运共同体，构筑尊崇自然、绿色发展的生态体系；坚持环境友好，合作应对气候变化，保护好人类赖以生存的地球家园；成为全球生态文明建设的重要参与者、贡献者、引领者。

如何准确地认识"人与自然和谐共生"的内涵,本节对此展开分析。①

一 "人与自然和谐共生"的学理内涵

为什么要坚持"人与自然和谐共生"的理念?其根本目标就是,在尊重自然、顺应自然、保护自然的基本原则下,维护人类赖以生存和传承的地球生态系统的完好性和永续性,以使得唯一适合人类生存传承的地球生态系统,能够高质量地提供人类生产生活所需要的各种自然资源和生态功能,并通过自维护、自修复、自净化能力承载人类经济活动及其所产生的影响。

那么,人与自然之间,什么样的关系是"不和谐相害"关系?什么样的关系才是"和谐共生"关系呢?从经济学学理角度来认识,传统经济社会中,人类经济活动系统与生态系统是分立的"主体",由于人类经济活动的根本目标是生产者的利润最大化以及消费者的效用最大化。此时,人类经济活动必然会以对生态系统产生负外部性的方式来实现其目标函数的最大化,当各经济活动主体的外部性影响加总超过了生态系统的生态承载力时,就会导致生态系统的生态功能劣化。所谓"外部性"(externality),即指一个主体的行为给其他主体带来利益损害而不承担补偿成本的外部效应。在生态环境领域的外部性,体现为:其一,人类作为经济活动的主体在其生产消费过程中,往往会直接或间接地给生态系统带来环境质量改变、生态劣化影响,而不承担相应的成本和补偿责任。如,企业的产业转移,实质就是生态环境成本的转移和转嫁过程,将生态环境影响的成本转嫁由欠发达区域承担,而欠发达区域最终只能转嫁由生态系统承担。经济发展差距和经济不公平,由此而转化为生态环境不公平。其二,企业之间、区域之间或国家之间的经济竞争过程中,其获取竞争优势及垄断利润的重要手段是,把更多的"自然资本"(无须补偿而取得的自然资源、无须补偿的生态环境损耗等)转化为"人造资本",实质是将成本外部化转嫁由生态系统承担。现实中各个经济活动主体竞相针对生态系统采

---

① 本节主要内容参见钟茂初《"人与自然和谐共生"的学理内涵与发展准则》,《学习与实践》2018 年第 3 期。

取"公有地悲剧"行为方式,如,森林及湿地的开发利用、地下水开采、海洋生物资源的攫取、大气污染排放等,都是针对全人类"公有地"的损耗,随着时间和数量的不断累积,将形成不可逆转的生态功能劣化,后果则由全球生态系统及全人类及其后代人承担。其三,企业竞争获取垄断利润的一个重要路径是"技术进步",技术进步往往起到双向加速作用,在促进经济效率提升的同时,也促进自然资源环境损耗效率的提高。同时,技术创新和技术产品推广过程,往往将新技术的不确定性及其生态环境风险遗留给生态系统以及未来社会。例如,化肥农药推广使用过程,对地下水、土壤等生态系统的长远影响。其四,资本经济对于增长的无止境追求,必然导致社会需求不足与生产过剩的矛盾和危机,生产过剩本质上就是对于自然资源和生态环境的无谓损耗,而"解决"矛盾和危机的基本手段仍然是促进投资和需求,进一步强化对自然资源和生态环境的损耗。总之,基于利润最大化、竞争优势、技术进步、应对经济危机等目标的人类经济活动对生态系统形成外部性生态影响,由此而形成人与自然"不和谐相处"的关系。

由此可知,"人与自然和谐共生"的内涵就是:人类经济活动系统与生态系统是相互依存、相互制约的利益"主体",生态系统能够稳定提供生态功能,是人类经济活动系统永续实现其利益的源泉。为保障生态系统生态功能的完好性和稳定性,人类经济活动的规模和水平,必须以生态系统的承载力为约束,一切针对生态系统的外部性行为和"公有地悲剧"行为方式,都必须通过制度构建予以有效消除。

如果以 X 表示经济活动规模,x 表示经济活动的投入要素,E 表示自然生态系统的生态承载力(E_0 为初始的生态承载力),$e(x)$ 表示经济活动对自然生态系统的外部性生态影响。则人类经济活动与自然生态系统之间存在以下关系

$$\begin{cases} X = X(E, x) \\ e = e(x) \quad x < E \text{ 时 } e = 0 \\ E = E_0 - e(x) \end{cases} \quad (14-1)$$

上述关系式表明,人类经济活动如果超过生态系统的生态承载力,就会对生态系统产生外部性影响,而这一外部性影响必然导致生态系统生态

承载力的减小,进而反过来影响未来阶段人类经济活动的生产力水平。

要解决人类经济活动系统与生态系统的"不和谐相害"关系,其实质就是解决传统经济活动过程中所形成的针对生态系统的外部性生态影响。从解决外部性的经济学视角来看,其解决路径包括:一是明晰产权。如,对于重要的生态功能区,其产权为全民所有,其产权是非开发性的所有权,区域范围内严格禁止开发,其管理权由中央政府环境保护职能部门代行。这就严格限制了关联区域的经济主体对其形成外部性生态影响,限制了各主体竞相对重要生态功能区采取"公有地悲剧"行为。二是形成价格和成本补偿等市场机制。如,针对碳排放、污染排放,通过排放权初始配置和排放权交易,形成实际价格。一方面因排放权的稀缺性而使得有限的排放权额度得到优化配置,另一方面也遏制了各经济主体不承担责任、不支付成本的"外部性"动机。三是外部成本内部化。如,对于生态环境影响纳入政绩考核,经济活动所造成的生态环境代价也就成为了行为决策者的内在成本,追求目标也不再是短期局部经济利益,自然资本财富和后代人利益也纳入到其目标函数和决策行为之中。由此而可有效遏制不顾生态环境影响追求经济增长的"外部性"动机。四是有效遏制"搭便车"行为动机。如,以"共同而有区别的责任"原则,确立各行为主体承担生态维护和生态环境治理的责任,并辅之以激励和处罚机制,使得有关生态环境的"搭便车"行为得到遏制。

二 "绿水青山就是金山银山"的学理内涵

"绿水青山就是金山银山"理念,转化为学术语言,其内涵就是:"绿水青山"代表生态环境所构成的"自然资本","金山银山"代表人类经济活动所形成的"人造资本"。"自然资本"的价值是"存在价值"(existence value)和"非使用价值"(nonuse value),"人造资本"的价值则是"使用价值"。社会总财富由"自然资本"财富和"人造资本"财富加总而构成的,代际之间的财富传承过程中社会总财富不减少,是"可持续发展"的基本准则。在传统的财富认识中,往往只把经济活动创造的"人造资本"作为财富,而认为"自然资本"必须通过经济活动转化为"人造资本"才成其为社会财富的一部分。"绿水青山就是金山银山"理念的提出,实质上就是对传统财富认识的改变,认为:"自然资本"就是社会财富的重要组成部分,并且"人造资本"增加的过程中以不损害"自然资本"的可持续性为基本前提。亦即,"人造资本"不可完全替代"自然资本"(人造财富的增加难以替代自然资源及生态环境的损耗),要真正保持代际间的财富均衡就必须使自然资源和生态环境构成的"自然资本"不减少。

考察人造资本 K 和自然资本 E 构成的财富函数 Y 时,根据两种资本之间的替代程度不同可以分别采用以下形式的财富函数(a、b 分别为代表人造资本使用效率、自然资本使用效率的系数)。

(1) 两种资本完全可替代的财富函数

$$Y(K, E) = aK + bE \qquad (14-2)$$

这一形式的函数,反映"人造资本"与"自然资本"之间完全可替代的情形,一种资本的多或少不构成对另一种资本的制约。这是传统财富理念下的生产函数,在单纯重视"人造资本"财富的发展阶段,往往以损耗"自然资本"财富来实现更大的"人造资本"财富,且不惜以低效率的方式耗竭性损耗"自然资本"。

(2) 两种资本完全不可替代的财富函数

$$Y(K, E) = \min\{aK, bE\} \qquad (14-3)$$

这一形式的函数,反映"人造资本"与"自然资本"之间完全不可替代的情形,一种资本的多少构成对另一种资本能否发挥作用的制约。在"生态环境为短板"的当前背景条件下,实质上是"自然资本"决定了全社会的财富水平。在这一背景下,要实现社会财富的增长,继续增加"人造资本"的投入不是可行的途径,只能通过维护"自然资本"并提高"自然资本"的使用效率(生态效率)这一途径。一方面应通过有效维护和修复生态系统来增加"自然资本",另一方面则要以高生态效率的产能去取代那些低生态效率的产能。

"绿水青山就是金山银山"这一财富认识观念,是合理处理经济社会发展与生态环境保护之间关系的基本准则。既把维护生态系统的完好性存在作为行为准则,也是把尊重自然、顺应自然、保护自然作为行为准则的逻辑基础。那么,从学理角度来看,"人与自然和谐共生"与"绿水青山就是金山银山"两者之间是什么关系呢?笔者分析认为,两种表述是站在不同视角的认识,本质内涵是一致的。"人与自然和谐共生",是站在人类与生态系统是利益相关者角度的认识；而"绿水青山就是金山银山"，则是将生态系统内化为人类利益构成要素角度的认识。两种认识转化为发展理念，"人与自然和谐共生"，关注人类经济活动受生态系统的约束及可能承受的反作用；"绿水青山就是金山银山"，则把维护生态系统责任纳入到自身价值取向之中。

第二节 可持续发展政策的关键性机制：生态可损耗配额

可持续发展的本质内涵是：人类经济社会活动规模不得突破维持地球生态系统可持续性的"承载力"，生态承载力决定了全域"生态可损耗规模"的限额，进而决定了各个区域的"生态可损耗配额"。因此，无论在区域的可持续发展中，还是在全域的可持续发展中，"生态可损耗配额"都具有不可替代的关键性作用。本节对此展开讨论。[①]

一 "生态可损耗配额"的理论意义

（一）"生态可损耗配额"问题的提出

从全球或人类整体而言，"可持续发展"目标就是：人类赖以生存的地球生态系统的可持续性得以保障。即：当代人在满足合理需求的同时，把适合人类生存和传承的地球生态系统，完好地传承给后代人。地球生态系统之于人类经济社会活动，对人类活动所造成的生态损耗和污染排放具有自修复能力、自净化能力。亦即，地球生态系统对于人类活动规模具有一定的承载力。但这一承载力是有限的，人类经济活动规模超过承载力限度之后，地球生态系统就无法完全修复，生态系统的完好性和可持续性就会受到损害，就会导致地球生态功能的逐步劣化，后代人的生存环境也就随之逐步恶化。所以，当代人各主体的物质利益追求与发展目标追求，必须在"生态承载力"约束之下。亦即：人类经济社会的发展，必须在地球生态承载力不被突破前提下进行。经济社会活动规模不可突破地球的

---

① 本节的主要内容参见钟茂初《"生态可损耗配额"：生态文明建设的核心机制》，《学术月刊》2014年第6期。

"生态承载力",是全球"可持续发展"的本质目标。从全球的目标,也就可以推及一个区域"可持续发展"的目标。那就是,地球生态承载力决定了全球"生态可损耗规模"的限额,由此决定了各个区域的"生态可损耗配额",各个区域必须在这一配额限度范围内进行经济活动。进一步,可以推及经济活动各主体乃至各个社会成员的"可持续发展"的目标是:在各自的"生态可损耗配额"范围内进行经济活动。

"生态可损耗配额",实质就是一定时期内一定区域内许可其经济社会活动造成生态损耗的限度。一方面是根据全球生态可持续而限定区域的经济活动规模(简单地可以碳排放配额来表征);另一方面是根据区域经济活动的生态影响范围及污染物累积状况,并根据区域范围内生态功能的维护和生态环境质量要求,而限定区域的各种污染物排放(可简称为污染排放配额)。

"生态可损耗配额",对于实现地球生态系统的可持续性的重要意义显而易见。那么,"生态可损耗配额"在可持续发展中可能起到什么样的作用?其发挥作用的机理是什么?由此可能引申出哪些"可持续发展"的可行路径?

(二)"生态可损耗配额"的宏观机制

可持续发展中,首先要考虑宏观经济发展的约束,以此作为宏观经济发展目标的前置条件。那么,"生态可损耗配额",能否在宏观上起到这一作用呢?

主流经济学理论的基本认识——"理性经济人"假设、自然无价值、增长无极限、"扩大需求"是经济增长的根本手段等,都无视地球生态系统的承载力及其可持续性。从其基本逻辑不难推演出:人类经济社会活动对于自然资源的耗竭和地球生态系统的破坏性耗损是其必然结果。因为,传统主流经济学对于生态环境在经济活动中的作用,认为是可以自由取用、不必付费、耗损后不需补偿的。其"利润最大化"和"效率"追求的目的性,激励经济主体生态环境的耗损。其政策主张,如,政府可以通过强有力的各种手段,人为地促使总需求扩大(如赤字财政政策、降低利率政策、扩大信用政策等)来推动经济规模无限扩张。其宏观经济统计中,没有"负的"产出的概念,对经济成果的评价,不考虑负面影响,规模越大、对生态系统损耗越多的活动往往会被看作是人类福利及财富增进越多，而这种不正确的评价又促使人们进行更多更大的类似活动，也鼓励了"先污染、后治理"的发展思路。主流经济学理论指导下的宏观微观经济活动，"生态承载力"不作为效用最大化、利润最大化、社会福利最大化目标函数下的约束条件（工业化早期根本未考虑到"生态承载力"的约束，工业化中后期虽然意识到"生态承载力"的存在却没有将之作为硬约束）。

随着"可持续发展"认识的深入和生态环境恶化问题的日益严峻，人们逐步认识到，要真正实现生态文明，就必须实现地球生态系统的"可持续"，就必须对传统经济理论及其理论指导下的经济实践予以纠正。要实现地球生态"可持续"就必须使宏观经济发展目标真正受到"生态承载力"的硬约束。亦即，必须以"生态可损耗规模"限制全球的经济规模，而各国各地区则必须以"生态可损耗配额"作为宏观经济规模的前置性约束条件。因此，在国家及各级地方的中长期规划之中，各级部门的经济社会发展规划目标必须与"生态可损耗配额"相匹配。须在先行确定"生态可损耗配额"目标的强制性约束的基础上，而后再去确定各地各部门可行的经济增长速度和其他经济指标，这个顺序不能颠倒，否则，可持续发展目标就必然成为软约束。例如，某一区域确定了一定时期内的"生态可损耗配额"，那么这一配额就必须作为中期规划和年度规划的前提条件，在此硬约束条件下再去确立其经济增长、固定资产投资、财政收支以及技术进步、产业结构、贸易结构、城市化率等各种发展指标。在此政策基础上，生态消耗与污染排放的约束量决定了 GDP 的限制量，要想增加 GDP，就必须通过技术、结构的改进去实现（在此约束下的绿色产业、绿色技术、绿色产品，可能成为了达到上述目标的支撑手段）。如果没有这个硬约束前提，那么，所谓的"绿色经济"就很可能只是成为新的增长点，而与可持续发展的真正目的背道而驰。

在确立宏观层面的"生态可损耗配额"的同时，还应对宏观经济目标与政策进行事前的"生态影响宏观评估"。只有对宏观经济目标与政策进行事前的"生态影响宏观评估"，才能对宏观决策做出理性的评价与选择。现实中，之所以经济发展往往无视生态承载力而"超载"增长、"超载"排放，根源在于生态环境方面的约束是"软约束"，确定经济目标和经济政策之时，并不事先进行生态影响评估。笔者认为：确立"生态可损耗配额"、对宏观经济进行"生态影响宏观评估",是实现硬约束的关键手段。从学术角度来看,目标函数与约束条件,是决定主体行为的根本。只有"生态可损耗配额"作为宏观经济的"硬约束",并以此来确定宏观经济指标、政策,进而确定投资、产业结构等内容,才能真正体现出"把生态文明放在顶层位置",是可持续发展得以真正落实的首要条件。

学术界和实践部门曾经提出建立"绿色 GDP"核算体系作为可持续发展的重要机制。笔者认为,"绿色 GDP"核算未必能够有效引导生态文明理念和行为。因为,所谓的"绿色 GDP"核算,只是在既有的 GDP 核算之上扣除自然资源的损耗成本与生态环境的损耗成本。如果各主体依然追求"绿色 GDP"最大化的话,那么其结果必然是先行 GDP 最大化,而后将生态环境影响成本外部化,转移到落后地区、转嫁给未知领域,其结果与真正的生态文明理念背道而驰[①]。所以,笔者不主张使用"绿色 GDP"核算体系,而主张通过"生态可损耗配额"对 GDP 的顶层约束,对 GDP 增长形成"硬约束"。

(三)"生态可损耗配额",是经济—生态双赢、环境库兹涅茨曲线生态质量改善是否真实的评判依据

现实中,在讨论经济发展与生态环境保护时,人们总是希望生态环境保护与经济发展能够相互促进,即实现所谓的"双赢"。但是,实际上,"经济—生态的双赢"往往出现在以下情形下:一是"损人利己",即通过生态环境影响转移而损害他人的经济利益或生态利益来实现;二是"自欺欺人",即以某一种生态风险的方式,把生态环境破坏的风险遗留给未来阶段及后代人。所谓的"双赢"往往是人们对生态价值的评价有意无意偏离真实价值后得出的自我评判。

现实中,在讨论经济发展与生态环境保护时,通常认为,随着经济发展达到一定阶段后生态环境质量会得到改善。也有实证分析表明,发达地区走过的发展道路存在一条生态环境"倒 U 形"曲线(环境库兹涅茨曲线,EKC),即生态环境质量退化状况随着经济发展水平的提高而存在一

[①] 钟茂初:《"可持续发展"的意涵、误区与生态文明之关系》,《学术月刊》2008 年第 7 期。

个转折点（即初期发展阶段生态环境质量劣化，而发展水平达到一定程度后，生态环境质量将逐步好转）。经济决策者往往有意无意地把"生态环境质量倒 U 转折点"作为"先增长、先污染、后治理"的发展决策理据。笔者认为，这一"实证结论"的存在，有一个不容忽视的前提，那就是发达经济体的生态环境改善是建立在欠发达经济体的生态环境恶化之上。如果没有这样一个前提，发达地区"生态环境质量转折"就难以出现。

现实中，在经济发展与生态环境保护的"双赢"目标下，往往会提出各种实践路径，如："环保产业产品""无烟工业""循环经济""生态城"等。发展决策者，往往采用"低碳经济""循环经济"等宽泛的概念，来宣传所谓的"经济—生态双赢"，用来作为促进经济发展的新增长点。那么，这些路径是否真正有效呢？从学术角度来看，生态环保手段是否有效，应从全局性生态系统所受影响角度来评判，而不能简单评价其局部影响。只有对所谓的"生态城""绿色产业""环保产品""无烟工业"等，对其前向后向产业联系和生态联系、从产品的全生命周期的角度，对其所形成的"生态环境全影响"进行评估，即投入产出—生命周期（EIO-LCA）全影响评估，才能判断其是否具有真正的"生态环境保护"意义。只有对形形色色的生态环保路径进行"生态环境全影响"评估，才能有效防范以生态环境保护之名行过度追求 GDP 之实的行为。只有对各种生态环保路径进行"生态环境全影响"评估，才能真正了解有关的生态文明政策手段是否真实有效。

如何客观评判"经济—生态双赢""环境库兹涅茨曲线中的生态改善""环保产业等对生态改善的贡献"？笔者认为，经济活动过程中，是否突破了"生态可损耗配额"的限度，是对上述问题进行评判最客观的判据。以往的讨论中，为什么会对上述问题产生争论，甚至会得出一些模棱两可、似是而非的认识，根本原因在于没有限定其"生态可损耗配额"，使得讨论缺乏可对比性。如果在"生态可损耗配额"（包括生态损耗影响向区域外的转移）未被突破的情形下，能够实现经济利益的增进，那么这一活动的的确确可判定为"经济—生态双赢"。如果在"生态可损耗配额"（包括生态损耗影响向区域外的转移和通过贸易方式的泄漏）未被突破的情形下，环境库兹涅茨曲线中的生态环境质量改善阶段得以出现，那么，可以认定环境库兹涅茨曲线的真实性。如果在"生态可损耗配额"（包括其生态损耗的直接影响和间接影响的完全影响）未被突破的情形下，环保产业、生态城等活动能够带来较好的经济效益，那么，可以认定这些经济活动是有益于生态环境保护的。

二 "生态可损耗配额"的政策意义

（一）"生态可损耗配额"的微观机制

引导全社会的消费者形成生态友好型需求偏好，并通过消费需求偏好诱导生产者进行生态友好型生产，是可持续发展中的微观基础。那么，"生态可损耗配额"，能否为形成这一微观基础起到关键性的作用呢？本节对此展开讨论。

现代工业经济社会的发展过程，是"消费主义"意识不断扩张而导致大量无目的消费需求增长的过程，甚至是以促进消费需求为核心来构建其"制度"的过程[①]。消费者的价值观、消费者对未来的期望、消费者的行为动机和行为方式，都是在不断增加消费需求这样的经济社会氛围下形成的。经济政策体系中，诱导消费需求不断扩张是其促进经济增长最常用的政策途径。往往通过这样一个循环过程：需求诱导—消费者需求—生产者提供产品—消费者购买使用—消费者生活习惯的改变和对该产品的依赖，使得各种新产品不断成为消费者的"必需品"。这些都是"经济至上"理念下的行为。如果从生态环境影响角度来看，消费作为人类最基本的行为活动，对生态系统直接和间接地产生着巨大影响，主要表现为：消费作为人类生活中的普遍性行为和经常性行为，每时每刻、每个人、每个区域都在进行着一定的消费活动，也就意味着同时在进行着废物排放等生态消耗的过程；消费活动是分散的，但分散的行为后果的加总却会造成巨大的资源消耗和生态环境损害，消费行为的加总和累积正是造成巨大生态环境问题的主因；随着经济的发展，消费活动会出现异化而呈现"过度消费"现象（人们不再根据生存需要来确定消费数量和消费品种，而是超前地、超量地消费，有时仅仅是以消费的数量或消费的方式来衡量个

[①] 周海林：《用可持续发展原则解析消费者社会和现代市场体系》，《中国人口·资源与环境》2002年第12卷第2期。

人的社会地位以获得某种精神层面的需求满足，造成资源和生态环境的无谓损耗）；现行的消费模式是随着产业技术飞速发展而强化的，技术发展使得人们对产品服务的需求加速提升，从而以加速度方式促使资源损耗和生态环境损耗，且技术发展使人们产生"技术万能"的错觉（似乎认为技术可以解决任何资源短缺和生态损耗问题），人们可以毫无后顾之忧地满足消费需求。可见，传统经济理论指导下的消费模式是造成生态环境劣化恶化的源头性成因。

由此可见，推动可持续发展，不仅需要宏观政策理念与制度的改变，更需要微观需求基础的支撑。可持续发展的微观基础，就是要形成具有生态友好型需求偏好的消费群体。消费者消费偏好的改变，势必成为发展绿色经济、低碳经济的引导力量。宏观层面有了"生态承载力"的硬约束——"生态可损耗配额"。反映到消费者方面，就必然形成消费者的"生态可损耗配额"（起到类似于"粮票"限量供给粮食的功用，姑且称之为"消费碳票"或"碳票"），只有这样，才能促使消费者群体形成生态友好型需求偏好，才能形成可持续发展的微观基础。

对消费者推行"碳票机制"，可以作为引导消费者偏好与生产者行为转变的核心变量。从学术角度来看，"碳票"的逻辑机制是这样的：消费者行为是受其预算约束决定的，如果在既有的收入预算约束基础上，增加一个"碳票"预算约束，必然影响消费者在效用最大化目标下的行为选择。任何产品及服务所包含的碳排放量是可计量的并可予以标注，每一个消费者在一定时期内消费产品及服务所包含的碳排放总量是有限度、有配额的，每一笔消费都须支付相应的"碳票"，"碳票"用完后，就失去了消费支付能力。因此，消费者在实现效用最大化的过程中，不仅要受到收入预算约束，而且还要受到"碳票"预算约束。在这一制度下，消费者必须根据产品的碳含量而进行"精打细算"的消费选择，低碳化是其优化选择的必然方向。在消费者的偏好和选择朝着低碳化方向转变之后，市场机制必然诱导生产者为迎合消费需求也朝着低碳化方向转变（促使生产者、消费者基于"碳票约束"而践行减量化、降消耗、循环利用等生态友好型原则）。再者，针对消费者配置"碳票"，是从源头上对碳排放的限制，可最大限度地减少因生产者责任、消费者责任、碳转移、碳泄漏（carbon leakage）等而引发的生态环境责任争论。

(二)"生态可损耗配额",是对生产者基于消费者偏好的利益诱导机制

生产者的基本目标就是利润最大化(或成本最小化),即以最小的成本支出获取最大的利益。成本支出最小,表面上是对一切生产要素投入的节约,但由于成本计算中只考虑那些需要付费的要素的支出,并不考虑"无须付费"的自然资源和生态环境的投入。因此,必然促使生产者尽可能多地利用可以自由取用而"无须付费"的自然资源和生态环境。从某种意义上来说,生产者的利润(尤其是超额利润),归根结底来源于成本的外部化,即只有当生产者通过某种"巧妙"的手段使部分的成本由他人支付(通常的情形是他人并不知晓或因短期利益而情愿接受)时,才有可能得到利润。这种"成本外部化"的获利模式,具有相当程度的普遍性,"成本外部化"的传递结果,往往是由地球生态系统成为最终的承受者,最终必然转嫁给地球生态系统、转嫁给后代人(即使前期转嫁给欠发达地区、低收入群体承受,欠发达地区、低收入群体相应的外部化行为也必然最终转嫁给地球生态系统并转嫁给后代人)(钟茂初,2010)。"技术进步",在一定程度上也包含了这样的生态成本转嫁,往往是在更高水平上、更广范围内对自然资源和生态环境的使用而使生产者获得超额利润。也就是说,传统经济学的"利润最大化"和"效率"追求的目的性所激励的技术进步,也是激励对自然资源和生态环境进行耗竭性使用。如果没有外部的强制性约束,生产者绝不会自愿为节约"可以自由取用"的自然资源和生态环境而去实行环保型技术进步。

如何引导生产者行为选择与可持续发展目标一致?从理论角度来看,生产者的目标永远是通过占有更多的市场需求而实现利润最大化。所以,只有消费者受到"碳票"约束而改变消费偏好的情形下,企业才有可能为迎合消费者偏好而转变其生产行为。当消费者基于"碳票"预算约束不得不根据产品的碳含量而进行"精打细算"的消费选择之时,市场需求必然偏向于具有减量化、低消耗、低排放等特征的产品。这一市场需求特征的变化,必然引导生产者的生产行为也朝着低碳化方向转变,只有这样才能通过利益机制引导生产者朝着追求生态效率转变,才有可能相应地改变其资源和要素的配置方式、改变其产业结构、改变其技术发展方向,进而改变其生产经营模式。否则就将失去市场需求,进而失去获利能力。

所以，消费者的"生态可损耗配额"（"碳票"）应当是引导生产者落实生态文明理念的有效机制。笔者认为，一方面，与"不断强化生产者环境责任"的一般认识相比，通过影响消费者选择进而影响生产者行为，更具有切实的利益动力诱导作用。另一方面，对消费者进行"碳票"的初始分配，只需要平均分配给每一个社会成员即可，远比对生产者进行初始分配"排放权"简单、合理、可行。

（三）构建"生态可损耗配额"机制的政策主张

根据前文分析，"生态可损耗配额"，是可持续发展实践的核心机制，不仅具有其理论价值，而且也具有其可实践性。如何实现生态承载力的有效约束，如何科学地讨论经济—生态关系的协调，如何形成生态友好的微观基础，如何形成生态品的价格，如何提高生态效率，如何实现生态公平，都必然涉及"生态可损耗额度"的配置问题。

1. 宏微观层面构建"生态可损耗配额"机制的政策主张

在实践方面，关键在于把生态承载力所决定的生态可损耗额度作为一个国家或一个地区经济社会发展目标和政策的顶层约束。

推动可持续发展，就必须在宏微观层面构建"生态可损耗配额"机制，作为制度构建的关键性内容，一是要把生态可持续目标与生态承载力约束作为宏观主体的行为规范制度，二是要通过形成利益杠杆机制（即市场化机制）引导政府、企业、消费者的行为，三是要基于生态伦理形成对各主体有所约束的非正式制度。

宏观层面，划定生态承载力红线（宏观层面的"生态可损耗配额"）这一硬约束是可持续发展的制度基础。在先行确定"生态承载力红线"强制性约束的基础上，一要以此为约束确定全国及各地经济规模、产业结构及布局、社会发展指标。二要以此为约束，对拟定的目标及政策进行生态环境影响的事前评估，将指标和政策调整到生态承载力许可范围内。三要使生态环境保护部门、生态环境保护组织和社会公众，在宏观经济运行和政策制定过程中，起到有效的制衡作用。这些方面，应成为宏观经济主体必须遵循的制度规范。

微观层面，当宏观的"生态可损耗配额"确定并使之在政策理念和制度发生改变后，企业、消费者的行为才有可能随之改变。由于政府生态环境政策制度的强化、消费者对于生态友好型产品的偏好需求、关联企业对于生态环境保护的关联性约束、生态环境保护组织的有效参与等，而会影响到企业的品牌形象、消费者的忠诚度、关联企业的支持，进而影响到企业的利益（即企业行为是否对生态环境友好，将成为消费者选择消费、企业选择合作者、金融机构选择融资者和融资项目的重要依据）。总之，促进企业生产行为符合可持续发展要求的关键在于利益诱导机制，一是针对消费者生态制度引致的消费偏好的诱导；二是基于"生态可损耗配额"的生态环境价格而引致的成本控制和技术变革；三是基于"生态可损耗配额"的市场交易而引致的生态效率提高；四是基于"生态可损耗配额"提高生态效率带来的利益，吸引社会资本投入生态环境保护领域。

非正式制度方面，一方面，通过引致消费者行为，使生态友好型消费逐步成为民众的行为理念和生活习俗后，就可能成为社会成员自行遵循并要求他人遵循的行为准则。另一方面，基于在"生态可损耗配额"的各种机制下，生态环境保护组织（ENGO）可主动积极地参与其中，从而有效促进可持续发展。如，生态环境保护组织，参与"生态可损耗配额"的市场交易，成为市场调节的重要力量，并解决市场失效和政府失效的相关问题；生态环境保护组织，可作为生态系统及后代人的"权利主张人"，参与"生态可损耗配额"的限量设定及初始配置。

2. "碳票"引导生态友好型消费偏好，进而引致绿色生产的机制探索

近年来，国家在推进低碳发展方面，多层面出台政策目标和举措。在上述背景下，中国必须在碳排放额度方面探索形成可实际运作的制度。而消费者的"碳排放配额"（可称之为"碳票"）可能是引导企业落实低碳发展理念的有效机制。其机制是：消费者行为受其预算约束决定，如果在收入约束基础上、增加一个"碳票"约束，即每一消费者在一定时期内消费产品及服务所包含的碳排放总量是有配额的，每一笔消费都须支付相应的"碳票"，"碳票"用完后，就失去了消费支付能力。这一市场需求特征的变化，必然引导企业的生产行为也朝着低碳化方向转变，通过利益机制引导企业朝着低碳化生产方向转变，进而改变其资源和要素的配置方式、产业结构、技术发展方向。

为此，笔者主张：可先行在汽车领域试行"碳排放配额"（"碳票"）制度。以"碳票"机制，将现行的各城市的汽车限购政策以及支持新能

源汽车发展等环保政策、产业政策整合为统一的政策措施。

笔者认为,在汽车消费领域引入"碳票",有以下合理性:一是考虑消费者如何承担其碳排放责任,因为消费偏好是引致生产行为的源头。只有消费者的"低碳"偏好,才能够真正引导生产者去迎合消费者生产"低碳"产品。如果,消费者偏好"高碳"产品,企业不可能努力生产"低碳"产品。二是考虑到环境公平问题,目前实施的摇号或政府拍卖车牌,对于没有买到的和没有意愿购买的民众而言,是不公平的。他们承担了汽车所产生的环境影响,却没有得到相应的补偿。如果全体公民平均分配,需要使用的消费者,可向暂时不使用者交易购买。这样较公平,也较容易实施。也比将碳排放权配置给企业更为公平简单。三是"碳票"配额只是整合现有的限购政策,不会带来太多额外的影响。因为,汽车限购已经在很多城市实施了,各个汽车生产企业、交通运输企业也要承担相应的碳减排责任,鼓励新能源汽车的政策势必也就要相应减少传统汽车的产能,这些方面决定的"碳排放额度",只是转化为"消费者的碳排放额度",并没有增加"碳减排"的总量。所以,不会带来总体上的额外影响,只是局部利益的调整。只要国家对于整个汽车行业的"碳排放量"是有额度约束的,那么,这个政策整体上对汽车行业不会有大的影响,但会对相应的产品结构产生影响,会逐步转向低碳型产品结构。四是如果这个政策在汽车业取得成功,还可以推广到住房和建筑等碳减排的重点领域。五是"碳票"机制,并非"异想天开"。在国外,有针对某种消费行为(如乘坐飞机),要承担相应的碳排放补偿;在丹麦、日本、英国等国家尝试在一些消费品上标注碳排放量,其目的是引导消费者购买碳排放量更低的产品,也具有引导消费者限制其碳排放额度的意涵,只不过尚未形成强制性的制度,而是作为倡导消费者生态友好型消费的手段。

第三节 可持续发展机制及政策的有效性

可持续发展制度构建中,必须考虑一个问题:什么样的制度机制更具有效性?这也是各种制度机制能否在现实中得以实施的关键性问题。如,"经济增长"与"生态环境保护"的关系是同一主体双目标下的"权衡"还是两个主体间的"制衡"?哪一种制度取向能够更有效地实现生态环境规制目标,能够更有效地推动可持续发展进程。再如,什么样的生态环境规制,才能够对生态环境违法行为起到有效的威慑作用?再如,面对经济主体可能存在的非理性行为特征,制定什么样的制度机制才能更为有效地推进生态友好型行为的形成?本节对这些问题展开讨论。

一 经济—环境的"权衡""制衡"关系

经济发展与生态环境规制,是贯彻于可持续发展始终的关键性问题。是基于"权衡"取向进行制度构建,还是基于"制衡"取向进行制度构建,不是凭空设计出来的,而是由相关的行为主体的行为取向所决定的。因此,"权衡""制衡"机理的理论来源,应从更一般的经济—环境关系中去探寻。[1]

经济增长与生态环境保护,是人类社会的经济活动中两个不可或缺的目标。那么,这两个目标是如何体现在各经济主体的行为之中的呢?逻辑分类的话,可以划分为两大类型。一种类型是,经济社会活动只有一个核心主体,"经济"与"环境"两个目标,由该主体根据自身价值判断而决定两个目标的加总权重,以此加权加总的目标来决定主体的行为。实质上,此时,"经济增长"与"环境保护"是同一主体下多目标的"权衡关系"。另一种类型则是,经济社会活动有两个核心主体,一个主体以"经济增长"为主导目标,另一个主体以"环境保护"为主导目标,整个社会的行为是由两个代表性主体根据各自目标函数进行博弈而达成的博弈均衡决定的。此时,"经济增长"与"环境保护"是目标取向不同的两个主体之间的"制衡关系"。

现实中,两种类型都真实存在。那么,哪一种类型对于落实人类社会"经济—环境"双重目标更为有效呢?这也决定了相关制度机制构建的基本取向,即作为"环境保护"目标实现手段的"生态环境规制",是基于"权衡"取向的制度构建,还是基于"制衡"取向的制度构建。由此可见,经济—环境是"权衡关系"还是"制衡关系"的讨论,不仅具有理论价值,更是具有决定制度取向的实践意义。

---

[1] 本节的主要内容参见钟茂初《经济增长—生态环境规制从"权衡"转向"制衡"的制度机理》,《中国地质大学学报》(社会科学版) 2017 年第 3 期。

(一) 基于环境库兹涅茨曲线的分析

可持续发展,是基于"权衡"取向进行制度构建,还是基于"制衡"取向进行制度构建,不是凭空设计出来的,本节和下一节拟从环境库兹涅茨曲线、行为主体的目标函数最大化追求等视角来探讨。

环境库兹涅茨曲线(环境倒 U 形曲线,EKC),作为一个实证性经验规律,在环境经济学领域得到广泛讨论和使用。环境库兹涅茨曲线,反映的经济增长—生态环境规制之间约束关系,是否存在"权衡"与"制衡"的区别?

1. 对环境库兹涅茨曲线的新视角阐释

关于 EKC 机理的讨论主要集中在,为什么随着经济发展水平的提高,在经历环境影响增大的发展过程之后,会出现环境影响拐点逐渐转向环境影响减少的现象?被关注的因素主要有产业结构升级、环境意识增强和环境治理能力提高。本节拟从 EKC 的基本模型出发,对其机制及其隐含的前提条件加以新视角的阐释。

EKC 的基本模型的表达式一般为[①]

$$P = a + bY - cY^2 \qquad (14-4)$$

式中,P 为污染物排放量,Y 为经济发展指标,a、b、c 分别为常数参数。

该式中,"bY"项的含义非常明确,那就是污染排放总量随着经济发展水平提高的线性增长。那么,"$-cY^2$"项的含义是什么呢?通常的 EKC 实证研究,对此项并不做直接阐释。笔者认为,该项的内在含义可阐释为:有两个因素的共同作用抑制着污染排放量的增加,而这两个因素分别随着经济发展水平提高而线性变化,这两个因素对环境影响的作用程度可分别写作"c_1Y"和"c_2Y"(c_1、c_2分别为参数)。即 EKC 的基本模型可改写为

$$P = a + bY - (c_1Y) \times (c_2Y) \qquad (14-5)$$

那么,这两个因素分别对应于现实中的什么因素更为恰当呢?笔者认为,其中一个因素是:随着经济发展水平提高的生态效率变化,亦即,表

[①] 本节所讨论的是 EKC 模型,只是反映各变量之间的逻辑关系,并非表示实际的运算关系,所以,未严格讨论各变量、各参数的量纲问题。

征着生态环境规制的实施成效。技术进步、产业结构变化、环境容量约束下的效率提高等因素，均体现在其中。以技术等优势，将环境影响外部化的因素，也体现在其中；另一个因素则是：随着经济发展水平提高生态环境规制外在约束的强化。基于全社会生态环境保护意愿的污染治理投入的增加、环境标准规制的提高、生态环境保护监管的强化等因素，均体现在其中。

2. 由环境库兹涅茨曲线引申的经济增长—生态环境规制相互约束的关系

由 EKC 机理可知，随着经济发展水平的提高，污染排放等环境影响指标的降低并不是必然的，而是有赖于生态环境规制（包括污染排放标准的规制、环境容量额度的规制、污染治理的投入与成效、抑制环境影响外部化等），简言之，生态环境规制（"$-cY^2$"）对于经济增长之环境影响（"bY"）的有效约束。那么，为实现有效约束，两者之间应为同一主体多目标的"权衡关系"还是多主体间的"制衡关系"？

笔者认为，有效约束的含义应包括：一是存在促使生态效率提高、污染治理投入及成效的强制约束力。二是生态效率提高、污染治理能力提高的速度不低于经济发展水平变化速度的强制要求。三是有效抑制环境影响的外部化因素（如，污染排放的直接转移、通过贸易及投资等方式的间接转移、通过技术变革将某种环境影响转化为其他的生态环境不确定性风险等）。亦即，生态效率提高、污染治理能力提高带动的环境影响减少应足以抵消各种外部性影响。如果，经济增长与生态环境规制，是同一主体的多目标权衡的话，上述三个方面的约束就不是强制性的，那么，环境影响的"拐点"也就未必会出现，且环境影响随着经济增长趋势的变化曲线也未必是稳定的。只有当生态环境规制是外在的强制性约束，且生态环境规制强度足以实现上述三方面内容，才能保障某种污染排放的 EKC 曲线的成立。也就是说，经济增长与生态环境规制之间，必须是"制衡关系"，经济活动的环境影响才有可能出现"拐点"。

3. 由环境库兹涅茨曲线引申的经济增长—生态环境规制相互约束关系的另一种表达形式

上文讨论的 EKC，是指污染排放随着经济发展水平的变化。如果讨论环境质量随着经济发展水平的变化，其 EKC 的基本模型则可表达为

$$E = E_0 - e(Y-F)^2 \qquad (14-6)$$

式中，E 为环境质量指标，Y 为经济发展水平，E_0、e 分别为常数参数，F 可看作是某一代表生态环境规制水平的经济影响。

该式可以改写为

$$E = E_0 + e(Y-F)(F-Y) \qquad (14-7)$$

笔者认为，该式的含义可阐释为：以环境质量表征的 EKC 能否实现，在初始环境质量 E_0 的基础上，是由两种力量的相互约束共同作用决定的，一种力量是经济增长方面主导的对生态环境规制的抑制，$(Y-F)$ 项可理解为：尽可能抑制生态环境规制的经济影响；另一种力量则是环境保护方面主导的对经济增长的抑制，$(F-Y)$ 项可理解为：尽可能抑制经济活动对环境质量的影响。两种力量的相互制约共同作用，决定了经济发展过程中的环境质量变化。环境质量随着经济发展水平达到一定程度转折，并非必然的，而是取决于两种力量的有效制衡。

（二）基于经济主体的目标函数与约束条件的分析

从经济主体作为"理性经济人"的角度来看，任何经济主体都追求经济发展目标的最大化，它们面对的约束条件才是影响它们行为的关键性因素。它们面对的约束条件，是否存在"权衡"与"制衡"的区别？

（1）同一主体兼有经济增长目标与环境保护目标的情形

此时，其总体目标可表示为

$$\max Y - [rP(Y)] \qquad (14-8)$$

其中，Y 为经济指标，$P(Y)$ 为经济活动的环境影响指标，r 为环境影响相对于经济指标的比价（主观评判确定的加权权重）。

（2）两个主体各自以经济增长、环境保护为目标的情形

此时，各自的目标分别为

$$\begin{cases} \max Y \\ \text{s.t. } P(Y) \leq P_0 \end{cases} \qquad (14-9)$$

其中，$P(Y)$ 表示经济活动的环境受经济指标的影响；P_0 为外生决定的环境容量额度。

如果第二个主体确定的环境保护目标成为第一个主体的硬约束的话，那么，由拉格朗日函数可将该主体的最大化问题转化为

第十四章 可持续发展政策理论基础的新认识 / 471

$$\max \{Y - \lambda [P(Y) - P_0]\} \qquad (14-10)$$

其中，λ 为求解极大化问题过程中的参数。

由上述分析可见：同一主体的多目标"权衡关系"，与多主体间的"制衡关系"，两相对照，其决定经济主体行为的关系式是类似的。根本的区别在于参数 r 与参数 λ，前者 r 是同一主体根据主观判断权衡决定的，后者 λ 则是两个主体之间相互制衡的影响关系而决定。更本质的区别就在于，经济主体的环境保护约束是内生的还是外生的，是内部的弹性约束还是外部的硬约束。这是决定制度构建取向的关键点。

二 "权衡"转向"制衡"的现实制度分析之一：绿色 GDP 核算有效吗

可持续发展政策，是基于"权衡"取向进行制度构建，还是基于"制衡"取向进行制度构建，关键取决于哪一种制度取向更为有效。而分析其有效性，不妨对现实中存在或构想的若干生态环境规制制度进行分析讨论。①

现代经济社会中，国内生产总值（GDP）作为最重要的经济指标，成为各地衡量发展水平、发展业绩的主要评判依据。但由于该指标未对 GDP 形成过程中的资源消耗、环境损耗价值计入核算，因此受到可持续发展领域的广泛质疑。绿色国内生产总值（绿色 GDP，GGDP）是针对这一问题的国民经济核算修正改进的思路之一。

（一）"绿色 GDP"核算思路，实质是建立经济—环境的权衡关系

绿色 GDP 核算的基本逻辑是，作为宏观经济增长指标，应充分考虑由于经济增长而带来的资源消耗价值、破坏造成的生态环境损耗价值，以真实地反映经济增长的正面和负面影响。同时也使该指标作为业绩指标，具有激励各经济主体在经济增长过程中努力维护生态环境完好性的作用。简单而言，所谓"绿色 GDP"，即是在现行 GDP 核算指标的基础上，扣减自然资源消耗的价值损失和自然生态环境改变的价值损失。

按照本节的分析思路来认识的话，即使推行"绿色 GDP"核算，也难以彻底扭转"唯 GDP"的发展模式，对改变以扩大投资、扩张需求的

---

① 本节的主要内容参见钟茂初《经济增长—生态环境规制从"权衡"转向"制衡"的制度机理》，《中国地质大学学报》（社会科学版）2017 年第 3 期。

发展模式并不能起到有效作用。其根本原因就在于，"绿色 GDP"核算，只是对"经济增长"单一目标，转换为"经济增长"与"环境保护"的双重目标。亦即，只是形成同一主体双目标的"权衡关系"，而没有形成多主体的"制衡关系"。

如果，将"绿色 GDP"作为经济主体目标的话，决定其行为的方程可表示为

$$\max GGDP = GDP - [qQ(GDP) - X] \quad (14-11)$$

其中，$GGDP$ 为绿色经济指标，GDP 为经济指标，$Q(GDP)$ 为经济活动的资源环境影响指标，q 为资源消耗价值、生态环境损耗价值相对于 GDP 的比价评价，X 为其外部化了的资源环境影响成本。

"绿色 GDP"指标能够起到有效制衡作用吗？不能！其理据是：其一，目前阶段，尚未找到评价自然资源消耗价值和生态环境损耗价值的合理方法，也就是说，q 的取值主要依靠主观评判，也就是取决于评判者对于经济财富与生态环境价值的主观倾向。其二，如果把"绿色 GDP"作为经济主体的最大化追求目标的话，尽管要扣除对资源消耗、生态环境损耗的负价值，但是最大化追求的业绩评价理念，依然会促使经济主体通过加大资源消耗、环境损耗手段来拉动经济增长，只会助长经济主体把对资源消耗、生态环境损耗的负影响转嫁由其他地区或其他群体来承担。亦即，设法通过增大"X"来实现"绿色 GDP"的最大化追求。所以，"绿色 GDP"核算这一制度构建设想，并不能有效地解决经济活动对自然资源和生态环境的影响问题，也就无法实现改变发展模式的目标。

"绿色 GDP"指标之不可行性，并不是指标设计方面的问题，问题的关键点在于：任何指标，都只是确立了多目标间的"权衡关系"，并没有形成多主体间的"制衡关系"。这也是社会科学领域"海森堡测不准原理"（Heisenberg uncertainty principle）的机理所在。即任何指标只要被确定为业绩评价指标，必然会出现偏离最初评价目标的结果，核算指标与核算行为间相互影响的关系就是"海森堡测不准原理"（Daly，1996）。即使确立了"绿色 GDP"指标核算制度，也无法避免偏离初衷的命运。生态经济学家戴利对该原理有一个形象的比喻：对织物生产进行核算时，如果用长度来衡量，织物就会变窄；如果用面积来衡量，织物就会变薄；如果用重量来衡量，织物就会变厚。这就说明：无论采用什么样的指标，最

终都会偏离最初所设计的评价意图。

（二）与其构建"绿色GDP"核算制度，不如建立经济——环境的制衡关系

既然推行绿色GDP核算制度，并不能有效改变经济主体依靠资源消耗和生态环境损耗来实现经济增长的传统发展模式。它依然会在引导经济活动最大化的同时，也引导促使资源占用和生态环境破坏极大化，并且很大程度上影响到甚至主导着各经济主体将生态环境成本外部化的行为。对此，笔者主张：将"绿色GDP"之类的单一主体多目标的权衡关系转化为多主体的制衡关系。即对应于全国的经济增长目标、生态环境保护目标，在其下层级上形成两个主导主体，分别承担着相应的目标，这样一来，就可以将全国的经济——环境权衡关系，转化为主导经济目标的主管部门与主导环境目标的主管部门两者之间的相互制衡关系。亦即，对GDP这样一类经济指标（实质上也是各经济主体的业绩指标），应当树立其有效的"制衡"力量。现实制度中，各级政府的经济社会发展部门、商务部门、财税部门，都是代表推动"经济增长"的主体，那么，与之相制衡的力量，如何树立呢？现实中，如果对推动经济增长的力量实施制衡制度的话，至少存在以下几方面的力量：其一，国土资源部门。GDP的增长必然导致自然资源和土地保有的减少，所以代表着维护自然资源和土地资源可持续性的国土资源部门就可成为一个牵制GDP增长的力量。在快速工业化城市化阶段，各地为了当地GDP的增长，出现了大量超承载力开发占用土地、滥采自然资源矿产的现象，这就是GDP没有得到有效制衡的表现。或者说，代表着维护自然资源和土地的部门，在处于弱势地位且并非独立行使职能的条件下，没有起到应有的制衡作用。其二，生态环境保护部门。GDP的增长，必然会导致一定程度的环境污染和生态破坏，所谓既能够带来经济利益、又带来生态改善的"双赢"往往只是将生态环境成本外部化或转化为生态环境风险。所以，代表生态环境利益的生态环境保护部门必须对GDP的增长进行制衡。在高速发展阶段经济增长作为根本目标的条件下，环境部门仅对极端严重的污染企业和污染行为予以查处，但并不会直接去制约GDP的增长。原因不外乎根深蒂固的"经济至上"思想。其三，社会发展部门。经济增长并不意味社会事业的必然发展，也不意味着社会成员必然能够分享增长利益，某些情况下GDP的

增长是以社会损害为代价得来的。如，经济增加建立在社会稳定秩序的破坏之上、物质利益的改进建立在精神和文化利益的损害之上等。所以，代表社会发展部门，在经济增长走向畸形路径时也应成为制衡GDP增长的力量。其四，国际关系部门。一个国家的经济增长一定程度上会给周边国家造成生态环境等外部性影响，也有可能对区域性或全球性生态环境系统（海洋、大气、森林等）采取"公有地悲剧"行为。所以，国际关系部门，应依据其对周边国家的外部性影响以及全球生态环境系统的"公有地悲剧"情形，对GDP的增长形成一定程度的制衡作用。如果上述各方面制衡GDP的力量，能够有效发挥作用，那么GDP就不再是一个"越大越好"的业绩指标，而是一个"仁者见仁智者见智"的、正面评价负面评价互见的指标，成为一个多方力量相互制衡的结果。

（三）体现经济—环境制衡关系的制度示例：中长期发展规划中环境容量规制前置于经济增长目标

中共十八大报告提出"把生态文明建设放在突出地位，融入经济建设、政治建设、文化建设、社会建设的各方面和全过程"。如何在国民经济中长期规划制定中，落实这一发展方略？关键性的制度理念就是：生态环境问题，不应是经济发展指标提出之后阶段再考虑的问题，而是必须把它放在"前置"位置，使之成为全国经济社会长远发展目标的硬约束。生态环境容量（生态保护红线、碳排放总量额度、污染排放总量额度、碳排放配额、污染排放配额），都应由生态环境保护主导部门先行确定，这个确定过程不受经济主导部门的外在影响。在此基础上形成经济主导部门与生态环境保护主导部门之间的制衡机制。如，在中长期发展规划的制定原则中，应明确提出：先行确定全国的碳排放配额总量、污染排放总量等约束性指标，在此基础上再去安排国民经济和社会发展的各项指标。必须改变以往先行确定经济发展指标、再考虑生态环境保护问题的传统思维。即在生态环境规制指标额定的条件下，让各主体去追求经济增长最大化目标。在这一硬约束下，经济主体要想实现更大的增长利益，唯有的路径就是提高生态效率（如，提高各种污染排放权的使用效率）。

三 "权衡"转向"制衡"的现实制度分析之二：环保机构改为垂直管理有必要吗

中共十八届五中全会提出一项环境保护领域的改革决策——实行生态环境保护机构监测监察执法垂直管理制度。2016年9月，中央出台《关于省以下生态环境保护机构监测监察执法垂直管理制度改革试点工作的指导意见》。那么，从学理上如何来认识这一制度改革的合理性呢？

（一）生态环境保护机构属地管理的情形下，生态环境规制为弹性约束

地方政府目标倾向于经济目标时，将在一定程度上弱化甚至牺牲环境保护等社会目标（本节只讨论环境保护这一形式的社会目标，其他社会目标问题与之类似）。其总体目标是由经济目标与生态环境保护目标的加权加总得出的，而生态环境保护目标相对于经济目标的权重大小，是由地方政府决策者的主观评判得出的。其总体目标的追求行为可表示为

$$\max\ \{Y - [rP(Y)]\} \qquad (14-12)$$

其中，Y 为经济指标，$P(Y)$ 为经济活动的环境影响指标，r 为环境影响相对于经济指标的比价（主观评判确定的加权权重），X 为其外部化了的环境影响成本。

如果生态环境保护机构为属地管理的话，即生态环境保护机构只是地方政府内部机构之一，那么，其行为目标必须服从于地方政府的总体目标。此时的生态环境规制水平是如何确定的呢？生态环境规制水平的确定原则即是，生态环境规制导致的经济影响 F 不得高于环境影响的评价值 $rP(Y)$。也就是说，地方政府决策者对于环境影响的主观评价值 $rP(Y)$，决定了生态环境规制的水平，主要取决于地方政府决策者对于环境影响的主观评价 r，生态环境规制水平是弹性的，并不成为地方政府总体目标最大化追求过程中的强制性约束条件。地方政府决策者对于总体目标的主观评价中，偏向于经济增长目标时，即 r 较小，则易形成地方政府与企业"合谋"而降低生态环境规制标准或弱化生态环境规制的监管。

另外，从财政财权与事权的关系来看，环境保护机构如果为属地管理的话，也会形成财政税收与财政生态环境保护支出之间的损益权衡关系。即收入方面，地方政府总体的税收收入是与其经济活动规模密切关联的，而能够实现的经济规模又受制于生态环境规制水平；支出方面，生态环

规制水平直接决定生态环境保护预算的需求，如果生态环境保护预算过多则必然会减少其他社会事业的发展资金。两相权衡，地方政府经济决策必然会倾向于降低生态环境规制，以减少生态环境规制对财政收入的影响、减少生态环境保护预算以维持各项社会事业的发展水平。再者，各地税收水平的差别而必然导致生态环境规制水平的不同。

此外，如果生态环境保护机构为属地管理的话，那么，该生态环境保护机构也不会对环境影响的外部化问题加以约束。而地方政府出于对总体目标的最大化追求，则会与企业"合谋"强化环境影响的外部化。

（二）生态环境保护机构属地管理的情形下，生态环境规制才能成为强制约束

环境保护机构由上级政府垂直管理的情形下，相对于属地管理的最大区别在于生态环境规制水平是外生性决定的，是强制性的，而不再是弹性的。此时，地方政府赖以决策的总体目标可表示为

$$\begin{cases} \max \ \{Y - [rP(Y, F) - X]\} \\ \text{s. t. } F \geqslant F_0 \end{cases} \tag{14-13}$$

其中，$P(Y, F)$ 表示经济活动的环境影响不仅受经济指标的影响，同时也受生态环境规制水平 F 的影响；F_0 为外生决定的生态环境规制水平。

这一制度下，生态环境规制，才能真正地成为地方行为决策的重要影响因素，才能使生态环境规制得以按照外生的标准执行。此外，由于垂直管理的生态环境保护机构，不仅包含有落实生态环境规制的责任，同时也肩负着最大限度制约环境影响外部化的责任。也就是说，以往通过各种手段使得本地环境影响外部化的成本 X，很大程度上将受到制约，也将对地方行为决策产生相应的影响，这也是生态环境保护机构垂直管理另一方面的效果。

从财政财权与事权的关系来看，环境保护机构如果由属地管理改变为垂直管理的话，地方财政税收与上级政府事权范围内的生态环境保护预算支出之间形成了一定的制衡关系。即收入方面，地方政府总体的税收收入受制于生态环境规制水平，但生态环境规制水平是由上级政府事权决定的，不受地方财政收入关联性的影响；支出方面，生态环境规制水平直接

决定生态环境保护预算的需求，是上级政府统筹安排的，不因各地税收水平的差别而导致生态环境规制水平的差异。

四 "权衡""制衡"制度机制的启示

根据前文的分析，可以得出以下分析结论和相关的可持续发展制度主张。

其一，从生态环境规制有效性的角度来认识环境保护制度的构建，应以形成经济增长与生态环境规制"制衡关系"为主要制度取向，逐步取代传统的多目标"权衡关系"思维。"制衡关系"取代"权衡关系"，也应成为环境保护制度构建的理论基础。如，"绿色 GDP"核算制度构建设想，难以实现预期的目标，更有效的制度是：在经济发展部门为强势部门的基础上形成环境保护的强势部门，使之形成有效的"制衡力量"。再如，解决环境问题，往往会提出"依靠技术进步"的主张。决策部门应当认识到有两类不同取向的技术进步，一类是促进经济增长的技术进步，这类技术进步在促进经济增长的同时也会加剧环境影响；另一类则是提高生态效率的技术进步，此类技术进步未必能够促进经济增长，而只是生态效率较低的产能替代生态效率较高的产能，而不是形成新的经济增长点。两类技术如何发展，也应由两类主体相互制衡来决定。现实中的"绿色发展"战略，应当更强调"替代性"，而不是"增长性"。但是，"替代性"技术进步与"增长性"技术进步，难以由同一主体基于"权衡"来决定，而应由相应的代表性主体相互"制衡"来决定。

其二，在快速工业化、快速城市化过程中形成的发展模式尚存在惯性的情形下，为真正体现经济增长与生态环境规制的"制衡关系"，应明确"生态环境规制约束优先"的原则。如，在中长期规划的制定过程中，应先行确定生态承载力红线、可承载的环境容量、污染排放额度等生态环境规制指标，而后再在此基础上去确定经济增长方面的各项指标，这个顺序不可颠倒；再如，在实施生态环境保护机构垂直管理、"河长制"等制度的过程中，也应优先确定并强制执行环境管理的控制目标，而不宜采取"相机决策"。

其三，现实中既有的环境保护制度，主要是基于经济—环境"权衡关系"的思路而构建的。很多制度无疑会在较长时期内延续。所以，对于那些短期内难以转化为"制衡关系"的制度，也应适当地加入制衡性因素或强化外生性约束。如，对于环境保护机构，目前还只是在省级以下推行垂直管理体制，那么，对于省级的生态环境规制应当采取什么样的机制使之强化呢？一是可强化各省级行政区的环境容量与污染排放配额；二是中央政府可强化关联性约束，如，经济发展项目的审批与当地环境保护目标的落实情况挂钩。

其四，现实中，面对重度雾霾现象、地方政府"GDP至上"的政绩观、企业污染排放的软性制约等问题，有学者将矛头指向"市场经济"或"市场机制"（宁向东，2017）。对此，笔者依照前文的分析逻辑认为，问题的关键点不在于"市场经济"机制，而在于没有对"市场经济"力量形成相应的制衡力量。表面上，现实的发展状况和发展政策，是基于经济—环境权衡关系而决定的，实质上不可避免地导致偏向于经济利益目标的取向和结果。如何改变这一状况？根本的途径就是，形成经济增长与环境保护相互制衡的机制和力量。

第四节 生态环境规制的有效性

本节讨论可持续发展中相关制度构建的有效性问题。生态环境规制是生态文明制度的关键性制度之一，而如何构建生态环境规制制度才能有效达成生态环境规制的预期目标？

一 生态环境规制措施的有效性

生态环境规制制度，目的主要是威慑生产领域和消费领域潜在的生态环境违法行为者，使之通过理性的成本—收益分析而不再做出生态环境违法行为。什么样的规制政策能够有效防范生态环境违法行为呢？

（一）对生态环境违法行为的处罚力度问题

我们从防范生态环境违法行为的角度来讨论对生态环境违法行为的处罚力度问题。即对生态环境违法行为的处罚力度达到什么水平，才会对生态环境违法行为的企图有威慑和制约作用。这一问题必须从生态环境违法行为者的动因角度来思考。毫无疑问，生态环境违法行为者是在经济利益的驱使下做出行为的，只有其行为的风险收益大于其风险损失时才会做出这样的行为。如果某一行为的风险损失大于该行为的风险收益，那么这一行为也就失去了它的动因，在通常情况下这一行为也就会较少发生。防范生态环境违法行为所要达到的政策效果就是要使各种生态环境违法行为尽可能少地发生。所以，其实施条件就是必须使生态环境违法行为者的风险损失大于其风险收益。

一般来说，生态环境违法行为的风险损失来自该行为被生态环境保护执法机关查获后对其的处罚。但是，在现实生活中，如果对生态环境违法者处以小于或略大于非法经营额的处罚，对生态环境违法者并没有多大的震慑作用。这并不是生态环境违法者不考虑风险收益和风险损失的大小，而是有一个非法经营后被查获的概率问题。只有被查获才有风险损失，没有被查获就没有风险损失。所以，从多次行为或集体行为的角度来看，其总的风险损失等于其被查获的那一次或集体中某一人被查获的那一宗的风险损失，其总损失远比其总收益小得多。所以，查获后小于或略大于非法经营额的处罚不会对生态环境违法行为有威慑和制约作用。

真正要使生态环境规制政策达到"防范生态环境违法行为"的目的，就必须把"处罚额度"A与"查获概率"p联系起来。从生态环境违法行为者的角度来看，其风险损失F为"处罚额度"与"查获概率"的乘积，即

$$F = Ap \quad (14-14)$$

所以，要使生态环境违法行为者的风险损失大于风险收益（非法经营可能获得的收益R），查获后的处罚额A应为

$$A \geqslant R/p \quad (14-15)$$

举一个例子，假设某生态环境保护执法机构查获一个违法排污的案件，案值（即该非法经营者可能获得的收益）为1000万元，假设该类案件的平均查获率为20%，那么对该案件的处罚额应大于5000万元，否则，对该类行为起不到威慑和制约作用。

追偿全社会因生态环境违法行为而造成的福利损失，也是生态环境规制政策的重要目标，这也是确定对生态环境违法行为查获后进行处罚力度的一个依据。通过简单的分析就可证明，前文提出的对生态环境违法行为的处罚力度

$$A = R/p \quad (14-16)$$

恰好能够达到"追偿社会损失"的目标。

(二)生态环境规制手段的有效性选择问题

从博弈均衡的角度来分析,可以得出:为达到威慑和制约生态环境违法行为目的,生态环境规制的有效政策是"对查获的生态环境违法行为实施重力度的处罚"。"较轻的处罚力度"和"加大查获率"都不能起到有效的作用。

分析潜在的生态环境违法行为者(生态环境规制对象)的风险偏好对政策有效性的影响。假设潜在的生态环境违法行为者是风险厌恶的,那么在其风险损失 Ap 一定的情况下,"查获率 p 较高""处罚额 A 较高"这两种政策,哪一种更有效呢?通过一定的理论推导可以证明:对于风险厌恶者来说,"提高查获后的处罚力度"比"提高查获率"能更有效地降低生态环境违法行为者的效用水平,也就能更有效地遏制生态环境违法行为。

所以,政府部门在制定相应的生态环境规制政策时,应充分考虑上述理论分析结论。如果在规制政策中,未能遵循上述原则,则必然出现环境不公平的结果。如,现实中,往往出现这样一些倾向:(1)过小的处罚力度。使得生态环境违法行为者明知故犯,他们情愿接受处罚而选择生态环境违法行为,原因是他们选择生态环境违法行为的风险收益大于其风险损失。其结果必然是强化了环境破坏,而承受环境破坏后果的是全社会,根本原因在于处罚的力度不足以追偿全社会的福利损失。(2)过低的查获率。使得规制政策对于生态环境违法行为者没有威慑力。在被查获可能性较小的情况下,他们不会受到规制的约束而终止生态环境违法行为,原因在于:将多次行为或集体行为综合起来考虑,其风险收益远大于其风险损失,所以他们没有动机来终止生态环境违法行为。对全社会来说,则必然承受其环境污染的后果,由于查获率低,综合的处罚额也不足以抵偿全社会的福利损失。(3)没有针对生态环境违法行为者的风险偏好特征,来制定规制策略。如,对于风险厌恶者来说,采用"提高查获率"的方式就不如"提高处罚力度"的方式有效。而对于风险中立或风险偏好者,则必须采取"提高查获率"与"提高处罚力度"双管齐下的对策,才能有效。

如果政府部门在规制过程中,还掺杂了追求经济效益、追求经济政绩等方面的目的，就很可能有意无意地利用上述特性，而为潜在的生态环境违法行为者"网开一面"。以环境损失换取经济利益，最终承受环境损害的是全社会，而承受环境损害的群体与造成环境损害的群体是不同的，亦即会造成新的环境不公平。

二 生态功能区维护责任分担的有效性

重要的生态功能区要得到有效的维护，就必须有效地解决其生态利益分享与生态责任的分担问题。生态功能区相关区域，需要进行协同的保护和治理。如果重要生态功能区所在区域试图进行经济开发，就可能给周边地区甚至整个流域的生态环境带来影响，那么应当由谁来承担这一治理责任呢？认识和解决这些问题的关键点在于，发达地区和欠发达地区对于生态价值、对于治理支出价值的认知判断是不同的，其对于生态利益、经济利益的权衡因子（财富加总权重）有大有小，发达地区收入水平较高则更偏重于生态利益，欠发达地区收入水平较低则更偏重于经济利益。以下情境代表了这一问题的一般情形，通过博弈分析方法可以得出若干理论结论和政策依据。

（一）重要生态功能区的生态保护修复责任，应当由谁来承担

重要生态功能区的生态保护修复责任应当由谁来承担？以下博弈分析可以得出：面对处于欠发达地区的重要生态功能区，其他较发达地区应全部承担起生态保护修复责任。

一个对于全流域有重要作用的生态功能区处于欠发达地区，全流域各地区都应当对其承担生态保护与修复责任。那么，面对这一生态保护修复的责任，各区域应当如何来分担呢？为分析过程简单起见，相关的利益责任主体划分为两个，"主体一"是相对发达的其他所有地区，"主体二"是重要生态功能区所在的欠发达地区。假设这一生态保护修复活动给"主体一"带来的效用改进为 A、给"主体二"带来的效用改进为 B；而"主体一"独自承担保护修复责任带来的效用减少为 $-C$，"主体二"独自承担保护修复费用导致的效用减少为 $-D$；"主体一"按比例 r（$0 \leq r \leq 1$）分担保护修复责任导致的效用减少为 $-rC$、"主体二"按比例 r 分担保护修复责任导致的效用减少为 $-(1-r)D$。由于"主体一"偏重于生态利益，"主体二"偏重于经济利益，所以，可以假设上述效用存在以下关

系：保护修复生态功能区给"主体一"带来的效用大于"主体二"（$A > B$）；全部承担生态功能区保护修复责任给"主体一"带来的效用减少小于"主体二"（$C < D$）；对"主体一"而言，保护修复生态功能区的收益大于承担修复责任的损失（$A > C$）。此时"主体一"与"主体二"各自采取"承担保护修复责任""不承担保护修复责任"策略的支付矩阵，如表 14-1 所示。

表 14-1　重要生态功能区生态保护修复责任分担的博弈矩阵

		"主体二"（重要生态功能区所在的欠发达地区）			
		承担保护修复责任		不承担保护修复责任	
"主体一"（较发达的其他地区）	承担保护修复责任	$A - rC$	$B - (1-r)D$	$A - C$	B
	不承担保护修复责任	A	$B - D$	0	0

该博弈的纳什均衡为："主体一"采取"承担保护修复责任"策略、"主体二"采取"不承担保护修复责任"策略。该博弈的经济含义和政策含义是：在欠发达地区与区域内其他较发达地区面对区域共同生态问题时，其他较发达地区不得不全部承担生态保护修复的责任，而让欠发达地区"无偿"享受生态保护修复的成效，这对全域各地区来说是唯一合理的选择。

上述结论适用的情境是：重要生态功能区，对于所处地区的生态价值低于周边地区。同理分析可以得出适用其他情境的结论：当重要生态功能区所处地区的生态价值高于周边地区时，所在地区将不得不全部承担起生态保护修复责任；而当重要生态功能区所处地区的生态价值与周边地区相当时，所处地区与周边地区必须在基于长期互信的条件下共同分担生态保护修复责任。

（二）生态功能区所处欠发达地区经济活动带来的生态影响问题，应当如何分担治理责任

欠发达地区经济活动带来的生态影响问题，应当如何来分担治理责任？以下博弈分析可以得出：其他较发达地区应主要承担欠发达地区经济

活动带来的生态影响的治理责任

假设一个区域内,欠发达地区("主体二")拟进行某一经济活动,产生的经济效益能给欠发达地区带来的效用改进为 Y。而该活动在带来经济效益的同时也会带来相当的生态问题,可能给区域内其他较发达地区("主体一")带来的生态影响而导致的效用减少为 $-A$、给"主体二"自身带来的生态影响而导致的效用减少为 $-B$,如果"主体一"全部承担治理费用而带来的效用减少为 $-C$,如果"主体二"全部承担治理的费用而带来的效用减少为 $-D$,"主体一"按比例 r($0 \leq r \leq 1$)分担保护治理责任导致的效用减少为 $-rC$、"主体二"按比例 r 分担保护治理责任导致的效用减少为 $-(1-r)D$。由于"主体一"偏重于生态利益,"主体二"偏重于经济利益,所以,可以假设上述效用存在以下关系:不治理经济活动的生态影响给"主体一"带来的效用损失大于"主体二"的损失($A>B$);全部承担治理责任给"主体一"带来的效用减少小于"主体二"($C<D$);对"主体二"而言,进行经济活动的收益大于该活动给自身带来的生态损失($Y>B$)。此时"主体一"与"主体二"各自采取"承担保护治理责任""不承担保护治理责任"策略的支付矩阵,如表14-2所示。

表14-2　生态功能区所在的欠发达地区生态影响责任分担的博弈矩阵

		"主体二"(生态功能区所在的欠发达地区)			
		承担保护治理责任		不承担保护治理责任	
"主体一"(较发达的其他地区)	承担保护治理责任	$-rC$	$Y-(1-r)D$	$-C$	Y
	不承担保护治理责任	0	$Y-D$	$-A$	$Y-B$

这一博弈的均衡结果为:"主体一"采取"承担治理责任"策略、"主体二"采取"不承担治理责任"策略。该博弈的经济含义和政策含义是:生态功能区域内,欠发达地区进行一定的经济开发活动时,其他较发达地区不得不承担起治理这一经济活动所带来生态影响的责任,只有这样才能使自身的生态—经济利益损失降到最低程度。"承担治理责任"的举措,可以通过向欠发达地区相关经济活动提供环保设施援助、环保技术转

移、污染治理活动的政府购买、排放治理的承包等途径来实现。

（三）限制开发、禁止开发空间管控，应当通过什么样的机制来实现？

对于重要生态功能区的限制开发、禁止开发，应当通过什么样的机制来实现？以下分析表明：为实现处于欠发达地区限制开发、禁止开发的空间管控目标，其他较发达地区应通过长期转移支付才能换取欠发达地区放弃开发以保护区域生态环境。

假设某欠发达地区（"主体二"）列有限制开发、禁止开发空间管控范围，那么，其他较发达地区（"主体一"）应承担什么责任？"主体二"列有限制开发、禁止开发空间管控范围，也有进行一定经济活动的意愿，是否可通过"主体一"向"主体二"的事先转移支付来换取其不再进行这一经济活动呢？博弈分析的结果表明：无法达成这一博弈均衡。

假设"主体二"拟进行一项经济活动以使得其效用水平提高 Y 单位，但这一经济活动会分别给"主体一"和"主体二"自身带来因生态影响而造成的效用减少分别为 $-A$ 和 $-B$。"主体一"拟以向"主体二"转移支付方式换取其不进行该经济活动（"主体一"转移支付带来效用减少 Z 单位时，即可给"主体二"带来相当于该经济活动效用改进 Y 单位）。由于"主体一"偏重于生态利益，"主体二"偏重于经济利益，所以，可以假设上述效用存在以下关系：$A > B$；$Y > B$；$Z > Y$。表 14-3 是"主体一"分别采取"转移支付"和"不转移支付"策略、"主体二"分别采取"进行经济活动"和"不进行经济活动"策略时的博弈支付矩阵。

表14-3 以转移支付实现生态功能区限制开发禁止开发的博弈矩阵

		"主体二"（生态功能区所在的欠发达地区）			
		进行经济活动		不进行经济活动	
"主体一"（较发达的其他地区）	进行转移支付	$-Z-A$	$Y+Z-B$	$-Z$	Y
	不进行转移支付	$-A$	$Y-B$	0	0

该博弈的均衡结果为："主体一"采取"不进行转移支付"策略、"主体二"采取"进行经济活动"。该博弈的经济含义和政策含义是：欠发达地区与周边其他较发达地区之间通过一次性的支付以换取终止破坏生

态环境的经济活动的愿望是难以实现的。因此，它们之间，只有在双方建立长期互信协作关系的条件下，双方才有可能达成一个长期合作博弈均衡："主体一"长期"进行转移支付"策略、"主体二"则长期"不进行经济活动"。这一长期合作博弈，在生态保护中的实际意义是：如果重要生态功能区处于江河上游的不发达地区，那么，处于江河下游的其他地区应谋求进行长期的协作，通过转移支付的方式换取上游地区对重要生态功能区的保护，以使上游地区限制开发、禁止开发空间管控目标得以实现。以生态红线区域居民迁移为例，要想使生态红线区域内的居民放弃在红线区域内经济活动意愿，必须对所有居民实现长期的生态补偿，一次性的补偿无法有效达成这一目标。

第十五章

推进可持续发展的政策主张

本章拟对全书各章节所涉及推进可持续发展的政策主张，进行综合归纳。

第一节 经济社会发展与可持续发展相衔接的宏观政策主张

一 确立经济社会发展中的"生态承载力红线"，并作为国民经济中长期发展规划的前置约束

"生态承载力红线"，须以依法治国理念来落实其强制性约束地位。笔者的认识是，只有确立了"生态承载力红线"强制性约束，可持续发展才能构建其实践基础，同时还须构建与"生态承载力红线"相适应的宏观政策机制，对现有宏观理念和制度进行深度改革。应当客观地承认，"生态承载力红线"硬约束的挑战和阻力，主要来自各级政府和部门"增长至上"的发展思维和理念。笔者建议，在国家及各级地方的中远期规划（如"十四五"国民经济和社会发展规划）中，各级的增长率等规划指标须与"生态承载力红线""节能减排"等硬约束指标相对应。必须先确定"生态承载力红线"硬约束指标，以此为基础再确定增长等经济指标。这一决策次序不可颠倒，不然的话，"生态承载力红线"势必变为"软约束"。如，"到2030年达到碳峰值"等承诺，理应作为中远期规划以及各年度规划的前置约束。如此一来，碳排放配额限定了国内生产总值的限制量，力图增加生产总值，须经由低碳技术水平的提高、低碳产业结构的调整来实现。进而，也就诱导了经济增长方式的转变（创新性低碳产业、低碳产品、低碳技术)。要是"生态承载力红线"缺乏法规强制力,低碳经济极有可能演变为所谓的"新增长点",而与可持续发展目标相背驰。所以,只有推行有强制力的"生态承载力红线"硬约束,厂商行为才会因之而改变,厂商发展低碳经济才有激励动力。生态环保规制政策法规的强化、消费需求者对于生态环保型产品服务的偏好消费、关联厂商对于生态环保的相关制约、生态环境(NGO)组织的监督等,会影响到厂商的企业形象、需求者忠诚度、关联厂商的支持,进而影响厂商的市场与利润。通过"生态承载力红线"的强制性落实,政府、厂商、民众等各主体对低碳经济也就从一般性认识转向与之利益攸关的践行。

笔者主张,按照改革和法治思维,应把"生态承载力红线"硬约束作为"十四五"规划及其后中远期规划制定的前置条件。明确全国及各地的生态承载力红线(包括由"到 2030 年达到碳排放峰值"倒推估算得出的碳排放约束红线),以此为约束条件来规划各发展时期全国及各地增长率、投资、结构、贸易等发展指标。

二 跨越人均 GDP 超 14000 美元门槛的城市和地区率先实施绝对碳减排规划

在中国向联合国气候变化框架公约提交的《强化应对气候变化行动——中国国家自主贡献》文件中,提出"二氧化碳排放 2030 年左右达到峰值并争取尽早达峰","单位 GDP 二氧化碳排放比 2005 年下降 60%—65%"等自主行动目标。根据这些自主行动目标测算,当全国人均 GDP 达到 14000 美元时,中国整体上达到碳峰值而进入绝对量减排阶段。所以,人均 GDP 已经达到或即将达到 14000 美元的城市和地区,应当率先达到碳峰值而进入绝对量减排阶段。

针对这一目标,提出以下建议。

(1) 凡是人均 GDP 已经超过或即将达到 14000 美元的省级行政区域,在制定"十四五"规划和中长期规划时,要充分考虑人均 GDP 已经进入到绝对量减排的潜在区间。对此应及早筹划好稳步进入绝对量碳减排的可行性步骤。国家规划制定管理部门,应向人均 GDP 已经超过或即将达到 14000 美元的省级行政区域,对其进入碳峰值和绝对减排潜在区间,做出明确的指向和引导。相关各省区,应在充分考虑即将进入碳峰值和绝对减排潜在区间的因素的基础上,来确定其发展指标和发展方向。土地、交通、建筑、产业等关键领域的发展规划,应与碳峰值及绝对减排目标相匹配。

(2)对于人均GDP已经超过14000美元的发达城市,国家规划制定管理部门,应对这些城市进入碳峰值和绝对减排潜在区间,做出更加具体且更具约束力的目标要求。各城市,凡人均GDP超过14000美元的城市,在"十四五"时期,应率先实现碳峰值,并明确列出时间表。此后,凡规划目标达到这一门槛的城市,应同步实现碳峰值并明确相应的时间表,并在土地、交通、建筑、产业这几大碳排放关键领域,各城市应制定出与碳峰值及绝对减排相匹配的具体规划。

(3)在国内各发达城市规划普遍确定碳峰值和绝对减排时间表的背景下,中国可在联合国气候大会上主张:倡议全球所有国家已经超越或即将超越发展水平"门限"的发达城市和地区都采取同一行动。各国不再以整个国家是否被认定为发达国家为依据,而是依据各国主要地区、主要城市的人均GDP水平或人均收入水平,某城市一旦超过14000美元"门限",即自动进入全面承担碳减排责任的行列。这样也有利于表明中国合理分担碳减排责任的真诚努力,以及渐次强化碳减排的坚定决心,并在全球实质性碳减排方面起带头和引领作用。

第二节 可持续发展机制构建的政策主张

一 基于"人与自然和谐共生"理念确立经济社会发展与可持续发展相协调的发展准则,并使之制度化

建议以下方面列为全域层面和各区域层面经济社会发展与可持续发展相协调的发展准则,各级政府在推进发展过程中应当遵循这些准则。

(1)最小安全面积。即用于生态保护的土地面积占国土总面积的比例,不得低于25%—30%,有效地维护生态系统及其生态功能的完好性,才能保证生态安全。建议:国家省市县乡村各层级的发展过程中,均应将最小安全面积作为基本目标。

(2)生态保护红线。建议:建立法律制度保障生态红线区域永久禁止开发。

（3）生态承载力约束。建议：各级政府在制定中长期规划和年度规划时，应根据自身生态承载力，确定经济活动区域内的自然资源可消耗额度、污染物及废弃物排放额度，在额度硬约束下，规划确定其经济指标。各区域还应根据其生态承载力，评判其人口—经济规模是否超载，决定其未来发展取向。

（4）全球生态系统安全的贡献。建议：已跨越人均 GDP 14000 美元发展门槛的省区、城市，提前达到碳峰值而进入绝对量减排阶段，以合理分担全球生态责任。

（5）生态公平约束。建议：通过合理的生态补偿制度与生态协作制度，有效解决生态受益区域与生态保护区域之间的生态公平，并对生态贫困问题进行有效治理。生态补偿资金，应纳入中央政府及生态受益区域的经常性预算之中。

二 "绿色 GDP"核算未必是有效的制度，应以经济—环境"制衡"为生态制度构建的基本取向

从制度有效性的角度来认识生态文明制度的构建，应以形成经济增长与环境规制"制衡关系"为主要制度取向，逐步取代传统的多目标"权衡关系"思维。

（1）"绿色 GDP"核算未必是有效的制度。推行"绿色 GDP"核算，能否起到有效的环境规制作用。笔者认为，不能！其理据是：其一，目前阶段，尚未找到评价自然资源消耗价值和生态环境损耗价值的公认的、客观的方法。也就是说，经济财富价值与生态环境价值的比较，主要依靠主观评判，也就是取决于评判者对于经济财富与生态环境价值的主观倾向。其二，如果把"绿色 GDP"作为经济主体最大化追求目标的话，尽管要扣除对资源消耗、生态环境损耗的负价值，但是最大化追求的业绩评价理念，依然会促使经济主体通过加大资源消耗、环境损耗手段来拉动经济增长，只会助长经济主体把对资源消耗、生态环境损耗的负影响外部化地转嫁。所以，"绿色 GDP"核算这一制度构建设想，并不能有效地解决经济活动对自然资源和生态环境的影响问题，也就无法实现改变传统的发展模式和发展思路。

（2）与其推行"绿色 GDP"核算，不如构建经济—环境多主体的

"制衡"。既然推行绿色 GDP 核算制度,并不能有效改变经济主体依靠资源消耗和生态环境损耗来实现经济增长的传统发展模式,那么,更合理的路径是什么?笔者主张:将"绿色 GDP"之类的单一主体多目标的权衡关系转化为多主体的制衡关系。即对应于全国的经济增长目标、生态环境保护目标,转化为主导经济目标的主管部门(发展和改革委员会、商务部等)与主导环境目标的主管部门(生态环境部、自然资源部等)之间的制衡关系。

此外,"制衡"主体中还应包含生态环境保护 NGO 等社会组织,积极发挥其"制衡"作用,特别是在有关经济社会发展的各种法律立法、执法监督过程中,应通过生态环境 NGO 为中介推动相关法律更有效地制定和落实。笔者认为,各级立法机构应对生态环境 NGO 的法律地位做出规定。如,明确规定:生态环境 NGO 是全社会公众利益的代表,可与各级政府部门、企业、其他社会团体协调,以缓解由于生态破坏、环境污染等造成的矛盾;生态环境 NGO 积极参加生态环境影响评价;生态环境 NGO 作为独立于政府和企业以外的对环境污染有切身利益的第三人,让其参与监督,可以有效防止政府与企业之间的协同性非环保行为的发生;生态环境 NGO 可主动进行生态破坏环境污染问题的法律救济,矫正民众个人和生态环境损耗者、政务部门的力量对比悬殊;生态环境 NGO 还可对涉及生态破坏环境污染等提起公益性诉讼,使生态环境公众利益得到更有效的法规保障。

现实中既有的生态环境保护制度,主要是基于经济—环境"权衡关系"的思路而构建的。很多制度无疑会在较长时期内延续。所以,对于那些短期内难以转化为"制衡关系"的制度,也应适当地加入制衡性因素或强化外生性约束。如,强化关联性约束,经济发展项目的审批与当地生态环境保护目标的落实情况挂钩。

三 以生态—经济—民生相协调为原则,提高生态环境保护政策的有效性

经济增长、民生保障与生态环保的关系,归根结底是利益权衡。所以,经济增长要兼顾生态环境影响,生态环境治理也应兼顾经济—民生影响,生态环境监管过程则应兼顾经济合理性。现实生态环境监察和治

理过程中之所以出现各种问题，根本原因还在于经济—环境利益关系没有完全理顺，生态环境监管和治理的科学性还有待提升。对此，提出以下建议。

（1）要将生态环保监管的资源优化配置，监管要分类施策。环保监管的资源是有限的。如果不区分哪些领域是重点关键性领域、不区分污染的严重程度、不区分污染影响的范围、不区分关停的成本差异、不区分被监察查处到的概率，都采取同样的监管举措的话，不仅不能取得最好的监管效果，而且也必然出现不公平、监管处罚不对等的问题，必然影响环境治理效率，也会影响民众对于环境治理政策的认同。

（2）要事前严格企业环保门槛，尽可能减少事后的关停整改。对于可能形成污染的企业，如果"宽进严出"的话，一旦企业开始运营，其后又对其提出环保整改要求，其经济成本、社会成本就会大大增加，有的甚至根本无法整改到位。如果允许企业运营在先，之后又要求企业关停整改，其造成的各种社会成本，必然要由政府来承担，政府部门其实不堪重负。所以，事前严格环保门槛，要比事后整改更为重要，更为有效。

（3）环境治理应追求长效机制，尽可能减少使用短促的减排措施。短期为了达到某一环境质量指标，可能采取临时关停企业等短促手段来达成。但是，要认识到，这种短促减排方式是有"报复性"的，取消关停限制后必然加大生产、加大排放来弥补其关停期间的经济损失。这种大起大落的污染排放，其对生态环境的影响会更大，环境治理的效率更差。所以，各地应当尽可能避免采用短促手段来达成短期环境改善。

（4）要考虑生态环保监管的有效性，真正使查处处罚的震慑作用有效。潜在的环境违法者，之所以选择违法行为，根本原因是违法收益大于违法成本。所以，查处处罚要起作用，就必须大大增加环境违法者的违法成本。一方面要提高违法被查处的概率，另一方面要提高被查后的处罚额度。举一个例子，如果违法的收益是100万元，而他被查到的概率是1/5，那么，处罚额度至少要达到500万元，对他才会真正有"不敢违法"的威慑作用。另外，规模大的项目，加大查处概率更有效；规模相对小的项目，则加大处罚额度更为有效。

四 生态环境保护政策出台前，应进行经济—民生影响评估，应完善应对环境规制民生影响的社会保障

以往，我们要求对经济项目的环境影响、经济政策的环境影响进行评估。反过来，也应当要求对环境政策的经济—民生影响进行事前的评估。充分考虑：环境政策的民生可承受性、经济可行性、政策实施的短期和中长期成本—收益。通过调查评估民众对于某一环境政策的接受程度和可能的反应，以做出经济—民生—生态平衡的决策，以提高生态环保政策制定的科学性、有效性。同时，还应事前完善与之适应的应对环境规制民生影响的社会保障制度。

五 对于重要生态功能区推行"非开发性权益"制度，国家公园可先行先试

作为全社会受益的重要生态功能区，需要全社会公众广泛参与保护、参与治理、参与决策。其体制机制，既要实现其生态功能得到永久保护、永久禁止开发的目标，同时也要有生态环境友好型理念的民众共同拥有、共同参与治理、共同做贡献的有效路径，还要探索重要生态功能区的生态价值如何实现、生态维护成本如何分担的有效机制。针对这一问题，提出以下建议。

（1）在生态文明体制的相关法律中明确，设立"非开发性权益"的目标是：其一，具有生态维护理念的民众，通过购买"非开发性权益"，有效参与生态保护；其二，民众通过购买、拥有、交易"非开发性权益"，可为生态维护提供一定资金，实现生态维护成本的合理分担；其三，"非开发性权益"可转让，可实现生态永久保护的可持续性。

（2）国家公园的这一定位，适合推行"非开发性权益"制度。建议：在正在进行国家公园体制建设的公园中，选择一两个国家公园，对其中适合"非开发性权益"确权的区域，推行"非开发性权益"的确权、初始配置、可交易的条件及交易规则。通过国家公园试点推行"非开发性权益"相关制度后，逐步推广到全部国家公园，并逐步推广到各类生态红线保护区域。对于重要的生态功能区，可通过这一制度安排，由众多拥有生态维护意愿的民众和群体制止地方政府或经济组织可能形成的开发意图。

第三节 推进绿色发展的政策主张

一 以"生态效率高的产能替代生态效率低的产能"为原则，根据环保产业的替代水平来制定环保产业的发展规划

环保产业的本质是生态效率高的产能替代生态效率低的产能，所以应根据环保的替代水平来制定环保产业的发展规划。以新能源汽车为例：在强化可持续发展和绿色发展的背景下，新能源汽车生产，被各经济主体选作"环保产业"而大力发展。新能源汽车，相对于石化能源汽车，其低碳性、低污染排放性是显而易见的。建议：在制定相关产业政策时，应注意以下问题。

（1）要充分认识到，新能源汽车产业不是"新的经济增长点"，而是对传统能源汽车产业的替代！制定新能源汽车的发展规划，必须同步制定对传统汽车的替代规划。必须明确其目的：新能源汽车是对现有汽车存量和现有汽车产能的替代，绝不是在现有存量和现有产能基础上新增出一块市场需求。所以，制定新能源汽车的发展规划和发展步骤，要依据的是其替代能力。新能源汽车的技术水平能够完全替代某一层次的传统汽车功能，那么，其产能就可朝着这一规模发展。相应地，传统汽车的产能则应同步地削减。否则，新能源汽车，就可能在"绿色化"口号下，增加新的产能过剩。现阶段，新能源汽车的技术水平只能替代某一层次的传统汽车功能，考虑汽车的续航时间性能、充电或更换电池等基础设施的便利性、汽车速度性能等因素，新能源汽车并不能完全替代整个传统汽车市场需求。"新能源汽车产业"的发展规模，必须与其替代的传统汽车规模相同，如果超过了这个发展规模，就会增加新的产能过剩。发展"新能源汽车产业"是实现"产能更新"，而不是"产能扩张"。所以，发展"新能源汽车产业"的产业政策和规划之中，必须包含对传统汽车产业的替代预期；在"新能源汽车产业"一定技术水平下，产业发展规划和发展步骤，要依据其替代能力来决策。所以，新能源汽车的发展规划（如，传统燃油车停产停售的时间表），必须包含对传统汽车的替代规划，同时必须包含新能源汽车对传统汽车替代能力的客观评估。

（2）客观评估新能源汽车全生命周期环境影响，不仅仅考虑汽车运营中的低排放性。新能源汽车企业，是否作为"环保产业"予以政策性支持？其决策依据是，"新能源汽车"及其上下游关联产业的"生态环境全影响"的评估，即从产品原料、产品生产、产品使用、产品报废等全过程，考核其生态环境影响，每一个过程的生态环境影响都必须计算在内，缺一不可。以电动汽车为例，相比传统汽车，其使用阶段使用能源带来的污染较小。但是，还必须考虑到：电能并非没有污染排放，只是其污染体现在发电阶段；电动汽车的使用寿命低于传统汽车（尤其是要考虑到当前技术水平下电动汽车电池的使用寿命较短），所以单位交通里程的折旧更高（亦即意味着，生产阶段的资源消耗和环境影响更多）；报废阶段，电动汽车（特别是电池的报废）其生态环境影响更大；电动汽车所专用的充电等基础设施的大规模投资建设，其生态环境影响也是巨大的，特别是电动汽车充电设施与燃油汽车加油设施并存，从全社会角度来看，额外增加了生态环境影响。通过全生命周期的生态环境全影响评估，对比传统汽车产业的影响，并考虑产能更替过程中的生态环境影响，来决策新能源汽车的发展规划和发展步骤。

（3）碳减排目标、发展新能源汽车、城市汽车限购限行、化解汽车产能等政策，应当系统整合，多规合一。近年来国家在推进低碳发展方面，多层面出台政策目标和举措。如，国家提出的"2030年达到碳峰值"政策目标、发展新能源汽车促进低碳发展的产业支持政策、各大城市为治理雾霾和治理交通拥堵的汽车限购限行政策、供给侧结构性改革中也涉及汽车产业"去产能"的问题。这些政策目标，集中指向汽车交通与汽车产业。但是，各领域政策各自为战，互无关联通道，缺乏一个系统整合的政策思路。这些涉及汽车产业发展、结构调整的政策目标，是否能与"碳排放配额"机制结合起来？建议：选择一个关联性强的政策制度，以此为纽带，系统整合汽车产业碳减排、城市降霾、城市汽车限购、发展新能源汽车、化解传统汽车产能等政策，多规合一，将之转化为一举多得的政策制度。

二 对于重点碳减排领域，探索试点"碳票"引导生态友好型消费的机制

近年来，国家在推进低碳发展方面，多层面出台政策目标和举措。在

上述背景下，中国发展必须在碳排放额度方面探索形成可实际运作的制度。而消费者"碳票"是引导企业落实低碳发展理念的有效机制。

为此，建议：可先行在汽车领域试行"碳票"制度。以"碳票"机制，将现行的各城市的汽车限购政策以及支持新能源汽车发展等环保政策、产业政策整合为统一的政策措施。这些限制性政策业已存在，实施"碳票"机制，只是多规合一化地整合政策，并不会给相关领域带来额外的影响。

（1）鉴于国家已经明确了"2030年达到碳峰值"的目标，由此可推算出汽车领域以及汽车消费群体所应承担的碳减排额度。由此即可确定全国可发放"碳票"的总额度。借鉴具有长期实践经验的"粮票"制度，在汽车消费领域推行"消费碳票"的初始分配、消费使用，以及"碳票"的市场交易。在这一领域实现碳排放总量控制和排放权交易。

（2）鉴于现实中全国各地区普遍存在对于汽车的限制性约束，不妨将以往的行政性调控举措转换为"消费碳票"的制度化市场化限制方式。即出台政策：购买汽车需支付一定的"碳票"，取代各城市现行的摇号或拍卖式限购政策。

（3）新能源汽车对传统汽车的替代进度，也由碳减排额度所决定。鉴于发展新能源汽车已成为产业支持政策，可转化为消费政策：购买新能源汽车只需支付较少的"碳票"，而购买传统燃油汽车则需支付较多的"碳票"，以此为基础促进新能源汽车的消费需求，进而引导汽车生产企业朝着这一方向进行投资、基础设施完善、技术创新。

（4）通过对汽车消费试行"碳票"制度，观察分析这一制度对于企业行为选择的影响效果，不断改进相关制度设计。在汽车消费试行"碳票"制度取得明显成效时，则可以进一步推广到住房、建筑以及更多大宗消费品产业领域，进而普及到多数消费品产业领域，为全面建立起可持续发展的微观机制探索经验。

参考文献

安虎森主编:《区域经济学》,高等教育出版社2018年版。

陈静生:《人类—环境系统及其可持续性》,商务印书馆2001年版。

陈泉生:《可持续发展与法律变革》,法律出版社2000年版。

封志明、王勤学:《资源科学论纲》,地震出版社1994年版。

蒋殿春:《高级微观经济学》,北京大学出版社2006年版。

牛文元:《持续发展导论》,科学出版社1994年版。

潘家华:《持续发展途径的经济学分析》,社会科学文献出版社2007年版。

强以华:《经济伦理学》,湖北人民出版社2001年版。

王军:《可持续发展:一个一般理论及其对中国经济的应用分析》,中国发展出版社1997年版。

王泽应:《自然与道德》,湖南大学出版社1999年版。

杨春学:《经济人与社会秩序分析》,上海人民出版社1998年版。

尹世杰:《消费需要论》,湖南出版社1993年版。

余谋昌:《生态伦理学——从理论走向实践》,首都师范大学出版社1999年版。

余谋昌、王耀先:《环境伦理学》,高等教育出版社2006年版。

钟茂初、史亚东、孔元:《全球可持续发展经济学》,经济科学出版社2011年版。

钟茂初、闫文娟、赵志勇等:《可持续发展的公平经济学》,经济科学出版社2013年版。

陈劭锋、牛文元、杨多贵:《可持续发展的多维临界》,《中国人口·资源与环境》2001年第1期。

郝睿:《21世纪消费模式的主流:可持续消费》,《消费经济》1999年第2期。

黄世典:《公益林效益的补偿》,《生态经济》2000年第1期。

罗守贵、曾尊固:《可持续发展研究述评》,《南京大学学报》(哲学·人文科学·社会科学)2002年第2期。

马传栋:《论可持续发展经济学的基本理论问题》,《文史哲》2002年第2期。

彭新育、吴甫成、傅尔林:《资源和环境的存在价值的经济学基础》,《中国人口·资源与环境》2000年第3期。

曲星:《人类命运共同体的价值观基础》,《求是》2013年第4期。

史亚东:《各国二氧化碳排放责任的实证分析》,《统计研究》2012年第7期。

舒远招、杨月如:《绿色消费的哲学意蕴》,《消费经济》2001年第6期。

田刚、彭应登、王瑞贤:《生态工业园区设计在开发区环境影响评价中的应用浅析》,《城市管理与科技》2003年第3期。

王金南、逯元堂、吴舜泽等:《国家"十二五"环保产业预测及政策分析》,《中国环保产业》2010年第6期。

文启湘、彭金荣:《绿色消费动力及其构建》,《消费经济》2001年第6期。

燕守广、沈渭寿、邹长新等:《重要生态功能区生态补偿研究》,《中国人口·资源与环境》2010年第S1期。

杨文进:《可持续发展经济学中的价值理论》,《生态经济》2000年第8期。

杨雪英:《评功利主义价值观的生态后果》,《生态经济》2002年第4期。

余谋昌:《生态哲学:可持续发展的哲学诠释》,《中国人口·资源与环境》2001年第3期。

余谋昌:《生态哲学与可持续发展》,《自然辩证法研究》1999年第2期。

钟茂初:《可持续消费:物质需求、人文需求、生态需求视角的阐释》,《消费经济》2004年第5期。

钟茂初:《社会科学中的"测不准原理"与"制衡GDP"》,《科学管理研究》2005年第4期。

钟茂初：《环境库兹涅茨曲线的虚幻性及其对可持续发展的现实影响》，《中国人口·资源与环境》2005年第5期。

钟茂初：《第一生产要素：形成生态环境危机的关键因素》，《自然辩证法研究》2005年第8期。

钟茂初：《生态保护区的发展，谁来担其责？——从可持续发展角度对生态功能区与发达地区关系的思考》，《生态经济》2005年第9期。

钟茂初：《生态维护与贫困治理——论"退耕还林"等政策的可持续发展意义》，《绿色中国》2005年第8期。

钟茂初：《关于"可持续发展"立法问题的探讨》，《河北法学》2007年第2期。

钟茂初：《"可持续发展"的意涵、误区与生态文明之关系》，《学术月刊》2008年第7期。

钟茂初：《"不可持续发展"的政治经济学分析》，《学术月刊》2010年第9期。

钟茂初、闫文娟：《环境公平问题既有研究述评及研究框架思考》，《中国人口·资源与环境》2012年第6期。

钟茂初：《从可持续发展视角对"经济人假定"的修正与拓展》，《中国地质大学学报》（社会科学版）2013年第3期。

钟茂初：《全面深化改革的宏观经济效应分析》，《学习与实践》2014年第1期。

钟茂初：《生态功能区保护的科斯机理与策略》，《中国地质大学学报》（社会科学版）2014年第2期。

钟茂初：《人类整体观经济学：理论探索与研究框架》，《南国学术》2014年第3期。

钟茂初：《"生态可损耗配额"：生态文明建设的核心机制》，《学术月刊》2014年第6期。

钟茂初：《产业绿色化内涵及其发展误区的理论阐释》，《中国地质大学学报》（社会科学版）2015年第3期。

钟茂初：《以改革和法治思维推进生态文明建设》，《学习与实践》2015年第3期。

钟茂初：《"庞局机理"对生态环境危机的理论阐释及政策路径》，《河北学刊》2016年第2期。

钟茂初：《"人类命运共同体"视野下的生态文明》，《河北学刊》2017年第3期。

钟茂初：《经济增长—生态环境规制从"权衡"转向"制衡"的制度机理》，《中国地质大学学报》（社会科学版）2017年第3期。

钟茂初：《"人与自然和谐共生"的学理内涵与发展准则》，《学习与实践》2018年第3期。

钟茂初：《长江经济带生态优先绿色发展的若干问题分析》，《中国地质大学学报》（社会科学版）2018年第6期。

周海林：《用可持续发展原则解析消费者社会和现代市场体系》，《中国人口·资源与环境》2002年第2期。

查玮：《生态文明体制改革要纳入五位一体改革系统》，《中国环境报》2013年11月28日。

国纪平：《为世界许诺一个更好的未来——论迈向人类命运共同体》，《人民日报》2015年5月18日。

卢风、陈静：《生态文明是将要取代工业文明的崭新文明形态》，《中国社会科学报》2009年8月18日。

钟茂初：《雾霾是经济环境失衡的一种表征》，《中国社会科学报》2014年1月10日第A5版。

钟茂初：《行政分割不破，生态保护难行》，《人民日报海外版》2007年9月11日。

《中美气候变化联合声明》，《人民日报》2014年11月13日。

《中共中央政治局召开会议审议〈关于加快推进生态文明建设的意见〉、研究广东天津福建上海自由贸易试验区有关方案》，《人民日报》2015年3月25日。

《中共中央国务院印发〈生态文明体制改革总体方案〉》，《人民日报》2015年9月22日。

《中办国办印发〈关于设立统一规范的国家生态文明试验区的意见〉及〈国家生态文明试验区（福建）实施方案〉》，《人民日报》2016年8月23日。

《中办国办印发〈关于省以下环保机构监测监察执法垂直管理制度改革试

点工作的指导意见〉》,《人民日报》2016年9月23日第1版。

《中办国办印发〈关于划定并严守生态保护红线的若干意见〉》,《人民日报》2017年2月8日。

《中办国办印发〈建立国家公园体制总体方案〉》,《人民日报》2017年9月27日。

[美]曼瑟尔·奥尔森:《集体行动的逻辑》,格致出版社、上海人民出版社2014年版。

[法]弗朗索瓦·佩鲁:《新发展观》,华夏出版社1987年版。

[美]加里·贝克尔:《人类行为的经济分析》,上海三联书店1993年版。

[美]亚伯拉罕·马斯洛:《动机与人格》,中国人民大学出版社2012年版。

[英]阿尔弗雷德·马歇尔:《经济学原理》上卷,商务印书馆2011年版。

[美]格里高利·曼昆:《经济学原理》(宏观经济学分册),北京大学出版社2006年版。

[美]丹尼斯·梅多斯:《增长的极限:罗马俱乐部关于人类困境的研究报告》,四川人民出版社1983年版。

[美]道格拉斯·诺思、罗伯特·托马斯:《西方世界的兴起:新经济史》,华夏出版社1989年版。

[法]让·巴蒂斯特·萨伊:《政治经济学概论》,商务印书馆2009年版。

[英]亚当·斯密:《道德情操论》,商务印书馆2018年版。

[英]亚当·斯密:《国民财富的性质和原因的研究》,商务印书馆1972年版。

新华社:《强化应对气候变化行动——中国国家自主贡献》,2015-6-30,新华网(http://www.xinhuanet.com/2015-06/30/c_1115774759.htm)。

新华社:《习近平主席在联合国日内瓦总部的演讲》(全文),2017-1-19,新华网(http://www.xinhuanet.com//world/2017-0/19/c_1120340081.htm)。

《英国全球最早推出产品碳标签制度的国家》,2015-7-3,中国碳交易网(http://www.tanpaifang.com/tanbiaoqian/2013/0703/21909.html)。

Brown L. R. , "Building a Sustainable Society", *Society*, Vol. 19, No. 2,

1982, pp. 75 - 85.

Brundtland G. H. , Khalid M. , "Our Common Future", *Earth & Us*, Vol. 11, No. 1, 1991, pp. 29 - 31.

Capra F. , "The Turning Point: Science, Society and the Rising Culture", *Physics Today*, Vol. 35, No. 11, 1982, pp. 76 - 77.

Costanza R. , Arge, Groot R. D. , et al. , "The Value of the World's Ecosystem Services and Natural Capital", *Nature*, Vol. 387, No. 15, 1997, pp. 253 - 260.

Crawley D. , Aho I. , "Building Environmental Assessment Methods: Applications and Development Trends", *Building Research and Information*, Vol. 4, No. 27, 1999, pp. 300 - 308.

Daly H. E. , *Beyond Growth: the Economics of Sustainable Development*, Boston: Beacon Press, 1996.

Daly H. E. , "The Economics of the Steady State", *American Economic Review*, Vol. 64, No. 2, 1974, pp. 15 - 21.

Holling C. S. , Meffe G. , *Engineering Resilience Versus Ecological Resilience*, Washington, D. C. : National Academy Press, 1996.

International Organization for Standardization. ISO 14040 Environment Management-Life Cycle Assessment-Principles and Framework (ISO 14040: 2006), Geneva: ISO, 2006 - 1 - 20.

Islam H. , Jollands M. , Setunge S. , "Life Cycle Assessment and Life Cycle Cost Implication of Residential Buildings-A review", *Renewable and Sustainable Energy Reviews*, Vol. 42, 2015, pp. 129 - 140.

IUCN, *World Conservation Strategy: Living Resource Conservation for Sustainable Cevelopment*, Gland: IUCN-UNEP-WWF, 1980.

Krutilla, J. V. and Cicchetti, C. J. , "Evaluating Benefits of Environmental Resources with Special Application to the Hells Canyon", *Nat Resources Journal*, Vol. 12, 1972, pp. 1 - 29.

Krutilla J. V. , Fisher A. C. , *The Economics of Natural Environments*, Washington D. C. : Johns Hopkins University Press, 1975.

Lucas R. E. , "On the Mechanics of Economic Development", *Quantitative Macroeconomics Working Papers*, Vol. 22, No. 1, 1999, pp. 3 - 42.

Malthus T. , *An Essay on the Principle of Population Macmillan*, New york: St. Martin, 1978.

Meadows D. H. , Rome C. O. "The Limits to Growth; a Report for the Club of Rome's Project on the Predicament of Mankind", *Technological Forecasting and Social Change*, Vol. 4, No. 3, 1973, pp. 323 – 332.

Michael A. Heller, "The Tragedy of the Anticommons: Property in the Transition from Marx to Markets", *Harvard Law Review*, Vol. 111, No. 3, 1998, pp. 621 – 688.

Odum E. P. , "Important Ecological Idioms in 1990s", *BioScience*, Vol. 42, No. 7, 1992, pp. 542 – 545.

Odum E. P. , *Fundamentals of Ecology*, Philadelphia: W. B. Saunders, 1953.

Page T. , "Discounting and Intergenerational Equity", *Futures*, Vol. 19, No. 5, 1977, pp. 377 – 382.

Park R. E. , Burgess E. W. , *Introduction to the Science of Sociology*, Chicago: The University of Chicago Press, 1921.

Robbins Lionel, "An Essay on the Nature and Significance of Economic Science", *American Journal of Sociology*, Vol. 48, No. 2, 1935, pp. 463 – 465.

Ronald H. Coase, "The Problem of Social Cost", *Journal of Law and Economics*, Vol. 3, 2013, pp. 1 – 44.

Shechter M. , Freeman S. , *Nonuse Value: Reflections on the Definition and Measurement*, Springer Netherlands, 1994.

Solow R. M. , "A Contribution to the Theory of Economic Growth", *Quarterly Journal of Economics*, Vol. 70, No. 1, 1956, pp. 65 – 94.

Taylor P. W. , "Respect for Nature: A Theory of Environmental Ethics", 1986.

Todaro M. P. , *Economic Development in the Third World Third Edition*, New York: NY: Longman, 1985.

Union W. C. , Nature W. W. F. F. , Pnuma, "Caring for the Earth: a Strategy for Sustainable Living", *Gland Switzerland Iucn*, Vol. 3, No. 12, Oct. 1991, pp. 14 – 15.